Eric H. W. Aldington

Mach mehr aus Deinem Hund

Eric H. W. Aldington

Mach mehr aus Deinem Hund

Vorwort
Dorit Urd Feddersen-Petersen

Welcher Hund und warum für welchen Menschen?
Hundetypen – Menschentypen wie man die passenden findet
Wie, wann und warum Hunde lernen
Für jedermann leicht verständlich und logisch
in 56 Schritten
zum idealen, problemlosen Haushund kommen

100 Fotos und Übersichten.

3. Auflage

Kynos Verlag

Das Titelbild zeigt den 8 Wochen alten Welpen »Dack vom Herberuer Land«
Aufnahme: Karl-Josef Drever

Abb. Rückseite: Messalinas Daphne, genannt Raika
Aufnahme: Gollwitzer

Einbandgestaltung und Gestaltung des Buches: Werkstatt igoll

Wir danken Frau Andrea Schwarzmeier von »Andreas Hundeschule«, die sich bereitwillig mit ihrer jungen Schäferhündin Roxi für zahlreiche Bilder mit Übungsbeispielen zur Verfügung stellte.

Einsender der Bilder: Bärtl M., 84036 Landshut (Seite 202), Bartz S., 21033 Hamburg (Seite 224), Braun B., 22145 Hamburg (Seite 307), Busse D., 38104 Braunschweig (Seite 29), Gisin Helene, CH Sbprait (Seite 22), Günster W., 91085 Weisendorf (Seite 153), Hey R., 52152 Kesternich (Seite 245), Kerl Susanne, 37130 Gleichen (Seite 159), Kreuzritter S., 09390 Gornsdorf (Seite 256), Krieger K., 56414 Bilkheim (Seite 60), Lingfelder H., 8781 Völkersleier (Seite 289), Möller/Talke, 99189 Elxleben (Seite 80), Niedrich Ch., 38644 Goslar (Seite 99), Oppermann K., 24211 Rastorfer Passau (Seite 157), Prinzing B., 73079 Süßen (Seite 127), Rau J., 18581 Lauterbach (Seite 212), Richter G., 57439 Attendorn (Seite 116), Schröder I., 44339 Dortmund (Seite 156), Schwoyer Hildegard (Seite 155), Simon F., 3210 Hiddenhausen (Seite 65), Stiner N., 79736 Rickenbach (Seite 329), Stüringer S., 83629 Weyarn (Seite 50), Wirkotsch W., 91550 Dinkelsbühl (Seite 167)

Alle anderen Aufnahmen Gollwitzer

Alle Angaben dieses Buches wurden Manuskripten und Briefen aus dem Nachlaß des Verfassers entnommen.

Am Remelsbach 30 • D-54570 Mürlenbach/Eifel
Telefon: 06594/653 • Telefax: 06594/452
Internet: http://www.kynos-verlag.de

3. Auflage

Gesamtherstellung: Druckerei Anders GmbH, D-54595 Niederprüm

ISBN-13: 978-3-938071-36-6

Inhaltsverzeichnis

VORWORT

Von Dorit Urd Feddersen-Petersen

Unser Ausdrucksverhalten kann Hunden überraschend geläufig werden, so die Bedeutung situativ kennzeichnender Eigenarten in unseren Bewegungen, unsere Gerüche in bestimmten Stimmungen, die Lautstärke, Stimmlage und Art unseres Sprechens. Auch Sprechpausen, die Sprechmelodie, Sprechgeschwindigkeit und der individuelle Klang einer Stimme werden registriert und im Sinne der Gestaltwahrnehmung (nach Lorenz) decodiert. Hunde kennen uns sehr genau und gehen individuell und je nach unserer Stimmungslage auf uns ein. Und wir? Was wissen wir von Hunden?

Die Unterschiede zwischen dem Säugetier Mensch und anderen Tieren sind eben so groß nicht. Doch kommunikativ können wir nicht mithalten, bemerken diese Unzulänglichkeiten allerdings in der Regel kaum. Wir verbalisieren eben vorrangig. Bei der Ausbildung von Haushunden ist man vielmehr nicht selten sogar darauf bedacht, bestimmte Gemütsbewegungen tunlichst zu unterdrücken, etwa im Sinne einer erfolgreicheren Konditionierung und Dominierung des Tieres. Wenn diese Taktik dann so erfolgreich nicht ist, bleibt Ratlosigkeit, oder der Hund hat »versagt«.

Eric H.W. Aldington beschreibt nach seinen überzeugenden Grundlagenwerken zum Hundeverhalten in diesem neuen Buch über das »Haustier des Menschen« kenntnisreich und folgerichtig, daß »Hundeerziehung« nichts anderes als beiderseitiges Kommunikationslernen ist, vom Menschen in biologisch sinnvoller Weise im Umgang mit dem heranwachsenden und erwachsenen Hund genutzt und gelenkt. Wichtig ist das Lernen auf Seiten des Menschen und Hundes in dem Sinne, daß Hunden die Möglichkeit geboten wird, ihre ausgeprägten Lernkapazitäten zu entwickeln und zu verfeinern. Hier geht es also mitnichten um neue, möglichst schnelle und wenig zeitraubende Methoden und Tips für den »pflegeleichten« Hund, der sich dem strapazierten Stadtmenschen möglichst unauffällig anpaßt, vielmehr muß zunächst einmal der Hundehalter in spe seine Lektionen erarbeiten. Dieses ist nun mit diesem Buch keineswegs eine Mühsal, vielmehr »vergräbt« sich jeder

Hundeliebhaber sogleich in die kurzweiligen, ja spannenden Ausführungen zur Hundeentwicklung und den daraus erwachsenen Forderungen an den Menschen, der etliche Fehlentwicklungen oder einfach Umwege zum Verstehen seines Hundes vermeiden kann. Ist bekannt, wie, was und wann Hunde lernen, ist es gar nicht schwierig, darauf aufbauend zu diesem innigen Umgang mit dem Hund zu kommen, der letztendlich seinen Ausdruck in der Korrektur oder Unterweisung des Tieres allein durch kleine Bewegungen, Stimmodulation und bestimmte mimische oder Körpersignale findet. Wir müssen uns unserer Ausdrucksmöglichkeiten, auf die Hunde angeborenerweise so oder so achten und reagieren, also nicht nur wieder bewußt werden, wir müssen lernen, sie gezielt mit bestimmten Reizen und sozialen Situationen zu assoziieren, so daß der Hund zuordnen kann, was sie für ihn bedeuten. Unsere Körpersprache ist reich und differenziert. So ergeben sich etliche Möglichkeiten, bestimmte Verhaltensweisen des Hundes mit bestimmten Gesten, einmal knapp ausgeführt, ein andermal mit Bewegungsüberschwang, hoher oder tiefer Stimmlage und etwa bestimmten Blickkontakten zu assoziieren. »MACH MEHR AUS DEINEM HUND« bedeutet also darüber hinausgehend »Mach mehr aus deinem Zusammenleben mit dem Hund, indem du ihm eine tiergerechte Entwicklung und ein ebensolches Lernen ermöglichst, so daß seine reichen, genetisch determinierten kognitiven Möglichkeiten zur Entfaltung kommen und in der Kommunikation mit Menschen (und Hunden) ein ausgeglichenes Hundeleben bewirken - und Menschen eine beglückende Beziehung mit Hunden erleben.«

Technische Hilfsmittel zur Hundeerziehung sind ein trauriges Symptom der Unkenntnis und Hilflosigkeit von Menschen, die wenig über Hunde und deren Lernverhalten wissen. Wie verzichtbar sie sind, wird wohl jedem aufmerksamen Leser schnell aufgehen. Und aufmerksam wird der interessierte Hundehalter und Hundeliebhaber sehr schnell: das Buch läßt nicht los. Aldington gibt Antworten sowohl auf die Vermeidung und Korrektur kleiner Probleme, wie auch auf größere Fragenkomplexe, deren Kausalfaktoren plausibel gemacht werden - ohne Ratgeber zu sein. Er führt durch die Vermittlung eines dichten Netzes an Fakten und Wissen zum Verstehen und Verständnis. So einfach kann sein, was selten in der Hundeliteratur gelingt: Wissensvermittlung in verständlicher und anwendungsbezogener Form. Wer diese Ausführungen gelesen hat, wird Hunde anders sehen und sein Verhalten ihnen gegenüber ändern. Viele Hundehalter werden das berühmte »Aha-Erlebnis« haben, wenn es um vermeintliche oder wirkliche Probleme oder unverstandene Erlebnisse mit ihrem Vierbeiner geht.

Gibt es bei Hunden eine angeborene Disposition, welche der Kommunikation mit dem Menschen entgegenkommt? Es scheint so zu sein. Das Erlernen von Signalbedeutungen im unterschiedlichen Sinnzusammenhang bei Hund und Mensch führt zu weitgehender Verständigung, ja zum Verstehen. Hunde sind »Kommunikationstiere«. Dazu haben wir sie im Zuge der Domestikation gemacht, und wir waren erfolgreich. Wir haben ein Verlangen danach, mit Hunden zu reden, wir reden ja ständig auf sie ein. Es sind zunächst nicht die Worte, die Kommunikation bewirken, Hunde haben bekanntlich kein Wortverständnis. Es ist vielmehr der Klang unserer Stimme, es ist die Situation, die ihnen ermöglicht, Worte mit Gestimmtheiten oder Aufforderungen zu assoziieren. Hunde hingegen erreichen uns ob der gar nicht gar so entfernten Verwandtschaft über ihr Ausdrucksverhalten. Sie vermögen »einfacher« und besser zwischen Arten zu kommunizieren als wir. Die Crux ist hingegen, daß die wenigsten Hundebesitzer wissen, wie sie das, was sie vom Hund wollen, was er lernen soll, überbringen können. Das erreicht kein Reden.

Fast alle Hundebesitzer reden mit ihren Hunden, sind sicher, verstanden zu werden, fühlen sich reich beschenkt durch das Zusammenleben mit dem Tier.

Diese Liebe ist jedoch nicht selten anthropozentrisch, hört mitunter schnell auf, wenn der Hund sich vermeintlich »fehlverhält«. Und das Reden mit den Tieren ist eben häufig keine Interaktion im Sinne artübergreifender Kommunikation, vielmehr überwiegend so etwas wie eine Manipulierung einer Art durch eine andere mittels Signalverhalten. Diese Präzisierung wird dann wichtig, wenn die Gefahr besteht, »unverstandene« Verhaltensweisen des Hundes mit vorgefertigten menschlichen Erwartungshaltungen zu erklären. Wer versteht das Ausdrucksverhalten seines Hundes? Wer hat sich der Mühe unterzogen, Kommunikation unter Hunden zu beobachten, um so ein »Verstehen« der Signalsysteme dieser Haustiere durch Beobachtung der Wirkung auf Artgenossen zu erreichen? Eher die Minderheit der Hundebesitzer. Die Motivationen, Modalitäten und Konsequenzen artübergreifender Interaktion sind auch wissenschaftlich kaum untersucht worden: die inneren Antriebe und Bereitschaften des interagierenden Menschen und des Hundes, die Umstände oder Erscheinungs- und Ausführungsform dieser zwischenartlichen Kommunikation, sowie schließlich die kurz- oder längerfristigen Auswirkungen, bedingt durch Signalaustausch beider, berühren zudem Bereiche, deren Analyse immer noch weitgehend umgangen wird: Gefühle. Gefühle werden als Gegenstand wissenschaftlicher Untersuchung ja überwiegend nicht akzeptiert, als nur der Introspektion zugänglich betrachtet. Man beginnt erst in neuerer Zeit, sie zu benennen, ohne allgemein Gefahr zu laufen, sogleich als »unwissenschaftlich« stigmatisiert zu werden. Dennoch fehlen Versuche auf breiterer Basis, um ihnen endlich ethologisch und experimentalpsychologisch »näherzukommen«.

Dieses Buch zum Lernverhalten von Hunden und Menschen wird auch dabei hilfreich sein. Es ist eine Fundgrube für alle Hundefreunde, enthält etliche Fakten und eine Fülle der Hinweise auf ein ausgeprägtes kognitives Vermögen hundlicher Sozialkumpane. Das Wichtigste: Eric H.W. Aldington gelingt es wieder einmal, uns ein gutes Stück weiter zum Verständnis des Hundes zu führen - ohne den erhobenen Zeigefinger und wohl auch deshalb so erfolgreich. Und das ist im Zeitalter der zunehmenden Instrumentalisierung von Haustieren so unendlich nötig wie hilfreich. Für alle Hunde und ihre Menschen.

Ein Wort zu diesem Buch...

Von Eric H.W. Aldington

Wie bei jedem meiner Bücher gilt auch hier, daß es beileibe nicht meinem »Genie« zu verdanken ist, sondern vielmehr meiner unersättlichen Neugier. Sie betrifft alles, was das Leben anbelangt, ist aber besonders ausgeprägt, geht es um Hunde. (Anm. des Lektorats: Unermüdlich hat Aldington alles Erfahrbare in viele fortlaufende Hefte eingetragen. Ebenso unermüdlich war er aber auch, auf Anfrage sein Wissen mit anderen zu teilen. Aus den Kopien vieler Briefe und Checklisten und nach seinen Heften wurde das folgende Buch zusammengestellt.)

Ich kann nicht mehr zählen, wieviele Bücher und Aufsätze aus dem In- und Ausland ich über Hunde gelesen habe, wieviele Experten ich rund um die Welt um ihre Meinung zu einzelnen Problemen befragt habe... Ihnen allen (aber auch meinen eigenen Hunden) verdanke ich, was ich über Hunde zusammentragen konnte.

Je älter und »hundekundiger« ich wurde, um so mehr schälte sich heraus, wieviel bei Hunden, trotz aller Liebe, Zuneigung und Fürsorge, versäumt wird. In erster Linie aus Unwissenheit, aber auch aus einer gewissen menschlichen Bequemlichkeit heraus.

Es gilt also, gegen beides ein Gegenmittel zu finden: Erstens die Unwissenheit zu beseitigen, zweitens Wege zu finden, die das Erziehen und Eingewöhnen eines Hundes nicht zu einer Tortur für Herrn und Hund werden lassen.

Sehr viele Hinweise habe ich meinen amerikanischen Freunden zu verdanken, die, berufsmäßig Hunde ausbildend, nach Mitteln und Wegen suchten, wie man diese Aufgabe mit möglichst wenig zeitlichem und finanziellem Aufwand bewältigen kann und trotzdem optimale Ergebnisse erzielt. Sie fanden heraus, daß man Hunde möglichst früh und möglichst zielstrebig den Aufgaben zuführen sollte, die sie dann ein Leben lang ausfüllen sollen. Wir hatten eigentlich nichts anderes zu tun, als das, was sich anderweitig bewährt hat, nun auch an den eigenen Hunden und den Hunden unserer Freunde auszuprobieren. Immer wieder waren und sind wir erstaunt, wie einfach so manches ist, weiß man erst einmal, wie man es richtig anfängt und durchführt. Auch das

Problem mit dem Zeitaufwand ist, betrachtet man es genau, in Wirklichkeit keines, wenn man die Erziehung des Hundes, wie es am sinnvollsten ist, in den Tagesablauf bzw. das Zusammensein integriert.

Immerhin hat sich in den letzten Jahren die Erkenntnis durchzusetzen begonnen, früh mit der »Erziehung« eines Hundes anzufangen und nicht erst kostbare Zeit ungenutzt verstreichen zu lassen. Aber es gibt immer noch Hundehalter, die den Beginn der Erziehung oft bis zum Erreichen des ersten Lebensjahres hinauszögern. Daß dies nicht sinnvoll ist, kann man schon allein am Folgenden erkennen: Zu dem Zeitpunkt, wo sein Besitzer den Hund erhält, ist dessen Gehirn nicht nur »fertig«, sondern auch aufnahmefähig wie ein Schwamm. Anders ausgedrückt bedeutet das aber auch, daß ein Hund, und mag er noch so jung sein, *immer lernt. Man kann überhaupt nichts dagegen tun*, selbst wenn man besorgt meint, man müsse ihn, seiner Jugend wegen, noch schonen. Daher sollte man *wirklich* fürsorglich sein, und seinem Hund von Anfang an die Möglichkeit geben, gleich das *Richtige* zu lernen, anstatt ihn hinterher der Frustration des Umlernens auszusetzen.

Auch dann, wenn Sie einen Hund bei sich aufnehmen, der bereits dem Welpenalter entwachsen ist, sollten Sie sich davor hüten, seine Fähigkeiten zu unterschätzen. Die in diesem Buch aufgezeichneten 56 Schritte kann jeder Hund, gleich welchen Alters, mit Ihnen gemeinsam unternehmen. Sie werden sehen, nicht nur er hat seine Freude daran. Es ist auch NIEMALS zu spät, einem Hund etwas beizubringen! Während Sie aber beim Welpen den Vorteil haben, ein sozusagen unbeschriebenes Blatt zu beschreiben, müssen Sie bei ihm Rücksicht nehmen auf seine Unfähigkeit, sich länger zu konzentrieren. Beim älteren Hund, dessen Konzentrationsvermögen schon etwas besser ist, müssen Sie hingegen den Zeitaufwand berücksichtigen, der nötig ist, um ihm unliebsame Angewohnheiten abzugewöhnen.

Lernen, das soll Ihnen dies Buch vermitteln, ist auch beim Hund etwas *Ganzheitliches*. Es ist nicht damit getan, wenn Sie beispielsweise jeden Tag 15 Minuten dafür verwenden, ihm etwas Bestimmtes »anzutrainieren«. Vielmehr muß er mit der Gesamtheit seines hundlichen Charakters in die Gesamtheit Ihres menschlichen Lebens und Umfeldes integriert werden. Das setzt voraus, daß Sie sich über die Grundbedingungen seiner Rasseherkunft, seines Lebens und seiner Denkweise informieren - d.h. *Sie* müssen lernen, das Leben mit seinen Augen zu sehen und entsprechend auf ihn einwirken, als verstünden Sie seine Sprache. Überraschend schnell wird er seinerseits auch die Ihre begreifen - und die Grundlage zur *Kommunikation*, ohne die eine Erziehung restlos unmöglich ist, ist geschaffen.

Die »Fähigkeit zu lernen« wird durch nichts als das Lernen selbst verbessert. Ihr Hund, das müssen Sie sich immer wieder vor Augen halten, bringt alle Voraussetzungen zum Lernen mit. Er ist neugierig, wißbegierig und *will* seinen Platz in Ihrer und somit seiner Umwelt finden. Bei keinem Hund müssen Sie erst eine Aversion gegen das Zusammenleben mit Ihnen überwinden.

Und er *braucht* Sie wirklich! Er braucht Sie als seine Leitfigur. Sie sind seine Lebensgrundlage und seine Lebenssicherheit. Sind Sie das nicht, wird er unsicher. Ein gestörter Hund ist die Folge. Nicht selten braucht aber auch der Mensch früher oder später seinen Hund. Sei es »nur« als treuen Begleiter und Lebensgefährten, sei es bei sogenannten »ernsthaften« Aufgaben, z.B. als Blinden-, Behinderten- oder Rettungshund.

Gar mancher Hundehalter hat es, am Ende eines Hundelebens klüger geworden, bedauert, daß er nicht mehr aus seinem Hund gemacht hat. Nicht nur der Mensch hat viele gute Fähigkeiten seines Hundes nicht ausnutzen können, auch gar mancher Hund hat ein Leben lang niemals voll zeigen können, was alles in ihm gesteckt hätte.

Wie man mehr aus einem Hund machen kann, dazu sollen die folgenden Seiten Ihnen helfen. Denn mit der Liebe allein, die Ihr Hund Ihnen täglich zeigt und die auch Sie ihm täglich entgegenbringen, ist es nicht getan. Schaffen Sie mit Umsicht und Konsequenz die Grundlagen zu einer wunderbaren Partnerschaft.

Die folgenden Seiten zeigen nur eine kleine Auswahl dessen, was man einem Hund alles beibringen kann. Es sind vorrangig Situationen aus dem täglichen Umgang mit einem normalen Haushund, bei denen nun ein für alle Mal festgelegt wird, wie sie ablaufen sollen. Über diesen einfachen Vorgang fördern Sie Verstand und Lernfähigkeit Ihres Hundes. Nach den aufgeführten Beispielen können Sie aber nun Ihrerseits das Ausbildungsprogramm unbedenklich erweitern, indem Sie noch für weitere Dinge, die Ihnen wichtig oder notwendig erscheinen, den Grundstein legen. Wie man das macht und was dabei zu bedenken ist, erfahren Sie auf den folgenden Seiten.

Hundeerziehung ist NICHT abrichten! Bei richtiger Erziehung des Hundes wird die Verständigung zwischen Mensch und Hund, bei einfachen, ersten Anfängen beginnend, ständig verbessert. Wer seinen Hund lediglich »abrichtet«, wird nichts weiter erreichen, als daß der Hund bestimmte »Kunststückchen« beherrscht, die er auf Nachfrage auch zuverlässig »erledigen« wird. Mit der richtigen Erziehung ist das anders: Bei jedem Laut, Wort, Ausruf oder einer einfachen Körperbewegung »weiß« Ihr Hund fast instinktiv, was sie bedeuten können und wird sich der Situation entsprechend verhalten.

Verlieren Sie nie die Geduld! Das frühe Anfangen stellt das Gelingen auf eine sichere Basis und sorgt für eine dauerhaft wirkende Ausbildung. Trotzdem braucht auch Ihr Hund, geradeso wie auch ein Mensch, eine mal kürzere oder mal längere Zeit, bis ihm alles in Fleisch und Blut übergegangen ist. Anlagen, die nicht gefördert werden, verkümmern. Übungen, die über einen längeren Zeitraum nicht ausgeführt werden, geraten in Vergessenheit. Daher ist es ebenso wichtig, Anlagen und Fähigkeiten umsichtig in möglichst größter Breite zu fördern, wie auch immer wieder dafür zu sorgen, daß sie auch späterhin nicht einfach in Vergessenheit geraten.

Wer die Möglichkeit dazu hat, sollte die Mühe nicht scheuen, seinen Hund auch mit anderen Hunden zusammenzubringen. Diese Begegnungen sind für ihn ebenso lebenswichtig wie eine gute Grunderziehung. Nutzen Sie die Chance, mit Ihrem Hund auf einem Übungsplatz zu üben. Auch dort hat er Kontakt mit seinen Artgenossen, und Sie haben eine gewisse Kontrolle und nicht geringen Ansporn, indem Sie die Leistungen Ihres Hundes mit denen anderer Hunde vergleichen können.

Denken Sie immer wieder daran: So wichtig Gesundheit, gewissenhafte Haltung und gute Ernährung sind, ebenso wichtig ist auch die »geistige« Förderung Ihres Hundes. Auch das gehört, und nicht zuletzt, zu seinem »Glücklichsein«. Helfen Sie ihm, sein Gehirn, seine Gefühle und seine Sinne optimal zu entwickeln - gerade so wie auch Sie hat er ein Anrecht auf ein, in seinem Sinne, erfülltes Leben.

TEIL 1

Bevor der Hund ins Haus kommt

Bevor Sie auf den Hund kommen

Es wird Sie vielleicht erstaunen: Schon lange, bevor der Hund seine Pfoten über Ihre Schwelle setzt, sind schon in mehrfacher Weise die Weichen gestellt, die es Ihnen ermöglichen, mehr oder weniger aus Ihrem Hund machen zu können.

Ganz gleich, ob Sie schon einmal einen Hund hatten oder sich erstmals einen vielleicht schon langgehegten Wunsch erfüllen möchten, sei es gleich zu Anfang betont: *Einen Hund ins Haus zu nehmen, ist durchaus eine ernsthafte Angelegenheit und will gut überlegt und - von verschiedenen Seiten - gut geplant sein.* Ein Hund ist mehr als ein Goldfisch oder ein Hamster, die in ihrem Aquarium/Käfig ein mehr oder weniger eigenständiges Leben innerhalb der Familie entwickeln können und bei denen es in erster Linie auf die richtige Haltung und Fütterung ankommt.

Kommt ein Hund ins Haus, geht man - wenn man es richtig macht - eine *Verpflichtung* ein, die auf *gegenseitiger Achtung und Liebe* basieren muß. Darum sagen z.B. die Amerikaner, sie *adoptieren* einen Welpen - und fürwahr, einen Hund zu sich zu nehmen, kommt durchaus einer Adoption gleich.

Wer einen Hund nicht nur kauft, sondern *adoptiert*, signalisiert gleichzeitig, daß er gewillt ist, eine ernsthafte Beziehung einzugehen, bei der es auf *beiden Seiten Rechte und Pflichten gibt.* Das gilt bei der Adoption eines Menschen gleicherweise wie bei einem Hund.

Sicherlich, Hunde sind keine Menschen, aber sie haben - wie diese - eine einzigartige Persönlichkeit, auf die wir noch genauer eingehen werden, und ihren eigenen Wert. Nur zu oft habe ich erlebt, daß eine Hund-Mensch-Beziehung scheiterte, weil die Menschen (nicht der Hund) übersehen hatten, all das aufzubauen, was für eine richtige *Partnerschaft* nötig ist. Es genügt keinesfalls, einen Hund regelmäßig zu füttern und auszuführen. *Hundehaltung ist mehr.*

Leider kenne ich keine Untersuchung, aus der hervorgeht, *warum* jemand ursprünglich einen Hund haben wollte. Aber ich bin sicher, gäbe es eine, käme dabei zutage, daß die Entscheidung, einen Hund haben zu wollen, in erster Linie »aus dem Bauch heraus« gefällt worden ist.

Der eine oder der andere möchte *auch* einen Hund, weil er beispielsweise bei irgendwelchen Leuten deren Zusammenleben mit einem wohlerzogenen Hund erlebt hat. Oder aber man findet eine bestimmte Rasse schön und würde sich gerne damit schmücken. Oder man hätte gern einen Beschützer/Aufpasser für sich selbst oder Haus und Garten. Andere meinen, ein Hund sei ein wertvoller Spielgefährte für ihre Kinder, ein anderer sucht einen Freitzeitpartner und möchte Hundesport betreiben und Pokale erringen. Unzählige Hunde verdanken ihre Anschaffung Filmen wie z.B. Lassie oder Werbespots, die reizende Kleinhunde oder Welpen präsentieren. Die Liste der Motive ließe sich so endlos fortsetzen: Viele meinen, man müsse nur einen solchen Hund erwerben und hätte damit allein schon die ungetrübte Freude ganz automatisch mitgekauft, ohne selbst noch mehr dazu tun zu müssen.

Zwangsläufig folgt die Enttäuschung auf dem Fuße - denn niemand hat ihnen gesagt, daß ein Filmhund für seine Aufgaben sorgfältig aufgebaut und minutiös von versierten Trainern erzogen wurde, bevor er vor der Kamera seine Kunststücke vorführen konnte. Dahinter verstecken sich zuerst die richtige Auswahl eines geeigneten Hundes, dann aber jahrzehntelange Erfahrung und viel, viel Arbeit.

Little Tramonts Jenga, Norwich Terrier, 4 Wochen alt
E.: Helene Gisin, CH Sbprait

Wie oft habe ich schon, klappte es nicht mit dem Hund, nach den ursprünglichen Hunde-Motiven gefragt. Immer stellte sich heraus, daß es vorrangig ein »zweckgebundener« Hundekauf gewesen war, der Hund aber von seinem Herrn mehr verlangte, als nur z.B. Statussymbol zu sein, mehr als nur Alarmanlage, Spielzeug oder Sportgerät. Das alles ließe sich leichter, sicherer und problemloser mit *Gegenständen* verwirklichen als mit einem Hund, der unendlich viele Aufgaben - oft mehr, als man sich vorgestellt hatte - erfüllen kann, aber dafür fordert er auch etwas von seinem Halter.

Bevor Sie, statt einen Hund zu kaufen, einen Hund *adoptieren*, wünsche ich Ihnen, daß Sie einen gewissenhaften Züchter gefunden haben. Einen, der nicht nur *verkaufen* will, sondern der besorgt ist, daß seine »Kinder« auch in gute, *geeignete* Hände kommen. Sicherlich, ein Hund ist kein Kind, kein Mensch - aber wir werden noch sehen, daß es viele Gemeinsamkeiten gibt, die man kennen und beachten sollte.

Der Hund ist ein *Rudeltier*. Wir kommen später noch einige Male darauf zurück, warum es in mehrfacher Hinsicht wichtig ist, sich klar zu machen, was das heißt und was das bedeutet.

Auf alle Fälle ist es so, daß der Hund künftig den oder die Menschen, mit denen er zusammen lebt, als sein *»Rudel«* ansehen wird; es ist alles andere als sentimental, gleich hier zu bemerken, daß Ihr Hund Sie von allem Anfang an als *seine Familie* betrachten wird, ganz gleich, ob die Familie nur aus Ihnen oder aus mehreren Personen besteht. Er tut dies aber nicht nur manchmal oder fallweise, sondern *immer*, weil er gar nicht anders kann. Wie das entsteht, will ich später erklären.

Daß Sie, ohne es zunächst zu realisieren, zur *Familie* Ihres Hundes werden, sollte aber einen bestimmenden Einfluß darauf haben, auf welche Weise Sie die Entscheidung fällen, einen Hund nicht oder doch haben zu wollen.

Stellen Sie sich einfach einmal vor, Sie wollten irgendeine fremde Person oder ein Kind bei sich aufnehmen. Wieviele Überlegungen werden Sie anstellen, ob das wirklich paßt und überhaupt möglich ist? Sie stellen sich das Zusammenleben mit dieser Person vor, betrachten Ihren bisherigen Tagesablauf und überlegen, inwieweit er durch die neue Person verändert werden würde. Sie haben bestimmte Vorstellungen, *wie* die Person sich in Ihr Familienleben einreihen muß, überlegen, welche

Charaktereigenschaften oder gar Marotten Ihnen dabei zu schaffen machen könnten, stellen sich vor, wie die Person sich in die bestimmten Abschnitte Ihres Tagesablaufs einordnen wird. Bei sehr vielen Leuten, die Schiffbruch mit ihrem Hund erlitten haben, könnte ich mir sehr gut vorstellen, daß sie bei der Überlegung, einen fremden Menschen oder ein Kind in ihre Familie aufzunehmen, von vornherein gewußt hätten, daß das gar nicht ginge.

Sie werden jetzt sagen, mit einem Hund ist das etwas ganz anderes - und haben damit gleicherweise Recht und Unrecht.

Sie haben Unrecht, wenn Sie meinen, das Leben ändere sich doch nicht so gravierend durch einen Hund wie durch einen Menschen. Auf vielfältigste Weise wird sich Ihr gesamter Tagesablauf, vom Aufstehen bis zum Schlafengehen, verändern, kommt ein vierbeiniger Gefährte hinzu. Ihre Freizeit wird sich verändern, Ihre Werktage, Ihre Wochenenden, Ihre Urlaube, das Autofahren, das Ausgehen...

Sie haben Recht, wenn Sie vermuten, daß man einen *passenden Hund viel gezielter aussuchen kann als einen Menschen*, denn unter den etwa 400 Hunderassen und den unzählbaren Varianten der Mischlinge *kann* man, bei einiger Sorgfalt, das herausfinden, was zu einem paßt. Das allerdings setzt voraus, daß Sie nicht einfach heute beschließen, »morgen kaufe ich einen Hund« und das dann auch in die Tat umsetzen, sondern nach dem Entschluß, einen Hund zu adoptieren, erstmal gründlich sich darüber informieren, welche vielfältigen Möglichkeiten Ihnen allein bei der Auswahl des richtigen Typs bzw. *Rassehundes* offen stehen.

Mischling oder Rassehund?

Obwohl man reizende und wunderhübsche Mischlinge bekommen kann, ist, aus *Sicherheitsgründen*, vielfach ein *Rassehund* vorzuziehen, weil dessen rassetypische Eigenschaften schon von vornherein bekannt und in Maßen kalkulierbar sind.

Bekommen Sie einen *Mischling* schon als Welpen, werden sich erst im Laufe der Zeit sein Aussehen, seine endgültige Größe und die Merkmale seines Charakters herausstellen. Bekommen Sie einen ausgewachsenen Mischling, sind zwar Größe und Aussehen festgelegt, nicht aber sein *Charakter* unbedingt zu erkennen, weil Sie dem Hund seine (oft nicht sehr schöne) Vergangenheit nicht ansehen können. Auch beim Mischlingswelpen können Sie, da er meist als »Unglücksfall« ungeplant entstanden ist, nicht davon ausgehen, daß der unfreiwillige Züchter in den ersten entscheidenden Wochen des Hundelebens wirklich alles Notwendige ordentlich erledigt hat. Dabei ist, wie wir noch sehen werden, der frühe Werdegang eines Hundes das, was ihn letztlich ausmacht. Dies ist kaum noch veränderbar, weil man Vergangenes und Versäumtes nicht mehr nachträglich beeinflussen kann.

Wenn auch ein Mischling erheblich billiger als ein Rassehund ist, ist er dennoch ein - Hund, mit allen *hundetypischen* Eigenschaften, Bedürfnissen und Fähigkeiten und *nicht* etwas Zweitklassiges, mit dem man nach Gutdünken verfahren kann, nur weil er »nichts wert« ist. *Auch ein Mischling stellt an Sie die gleichen Anforderungen wie ein Rassehund, wollen Sie ihm wirklich gerecht werden.*

Nun werden Sie sich im Stillen fragen, warum hier nur von den *Anforderungen, die der Hund an einen stellen wird*, die Rede ist. Wäre es nicht richtiger, einmal von den Anforderungen zu sprechen, die man selbst an den Hund stellen kann? Nun, wir werden im Verlaufe der kommenden Kapitel schon noch darauf kommen: Das Paradoxe und Schwierige bei der Hundehaltung ist, daß man, will man wirklich etwas von seinem Hund haben, zunächst *selbst* eine Reihe von Vorleistungen erbringen muß, und es so selbst in der Hand hat, wieviel oder wie wenig man aus seinem Hund »herausholen« kann.

Woher bekommt man seinen Hund?

Wenn wir schon die Frage nach Rassehund oder Mischling erläutert haben, ist eine weitere *Sicherheitsvorkehrung* wichtig: Es ist durchaus nicht gleichgültig, *woher* man seinen Hund bezieht.

Denn hier gilt (auch beim Rassehund): *Hund ist durchaus nicht Hund!* Je nachdem, wo Sie einen, sagen wir, 8-wöchigen Retriever-Welpen erworben haben, können Sie, bei gleicher Rasse, gleichem Geschlecht und gleichem Alter *ganz fürchterlich daneben greifen.*

Dies geschieht in der Regel dann, wenn Sie den Hund in einem Zoogeschäft oder bei einem »sogenannten« Züchter gekauft haben. »Sogenannte« Züchter nennen sich zwar auch »Zwinger vom Sowieso«, bieten aber meistens, vielfach in Dauerinseraten, mehrere Rassen an. Nicht immer stammen die Welpen von den eigenen Hündinnen, sondern werden, häufig viel zu jung, irgendwo günstig aufgekauft, und, nur scheinbar günstig, dennoch für gutes Geld und mit satten Gewinnspannen weiterverkauft. Aber selbst, wenn derartige »Züchter« die Welpen von den eigenen Hündinnen haben, werden diese oft zu in Ställen gehaltenen Gebärmaschinen degradiert. Was noch schlimmer ist, in beiden Fällen werden die Welpen in den ersten, entscheidenden Wochen nicht sachgerecht aufgezogen. Das ist später nicht wieder gutzumachen. (Warum und was, davon später.) Den Schaden haben beide (den Gewinn nur der »Züchter«): Der Welpe, der, ohne jede eigene Schuld, sich niemals nahtlos bei Ihnen eingewöhnt, meistens nicht gesund und vielfach schwer erziehbar ist; Sie selbst, weil Sie trotz aller Mühen und oft erheblicher Tierarztrechnungen, niemals den Hund haben werden, den Sie haben wollten oder könnten. Denn selbst dann, wenn Sie schon zahlreiche Bücher über Hundeerziehung und -gesundheit gelesen oder von früheren Hunden bereits Erfahrung haben, bei einem Welpen, der nicht die Mindestanforderungen mitbringt, sind Sie machtlos.

Aber auch nicht alle Züchter, die nur *eine* Rasse züchten, kann man gefahrlos kontakten. Am sichersten geht der Hundekäufer, der seinen Hund bei einem *anerkannten Züchter* erwirbt, d.h. bei dem man davon ausgehen kann, daß seine Welpen *genetisch sinnvoll geplant und artgerecht aufgezogen worden sind.* Wie überall gibt es auch hier schwarze und weiße Schafe. Man tut gut, sich vor dem Kauf eines Welpen sowohl vom »VDH» (Verband für das Deutsche Hundewesen) oder den einzelnen Rassezuchtverbänden, die dem VDH angeschlossen sind, wie von den Haltern anderer Hunde informieren zu lassen. Der Besuch einer Zuchtschau führt Sie außerdem mit vielen Rassehundehaltern und Züchtern zusammen. Es empfiehlt sich, auch die einzelnen Zwinger möglichst einmal anzusehen und sich die Hündinnen und - womöglich - auch die Rüden zeigen zu lassen. Nach einigen Besuchen kann man schon viel erkennen und dazu lernen.

Ein Welpe könnte bei einem anerkannten Züchter etwas teurer sein. *Scheuen Sie die einmalige Ausgabe nicht!* Für einen ordentlichen Züchter sind mit der Zucht und Aufzucht der Welpen viele Vorleistungen, Kosten und Mühen verbunden, die man dann im Preis der Welpen (teilweise) wiederfindet. Ein guter Züchter hat viele Vorteile für Sie: u.a. ist er, vor allem nach dem Kauf eines Welpen, weiterhin für Sie ansprechbar, oft eine große Hilfe, wenn Sie einmal ratlos sind. Die eventuellen Mehrkosten stehen in keinem Verhältnis zu den Kosten einer gewissenhaften Aufzucht.

Rüde oder Hündin?

Bei der Auswahl des richtigen Hundes spielt es keine unwichtige Rolle, ob Sie einen Rüden oder eine Hündin bekommen. (Nehmen Sie also nicht, weil der Züchter nur noch das eine oder andere hat, wahllos das eine oder andere, mit dem Gedanken, Sie werden schon irgendwie damit zurechtkommen.) Es kann nämlich sein, daß es in Ihrem Falle keinesfalls gleichgültig ist, ob es Rüde oder Hündin ist, weil, bei näherer Betrachtung, ganz einfach entweder ein Rüde oder eine Hündin besser zu Ihnen paßt.

Schon Konrad Lorenz bekannte sich klar dazu, Hündinnen vorzuziehen, weil sie treuer und - intelligenter als Rüden seien. Auch ich selbst ziehe für unser Zusammenleben nach langjähriger Praxis Hündinnen vor, aber das hat überhaupt gar nichts mit ihrer Treue oder Intelligenz zu tun.

Man kann überhaupt nicht sagen, daß nur aufgrund seines Geschlechts ein Hund wertvoller ist als ein anderer. Es gibt genau so treue, empfindliche, feinfühlige und guterziehbare Rüden, wie es andererseits auch dominante, aggressive Hündinnen gibt, die ihrem Herrn ganz schön Schwierigkeiten bereiten können. Außerdem sind Hündinnen ihrem »Hormonspiegel« ausgeliefert, d.h. während einer bestimmten Zeit nach der Läufigkeit unterliegen ihre Verhaltensweisen bezüglich Gehorsamkeit, Trainingsergebnissen u.ä. ihren »weiblichen Instinkten«.

Ob man einen Rüden oder eine Hündin auswählt, ist in erster Linie eine persönliche Entscheidung, bzw. die Addition der Plus- und Minuspunkte, die für das eine oder andere sprechen.

Hündinnen, vor allem bei den mittleren und großen Rassen, sind meistens kleiner und zierlicher (femininer) als Rüden der gleichen Rasse. In der Regel sind sie etwas früher ausgewachsen, was zur Folge hat, daß sie etwas einfacher zu erziehen sind. Das bedeutet aber nicht etwa, daß sie intelligenter sind, sondern daß man früher erfolgreich mit ihrer Erziehung anfangen kann. Nachteil bei Hündinnen ist, daß sie i.d.R. zweimal jährlich läufig werden, d.h. während der Zeit von zweimal drei Wochen hat man gewisse Unbequemlichkeiten hinzunehmen und muß gut auf sie aufpassen, um vor unerwünschtem Nachwuchs sicher zu sein. Das kann, weil man mit der Hündin dann nur unter Sicherheitsvorkehrungen nach draußen kann, anstrengend sein. Außerdem muß man dafür sorgen, daß sie das abgesonderte Blut nicht in der Wohnung vertropft. Aber dafür gibt es in jedem Zooladen Höschen, die man der Hündin anlegen kann.

Manchmal erhält man die Empfehlung, die Läufigkeit vom Tierarzt unterbinden zu lassen. Lassen Sie sich auf diese Möglichkeit nicht ein. Es ist hier schon, wegen der hohen Hormongaben, mehr Schaden entstanden, als man allgemein annimmt, und es stimmt auch nicht sicher, daß man auf diese Weise (anders als bei der Kastration) der Hündin ihre Fortpflanzungsmöglichkeit garantiert erhalten kann.

Sind Sie von vornherein ganz sicher, mit Ihrer Hündin *niemals* züchten zu wollen, sollten Sie sie, aus gesundheitlichen Gründen, schon vor der ersten Läufigkeit, also zwischen 6-8 Monaten, kastrieren lassen. Für den Tierarzt ist es ein Routineeingriff, die Hündin ist nach wenigen Tagen wieder wohlauf. Mit diesem Eingriff haben Sie zwei Fliegen mit einer Klappe geschlagen: Die lästigen Läufigkeiten und eventuelle Scheinträchtigkeiten entfallen ein für alle Mal. Obendrein haben Sie etwas für die *Gesundheitsvorsorge* Ihrer Hündin getan, deren Lebensdauer dadurch nachweislich verlängert wird, weil bei kastrierten Hündinnen viel seltener der gefürchtete Krebs an Gebärmutter und Gesäuge auftritt. [*]) (Es könnte allerdings sein, daß in diesem Zusammenhang von Seiten des Tierschutzes einmal von »Verstümmelung« des Hundes die Rede sein könnte. Eine Sterilisierung sollte NICHT die «Bequemlichkeit« des Hundehalters unterstützen, sondern wirklich dem Wohl der Hündin dienen!)

Etwas weniger ausgeprägte Krebsvorsorge bedeutet die Kastration der älteren Hündin. Aber man kann Hündinnen bis ins hohe Alter kastrieren lassen, ohne daß ihre Gesundheit durch die Operation ge-

[*]) Siehe auch: Eric H. W. Aldington, Von der Gesundheit des Hundes.

fährdet ist. Die Kastration empfiehlt sich auch, wenn Hündinnen gezielt zu bestimmten Aufgaben eingesetzt werden sollen: Ganz gleich, ob z.B. als Gebrauchshund, Sozialhund, Blinden- oder Behindertenhund (aber auch nur beim Haushund) ist es sinnvoll, die Hündin kastrieren zu lassen, weil sie dann ganzjährig, ohne Läufigkeitseinschränkungen, einsatzbereit ist. Wer eine kastrierte Hündin hat, beobachtet auch häufiger, daß sie leichtführiger, ruhiger, zielstrebiger und anpassungsfähiger und vor allem im Wesen gleichmäßiger als vorher ist.

Auch bei Rüden, wenn man sich sicher ist, daß sie nicht zur Zucht eingesetzt werden (können), ist oft die Kastration sinnvoll. Vor allem dann, wenn sie ein größeres Dominanzstreben, Raufen und Streunen an den Tag legen und die Gefahr besteht, daß sie ihren zu nachgiebigen Herrn dominieren, kann man die Kastration in Erwägung ziehen (die allerdings KEIN Ersatz für Erziehung ist!)

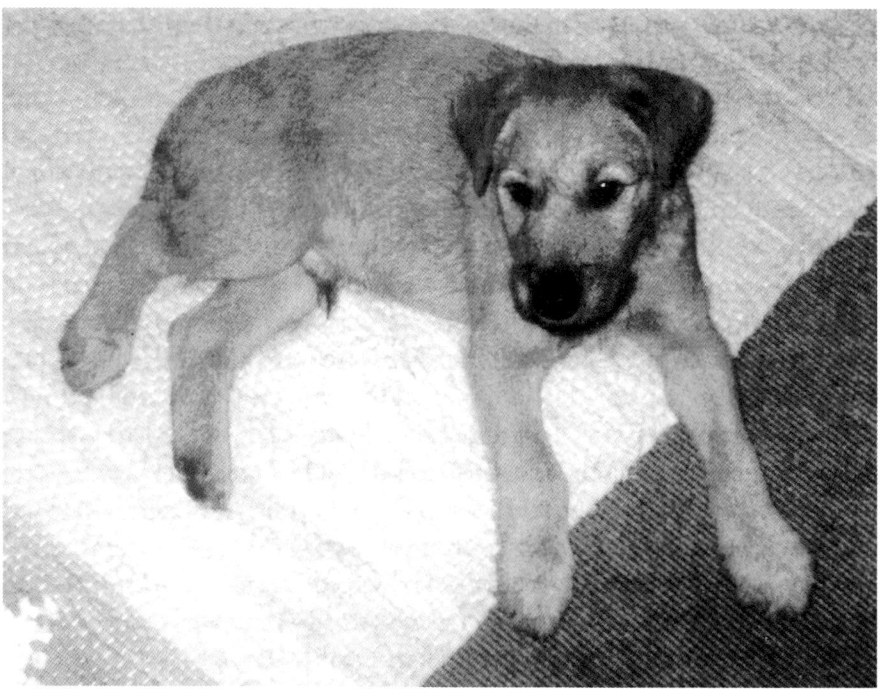

Chester vom Chuntertal, Irish Terrier, 8 Wochen alt
E.: D Busse, 38104 Braunschweig

Je nachdem, wie man es sieht, sind die Vor- und Nachteile bei der Anschaffung der Rüden, daß sie, besonders bei den mittleren und größeren Rassen, größer, ausdrucksstärker und kräftiger als die Hündinnen der gleichen Rasse sind. Im großen und ganzen sind sie persönlich unabhängiger als Hündinnen und besonders in ihrer (etwas länger andauernden) Jugend verlangen sie eine festere und geduldige Hand.

Während eine Hündin nur zweimal im Jahr »ihre Zeit« hat, ist dies bei einem Rüden ganz anders. (Wölfe sind ja nur einmal im Jahr paarungsbereit, Hunde immer!) Besonders dann, wenn in der Nachbarschaft Hündinnen sind, kann er *jedesmal und ganzjährig* nervös und aufgeregt werden, wenn irgendwo eine Hündin läufig ist! Da muß man dann auf seinen Rüden ebenfalls sehr gut aufpassen und auch seine Konzentration läßt aus erklärlichen Gründen dann jedesmal zu wünschen übrig. Unkastrierte Rüden neigen auch mehr als Hündinnen dazu, aggressiv zu sein und zu streunen, so daß es oft eine weise Entscheidung ist, den Rüden, nach Rücksprache mit dem Tierarzt, zu kastrieren und sich so vor den »Nebenwirkungen« seines auch ansonsten nicht benötigten Geschlechtstriebes zu schützen. Bei Blinden- und Behindertenhunden werden aus diesem Gründen kastrierte Rüden eingesetzt. Darüber, wann hierfür der beste Zeitpunkt ist, wird noch gestritten. Es gibt Meinungen, daß eine zu frühe Kastration eine Verminderung der Intelligenz nach sich ziehen kann, aber darüber ist das letzte Wort noch nicht gesprochen. Fachleute warnen allerdings davor, den Rüden zu früh kastrieren zu lassen, sondern erst mit drei oder vier Jahren. Nur so ist gewährleistet, daß seine männliche Ausprägung auch erhalten bleibt.

Trotz aller Vor- und Nachteile sei es hier gesagt: Gerade so, wie es *den* Hund nicht gibt, gibt es ebensowenig *die* Hündin oder *den* Rüden. Er/sie muß im *Charakter* zu Ihnen passen, und da ist die Geschlechtszugehörigkeit nur *ein* Gesichtspunkt unter vielen.

Von der richtigen Suche nach dem richtigen Hund

Wenn Sie mit den Besitzern einzelner Hunderassen beisammen sind, werden Sie schnell feststellen, daß viele dazu neigen, »ihre« Rasse als die bestgeeignete zu nennen. Hinzu kommt, daß Sie sich ohnehin schon am liebsten mit jenen Hundebesitzern und -züchtern unterhalten, deren

Hunde Ihnen aus irgendwelchen Gründen besonders gut gefallen. Es wird selten vorkommen, daß jemand, der sich beispielsweise für Bulldoggen erwärmt, sich in tiefere Gespräche mit einem Chihuahua-Besitzer begibt. Vielmehr wird er sich auf der Straße oder auf Ausstellungen magisch angezogen fühlen von jenen, die einen Bulldog an der Leine haben. Also, wieder eine Vorentscheidung, die Sie mehr oder weniger unbewußt »aus dem Bauch heraus« gefällt haben. Dabei, es sei immer wieder gesagt, gibt es keine »beste Rasse«, dafür aber Rassen, die gerade für Sie und Ihre besonderen Bedürfnisse besser oder weniger gut geeignet sind. Dies muß durchaus nicht jene Rasse sein, zu der Sie sich, vielleicht nur aus ästhetischen Gründen, hingezogen fühlen.

Ich habe im Laufe meines Lebens begreifen müssen, daß durchaus nicht jeder Traumhund, der meinen Weg kreuzte, auch der richtige für mich war. Eine meiner Vorlieben galt dem Saluki, für mich der wohl eleganteste, formvollendetste Hund, und ich stellte mir mehr als einmal vor, wie schön es sein müsse, solch Bild von einem Hund auch zu besitzen.

Also las ich die wenige Literatur, die ich darüber fand und wurde in meinem Bestreben, einen Saluki halten zu wollen, bestärkt, denn fast jeder, der Bücher über eine Rasse schreibt, neigt dazu, diese für die beste der Welt zu halten.

Dann kam ich in Gespräche mit allerlei Saluki-Besitzern und Züchtern. Ganz sicher, auch diese waren rundherum begeistert von ihren Hunden, die für sie die beste Rasse waren. Aber ich ließ mir auch viel über das Zusammenleben mit diesen Hunden erzählen... Voller Begeisterung wurde mir von der Unabhängigkeit und Zurückhaltung dieser Hunde berichtet, ihrer unglaublichen Schnelligkeit in Verbindung mit ihrem unbändigen Jagdeifer. Und je mehr die Besitzer von ihren Hunden schwärmten, um so klarer wurde für mich, daß dies keinesfalls ein Hund wäre, der zu mir und unserer Lebensweise passen würde, und das trotz seines ansonsten sanften und liebebedürftigen Wesens. Für seine große und bewunderte Eigenständigkeit und Dominanzstreben würden wir Abstriche bei seiner Erziehbarkeit hinnehmen müssen, und sein ausgeprägter Jagdsinn würde uns - zusammen mit seiner begrenzten Erziehbarkeit - vor Probleme stellen. Also war wieder eine Rasse ausgeschieden, die wir, »aus dem Bauch heraus« in die engere Wahl gezogen hatten.

Trotzdem wird man sich andererseits schwer tun, einen Hund *nur* mit dem Verstand auszuwählen. Und weil man das weiß, sollte man möglichst viele Vorkehrungen treffen, um mit dem Verstand zu kontrollieren, was das Herz beschlossen hat.

Man kann und sollte sich »kluge« Bücher kaufen und nachlesen, welche Eigenschaften manche Hunderassen haben. Das aber ist wiederum nicht der alleinseligmachende Weg, denn Sie müssen sich darüber im Klaren sein, daß kein Hund hundertprozentig alle Charaktermerkmale einer bestimmten Rasse hat. Das gilt im Guten wie im Bösen. Die einzelnen Rassen sind, wenn auch in ihren Grundzügen sehr ähnlich, nicht geklont, so daß auch innerhalb einer bestimmten Rasse das Spektrum von Verhaltens- und Wesenseigenschaften sehr groß sein kann. Jeder Hund ist ein Individuum, das sowohl von genetischen wie von Umwelteinflüssen geformt wird. Trotzdem kann man davon ausgehen, daß in bestimmten Rassen und hier wieder in bestimmten Blutlinien bestimmte Eigenschaften verstärkt oder vermindert zutage treten. Haben Sie aber z.B. in einem Buch gelesen: »Der Hund wird noch immer für die Jagd verwendet und eignet sich im allgemeinen nicht als Hausgenosse.«, werden Sie sicherlich jemanden finden, der dies wütend bestreitet, und schwört, daß gerade sein Hund ein hervorragender Hausgenosse sei. Trotzdem sind es solche Hinweise, die einem helfen können, mal abzustecken, welche Rassen denn überhaupt infrage kämen.

Aber bevor Sie sich für die eine oder andere Rasse entscheiden können, müssen Sie zunächst zwei wichtige Dinge über sich selbst herausfinden.

Das eine ist, Sie müssen sich entscheiden, was für eine Art Hund Sie gern hätten und warum oder wozu Sie ihn brauchen könnten.

Das andere ist, Sie müssen in sich gehen und zu erkennen versuchen, was für ein Mensch Sie selbst eigentlich sind.

Denn die Wahl des richtigen Hundes ist eine viel komplexere Entscheidung, als vielfach angenommen wird. Man tut gut daran, sich vor allem anderen einmal selbst die Frage zu beantworten: »Wer bin ich und was will ich eigentlich?«

Ich merke, daß Sie bereits hier zögern, denn wann zuletzt haben Sie sich diese Frage überhaupt schon einmal gestellt? Sie ist viel schwerer zu beantworten, als man zunächst annimmt. Und dennoch, wenn Sie einen Hund haben wollen, aus dem Sie mehr machen können, ist gerade die Beantwortung dieser Frage besonders wichtig. Sie hilft Ihnen herauszufinden, welchen Charakter Ihr - Hund haben sollte. Denn nur, wenn Sie in Charakterfragen übereinstimmen oder sich *sinnvoll* ergänzen, wird Ihnen das Zusammenleben mit Ihrem Hund nahtlos gelingen. Später mehr zu diesem Punkt.

Gehen Sie, wie gesagt, ruhig so vor, als wollten Sie einen fremden Menschen oder ein Kind in Ihre Gemeinschaft aufnehmen. Auch hier müssen Sie sich fragen: »Was paßt am besten zu mir?« und sich zugleich beantworten, wie Sie selber sind.

Sind Sie extrovertiert oder introvertiert, sind Sie voller Energie und Tatendrang, oder eher behäbig und vorsichtig-zurückhaltend gegenüber allem Neuen? Sind Sie ein dominanter bzw. alles bestimmender Typ, oder sind Sie eher zurückhaltend, nachgiebig oder ängstlich? Sind Sie diszipliniert oder lassen Sie sich schon mal gehen, sind Sie Ihren Gefühlen ausgeliefert oder eher ein nüchterner Verstandesmensch? Sind Sie eher zurückhaltend oder mehr spontan in Ihren Äußerungen oder Ihrem Verhalten, sind Sie kontaktfroh und berührungsfreudig oder eher reserviert?

Das alles sind *keine* Qualitätsmerkmale und nicht wertend gemeint. Sie müssen sich nur über sich selbst mehr klar werden, um herauszufinden, welche Hunderasse und welcher Hundecharakter am besten zu ihnen paßt. Um es einmal mit anderen Worten auszudrücken: Kaum jemand wird einer zurückhaltenden, freundlichen Oma guten Gewissens z.B. einen Rhodesian Ridgeback anraten, sei der Welpe anfangs noch so klein, harmlos und niedlich.

Welchen Hund will ich eigentlich haben?

Nachdem Sie nun in sich gegangen sind und alle Punkte *ehrlich* beantwortet haben, ist Ihnen schon einiges klar. Vielleicht sind Sie ein eher ungeduldiger Typ und haben nicht besonders große Ausdauer, dann sollte Ihr Hund nicht gerade zu jenen gehören, bei denen man viel Zeit für Pflege und Ausbildung braucht. Ist Ihre Wanderleidenschaft stark reduziert, sind Sie vielleicht sogar ein bißchen faul, sollten Sie nicht ausgerechnet eine Rasse mit großem Bewegungsdrang auswählen, auch wenn Ihnen die Hunde noch so gut gefallen. (Oder aber Sie müßten Ihr Leben ändern. Wollen Sie das für einen Hund tun?)

Auch bei Fell(Pflege) und Größe der Hunde wird Ihnen für jedes Gefühl etwas angeboten. Haben Sie wenig oder unregelmäßig Zeit, sollten Rassen mit aufwendiger Fellpflege von vornherein ausscheiden. Das hat nichts mit ihrer Größe zu tun, auch ein kleiner Hund mit total verfilztem Fell ist keine Augenweide und muß womöglich total abgeschoren werden, um das Fell wieder in Ordnung zu bekommen. Ein Bobtail gar, mit einem verdorbenen Fell, hat schnell seinen ganzen Charme eingebüßt.

Viele Leute meinen, für einen Hund sei es ideal, ein Haus mit Gartenauslauf zu haben. Sie hoffen, daß sie damit auch ein größeres Bewegungsbedürfnis des Hundes (bequem) ausgleichen könnten. Täuschen Sie sich in dieser Hinsicht nicht! *Der Garten ersetzt nicht den täglichen Ausgang!* Läßt man Hunde allein in den Garten, laufen sie keinesfalls begeistert stundenlang umher und legen manchen Kilometer zurück, um ihr Bewegungsbedürfnis zu befriedigen. Schon nach sehr kurzer Zeit beginnen sie sich zu langweilen und legen sich einfach irgendwo hin, vielleicht an den Zaun oder das Gartentor, um die Welt »draußen« zu beobachten, oder - was schlechter ist - sie kommen voller Aktivität auf lauter dumme Gedanken, um sich zu beschäftigen. Da werden Blumenbeete und Rasen zerstört oder - was sehr ärgerlich und gefährlich ist - es wird der Zaun durchgebissen, übersprungen oder untergraben: Hat der Hund einmal Blut geleckt, wie schön es draußen ist, wird er immer wieder Ausbruchsversuche machen, und Sie können ihn *nie* mehr längere Zeit unbeaufsichtigt im Garten lassen. Verbieten oder abgewöhnen können Sie ihm das jedenfalls nicht.

Viel wichtiger als die Frage nach dem Garten ist also zuallererst die Frage, wo und wie Sie mit Ihrem Hund leben wollen. Es gibt *keine* für jeden Hund ideale Umgebung, sondern sie muß speziell zu seiner und Ihrer Lebensform passen.

Leben Sie inmitten einer Großstadt, am Stadtrand oder auf dem Lande? Je nach Ort benötigen Sie unterschiedlichen Zeitaufwand für das tägliche Ausgehen, das Üben und sonstige Vorsorge für Ihren Hund. Mitten in der Stadt wohnend können Sie längere Anfahrwege für den Ausgang haben, im 7. Stock eines Hauses kann es schon problematisch sein, einen größeren Hund stubenrein zu bekommen, während Sie mit einem kleineren Hund problemlos zum »Zeitungstraining« übergehen können - und es notfalls auch später, wenn der Kleinhund ausgewachsen ist, dabei belassen. Aber Zeitungstraining ist wirklich keine Ideallösung!

Leben Sie auf dem Lande, kann es wiederum sein, daß Sie während Ihrer Arbeit längere Zeit außerhalb sind. Wer kümmert sich dann - auch noch fachgerecht - um den Hund, daß er nicht vereinsamt? Können Sie ihm einen Auslauf verschaffen, den er in Ihrer Abwesenheit auch einmal allein benutzen kann? Allerdings: Ein Ausgeh-Ersatz ist das, ebenso wie ein noch so großer Zwinger, natürlich nicht.

Sie sehen, jede Lebensform *könnte* für das Halten eines Hundes ihre Probleme haben, so daß man sagen kann: Ihre Umgebung setzt Ihnen bei der Auswahl Ihres Hundes letztlich kaum Grenzen, wenn Sie in der Lage sind, sich ausreichend um Ihren Hund zu kümmern. Ich kenne viele Leute in Großstädten, die glücklich auch mit ihren größeren Hunden dort leben. Sie halten z.B. ohne Schwierigkeiten Dobermann, Rottweiler, Schäferhund, Boxer, Windhund oder Akita usw. Sie sorgen dafür, daß ihr Hund genügend Zuwendung, Auslauf und - Erziehung bekommt, um sich nahtlos einzufügen. Muß ich betonen, daß man dafür auch das eigene Leben manchmal etwas umstellen muß?

Die größeren Rassen haben meist auch noch den Vorteil, daß sie von Natur aus ruhiger und etwas gesetzter sind, als die Minihunde, die gelegentlich mit ihrem quirligeren Temperament schon etwas komplikationsreicher sind, dafür ist deren Bewegungsdrang schneller befriedigt. Hinzu kommt allerdings, daß erfahrungsgemäß ein Besitzer eines Schoßhundes sich erstmal weniger Gedanken um dessen Erziehung macht, etwas, wofür dann letztlich beide mit Sicherheit büßen müssen. Überhaupt keine Probleme hinsichtlich der Bewegung gibt es dann, wenn Sie beispielsweise ein begeisterter Jogger sind, der einmal oder mehrmals täglich sein Quantum läuft. Ein Jogger sollte sich zwar nicht gerade eine Bulldogge zulegen, weil die das Laufen nicht aushalten wird, auch ein Kleinhund oder niederläufige Hund kann hier Probleme bekommen, aber mit den mittleren und größeren Rassen, die ein gutes Laufvermögen haben, sind Herr und Hund gleicherweise gut bedient.

Wichtig bei Ihrer Hunde-Entscheidung ist auch Ihr persönlicher Wohnungsstil. Haben Sie eine geräumige Wohnung, ein Appartement, wohnen Sie in einem Mehrfamilienhaus in der Stadt oder auf dem Land? Sind Sie Mieter? Wie stehen Sie sich mit dem Hausbesitzer oder den Nachbarn? Mögen die Hunde? Wäre es mit Rücksicht auf die Mitbewohner günstiger, einen Kleinhund vorzuziehen oder würden auch größere Rassen toleriert? Leben Sie mit anderen Leuten im gleichen Haus, sollten Sie nicht gerade eine bellfreudige Rasse auswählen, weil das garantiert Ärger gibt. Haben Sie in unmittelbarer Umgebung Ihrer Wohnung einen Garten oder eine Anlage, wo Sie den Hund ausführen oder mit ihm üben können?

Sehr kleine Wohnungen sind allerdings mit sehr großen Hunden nicht vereinbar. Der Welpe mit nur wenig Pfund Gewicht und seiner noch zierlichen Körpergröße paßt anfangs in jede Wohnung. Haben Sie aber eine Dogge oder einen Irish Wolfhound, wird es bald so sein, daß das Zimmer voll ist, wenn der Hund hereinkommt. Für Sie *und* den Hund ist einfach nicht genügend Platz. Da können Sie sich noch so große Mühe geben, dem Hund nichts vorzuenthalten: Bei zu geringem Platz ist er einfach stundenlang regelrecht eingesperrt und wird, je nach Veranlagung, depressiv, destruktiv oder aggressiv, und man muß sich schließlich von ihm trennen.

Hunde stellen keine besonderen Anforderungen an Ihren Wohnungsstil, vorausgesetzt, sie haben genügend Auslauf. Allerdings möchte ich der Meinung entgegentreten, aus hygienischen Gründen sei es günstiger, ein Haus/Wohnung mit glatten Fußböden, die man wischen kann, zu haben. Einer meiner Freunde, der ein geräumiges Landhaus mit wunderschönen, spiegelglatten Steinböden hatte, entschloß sich schließlich, alles zu ändern, da sein Hund auf den glatten Böden kaum laufen mochte und nicht dazu zu bewegen war, die ebenfalls glatten Treppen (die obendrein nach hinten offen waren) zu benutzen. Gerade, wenn Sie einen Welpen ins Haus nehmen, müssen Sie ihm bei glatten Böden Teppichbrücken legen, damit er sich angstfrei und sicher zu bewegen lernt. Wir selbst haben, trotz der Hunde, im ganzen Haus Teppichböden. Sie lassen sich problemlos saugen und reinigen und sind auch nicht schmutziger, als andere Böden, aber für Mensch und Tier doch sehr angenehm. Bei spiegelglatten Treppen ist auch der forscheste Welpe überfordert und in Gefahr. Und das mit der Hygiene: Ihre Einstellung dazu wird sich, je länger Sie einen Hund haben, vermutlich ziemlich verändern, ohne daß das ein Nachteil ist!

Wer keinen Hund haben sollte
... - ohne seinen Lebensstil zu ändern

Bevor Sie sich den Wunsch nach einem Hund erfüllen, sollten Sie einen Blick auf Ihren Tagesablauf werfen, so wie er jetzt ist. Einmal angenommen, jeder in Ihrer Familie ist beruflich stark engagiert, Sie arbeiten - vielleicht als Selbständiger - außer Haus. Sie fahren in aller Frühe ins Büro, arbeiten ohne Pause bis in den Abend und haben noch dazu häufig abends länger zu tun. Außerdem engagieren Sie sich stark vielleicht im Lionsclub, beim Golfklub oder im Schwimmverein und haben auch noch einige andere Ehrenämter. Selbst wenn *Sie* es sind, der (auch noch) den Hund haben will, wieweit können Sie Ihr Leben ändern, damit genügend Zeit für den Hund bleibt bzw. wer in Ihrer Familie wird dies für Sie tun? Oder: Sie sind, teilweise berufstätig, als Hausfrau und Mutter ständig auf Trab, sind nachmittags Chauffeur für Ihre Kinder, am Abend in allen möglichen Vereinigungen aktiv - Sie müssen sich wirklich fragen, wieviel Zeit bleibt mir eigentlich für den Hund bzw. wo nehme ich die benötigte Zeit eigentlich her? Denn, daß ein Hund ein *Rudeltier* ist, beinhaltet auch, daß er ein gewisses Maß an menschlichem Kontakt, Zuwendung und Erziehung bitter nötig hat.

Ein mir bekanntes Arztehepaar hielt, weil sie sich nicht einigen konnten, gleich zwei Schäferhunde, einen Rüden und eine Hündin. Sicherheitshalber wurden diese Hunde nicht nur in einem, sondern getrennt in zwei Zwingern gehalten. Zuwendung und Erziehung nur an den Wochenenden, *wenn* genügend Zeit war. In meinen Augen pure Tierquälerei! Ein Hund, alleingelassen und isoliert gehalten, verkümmert nicht nur, sondern wird früher oder später höchst unangenehme Angewohnheiten entwickeln, die als Auslöser nichts anderes haben, als Vereinsamung und - Langeweile. Ansprache und Training nur am Wochenende, und auch das oft nicht regelmäßig, reichen nicht aus. Sie können den Hund nicht von Montag bis Freitag sozusagen auf Eis legen. Das wird, im Gegensatz zu Kindern, auch nicht besser, wenn der Hund älter wird. Kinder berufstätiger Eltern können sich mit zunehmendem Alter von Jahr zu Jahr besser mit sich selbst oder mit verschiedenen Dingen beschäftigen, können lesen, basteln oder fernsehen, haben für die Schule zu tun, die einen Teil des Tages ausfüllen und haben Besuch von Freunden. Und Ihr Hund?

Wenn Sie bei einem Welpen oder Junghund etwas mehr Zeit benötigen, ist auch bei einem erwachsenen Hund ein Mindestmaß notwendig. Immer wird Ihr Hund etwas von einem kleineren Kind haben. Haben Sie keinen Garten, sollten Sie sich darauf einrichten, daß Sie mit Ihrem ausgewachsenen Hund dreimal täglich, jeweils mindestens 20-30 Minuten, hinausgehen müssen. Einerseits, damit er sich lösen kann, andererseits, um sich zu bewegen und seinen Erlebnishunger zu stillen. Denn der Hund ist nicht nur ein *Rudeltier*, sondern auch ein *Laufraubtier*, das Bewegung dringend nötig hat. Sie können es sich auch so einteilen, daß Sie einmal täglich einen wirklich umfassenden Spaziergang machen, und bei den anderen Ausgängen haben Sie nur gerade so viel Zeit zu veranschlagen, wie der Hund zum Lösen braucht. Aber insgesamt 1 1/2 bis 2 Stunden täglicher Auslauf sollten schon zustande kommen. Haben Sie einen Garten, genügt *ein* ausführlicher Auslauf, den »Rest« kann der Hund dann zuhause erledigen. (Daß das tägliche Bewegungspensum an frischer Luft auch für Sie selbst ziemlich gesund ist, steht ganz außer Frage!)

Ausgehen allein genügt nicht. Sie brauchen mehr Zeit für den Hund. Er muß auch gefüttert werden und weiß nichts Schöneres, als wenn er mit Ihnen *spielen* darf, was für ihn auch Zuwendung und daher wichtig ist, wie wir noch sehen werden. Für Spielen und Füttern brauchen Sie etwa eine Stunde, hinzu kommt noch die Zeit, die Sie für seine Erziehung (teilweise beim Spielen und untertags mitzuerledigen) nämlich täglich 15-30 Minuten benötigen. Außerdem beansprucht auch seine Körperpflege mehr oder weniger Zeit.

Haben Sie keinen Schoßhund, wird, nach der Grunderziehung, auch die Frage nach der *weiteren Ausbildung*, die der Hund auch aus *psychischen* Gründen benötigt, akut. Haben Sie einen Übungsplatz in erreichbarer Nähe und wie oft und wie lange wollen/können Sie dort mit Ihrem Hund arbeiten? Haben Sie einen sehr aktiven Hund gewählt oder einen aus einer Gebrauchsrasse, der arbeiten *muß*, (z.B. einen Border Collie) müssen Sie sich nach einem Übungsplatz umsehen, wo Sie z.B. Agility mit Ihrem Hund machen können, damit er ausgelastet ist. Fast alle Gebrauchsrassen sind übrigens gar nicht besonders glücklich, ihr Leben auf dem Sofa (was sie natürlich zeitweilig mögen) zuzubringen, sie müssen einfach abarbeiten und sich abreagieren, um sich problemlos eingliedern zu können. Andererseits müssen nicht alle Gebrauchsrassen grundsätzlich zum Schutzhund ausgebildet werden, wenn anderweitig mit ihnen gearbeitet wird.

Leider weisen nicht alle verkaufswilligen Züchter hinreichend auf die »Arbeitswut« ihrer Hunde hin. Am schönsten ist es natürlich, Sie setzen den Hund so ein, wie es *ursprünglich das Ziel* der Rasse war: Einen Schlittenhund im Gespann, einen Windhund auf der Rennbahn, einen Jagdhund bei Jagd, Fährten und Apportieren, den Jack Russel z.B. in Haus und Stall bei Pferd und Rattenfang. Die Liste ließe sich noch lange fortsetzen.

Das alles bedeutet oft natürlich auch eine nachdrückliche Veränderung Ihres bisherigen Lebens - hätten Sie wegen des Hundes Spaß daran und können Sie es verwirklichen? Sonst tun Sie nämlich besser daran, sich einen Hund auszusuchen, der weniger Anforderungen an Sie stellt.

Besteht Ihre Familie aus mehreren Personen, ist es meist etwas einfacher, die Aufgaben zu verteilen. Dabei kann es zu Problemen kommen, nämlich dann, wenn man sich über den Umgang mit dem Hund nicht abspricht (wie man das am besten macht, davon später) und jeder anders mit dem Hund umgeht. Dies ist besonders beim noch lernenden Welpen oder Junghund wichtig (der sollte anfangs eine hauptsächliche Bezugsperson haben), der verwirrt werden könnte, wenn zu viel unterschiedliche Anforderungen an ihn gestellt werden und schließlich keinem mehr folgt. Der ältere Hund richtet sich dann schon auf den jeweiligen Menschen ein, der mit ihm unterwegs ist. Beim einen wird er ziehen wie eine Lokomotive und nur sporadisch folgen, beim anderen brav bei Fuß gehen; beim einen wird er betteln und stehlen, was ihm vielleicht beim anderen überhaupt nicht in den Sinn kommt.

Mancher *Denkfehler* entwickelt sich dann, wenn ein Hund wegen der *Kinder* angeschafft wird, damit diese *»Verantwortung lernen«*. Auch wenn der Wunsch der Kinder nach einem vierbeinigen Gefährten noch so groß ist: Bei einem Kind *unter 14 Jahren* kann man *nicht* davon ausgehen, daß es *eigenverantwortlich* mit seinem Hund umgeht, auch wenn es der eigene ist. Immer haben hier die Erwachsenen die Hauptverantwortung und Arbeit und müssen ihre Kinder geduldig anleiten. Es gibt aber nichts Schöneres und Wichtigeres für Kinder, als mit einem Hund großzuwerden. An erster Stelle steht aber hier nicht die Verantwortung, sondern die Seelen- und Gefühlsverbindung, die sich hier entwickelt und die mit nichts anderem zu vergleichen ist. Lassen Sie Hund und Kind das Zusammenleben *genießen*, die gegenseitige Verantwortung stellt sich dann im Laufe der Zeit von selbst ein.

Erschrecken Sie nicht, daß bisher die meisten Überlegungen dahin gingen, Ihnen die *Schattenseiten der Hundehaltung* vor Augen zu führen. Es ist besser, man weiß auch bei den negativen Aspekten, was auf einen zukommt, als wenn man unvorbereitet vor die Situation gestellt wird, damit fertig werden zu müssen. Denn trotz allem bisher Gesagten: Ich bin nach wie vor der Überzeugung, daß die *Sonnenseiten* des Lebens mit einem Hund weitaus *überwiegen* - wenn man es richtig macht und dazu soll dies Buch beitragen.

Wie finde ich den passenden Hund
Über den richtigen Umgang mit Büchern

Immer wieder werde ich gefragt, was in bestimmten Fällen der richtige Hund sei. Jedesmal sind die Leute erstaunt, wieviele Gesichtspunkte, an die sie gar nicht gedacht hätten, dabei zu berücksichtigen sind. Über einige haben wir schon gesprochen.

Manche fahren auf die großen Hundeausstellungen, schauen sich die Hunde einmal in Natura an und unterhalten sich mit den Ausstellern. Aber, außer, wie die Hunde aussehen, und daß es die besten, kinderliebsten und guterziehbarsten Hunde sind, haben sie meist nicht viel erfahren. Nicht selten werden hier die Probleme, die mit einer Rasse verbunden sein könnten, übergangen oder verniedlicht. Wer Ihnen weismachen will (wie es mir erging), daß ein Irish-Wolfshound keine anderen Anforderungen an seinen Besitzer stellt, als der zufällig auch anwesende Rauhhaardackel des Züchters, dem sollten Sie nicht einfach alles glauben (wollen) und sich anderweitig sachkundig machen.

Am besten, man besorgt sich ein gutes und möglichst ausführliches Buch über Hunderassen, die dort in Wort und Bild beschrieben sind und wo man auch etwas über ihre Herkunft und ursprüngliche Verwendung erfährt. Beim Durchblättern werden Sie erstaunt sein, in wie vielfältiger Gestalt, Farbe und Größe Hunde zu haben sind, wobei Ihnen einige besser gefallen, andere weniger. Aber, davon, daß Ihnen nur ein *Bild* eines Hundes *gefällt*, wissen Sie noch überhaupt nicht, ob der Hund zu Ihnen *passen* wird. Irgendwie muß man also eine Ordnung hineinbringen, um eine Grundlage zu haben, welche Art von Hund am besten zu einem passen würde.

Nun kann man Hunde nach den verschiedensten Systemen »sortieren« (manche Hundebücher sind ja auch schon nach bestimmter Zugehörigkeit gegliedert). Hier wollen wir es einmal mit drei groben Einteilungen versuchen, damit Sie sehen, wie man die Sache angehen kann.

Die erste, allergröbste Einteilung ist, die Hunde einfach nach ihrer *Größe* aufzuteilen, z.B. weil man von vornherein sicher ist, daß ein Hund eine bestimmte Mindest- oder Maximalgröße haben soll. Vielleicht können Sie nur einen Zwerghund unterbringen, dann können Sie schon mal alle anderen Rassen außer acht lassen und einfach nur bei den Zwerghunden nachlesen, wodurch die sich unterscheiden.

Grob teilt man die Hunderassen nach Größen so ein:

Groß	=	über 61 cm Widerristhöhe
Mittelgroß	=	46-61 cm Widerristhöhe
Klein	=	unter 46 cm Widerristhöhe

(Widerrist ist der höchste Punkt der Schulter, mit Hals und Kopf sind die Hunde dann schon etwas größer.) Aber allein mit der Körpergröße ist ja nur sehr wenig gesagt, wenn man überlegt, daß z.B. bei Hunden unter 46 cm so unterschiedliche Rassen vorkommen wie Beagle, Tibetterrier, Papillon, Chihuahua, Zwergbullterrier, Dackel, Mops, Windspiel.

Bei den mittelgroßen Hunden sind ebenfalls die Auswahl und die Verhaltensvarianten sehr groß. Man findet nebeneinander so unterschiedliche Rassen wie den Labrador, den Chow Chow, den Briard, den Pharaonenhund, den Airedale Terrier, den Saluki oder die Bordeauxdogge.

Und bei den großen Hunden sind es z.B. die Dogge, der Deerhound, der Mastino Napoletano, der Irish Wolfhound oder der Neufundländer. Vergleichen Sie auch hier einmal Herkunft, Verwendung und Charakter, werden Sie sehen, daß Sie auf diese Weise schwerlich den idealen Hund finden werden.

Insgesamt sind derzeit mehr als 400 verschiedene Rassen bekannt und eine Unzahl an Mischlingshunden, die immerhin etwa 80% der Hundebevölkerung ausmachen. Aber, sind die Vorfahren der Mischlinge einigermaßen bekannt, kann man auch sie in ein Schema eingliedern.

So kann man die Hunde grob einteilen

Beginnen wir einmal mit der großen Gruppe der *Herden- und Hütehunde*. Diese Hunde wurden, wie es ihr Name sagt, ursprünglich zum Bewachen und Hüten der Herden gehalten. Sie waren anfangs durch die Bank groß, kräftig und wehrhaft und konnten die Herden vor Räubern und Raubtieren schützen. Später, als die Gefahr mit den Raubtieren geringer wurde, züchtete man kleinere und wendigere Rassen vor allem dazu, die Tiere aktiv zu lenken und zusammenzuhalten. Demzufolge kann man beobachten, daß Hunde, die ursprünglich zum Bewachen eingesetzt wurden, noch heute wehrhafter sind, während bei den kleineren Rassen der Hütetrieb überwiegt. Noch vor wenigen Jahrzehnten wurden die Hütehunde wirklich als solche verwendet, das ändert sich nun mehr und mehr. Man findet sie sowohl als Familien- und Begleit- und Ausstellungshunde, aber auch für (andere) Gebrauchszwecke erweisen sie sich als vorteilhaft (Schäferhund, Belg. Schäferhund), da sie hervorragend zu erziehen sind. Einige Hütehunde sind sehr klein, z.B. Welsh Corgie und Pembroke Welsh Corgie, klein bis mittelgroß ist z.B. Australien Shepherd, zu den größeren gehören Bobtail, Collie und Bouvier des Flandres, Beauceron, Briard, Hovawart (Hofhund), Riesenschnauzer (Viehtreiber), Komondor, Kuvasz (Herdenschutzhunde) usw.

Die Hunde der *Hound-Gruppe* (also Lauf- und Windhunde) gehören zu den ältesten Rassen überhaupt. Sie sind meist mittelgroß, wurden als Hetz- und Jagdhunde verwendet und sind Sichthetzer oder Fährtenhunde, d.h. sie suchen und finden das Wild entweder mit den Augen oder der Nase. Wieder andere benutzen sowohl Auge als auch Nase für ihren Job. Generell sind es freundliche Hunde, aber ihr Jagdtrieb kann den Besitzern schon zu schaffen machen, außerdem können sie Schwierigkeiten bereiten, werden sie in der Stadt gehalten. In jedem Falle brauchen sie sehr viel Auslauf. Zu den Sighthounds (die auf Sicht jagen) gehören Afghane, Barsoi, Saluki, Sloughi, Deerhound, Whippet, Irish Wolfhound und Greyhound, also Windhunde. Überwiegend mit der Nase arbeiten Beagles, Basset, Bloodhounds, Coonhounds, während Basenji, Dackel und Rhodesian Ridgeback (man beachte die Formenvielfalt) sowohl Auge wie Nase einsetzen. Wer z.B. einen Hund sucht, dessen Jagdtrieb wenig ausgeprägt ist, ist hier nicht auf der richtigen Spur. Es sind auch sehr wehrhafte Hunde darunter, die ursprünglich z.B. bei der Jagd auf Löwen und Wölfe Verwendung fanden.

Wieder eine andere Gruppe sind die *Jagdhunde*, die ursprünglich für die Jagd auf Vögel und kleineres Wild eingesetzt wurden. Setter, Spaniel, Vorstehhunde und Retriever gehören einheitlich hierher. Sie zeichnen sich sämtlich aus durch Lebhaftigkeit und Anhänglichkeit und haben ein sehr folgsames, freundliches Wesen. Allerdings brauchen sie auch viel Auslauf und Bewegung, sie sind draußen unproblematisch, da ihr wasserabstoßendes Fell sie unempfindlich macht. Vorstehhunde, wie z.B. Pointer suchen Vögel und, haben sie sie gefunden, bleiben sie wie erstarrt stehen (Vorstehen) und zeigen sie dem Jäger an. Setter wiederum machen ebenfalls Vögel ausfindig, aber anstatt vorzustehen, gehen sie zu Boden. Spaniel wiederum stöbern die Vögel auf und treiben sie hoch, daß sie geschossen werden können, Retriever apportieren geschossene Vögel, besonders Wasservögel, und haben dabei eine besonders weiche Schnauze, d.h. sie beschädigen den Vogel nicht. Wieder andere Jagdhunde erledigen sowohl das eine wie das andere, was man in den Hundebüchern genau nachlesen muß. Einige dieser Rassen werden von den Züchtern von vornherein nur für die jagdliche Verwendung abgegeben, andere, z.B. Cocker-Spaniel, Labrador oder Golden Retriever sind auch ausgezeichnete Haus- und Gebrauchshunde, die die vielfältigsten Aufgaben erfüllen können, auch dann, wenn sie nicht jagdlich ausgebildet werden. Bei einzelnen Jagdhunden besteht die Gefahr, daß man unter ihnen sowohl Gebrauchs- wie auch reine Ausstellungshunde findet, sie also nur noch für das eine oder andere gezüchtet, d.h. selektiert werden.

Als eigene Gruppe kann man auch die *Terrier* bezeichnen. Sie wurden ursprünglich als Jagdhunde verwendet, die kleineres Raubwild jagten und obendrein in der Lage waren, ihrem Opfer unter die Erde (Terra) in Gänge und Höhlen zu folgen. Daher ist bis heute nicht zu übersehen, daß Terrier das Graben lieben. Die meisten Hunde dieser Gruppe sind verhältnismäßig klein, man unterscheidet hochläufige und kurzläufige Terrier (größer sind z.B. Airedale, Großer Russischer Terrier, Irish Terrier). Alle sind schneidig und eigenwillig, was man auch anders nennen könnte, nämlich lebhaft, dickköpfig und enorm couragiert, die also einheitlich (auch die Kleinsten!) eine feste Hand brauchen. Trotz ihrer geringen Körpergröße sind die Kleinen nämlich alles andere als bequeme Schoßhunde, trotzdem aber liebenswert, verspielt, wachsam und mutig.

Zu den größeren Hunderassen zählen die anerkannten *Gebrauchshundrassen.* Sie sind widerstandsfähig, haben ein großes Interesse an Arbeit, Ausbildung und Beschäftigung. Ihre vielfältige Einsetzbarkeit, die sich im Laufe der Geschichte vielfach verändert hat, spiegelt sich auch in ihrem unterschiedlichen Erscheinungsbild. Auffallend ist ihr starker Territorialtrieb, der sie von Anfang an dazu geeignet machte, Haus und Hof zu schützen. Einige sind ausgezeichnete Schutz- bzw. Wachhunde, wie der Akita, Bullmastiff, Rottweiler, Dobermann, Airedale, Schäferhund. Aber auch Schlittenhunde, wie Alaskan Malamute, zählen zu den Gebrauchshunden, wie ebenso Neufundländer und Bernhardiner. Diese Hunde, auch Am. Bulldogge, Dogo Argentino, Dogge, Großpudel, Berner Sennenhund, Samojede, einst wirklich für den »Gebrauch« (Kampf-, Jagd-, Hüte-, Treib-, Schutz-, Schlitten-, Hof und Wachhund) gezüchtet, sollten nicht als Sofa- oder »Schmusehunde« verkümmern, sondern eine ihrem Naturell gemäße Ausbildung und Beschäftigung bekommen.

Die sogenannten *Begleithunde* sind vielseitig verwendbare Hunde, die aber, wie z.B. Pudel, Dalmatiner, Chow Chow, Eurasier heute nicht mehr zu den Zwecken eingesetzt werden, wie früher, wo sie ebenfalls zu den Gebrauchshunden gehörten. Heute werden sie überwiegend auf Schönheit, d.h. ein gefälliges Äußeres gezüchtet.

Auch aus den anderen Gruppen können Hunde als »nur« Begleithunde gehalten werden. Sie haben aber, je nach ihrem ursprünglichen Verwendungszweck, bestimmte Charaktereigenschaften, über die man sich von Fall zu Fall genau informieren sollte, ob das zu einem paßt oder dem Bild des Wunschhundes entspricht. Gehören sie nämlich eher in eine der anderen Gruppen, hat sich in ihrem Charakter der ursprüngliche Wesenszug stärker erhalten. Begleithunde gibt es in vielerlei Formen und Größen, oftmals sind sie nur verkleinerte Ausgaben von viel größeren Hunden. Einige, die man heute als Zwerghunde findet, wurden von Anfang an nur als solche gezüchtet, während z.B. Bulldogge und Basenji früher Gebrauchshunde waren. Allen Begleithunden ist gemeinsam, daß sie von Natur aus treu und anhänglich sind.

Kommen zum Schluß noch die Zwerghunde, besser: die *Schoßhunde*. Die Unterscheidung ist deshalb wichtig, da sich ja gerade auch unter den Kleinhunden solche befinden, in deren Charakter die einstige Verwendung als Gebrauchshund noch sehr lebendig ist. Da kann man sich dann bei der Anschaffung vertun, denn nicht jeder kleine Hund ist ein Schoßhund. Schoßhunde wurden als elegante Luxushunde der gekrönten Häupter gehalten, sie sind alle klein genug, um als Schoßhunde und Kindersatz zu fungieren. Kleinhunde gibt es lang- und kurzhaarig, wie auch drahthaarig. Selbst bei pflegeintensivem Fell sind sie, aufgrund ihrer geringen Körpergröße, leicht zu pflegen und stellen keine unüberwindlichen Anforderungen an ihren Besitzer. Hier in dieser Gruppe, bei denen viele Rassen als »verzüchtet« bezeichnet werden, findet man ausgerechnet die im Vergleich langlebigsten Hunde.

Als dritte Möglichkeit, Hunde einzuordnen, ist, sie zu kleineren Rassengruppen zusammenzufassen, wobei dann auf ihre Rassengeschichte wie auch auf gewisse körperliche und charakterliche Übereinstimmungen Rücksicht genommen wird. In diesem Falle kann man *dreizehn* Rassengruppen unterscheiden:

Spitze, Pinscher, Terrier, Nordlandhunde, Doggen oder Doggenartige, Hirtenhunde, Sennen- und Treibhunde, Schäferhunde, Bracken, Schweiß- und Laufhunde, Vorstehhunde, Stöber- und Apportierhunde, Pudel und Pudelartige, Windhunde.

Wie Sie sehen, gibt es KEINE alleinseligmachende und befriedigende Methode, nach der Sie arbeiten können und so zielsicher zu dem für Sie geeigneten Wunschhund zu kommen.

Trotzdem kommen wir nun der Sache mit dem Hund etwas näher. Wenn Sie nämlich jetzt in Ihrem Hundebuch blättern, werden Sie schon gar *nicht* mehr *vorrangig* von den *Bildern* angezogen. Jetzt achten Sie auch auf das »Kleingedruckte«, nämlich Sie informieren sich über die *Hintergründe* der Rassen, weil Sie nur dort viel über den mutmaßlichen Rassen-Charakter Ihres Hundes erfahren und Ihren Horizont erweitern können. Sie beginnen nun zu verstehen, daß nicht das *Äußere* des Hundes das Wichtigste ist, sondern sein *typischer Charakter* darüber entscheidet, ob er zu Ihnen paßt und sich in Ihr Leben eingliedern läßt.

Einige Rassen (unter ihnen auch solche, die Ihnen vom Bild her SEHR gut gefielen), haben Sie bald von vornherein ausgeschlossen, bei anderen sind Sie sich noch nicht sicher. Jetzt helfen Ihnen wieder Bücher über bestimmte Rassen weiter (soweit man sie bekommt), um sich noch eingehender über Vor- und Nachteile »Ihres« Hundes zu informieren. Machen Sie sich vor allem eines immer wieder klar: Einen Hund der nicht Vor- *und* Nachteile hat, gibt es nicht! Ein *gutes* Hundebuch berücksichtigt auch Schwierigkeiten, genetisch bedingte Krankheiten und andere Einschränkungen, die mit einer bestimmten Rasse verbunden sein können. Sie müssen sich nun entscheiden, welche der Risiken Sie auf sich nehmen wollen.

Auch haben Sie jetzt schon viel klarere Vorstellungen, welche Eigenschaften Ihr künftiger Hund *keinesfalls* oder *unbedingt* haben sollte. Vielleicht soll Ihrer z.B. mit Kindern gut zurechtkommen, kein Kläffer sein, nicht zu klein und nicht zu groß und wenig Ansprüche an die Fellpflege stellen. Vielleicht wollen Sie vorrangig einen *wachsamen* Hund, oder einen, der *wenig oder viel Jagdtrieb* hat. Vielleicht trauen Sie sich nur einen leichtführigen Hund zu oder aber Sie hätten lieber einen, aus dem man zwar viel herausholen kann, der aber anspruchsvoller in der Erziehung ist.

Machen Sie sich die Entscheidung nicht zu bequem! Haben Sie erst den Hund im Haus, besteht das Zusammensein über *viele Jahre*, und es ist bitter, wenn man falsch gewählt hat.

Fahren Sie daher mit all Ihrem Buchwissen nochmals auf die eine oder andere Ausstellung. Jetzt interessieren Sie sich für bestimmte Rassen, können verschiedene Punkte gezielt klären. Fragen Sie die Leute dort direkt nach den Gründen, warum sie diese oder jene Rasse gewählt haben. Fragen Sie sich weiter durch: Ist der Hund verträglich oder eher unverträglich mit anderen Hunden? Braucht dieser Hund ausgesprochen viel Fellpflege; kann man das selber machen und was kostet es, geht man zu einem Hundefriseur? Hat der Hund spezielle Gesundheitsprobleme, braucht bzw. verträgt er viel Auslauf, wie ist er bei Hitze und Kälte? Wie leicht ist der Hund erziehbar, wie schnell stubenrein, hat er besondere Neigungen: Geht er gern ins Wasser, hat er einen unbändigen Bewegungsdrang, ist er verspielt? Kann man ihn auch mal allein lassen, ist er geeignet, auch in einer kleineren Wohnung zu leben, kann man ihn im Notfall auch in einen Zwinger tun? Lebt der Hund lieber draußen oder lieber im Haus? Gibt es verschiedene Linien in der Rasse, die besonders geeignet für spezielle Aufgaben sind, und was sollte man dabei beachten?

Ebenso wichtig wie die Frage nach den möglichen genetisch bedingten Erkrankungen und Dispositionen ist auch die nach dem normalerweise erreichten *Lebensalter*. Generell gilt, je größer die Rassen sind, um so später sind sie ausgereift und um so geringer ist ihre Lebenserwartung.

Sie sehen, außer Größe und Fellbeschaffenheit sind es vor allem *charakterliche* und *gesundheitliche Gesichtspunkte* und die *Belastbarkeit* des Hundes, die nun im Mittelpunkt Ihres Interesses stehen. Sie sind schon einen großen Schritt weitergekommen. Erst, wenn nämlich grundsätzlich geklärt ist, WELCHE Rasse Sie denn nun haben wollen, können Sie beginnen, sich damit zu beschäftigen, welche *individuellen* Charakterzüge der *richtige* Hund für Sie haben sollte. Darauf kommen wir später noch ausführlicher zurück.

Welpen - Junghund - erwachsener Hund - Tierheim?

Daß und warum man einen Welpen immer bei einem anerkannten Züchter kauft und die Überlegungen, ob Rüde oder Hündin, haben wir bereits besprochen. Was aber ist, wenn Sie sich die Mühe, einen Welpen großzuziehen, sparen wollen? Und - »sparen« Sie wirklich etwas, wenn Sie gleich mit einem ausgewachsenen Hund beginnen? Gibt es auch hier Risiken, die man erst nicht bedacht hat?

Für einen ausgewachsenen Hund gibt es verschiedene Quellen. Da sind einmal die Züchter, die einen Hund nicht als Welpen absetzen konnten oder einen Hund zurückbekamen. Weiterhin werden in Zeitungsinseraten immer mal wieder Hunde »nur in gute Hände abzugeben« angeboten, deren Besitzer sie aus Wohnungs-, familiären oder persönlichen Gründen nicht mehr halten können. Und auch im Tierheim findet man Hunde aller Größen und Rassen und sehr viele Mischlingshunde. Alle diese Hunde haben meist den Vorteil, daß man sie relativ preisgünstig bekommt (ausgenommen natürlich Spitzenhunde, die immer mal wieder für Zucht und Leistung angeboten werden.) Ein weiterer Vorteil ist, daß man kauft, was man sieht, d.h. vom Äußeren werden die Hunde keine Überraschungen mehr bringen.

Aber es ist auch manches Risiko mit einem solchen Hundekauf verbunden: Keinen dieser Hunde können Sie über seine Vergangenheit und seine Seelenverfassung befragen, und wie wichtig die sind, wird uns in späteren Kapiteln noch beschäftigen.

Es kann sein, daß der beim Züchter verbliebene Hund weder sicher stubenrein ist, noch an Leine, Haus, Kinder und Auto gewöhnt ist, obwohl es in dieser Hinsicht von der Rasse her normalerweise keine Schwierigkeiten geben sollte. Auch kann seine Grunderziehung zu wünschen übrig lassen und muß mühevoll, wie bei einem Welpen, nachgeholt werden. Manche Hunde sind, dank mangelnder Umwelterfahrungen, ängstlich und müssen sich erst mühsam akklimatisieren, was nicht immer gelingt.

Hunde können aus den unterschiedlichsten Gründen an den Züchter oder das Tierheim zurückgegeben worden sein. Auch in diesem Fall können Sie nicht immer sicher sein, daß sie sach- und fachgerecht aufgezogen und gehalten worden sind, und nicht immer werden Ihnen die Gründe, sich des Hundes zu entledigen, auch ehrlich genannt werden, manchmal sind sie auch einfach nicht bekannt. Es kann auch sein, daß ein älterer, umgesetzter Hund sich schwerer als ein Welpe einlebt, ja, sogar manchmal nicht mehr stubenrein oder führig ist. In solchen Fällen bleibt Ihnen nichts anderes übrig, als die Grunderziehung, gerade so wie bei einem Welpen, nochmals geduldig durchzuführen. Für jemand, der ungeübt mit Hunden oder begrenzt in seiner Zeit ist, sind solche Hunde, so sehr man ihnen auch ein gutes Zuhause wünscht, oft nicht besonders geeignet.

Auch bei *sehr kleinen Kindern* würde ich von der Anschaffung eines ausgewachsenen oder Tierheimhundes dringend abraten. Haben Sie sich dagegen einen Welpen angeschafft, wächst dieser zusammen mit den Kindern auf, und Sie haben, während seiner Entwicklung, genügend Zeit, seinen Charakter kennen zu lernen und zu formen. Überdies bemerken Sie auch rechtzeitig, wenn es mit Hund und Kind nicht klappt und können den Hund weggeben, bevor es zu spät ist.

Gründe, warum Hunde zurückgegeben werden

Die Statistik sagt, daß jährlich etwa 80.000 Hunde ausgesetzt werden, bzw. im Tierheim landen. Außerdem werden einige Hunde an den Züchter zurückgegeben. Wer auf der Suche nach einem Hund ist, sollte sich auch für die Gründe interessieren, warum einige Schiffbruch mit ihrem Hund erleiden, damit man nicht selbst es ist, der die gleichen Fehler macht.

Einfache Gründe für die Rückgabe sind z.B. Scheidungshunde, die bei keinem der Ex-Ehepartner bleiben können. Zweitens gibt es »Miethaushunde«, die nicht mehr oder künftig nicht mehr in einer Mietwohnung gehalten werden dürfen. Drittens gibt es Hunde, wo in der Familie z.B. eine Allergie, eine Krankheit oder ein Todesfall das Halten eines Hundes unmöglich macht.

Alle anderen Hunde werden aber aufgrund von Schwierigkeiten zurückgegeben, die *ausschließlich aufgrund mangelhafter Information des Hundehalters entstehen*, was dazu führt, daß Herr und Hund *nicht zusammenpassen. Die Schuld daran hat einzig und allein der Mensch.*

Da ist zuerst der *unüberlegte Hundekauf*. Ohne größere Überlegung und Planung wird, oft genug »irgendwo«, ein Hund erworben (oder aus dem Tierheim mitgenommen), einfach, weil er einem aus einer Augenblickslaune heraus gefällt und obwohl man eigentlich von Hunden allgemein und von deren Entwicklung, Bedürfnissen und charakterlichen Besonderheiten im besonderen gar nichts weiß. Unüberlegt handelt auch, wer sich über den *Zeit- und Erziehungsaufwand*, der mit einem Hund verbunden ist, nicht klar ist... Und damit kommen wir schon zur großen Gruppe jener Hunde, die einzig und allein aus *psychologischen Gründen* retourniert werden.

Meist ist es so, daß man einfach »mit dem Hund nicht fertig wird«. Aber das Überraschende ist, daß mancher Hundehalter nur mit einem *bestimmten Hundetyp* nicht zurecht kommt, während es mit einem Hund mit anderem Charakter zu keinen Komplikationen kommt. Das wird uns etwas später nochmals beschäftigen.

Niemals nämlich werden Hunde vorrangig wegen *körperlicher* Eigenheiten zurückgegeben. Einen Hund, der zu einem »paßt«, empfindet man kaum jemals als zu groß oder zu klein, noch die Fellpflege zu mühsam, und auch Krankheit ist meist kein Rückgabegrund.

Nun sind Hunde wohl die anpassungsfähigsten Lebewesen überhaupt. Sie können sich in nahezu alle Lebensformen und an die merkwürdigsten Hundehalter gewöhnen und lernen, sich unter fast allen Umständen einzurichten. Das einzige, was sie brauchen, ist Zeit und - womöglich - Erziehung.

Aber, und das beachten uninformierte Hundehalter oft nicht genug: Je *unterschiedlicher* Herr und Hund in ihren *Charaktergrundzügen* sind, um so kraft-, zeit- und arbeitsaufwendiger ist es, ein reibungsloses Miteinander herbeizuführen. Wir kommen gleich nochmals darauf zurück.

Proud Prudy vom Schloß Elkofen, Collie, 4 Monate alt
E.: S. Stürzinger, 83629 Weyarn

Sicherlich ist es Ihnen auch schon das eine oder andere Mal aufgefallen, daß Herr und Hund, bei aller äußeren Unterschiedlichkeit, sich trotzdem oft verblüffend *ähnlich* sind. Irgendwie spürt man das an ihrer Art sich zu bewegen und sich zu geben, irgendwie sieht man es in ihrem Gesichtsausdruck: sie harmonieren und gehören zusammen. Solche Leute geben einen Hund auch nicht zurück. Undenkbar.

Bei manchen - ich behaupte einmal, sie haben einfach Glück gehabt - ist von Anfang an eine echte Seelenverwandtschaft mit dem Hund einfach da - es ist »der Hund ihres Lebens«. Sie passen zusammen vor allem in ihrem Temperament. Der reservierte Einzelgänger hat einen ähnlichen Hund, ebenso, wie ein lustiger, kontaktfreudiger Mensch einfach von einem unkomplizierten, fröhlichen Hund begleitet wird.

Schwieriger wird es dann, wenn ein reservierter und in sich gekehrter Mensch an einen Hund gerät, der laut, lebhaft und fröhlich-verspielt ist. Langsam aber sicher geht der Hund seinem Herrn auf die Nerven.

Oder aber ein sehr energischer, dominanter, lauter Mensch trifft auf einen introvertierten, wenig kontaktfreudigen oder phlegmatischen Hund. Auch hier geht der Hund seinem Menschen auf die Nerven, weil, unter so viel Dominanz (die der Mensch oft völlig unbewußt an den Tag legt), der Hund sich immer mehr in sich selbst zurückzieht und schließlich als schwer- oder mühsam erziehbar gilt.

Hunde werden also vorrangig deswegen zurückgegeben, weil sie charakterlich nicht mit ihrem Menschen harmonieren. Sie werden auch zurückgegeben, weil der Mensch sich nicht ausreichend informiert hat und deswegen zu ungeduldig ist.

Natürlich ist es immer dann am besten, wenn man den Hund von vornherein richtig gewählt hat, d.h. den Hund genommen hat, der aufgrund bestimmter *Rasseneigentümlichkeiten* vermutlich *zum eigenen Lebensstil paßt*. Doch ist das allein noch keine Glücksgarantie: Wichtig werden nun auch *individuelle* Eigenheiten, die man einerseits bei dem Hund nicht vermutet hat und sie andererseits, je nach Wunsch und Laune, auch nicht herbeiführen kann. So gibt es also tatsächlich kein Patentrezept oder Schema, das garantiert und unter allen Umständen sicher zum richtigen Hund führt. Man kann nur versuchen, dem Ziel so nahe wie möglich zu kommen.

Was aber tun, merkt man, daß sich dank unglücklicher Umstände wahre Gegensätze gefunden haben?

Mehr als sonst muß sich nun der Hundehalter auf ein solides »Hundewissen« verlassen (können) und geduldig und zielstrebig mit der *Erziehung* seines Vierbeiners beginnen und dabei versuchen (da der Mensch es ja ist, der *mehr* Verstand hat und Zusammenhänge erkennen kann) die großen Gegensätze abzubauen. Das bedeutet, auf freundliche und geschickte Weise zu versuchen, einen z.B. sehr lebhaften Hund durch besondere eigene Ruhe und Ausgeglichenheit etwas zu dämpfen, während man das Temperament eines eher phlegmatischen, introvertierten Hundes durch gezielte Motivation etwas zu steigern versuchen kann.

Sie müssen aber bei allem davon ausgehen, daß Sie weder die Grundlagen des eigenen Charakters noch die Ihres Hundes von Grund auf *ändern* können, sondern daß es *allein über die Erziehung* möglich ist, ein gewisses Maß an Übereinstimmung herbeizuführen.

Von der »Persönlichkeit« bei Hund und Mensch

Jetzt haben wir so viel von individuellem Temperament und Charakter gehört und davon, daß es am günstigen ist, wenn Herr und Hund hier in möglichst vielen Punkten *harmonieren*. Jetzt interessiert es, ob man, außer dem rassetypischen Charakter, auch ganz individuelle Eigenheiten beschreiben und erkennen kann. Die Frage ist außerdem: Hat das mit der jeweiligen *Rasse* überhaupt etwas zu tun?

Bei der Beurteilung des mutmaßlichen Charakters Ihres Hundes ist einerseits wichtig als Hintergrund das vom Wolf herstammende arttypische Verhalten (auf das wir noch eingehen) und andererseits bestimmte Eigenheiten, die in der jeweiligen Rasse festgeschrieben sind. Einige typische Verhaltensweisen haben wir schon bei den Hundegruppen kennengelernt. Aber das ist noch nicht alles. Schon öfter haben Sie gelesen oder gehört, daß jeder Hund ein unverwechselbares, unwiederbringliches Individuum ist. Und, wie wir gelesen haben, sind es ja gerade diese individuellen Eigenheiten, die entscheidend für ein reibungsloses Miteinander sind.

Rasseeigentümlichkeiten sagen nämlich noch gar nichts über die *Persönlichkeit* Ihres Hundes. Sie sind nichts weiter als Zeichen für das, was zur Entstehung und Entwicklung der Rasse beigetragen hat und dort nun *festgeschrieben* ist. Die Entwicklung der Persönlichkeit eines Hundes*) wird erstens geformt sowohl von vorgeburtlichen, genetischen Vorgaben, zweitens von seiner frühen Welpenentwicklung und drittens von seiner Umwelt. *Persönlichkeit entsteht also durch Lernvorgänge, die angeborene Verhaltensweisen beeinflussen.*

Jahrelang habe ich darüber nachgedacht, warum es in manchen Hund-Mensch-Beziehungen ein beglückend-nahtloses Miteinander gibt, während es in anderen Fällen - sogar dann, wenn der Hund von der Rasse und Herkunft her gar nicht so falsch war - nur schwer oder gar nicht zu erzielen war. Auch ich selbst habe es ja am eigenen Leibe erlebt, daß es mal besser und dann wieder weniger glatt paßte.

Da nach meiner Überzeugung alles im Leben einer zugrundeliegenden Ordnung folgt, müßte man eigentlich doch herausbekommen können, welche Gesetzmäßigkeiten bei der Hund-Mensch-Beziehung wohl den Ausschlag geben.

Geht man der Frage nach, kommt man, um es gleich vorweg zu sagen, zu einer überraschenden Erkenntnis: *Die gelungene Partnerwahl Mensch-Hund folgt anderen Regeln, als die Partnerwahl Mensch-Mensch!*

Viele Bücher sind schon darüber geschrieben worden, daß man häufig bei einer gelungenen Partnerwahl und langfristig geglückten *menschlichen* Verbindungen beobachten kann, daß sich hier *Gegensätze* oder *Ergänzungen* gesucht und gefunden haben. Da vereinen sich reibungslos dominante und sich unterordnende Personen, lärmend-lebhafte mit ruhigeren usw. Etwas, was man immer wieder beobachten kann.

Für die Partnerschaft Mensch-Hund gibt es ähnliche Regeln. Doch herrscht hier *keinesfalls* vor, daß sich *Gegensätze* anziehen, es ist, wie Wissenschaftler herausgefunden haben, genau umgekehrt. *In der Partnerschaft Mensch-Hund steht die Übereinstimmung in bestimmten Charaktereigenschaften an erster Stelle!*

Jetzt werden Sie verstehen, warum ich Ihnen einige Seiten zuvor vorgeschlagen habe, sich selbst zu erkennen zu versuchen. Erst dann näm-

*) Siehe ausführlich auch: Eric H.W. Aldington, Von der Seele des Hundes.

lich, wenn Sie sich auch über bestimmte Grundzüge Ihrer Persönlichkeit Klarheit verschafft haben, können Sie auch einerseits erkennen, welche Eigenschaften der für Sie richtige Hund haben sollte, bzw. wie Sie sich andererseits verhalten müssen, haben Sie nicht den wahren »Glücksgriff« getan.

Nehmen wir einmal an, Sie sind ein freundlicher, nachgiebiger, wenig dominanter Mensch. Dann paßt am besten vermutlich eine Hündin zu Ihnen, die feinfühlig und sanft ist und am besten dann folgt, wenn man mit ihr sanftmütig und in nicht zu hartem Ton umgeht. (Eine solche Hündin wäre bei einem lauten, dominanten Menschen fehl am Platz.) Würden Sie aber statt der besagten Hündin einen dominanten, selbstbewußten Rüden wählen, würden sowohl der Hund wie auch Sie selbst viele frustrierende Erlebnisse haben. Der Hund würde Ihre sanfte Hand und Ihre Art, mit ihm zu sprechen, mißverstehen und vermuten, daß er selbst es sein müsse, der die Führung übernimmt, weil ihn Ihre Qualitäten als Rudeloberhaupt nicht überzeugen. (Denn ganz unabhängig von seinem individuellen Charakter ist und bleibt der Hund immer ein Rudeltier. Was das für Ihr Miteinander bedeutet, darauf kommen wir noch.) Sie selbst aber werden mit diesem dominanten Rüden frustriert sein, weil der Hund schlicht tut, was ihm in den Kopf kommt, und Sie sind völlig ahnungslos, daß ihm das letztlich nicht einmal gefällt!

Auf diese Weise kann man auch ein merkwürdiges Phänomen erklären, das man immer wieder in Familien mit Hund beobachten kann: Der Hund fühlt sich bei z.B. einem Ehepaar deutlich mehr zum einen hingezogen, folgt hier aufs Wort usw., und es kann durchaus sein, daß das gar nicht die Person ist, die sich hauptverantwortlich für den Hund fühlt, ihn füttert, ausführt, erzieht. Wenn wir aber davon ausgehen, daß beim Menschen es *Gegensätze* oder *Ergänzungen* sind, die sich anziehen, kann man des Rätsels Lösung nun begreifen: Den *Hund* zieht es zu jenem Menschen, der seiner Persönlichkeit am *ähnlichsten* ist, und der kann sich sehr deutlich von dem anderen Partner unterscheiden.

Was aber tun, wenn in solchen Fällen der »Besitzer« eines Hundes nicht auch dessen »Auserwählter« ist? Jetzt, wo wir die Zusammenhänge kennen, kann man sich auch darauf einrichten. Auch der sanftere

Partner muß dem dominanten Hund bestimmender entgegentreten, der laute, dominante Mensch muß lernen, sich etwas zurückzunehmen. D.h. Sie müssen (und können) nicht Ihre Persönlichkeit, wohl aber Ihr *Verhalten* ändern, denn in diesen Punkten können Sie den Hund nur so beeinflussen. Am besten gelingt eine Verbindung, wenn der Mensch seinem Hund in wichtigen, übereinstimmenden Charakterzügen *leicht überlegen* ist: also der dominante Mensch einen dominanten, aber nicht extrem-dominanten Hund hat, ein kontaktfreudiger Mensch einen kontaktfreudigen, aber nicht manisch-anhänglichen Vierbeiner besitzt. Das heißt aber auch nichts anderes, *als daß bei Hunden extrem oder krankhaft übersteigerte Charaktereigenschaften grundsätzlich unerwünscht sind und sich nirgendwo problemlos einordnen lassen.*

Wir müssen davon ausgehen, daß die erstaunlich innige Beziehung zwischen Mensch und Hund überhaupt nicht möglich wäre, wenn es nicht irgendwo in den Grundzügen ihres Charakters *Gemeinsamkeiten* und, bei aller Unterschiedlichkeit, auch *Übereinstimmungen* und Entsprechungen gäbe. Aber, werden Sie jetzt fragen, wie kann man die Persönlichkeiten von Mensch und Hund vergleichbar machen?

Will man z.B. herausfinden, welche *Menschen* für welche Aufgaben am geeignetsten sind, sucht man nach bestimmten Charakterzügen, die die Vorbedingung für eine bestimmte Eignung sind. Darüber sind ganze Bibliotheken geschrieben worden. Unzählige, und zum Teil sehr überraschende und ausgefeilte Testmethoden sind entstanden. Sie sind vielen Menschen gar nicht angenehm, die darauf bestehen, daß jeder Mensch ein einmaliges Individuum ist. Nun müssen sie erfahren, daß sie in bestimmten Grundzügen ihres Charakters doch nicht so einzigartig sind, sondern - durch Ähnlichkeiten in nur bestimmten Punkten - durchaus in bestimmte Kategorien einzuordnen sind.

Tatsächlich hat es sich erwiesen, daß durch diese Reduzierung und durch die Einordnung bestimmter Charaktermerkmale es möglich ist, gerade die Personen herauszufinden, die für bestimmte Aufgaben besonders geeignet sind. Der Trick dabei ist nur, gerade einige *wenige* Punkte aus einer Unzahl von Möglichkeiten herauszufinden, die für bestimmte Ziele signifikant sind. Wichtig ist dabei aber nicht, daß man *alle* Merkmale herausfindet, die benötigt werden, denn das würde den Kreis der infrage Kommenden zu sehr eingrenzen: Nach je mehr Eigenschaften gefragt wird, um so *kleiner* wird der Kreis derjenigen, die in *allen* gewünschten Punkten entsprechen.

Dazu ein Beispiel, das man im täglichen Leben immer mal wieder beobachten kann: Vielleicht kennen auch Sie jemand, Mann oder Frau, dem/der es trotz jahrelanger Bemühungen nicht gelungen ist, endlich den passenden Partner zu finden. Dabei müßte es eigentlich ganz einfach sein, denn die/der hat erstaunlich genaue Vorstellungen, wie der/die sein müßte, der/die dazu paßt. Fragen Sie eine solche Person nach den gewünschten Eigenschaften, kommt eine ellenlange Liste zutage, die die Wunschperson in allen Einzelheiten beschreibt. Aber, man kann sich einen Partner nicht backen und wird auf diese Weise vergeblich suchen.

Ein anderer wieder hat nur zwei Grundvoraussetzungen, die sein möglicher Partner *unbedingt* erfüllen muß: Sagen wir, er erwartet einerseits Ehrlichkeit und andererseits Humor. Wetten, daß es ihm über kurz oder lang gelungen ist, einen ehrlichen, humorvollen Partner zu finden? Alle anderen, auch noch vorhandenen Eigenschaften ordnen sich dann schon sinnvoll ein, bzw. fallen nicht übermäßig ins Gewicht.

Jetzt werden Sie sich natürlich fragen, ob es unter dieser Flut von Charaktermerkmalen und Beurteilungskriterien vielleicht auch solche gibt, die man sowohl beim Menschen wie beim Hund anwenden kann.

Wie schon so oft bei meinen Recherchen bin ich wieder einmal bei amerikanischen Wissenschaftlern fündig geworden, die durch ein stark vereinfachtes Modell Charaktereigenschaften bei Hund und Mensch vergleichbar gemacht haben.

Sie haben sich sicher schon gefragt, was sind die wichtigsten Aspekte, die die Hund-Menschliche Partnerschaft kennzeichnen. Um es einmal stark vereinfacht auszudrücken: Für die Mensch-Hundliche Partnerschaft ist entscheidend, was sie *miteinander tun* oder *nicht tun* können. Die dabei gefragten Eigenschaften sind erstens unterschiedliche Grade an Arbeitseifer oder Dominanz, die zweitens durch unterschiedliche Grade von Kontaktfreudigkeit und Kooperationswillen (-fähigkeit) modifiziert werden.

Dadurch ergibt sich ein höchst einfaches »magisches Quadrat«, ein Schema, in das sich sowohl Mensch wie Hund eingliedern lassen, weil man sowohl das eine wie das andere bei Hund und Mensch gleichermaßen feststellen kann. Man kann dabei als Extreme *vier Grundtypen* erkennen, die sich allerdings stufenlos in den Abstufungen von 0 - 10 ausprägen.

Schauen wir uns dieses Quadrat einmal an: Wir haben die beiden Grundvorausbedingungen »*Arbeitseifer bzw. Dominanzstreben*« und »*Kontaktfähigkeit/freudigkeit*« als Tendenz bzw. als Abszisse und Ordinate aufgetragen.

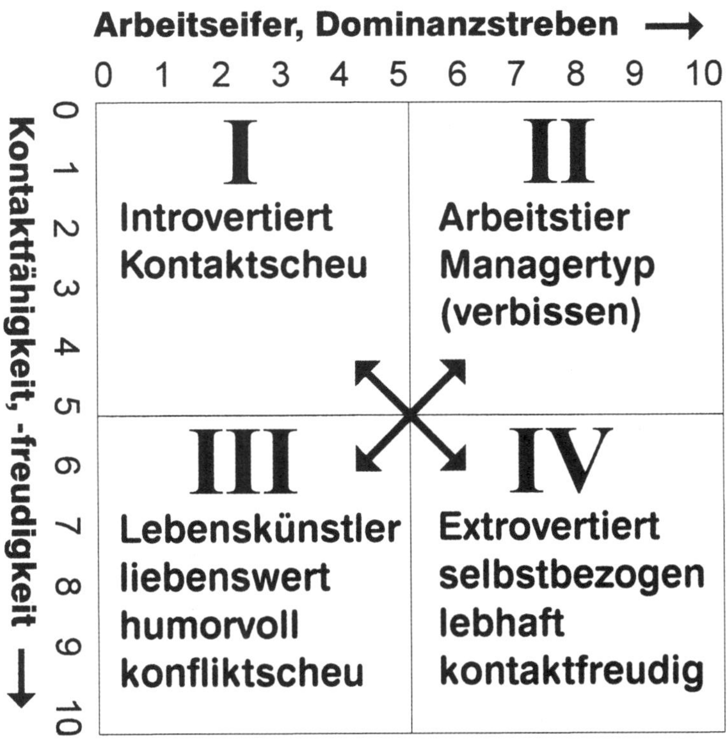

Hier stehen sich jeweils zwei extreme Gegensätze (siehe die Pfeile) gegenüber: Einmal der »Introvertierte« und der »Extrovertierte«, dann das »Arbeitstier« und der »Lebenskünstler«. Zwischen allen Gruppen kann man klare Unterschiede feststellen, die durch unterschiedliche Gewichtungen von Arbeitseifer und Kontaktfähigkeit (0-10) entstehen.

Betrachtet man dieses »Quadrat« und stellt sich zunächst einmal die dazugehörigen *menschlichen* Typen vor, fallen einem sofort zahlreiche

Beispiele ein, wo sich unterschiedliche Grade von Gegensätzen oder Ergänzungen gesucht und gefunden haben. Der Introvertierte tut sich mit jenen eher Extrovertierten zusammen, das »Arbeitstier« findet in einer Person, die eher ein liebenswerter »Lebenskünstler« ist, den passenden Deckel.

Übertragen Sie aber dies System auf die Gemeinschaft Mensch-Hund, werden Sie jetzt sofort erkennen können, daß sich hier Gegensätze keinesfalls ergänzen, sondern sich schlicht gegenseitig behindern und verrückt machen *müssen*.

Nun kann man in dieses einfache Modell des »magischen Quadrats«, wie amerikanische Wissenschaftler herausfanden, tatsächlich unterschiedliche Charaktermerkmale sowohl des Menschen wie des Hundes eingliedern und beide auf diese Weise vergleichbar machen.

Typ I

Mensch: Ist mit allen gefragten Eigenschaften schwach ausgestattet. Sowohl Arbeitseifer/Dominanz sind schwach ausgeprägt, wie auch Kontakfreudigkeit/fähigkeit. Solche Personen leben zurückgezogen ohne größeren Ehrgeiz zu entwickeln und ordnen sich leicht unter. An ihrem Gesicht kann man selten ablesen, was sie wirklich denken. Sie drücken sich langsam, exakt und wohldurchdacht aus, trotzdem werden sie leicht unterschätzt. Ihre Körperbewegungen sind sparsam und kontrolliert. Sie wollen nicht auffallen und werden oft kaum beachtet. Auf einem Stuhl sitzen sie zwar angelehnt, haben aber eine aufrechte und oft verkrampfte Körperhaltung. Mit Humor sind sie sparsam ausgestattet. Selten gehen sie von sich aus auf andere Menschen zu, ihre Arbeit verrichten sie korrekt, aber ohne größere Begeisterung und ohne größeres Lob dafür zu erwarten.

Typ I

Hund: Die Ähnlichkeit zum Menschen gleichen Typs ist unverkennbar. Schwach ausgeprägt sind Arbeitseifer/Dominanz und Kontaktfreudigkeit/fähigkeit. Der introvertierte Hund hält sich, ähnlich wie der Mensch, stark zurück, wenn es um seine Gefühlsbewegungen geht. Er macht meist ein »ernstes«, eher undurchdringliches Gesicht. Seine Körpersprache ist nicht lebhaft, und er ist von sich aus weniger kontaktfreudig als andere Hunde. Ebenso geht er auch weniger nachdrücklich auf seinen Menschen ein. Anstatt seine Zuwendung, Lebensfreude und Lebenslust durch überschwengliches Schwanzwedeln oder Herumtollen kund zu tun, sitzt er lieber ruhig an der Seite seines Herrn. In allen seinen Lebensäußerungen ist er eher passiv, in seinen Bewegungen ist er eher langsam. Wenn man an ihm herumerzieht oder ihn korrigiert oder ihn zu motivieren versucht, weicht er dem Blickkontakt aus. Er wedelt nur sparsam, d.h. er setzt auch seinen Freudenausbrüchen enge Grenzen. Entsprechend sind auch seine Leistungen, zu denen er mehr, als andere Hunde, motiviert werden muß.

Typ II

Mensch: Nennen wir diesen Typ, in Ermangelung eines adäquaten Ausdrucks, das »Arbeitstier«. Er ist ein eher verbissener Mensch, dessen Arbeitseifer und Durchsetzungsvermögen stark entwickelt sind, wenig ausgeprägt jedoch seine Kontaktfreude. Menschen der Gruppe »Arbeitstier« haben einen verbissenen Gesichtsausdruck, sprechen schnell und monoton und können von Zeit zu Zeit sehr laut werden. Auf ihrem Stuhl sitzen sie sozusagen sprungbereit auf der Kante. Ihre Handlungsweise ist stets zielstrebig, ihre Kontaktfreudigkeit und ihr Humor sind eher unterentwickelt. Sie knien sich in ihre Arbeit nur so hinein, weil sie sich dadurch belohnt und bestätigt fühlen.

Typ II

Hund: Das »Arbeitstier« Hund hat meist auch einen eher ernsten Gesichtsausdruck und wirkt allzeit einsatzbereit. Ähnlich wie die Introvertierten ist er sparsam, wenn auch etwas lebhafter, in seinen Gefühlsäußerungen. Sein freudiges Schwanzwedeln ist niemals überschwenglich (er wedelt nicht mit dem ganzen Hinterteil). Diese Hunde zeichnen sich durch ihre Unaufdringlichkeit aus, d.h. von sich aus sind sie nicht übermäßig an Kontaktaufnahme und Körperkontakt interessiert, im Vergleich mit anderen Hunden, selbst mit denen der gleichen

Rasse. Die Hunde zeigen großen Arbeitseifer, aber viele von ihnen sind stark auf eine Person, ihren Herrn, bezogen. Alle übertragenen Aufgaben lösen sie prompt und zuverlässig. In Streßsituationen können sie schon mal knurren oder sich sonstwie zur Wehr setzen.

Typ III

Mensch: Den wir hier als »Lebenskünstler« bezeichnen, ist sehr kontaktfähig und -freudig, während sein Arbeitswille/eifer eher gemäßigt ist. »Lebenskünstler« haben einen warmen, freundlichen Gesichtsausdruck, sie sind geduldig und nicht nachtragend. Ihre Ausdrucksweise ist freundlich, wohlüberlegt und rücksichtsvoll. »Lebenskünstler« gehen Konflikten möglichst aus dem Wege. Ihre Bewegungen sind fließend. In ihrem Stuhl sitzen sie entspannt und bequem. Sie sind auf freundliche Weise humorvoll und, wenn sie auch soziale und Körperkontakte nicht initiieren, ist ihr Verhalten doch so, daß man gern Kontakt mit ihnen aufnimmt und nicht zurückgestoßen wird. Sie arbeiten gern, ohne größeren Ehrgeiz, einfach, weil es ihnen Spaß macht.

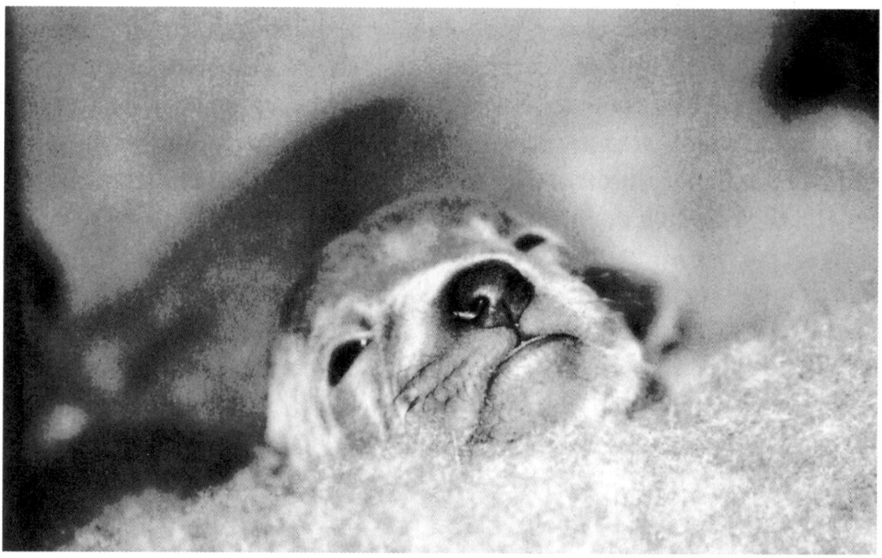

Dark Legend's Coeur de Lion, It. Windspiel, 3 Wochen alt
E.: K. Krieger, 56414 Bilkheim

Typ III

Hund: An Hunden, die zu den »Lebenskünstlern« gehören, fällt als erstes der sanfte klare Ausdruck ihrer Augen auf. Gern wird man sie wegen ihres freundlichen Mienenspiels streicheln, mit ihnen reden oder spielen, was sie immer bereitwilligst mitmachen. Ihr Schwanzwedeln ist lebhafter als das von Typ_I oder Typ_II, aber ohne größeren Anlaß nicht überwältigend (beziehen das Hinterteil gelegentlich stärker mit ein). Sie versuchen, durch besondere Anhänglichkeit Körperkontakt herbeizuführen, sind aber dabei nicht aufdringlich. Sie ordnen sich perfekt unter und gehorchen hervorragend, solange man nicht grob mit ihnen umgeht.

Typ IV

Mensch: Sowohl Arbeitseifer und Durchsetzungsvermögen wie auch Kontaktfähigkeit/freudigkeit sind stark ausgeprägte Charakterzüge beim Extrovertierten, das Gegenteil des Introvertierten. Diese Menschen haben ein bewegtes Mienenspiel, sie sprechen viel und schnell und sind sehr ich-bezogen. Sie sind kontaktfroh und geschickt im Umgang und fühlen sich auch in der Gruppe wohl, wenn sie entsprechend beachtet werden. Allerdings sind sie ungeduldig und ihr Humor kann ironisch-sarkastisch sein. Sie haben eine lebhafte Gestik und suchen aktiv (bis zur Aufdringlichkeit) nach Kontakten. Wie die »Arbeitstiere« sitzen sie sprungbereit auf der Stuhlkante, sind dabei aber nicht verkrampft oder verbissen. Extrovertierte arbeiten gern, weil sie damit die Bewunderung und Aufmerksamkeit ihrer Umwelt auf sich ziehen, d.h. sie sind eitel.

Typ IV

Hund: Extrovertierte Hunde fallen durch ihre wachen, aufmerksamen, neugierigen Augen und ihr lebhaftes Mienenspiel auf. Sie sind kraftvoll, nachdrücklich und direkt in ihren Körperbewegungen. Sie regen von sich aus zu jedem erdenklichen (Körper-)Kontakt an, bedrängen ihren Menschen bis zur Aufdringlichkeit durch Anlehnen,

Hochspringen oder auf den Schoß klettern, ohne daß es dazu eines besonderen Anlasses bedarf. Ihr Schwanzwedeln ist jederzeit überwältigend, umfassend und bezieht den ganzen Hinterkörper mit ein. Extrovertierte Hunde scheinen ständig unter Hochspannung zu stehen. Einige von ihnen finden auch schon bei geringeren Anlässen einen Grund, zuzubeißen. Sie brauchen eine feste Hand, da sie sich nicht selbstverständlich unterordnen und sind am besten zu lenken, wenn sie begeistert von ihrer Aufgabe sind. Sie regen von sich aus an, Mittelpunkt zu sein und zeigen oft ein koboldartiges Verhalten.

Kompromisse eingehen - aber mit Maßen
Glücksfälle oder Tücken bei der Wahl des Hundes

Sinn und Zweck des Vorangegangenen ist, daß Sie sich nicht allzu blauäugig in die Auswahl eines Hundes stürzen, sondern mehr und mehr ein Gefühl für das bekommen, worauf Sie achten sollten.

In unserem magischen Quadrat gehen die Skalen jeweils von 0-10, d.h. *innerhalb* dieses Rahmens bewegen Sie sich im Normalbereich. Leider aber wird oft nicht bedacht, daß es auch Werte *außerhalb* des Normalbereichs gibt, die beobachtbaren Charaktereigenschaften also exakt bei Null oder über 10 rangieren. Das betrifft auch wieder beide, sowohl Mensch als auch den Hund, d.h. beide können sich einerseits im Bereich Arbeitseifer/Dominanz oder andererseits bei Kontaktfreude/fähigkeit sowohl im Null- wie im Maximalbereich bewegen. Das führt mit *Sicherheit* zu Problemen und man tut gut daran, *vorher* zu überlegen, wieviel an dem gerüttelt Maß an (Selbst)Erziehung man bereit ist, zu investieren und ob man einen derartigen Kompromiß, auf den dann alles hinausläuft, überhaupt eingehen will und kann.

Da wir uns hier Gedanken darüber machen, was man tun kann und sollte »*Bevor* der Hund ins Haus kommt«, werden wir auch versuchen, eine Strategie zu entwickeln, die uns vor allzugroßen Fehlern und Mißgriffen bewahrt.

Grundlage für unsere Überlegungen zu diesem Zeitpunkt kann nur sein, vom *Vorhandenen, uns Bekannten auszugehen*. Auch hier versuchen wir, auf möglichst einfache Basis zu kommen. Die eine (uns nun hoffentlich bekannte) sind wir selbst, unser typischer Charakter, unsere Wünsche und Vorstellungen. Aber etwas zweites ist ebenso sicher:

Ganz gleich, welche Rasse Sie auswählen, das *Rudeltier Hund* wird immer und permanent herauszufinden versuchen, wer von Ihnen beiden wirklich »Herr der Lage« ist. Es wird also, so klein der Welpe anfangs auch sein mag, sich in Ihrer Beziehung alles um *Dominanzprobleme* drehen, *das große und hauptsächlichste Problem der Hunde-Erziehung.* (Daß Hunde *immer* in hierarchischen Strukturen leben und lebenslang und unermüdlich versuchen, sich hier möglichst weit oben anzusiedeln, ist eine vom *Wolf* ererbte Veranlagung und kann kurioserweise ganz Unterschiedliches bewirken: Es kann die Partnerschaft Mensch-Hund gleicherweise *fördern*, wie andererseits auch *zerstören.* Etwas später werden wir verstehen, wie das zusammenhängt.)

Vorläufig müssen wir uns aber mit dem Gedanken vertraut machen, daß die Partnerschaft mit Ihrem Vierbeiner um so *reibungsloser* verläuft, je mehr bestimmte Charaktereigenschaften im Magischen Quadrat bei Hund und Mensch übereinstimmen. Es ist sinnlos, *Kompromisse* schließen zu wollen: Sie müssen von Anfang an zielstrebig daran arbeiten, einen *Ausgleich* oder eine *Angleichung* herbeizuführen, und das geht nur über *Erziehung.* Aber Sie irren, wenn Sie meinen, daß hier mit *Erziehung* nur die des Hundes gemeint ist! Sind Sie z.B. ein eher zurückhaltender, wenig dominierender oder ein wenig konsequenter Mensch, müssen *Sie* lernen, wenigstens hinsichtlich des Hundes, sich nachdrücklich und konsequent zu behaupten und nach Möglichkeit nicht gerade einen solchen Hund aussuchen, der Ihnen von Anfang an aufgrund seiner Anlagen überlegen sein könnte. Aber wenn Sie bei einem Hund *zusätzliche Energie* entwickeln müssen, kann es durchaus sein, falls Sie ein besonders dominanter, lauter, ungeduldiger, zielstrebiger Mensch sind, bei einem Hund, dessen diesbezügliche Eigenschaften schwächer entwickelt sind, Sie sich hier jetzt gezielt *zügeln* müssen.

Langsam dämmert es uns, daß das mit der richtigen »Partnerwahl« vielschichtiger und schwieriger ist, als wir es uns erst vorgestellt haben. Ich möchte sogar so weit gehen, zu behaupten, daß hier in der *Mehrzahl* von Anfang an eine nicht besonders glückliche Wahl getroffen wurde, mit der dann ein ganzes langes Hundeleben lang Mensch und Hund versuchen müssen, zurecht zu kommen.

Dafür gibt es mehrere Gründe. Ganz abgesehen davon, daß manche Hunde einfach nach ihrem Äußeren, womöglich nach einem Foto in einem Hundebuch ausgesucht werden, gibt es einige andere Gründe, bei denen mangelhafte Selbsterkenntnis und unzureichende Vorinformation des Hundehalters eine Rolle spielen. Nicht selten wird z.B. ein Hund, bewußt oder unbewußt, auch danach ausgesucht, welche *Kraft* er vermittelt. So, als hoffe der Mensch, Herr oder Meister, die Kraft des Hundes könne sich auf ihn übertragen oder auf ihn abfärben. Die vier Grundtypen sind aber nicht typisch für spezielle Hunderassen (einen Schäferhund, Boxer oder Bologneser kann es in allen Typ-Varianten geben), sondern auch Hunde der gleichen Rasse können im Charakter stark voneinander abweichen. Trotzdem meinen manche Hundehalter, sie könnten die erwünschten Charaktereigenschaften ihres Hundes *gleichzeitig* mit der Rasseauswahl vorbestimmen. Da werden dann Gebrauchs-, Schutz- oder gar »Kampfhunde« besonders gern von solchen Personen ausgewählt, die für ein reibungsloses Miteinander einen ganz anderen Hundetyp benötigen würden. Bewußt oder unbewußt hat sich gar mancher einfach einen Hund der Rassen mit *Schutzcharakter* ausgewählt, obwohl er meist, wie man oft beobachten kann, im Grunde selbst *schutzbedürftig* ist. Das kommende Problem ist vorprogrammiert. Andere wieder suchen sich einen Hund wie ein Status-Symbol aus: »Schaut mal, wer ich bin!« wollen sie ausdrücken, obwohl sie im Grunde ihres Wesens überhaupt nicht in der Lage sind, einen derartigen Hund, mit all seinen Ansprüchen und Besonderheiten, zu bewältigen. Es gibt auch das andere Extrem: Besonders Frauen und mitleidige Menschen fühlen sich nicht selten zu einem schwächlichen, dem kleinsten oder einem sichtbar rangniedrigen Welpen/Hund hingezogen, ohne dabei zu bedenken, daß gar manche dieser Hunde auf unserer Skala in allen Punkten gegen Null rangieren würden und es zu erwarten ist, daß man auch mit ihnen handfeste Schwierigkeiten bekommt.

Die zweite Klippe des Auswählens gilt es aber beim Züchter zu umschiffen. Gehen wir also davon aus, Sie haben nach langem Hin und Her die gewünschte Rasse gefunden und auch schon Kontakte mit dem/den dazugehörigen Züchter(n) geknüpft. Wenn Sie Glück haben, wohnt der Züchter in der Nähe und Sie können öfter mal hinfahren und die Welpen begutachten. Häufig aber wohnt der Züchter weiter weg, und man sieht die Welpen erst, wenn sie abholbereit sind. Schon wieder geht ein Lotteriespiel los, denn meist ist der Züchter hinsichtlich Ihrer

Wünsche nur insoweit informiert, daß Sie einen Hund seiner Rasse haben wollen und möglichst einen Rüden oder eine Hündin möchten (vielleicht ist letzteres nicht einmal besonders wichtig für Sie.) Gewissenhafte Züchter werden schon versuchen, Sie über Ihre Lebensumstände etwas auszufragen, um wenigstens in etwa zu sichern, ob sie Ihnen überhaupt einen Hund geben sollen (manchen Züchtern ist selbst das ganz egal, Hauptsache der Welpe ist verkauft.) Aber, *kennen* kann der Züchter Sie natürlich nicht, er kann sich also schon allein aus diesem Grunde wenig Gedanken darüber machen, *welchen* seiner Welpen Sie bekommen sollten.

Astro, Amigo, Amboss, Angelina v. Felix, Boxer 8 Wochen alt
E.: F. Simon, 32120 Hiddenhausen

Leider kommt aber noch etwas anderes hinzu: Nicht alle Züchter kennen auch ihre *Welpen* gut genug, um sie, selbst bei genauen Angaben des Käufers, richtig für Sie auszuwählen. Natürlich entgeht keinem, daß so ein Wurf Welpen die unterschiedlichsten Charaktere vereint; das sieht man schon daran, wie sich die Welpen miteinander abgeben, wie sie spielen, sich vertragen und sich hinsichtlich des Futters verhalten. Manche Welpen schlafen ausgesprochen viel, andere wieder sind auffallend aktiv, manche knurren und bellen mehr, andere weniger. Aber diese eher flüchtigen Beobachtungen reichen nicht aus, um den richtigen Welpen für den richtigen Platz auszusuchen! Bei vielen Züchtern sind auch die Welpen bereits »ausgesucht« oder »vorbestellt«, bevor sie ein Mindestalter erreicht haben, wo man schon etwas davon sehen kann, wie sich sich mutmaßlich entwickeln werden.

Leider viel zu wenige Züchter machen von der Möglichkeit Gebrauch, ihre Welpen, bevor sie »verteilt« werden, im Alter von 7-8 Wochen (genauer gesagt, möglichst um den 49. Tag herum) einem *Test* zu unterziehen, der erstens nichts kostet und zweitens pro Welpe maximal 10 Minuten dauert. Denn, was viele nicht wissen, in diesem Alter ist das Gehirn »betriebsfertig« entwickelt. Außerdem liegen viele Charaktergrundzüge des Welpen bereits fest und ändern sich nicht mehr. Allerdings kann man diesen Test, hat man den Termin verpaßt, nicht einfach etwas später nachholen. Das hängt mit den verschiedenen *Entwicklungsphasen* des Welpen zusammen, auf die wir noch kommen. Ich habe anderweitig einen solchen, sehr einfachen Test bereits beschrieben*). Da er in vollem Umfange nur für Züchter von Wichtigkeit ist, will ich hier nur in Stichworten davon berichten.

Der Test besteht aus sieben Abschnitten. Mit dem Test **Nr. 1 »Kommen«** werden Ängstlichkeit, soziales Angezogensein, Vertrauen in Umgebung und Neugierde ermittelt. Mit dem Test **Nr. 2 »Apportiertest«** kann man Jagdinstinkt, Intelligenz, Willigkeit und Vertrauen bewerten. **Test Nr. 3 »Herbeilocken«** zeigt das soziale Angezogensein, Vertrauen und Willigkeit. **Test Nr. 4 »Pfotendruck«** macht Körperempfindlichkeit, nachtragendes Verhalten, Dominanzstreben deutlich. **Test Nr. 5 »Rückenlage«** beschäftigt sich mit Dominanzverhalten und

*) Siehe Eric H.W. Aldington, Von der Seele des Hundes (Seite 61 ff),

Zutraulichkeit. **Test Nr. 6 »Lärm«** testet Geräuschempfindlichkeit und Sensibilität. **Test Nr. 7 »Bewegtes Objekt«** rundet das Bild ab mit Jagdinstinkt, Willigkeit, Neugierde, Begeisterungsfähigkeit.

Es ist bei kleinen Hunden nicht anders als bei menschlichen Geschwistern: Obwohl sie die gleichen Eltern haben, hat jedes doch seinen eigenen, unverwechselbaren Charakter.

Hat man die Welpen eines Wurfs auf diese Weise durchgetestet, werden jetzt die Unterschiede und Eigentümlichkeiten viel klarer, als es durch bloße Beobachtung erkennbar ist. Man könnte dem künftigen Besitzer auch einen ziemlich guten Eindruck davon vermitteln, welche Vorzüge oder Nachteile (es gibt keinen Welpen, der in allen Punkten vollkommen ist!) die einzelnen Welpen haben, und so die Auswahl etwas sicherer machen.

Am aussagekräftigsten ist ein solcher Test, wenn ihn zwei *fremde* Personen durchgeführt haben, weil dabei dann eine gewisse Gewöhnung an den Züchter keine so große Rolle spielt. Aber auch wenn der Züchter mit einem Familienmitglied oder Bekannten den Test selbst macht, kann man klar die Grundeigenschaften und Unterschiede der Welpen herausarbeiten und den künftigen Käufer sachkundig beraten. Leider sind, wie gesagt, nicht alle Züchter zu derartigen Tests bereit, aber fragen Sie danach. Je mehr Käufer nach vorgetesteten Welpen fragen, um so eher werden sich Züchter bereit finden, sich dieser zusätzlichen Mühe zu unterziehen. Den Gewinn davon haben sowohl der Mensch wie der Hund!

Etwas vom Wolf und seinem Rudel und warum das auch für den Chihuahua-Besitzer nicht unwichtig ist

Jetzt werden Sie natürlich fragen: Woraus entsteht, und noch dazu schon so früh, was wir einerseits als individuellen Wesenszug eines einzelnen Welpen, andererseits aber auch als Typisches für Hunde generell erkennen können?

Dabei sind verschiedene Kräfte am Werk, die entscheidend für die normale oder abnormale Verhaltensentwicklung sind. Die eine Kraft ist sozusagen der Druck von *innen*, also die *genetisch vorbestimmte Entwicklung*, die aber so angelegt ist, daß sie durch die andere Kraft, *den Druck von außen (die Umwelt)* ergänzt bzw. geformt wird. Hier entsteht ein *Wechselspiel körperlicher und geistiger Prozesse*, die man in jahrzehntelanger Forschung nach und nach zu erkennen gelernt hat.

Immer wieder versucht man die Frage zu klären, was nun wichtiger für das Verhalten eines Hundes ist: Die einen sagen, es sei die *Genetik*, die anderen behaupten steif und fest, daß hauptsächlich die *Umwelt* es sei, die den Welpen forme.

Wenn wir aber unseren Hund beobachten, haben wir nur die sehr begrenzten Umwelteinflüsse, die wir überschauen können, und die wenigen genetischen Informationen vor Augen, die wir aus den Papieren seiner Eltern/Vorfahren entnehmen. Dabei wird leicht übersehen, daß die genetischen Grundlagen, die das *typische* Verhalten unserer Hunde steuern, in zeitlich ganz anderen Dimensionen entstanden sind.

Fast jeder weiß, daß der Hund vom Wolf abstammt. Aber was durchaus nicht jeder weiß, ist, was dies bis heute für unsere Hunde bedeutet und warum es auch für uns heutige Menschen noch immer wichtig ist, mehr davon zu wissen.

Vielen ist nicht bewußt, daß der Wolf, als Stammvater unserer Hunde, zu den *hochentwickelten Säugetieren* gehört. Er ist bereits selbst ein hochspezifiziertes Lebewesen, das im Verlaufe einer langen, genetischen Entwicklung entstanden ist. Ich habe über Wölfe und wildlebende Caniden bereits ausführlich berichtet*). Hier sollen uns vorrangig die Punkte interessieren, die für ein besseres Verstehen unseres Hundes wichtig sind.

Wölfe findet man in ganz unterschiedlicher Gestalt von der Arktis bis zu den Subtropen: Sie vermochten in fast einzigartiger Weise, sich den verschiedensten Umwelteinflüssen anzupassen und dort zu überleben. »Es scheint mir zweifelhaft, ob irgendein anderes Säugetier sich so weit ausgebreitet hat, und deswegen muß der Wolf als der hochentwickelte Repräsentant einer außerordentlich erfolgreichen Säugetierfamilie angesehen werden.« So ein Forscher.

Die Stärke des Wolfes ist seine *Anpassungsfähigkeit*, die sich sowohl in der Variabilität seiner *Gestalt*, wie auch der seines *Verhaltens* ausdrückt, die sich entsprechend der jeweiligen Umwelt anzupassen fähig sind. Die nördlichen Wölfe waren groß, vorwiegend wolfsgrau, lang-

*) Siehe: Eric H.W. Aldington, Von der Seele des Hundes, (S. 221 ff)

haarig, hatten eine starke Rudeldisziplin. Die im Süden vorgefundenen Wölfe waren kleiner, hatten kürzeres Fell, waren braungefärbt und neigten zu gelockerterer Rudelbildung und kleineren Gruppen. Das war die »Grundsubstanz«, aus der unsere derzeit etwa 400 verschiedenen Hunderassen, vom Chihuahua bis zum Irish Wolfhound, entstehen konnten.

Wohlgemerkt: *Entstehen* konnten, denn es ist ein Irrtum anzunehmen, unsere heutigen Hunde seien nichts anderes als so oder so ausgefallene, größere oder kleinere gezähmte, an den Menschen gewöhnte Wölfe. Zwischen Wolf und Hund liegt ein langer Vorgang, *Domestikation* genannt, der aus dem Wolf, d.h. auf dessen Grundlagen, etwas *Neues, den Hund* entstehen ließ.

Man hat den Vorgang der Domestikation an *Füchsen* nachzuvollziehen und zu verstehen versucht. Diese sind bekanntermaßen Einzelgänger und nur in wenigen Einzelfällen ist es einem Menschen gelungen, einen wenigstens losen sozialen Kontakt mit Füchsen herbeizuführen. Dann aber versuchten Forscher, ob es nicht auf *züchterischem* Wege gelingen könne, »menschenfreundlichere« Füchse zu erzeugen. Hierbei wurden Jungfüchse im Alter von 1 1/2 Jahren danach selektiert, ob sie bereit waren, vom Menschen Futter anzunehmen, und sich, vom Futter angelockt, auf Ruf dem Menschen zu nähern. Immerhin fünfzehn Jahre wurde dieser Versuch fortgeführt, immer wieder die kontaktfreudigsten Füchse zur Weiterzucht ausgewählt. Und siehe da, das Experiment trug Früchte: Schließlich hatte man Füchse, die auf Zuruf kamen, auf den Menschen mit Bellauten reagierten, bei der Begrüßung mit dem Schwanz wedelten und sich tatsächlich ähnlich wie Hunde benahmen. Wenn sich dieser Versuch auch über einen beträchtlichen Zeitraum erstreckte, ist es im Grunde bemerkenswert, in welch *kurzer* Zeit dafür so ungeeignete, wilde Tiere sich grundlegend, nämlich zum Haustier verändern ließen. So lernte man zu verstehen, daß sich anfangs - man denkt heute dabei an einen Zeitpunkt von vor mindestens 15.000 Jahren, es kann aber auch eher gewesen sein - die Veränderung vom Wolf zum Hund in relativ kurzer Zeit vollzogen haben kann. Bei dem Zuchtversuch mit den Füchsen entdeckte man aber auch etwas anderes: Sie wurden nur nach den Gesichtspunkten »Gehorsamkeit« und »freundliches Eingehen auf die Behandlung des Menschen« zur Weiterzucht ausgewählt, also nur nach *psychischen* Merkmalen. Trotzdem, so entdeckte man, hatte diese Selektion auch gravierende *körperliche* Veränderungen zur Folge: Sie führte zu einem dramatischen Auftreten von neuen Formen (Phänotyp) und zur Destabilisierung der gesamten Ontogenese, was sich an der vollständigen Veränderung des gesamten in Wechselbeziehung stehenden Systems (Adrenalin-Hypophyse / Sexualhormon-Hypophyse) ablesen ließ, also starke *körperliche* Wandlungen herbeiführte.

Vielleicht sagen Sie jetzt: »Ich will mir doch bloß einen Hund kaufen - was interessiert mich da der Wolf, die Evolution, die Domestikation bzw. warum aus dem Wolf der Hund wurde?«

Tatsächlich ist es aber so, daß es nicht nur interessant, sondern auch *nützlich* ist, einerseits etwas über die frühe Entwicklung des Hundes und andererseits etwas über seinen Vorfahren den Wolf zu wissen.

Immerhin ist es vermutlich etwa 15000 Jahre her, daß die damaligen Menschen - denen wir bis heute genetisch gleich sind - auf irgendeine Weise das Zusammenleben mit Wölfen angefangen haben müssen. Über das Warum kann man nur mutmaßen, denn irgendwelche Überlieferungen, wo man das nachlesen könnte, gibt es natürlich nicht. Rückblickend kann man heute aber wohl das eine sagen: Der Wolf hatte etwas in seinem Verhalten und seinen Eigenarten, das ihn zum idealen Partner des Menschen geeignet machte. Man weiß auch nicht, ob der Wolf in einem speziellen Teil der Erde zum Hund wurde und sich von dort aus ausbreitete, oder ob diese Entwicklung über die Erde verteilt an mehreren Orten gleichzeitig stattgefunden hat. Jedenfalls zeigen Funde aus den unterschiedlichsten Regionen der Erde, daß ungefähr zum gleichen Zeitpunkt überall *Hunde* in der Nähe des Menschen auftauchten.

Der Wolf, und damit der Hund, der daraus wurde, ist das erste vom Menschen domestizierte Haustier. Verfolgt man aber die Geschichte der Haustiere, kann man unschwer erkennen, daß es mit dem Hund von Anfang an etwas völlig anderes war, als mit den übrigen Haustieren. Während die anderen domestizierten Tiere z.B. Kühe, Pferde, Schweine, Hühner als Wildtiere gefangen und dann (wie oben die Füchse) auf züchterischem Wege nach und nach zu dem gemacht wurden, was wir heute kennen, scheint es mit den Wölfen so gewesen zu sein, daß sie sich von sich aus zum Menschen hingezogen fühlten und sich mit ihm verbanden und erst nach und nach von zutraulichen Wildtieren, durch die Zucht des Menschen, verändert wurden. Auch werden viele der anderen Haustiere heute noch weitgehend zu den Zwecken verwendet, die sie von Anfang an hatten. Der Hund hingegen veränderte nicht nur sein Äußeres auf mannigfaltigste Weise, auch seine Verwendung im Verlaufe seiner Geschichte zeigt, daß er immer wieder neuen Aufgaben zugeführt wurde und sich jedesmal, so wie es die jeweilige Zeit erforderte, als brauchbar erwies. Und das nach wie vor. Obwohl *heute* kaum jemand wirklich einen Hund *braucht*, ist er nicht nur in ländlichen Gegenden, sondern vor allem in Städten, ja Großstädten vertreten, und es ist interessant genug, herauszufinden, warum das so ist.

Wolf wie Hund gehören zur Familie der *Caniden*, die aus über dreißig Unterarten besteht. Alle diese »Caniden« sind, bei aller Unterschiedlichkeit, doch eng miteinander verwandt. Alle haben sie 78 Chromosomen und können sich untereinander vermehren, Hunde können bis heute mit Wölfen, Goldschakalen und Kojoten gekreuzt werden usw.

Ob der Wolf Stammvater des Hundes war, darüber wurde lange gestritten und auch bei anderen Caniden überlegt, ob nicht vielleicht, weil Hunde so unterschiedliche Rassetypen hervorgebracht haben, nicht andere Caniden die Hundevorfahren gewesen sein könnten. Immer wieder einmal flackert der Streit auf, doch scheint es jetzt endgültig bewiesen zu sein, daß aus dem *Wolf* der Hund wurde.

Das hat aber nicht zuletzt etwas mit dem Verhaltensinventar des Wolfes zu tun, das uns darum bis heute noch interessiert. Das Wissen über Wölfe und Hunde ist noch nicht alt, hat sich erst in diesem Jahrhundert nach und nach angesammelt, und die Wolfsforscher haben, was sie beobachtet haben, an dem zu verstehen gelernt, was andererseits die Forschung über Hunde zutage brachte, während Erkenntnisse der Wolfsforscher wiederum für die Kynologen wichtig wurden.

Mit einer ganz besonderen Mischung aus Hochachtung und Zuneigung beschreiben Wolfsforscher das *hochentwickelte Sozialgefüge*, die *Rudelstruktur* und das *Überlebensprogramm* der Wölfe. Wenn auch der Wolf durch äußere Wandlung seine Anpassung an die jeweiligen

Umwelterfordernisse anzeigt, ist der Kern seiner Überlebensstrategie in seinem *Charakter* begründet. Es ist sein besonderes, genetisch vorprogrammiertes Verhalten, das die Grundlage ist für sein Sozialgefüge. Wölfe leben zusammen in größeren oder kleineren Gruppen, und ihr Rudel, hierarchisch strukturiert, gehört zu den vollkommensten Lebensformen und ist eine ganz besondere Leistung dieser höher entwickelten Säugetiere. Nur aufgrund dieser Verhaltenseigenschaften konnte sich der Wolf so weit ausbreiten, und nur aufgrund typischen Wolfsverhaltens hat der Hund als »Haustier« seinen Siegeszug ohnegleichen bis in die Gegenwart fortsetzen können. Erst durch das Zusammentragen des »Wolfs- und Hundewissens« läßt sich heute das Verhalten der Hunde begreifen. *Und dieses Wissen geht jeden etwas an, der sich einen Hund aussucht und mit ihm zusammenlebt.*

Wenn Wissenschaftler vom Wolf als einem »hochentwickelten Repräsentanten« sprechen, ist damit nicht die Hochachtung für ein einzelnes Individuum zu verstehen, sondern für die »Gesellschaftsform«, in der diese Tiere zusammenleben. Das hat sich aber nicht über Nacht oder in vergleichsweise kurzer Zeit so entwickelt, sondern blickt auf eine lange genetische Entwicklung im Verlaufe der Evolution zurück.

Früher sah man im Wolf das gefährliche Raubtier, und wahre Horrormärchen waren über ihn im Umlauf. (Ähnliches erleben wir ja bis heute hinsichtlich mancher Hunderassen.) Auch über das Wolfsrudel hatte man, vereinfacht gesagt, die Vorstellung, als habe sich eine Horde von blutrünstigen Tieren zu nichts anderem zusammengeschlossen, als zu morden und zu rauben. Wölfe waren der Inbegriff des Bösen. Erst in den letzten Jahren ist es gelungen, die inneren Zusammenhänge, die zur Rudelbildung der Wölfe führen, aufzudecken, doch noch hat sich nicht überall herumgesprochen, daß die alte Vorstellung nichts als ein Greuelmärchen war.

Sehr deutlich kann man die Folgen der Wolfs-Horror-Vision daran erkennen, wie ein Hundebesitzer sein Verhältnis zum Hund, in dem der Mensch das Alpha-Tier zu sein hat, gestaltet. Nicht selten wird auch manche diktatorische Familien- oder Staatstruktur als eine natürliche Lebensform betrachtet und diese gleichzeitig gründlich mißverstanden. Während sich in mancher menschlichen Gesellschaft wahre Aggressor- und Terrorgemeinschaften bilden, ist dies bei der sozialen Rudelstruktur der Wölfe nicht so. Dies ist für den Hundebesitzer, eben weil sie anders als vermutet ist, mehr als interessant. Soziales Zusammenleben, sowohl bei Menschen wie bei Tieren, wird bevorzugt aus rationalen (und sehr menschlichen!) Gesichtspunkten zu erklären versucht: Die Natur »weiß«, daß Gemeinsamkeit stärker macht, sie bringt daher einige «Auserlesene« hervor, die der Masse der übrigen zum Heil verhelfen. In der Realität ist es aber ganz anders: *In Wirklichkeit ist jedes einzelne Individuum ausschlaggebend dafür, daß sich ein Rudel, eine Gemeinschaft überhaupt bilden und halten kann!*

Die Rudelstruktur des Wolfes ist mehr als nur Lebensform: Sie ist Überlebensgrundlage und hat sich daher im Laufe der Jahrtausende immer mehr verfestigt. Wölfe, die sich abseits stellten, hatten keine Überlebenschance, es sei denn, sie fanden sich in einer neuen Rudelbildung zusammen. Innerhalb der hierarchischen Rudelgemeinschaft sind die Verhältnisse klar geregelt: Nur bestimmte Tiere vermehren sich. Meist ist die Alpha-Wölfin das trächtige Tier, nicht aber immer der Alpha-Wolf der Vater. Interessanterweise läßt dieser gelegentlich einem Rangniederen den »Vortritt«, ja, man hat sogar herausgefunden, daß ein Wolfsrüde, wenn er zum Rudelführer avanciert, erheblich geringere sexuelle Aktivitäten entwickelt als vorher. Im Wolfsrudel herrscht das Prinzip der natürlichen Geburtenkontrolle: Man nimmt an, daß die Zahl der trächtigen Wölfinnen in Korrelation mit der Größe des Rudels und der Menge der verfügbaren Nahrung steht. Bei großem Streß, weil das Rudel zu groß ist und die Nahrung nicht ausreicht, entstehen, unter zusätzlichem Hormoneinfluß besonders zur Ranzzeit, erhebliche Aggressionen zwischen den Wölfen.

Hüterin dieser Ordnung ist die Alpha-Wölfin, die *innerhalb* des Rudels einen sehr viel stärkeren Einfluß hat als der Alpha-Wolf. Sie hindert auf sehr aggressive Weise die untergeordneten Weibchen, meist ihre Töchter, daran, trächtig zu werden. Unter schlechten Bedingungen fällt die Geburtenrate auch aus anderen Gründen stark ab: Die Welpen werden nicht ausgetragen, sondern sterben bereits vorher ab, bei Nahrungsmangel gehen noch weitere Welpen ein, so daß nach schlechten Jahren die Rudel deutlich kleiner werden und so besser überleben können. Auch bei unseren Hunden können wir Beobachtungen machen, die an diese Zusammenhänge erinnern. Da ist einerseits die oft zu beobachtende Unverträglichkeit von Hündinnen untereinander, die oft kein Pardon dem unterlegenen Tier gegenüber kennen. Da sind andererseits Fortpflanzungsschwierigkeiten, die sich oft nicht anders erklären lassen, als daß die Hündinnen dank ihrer speziellen Konstitution mit der Umwelt nicht ohne großen Streß zurechtkommen, also für die Zucht ungeeignet sind. Man sollte hier auch keine Kunstgriffe anwenden, um doch irgendwie eine Fortpflanzung herbeizuführen.

Aber es sind nicht allein die Alphatiere, die ausschlaggebend für die Rudelbildung sind. Würden nur Alphatiere das Schicksal des Rudels bestimmen, wäre sein eng verzahnter Zusammenhalt gar nicht möglich; wären alle Tiere submissiv, hätte das Rudel keine Leitfigur, die es zur erfolgreichen Jagd braucht. Genau so wichtig sind jedoch auch die *nachgeordneten Individuen*, denn erst durch deren komplexe *Interaktion* entsteht, was wir insgesamt als Rudel betrachten. Dies heißt nichts anderes, als daß ein soziales Miteinander erst dadurch möglich wird, daß unterschiedliche Individuen sich geordnet zusammenfinden können, wobei gleichzeitig die *Entstehung der Individuen gefördert* wird. Was dem Rudel seine (Überlebens)*Kraft* gibt, sind die unterschiedlichen Charaktere und Aufgaben, die darin vereinigt sind. Man hat diese Zusammenhänge mit besonderem Interesse untersucht, um auf diese Weise den Geheimnissen und Grundlagen von Sozialgefügen auf die Spur zu kommen.

Aber, was uns im Verhältnis zu unserem Hund am meisten interessiert ist, *daß wir bei ihm alles wiederfinden, was zur Rudelbildung notwendig ist.* Das Rudel nämlich ermöglicht den vielfältigen Individuen, daß sie sich, ganz nach ihren persönlichen Möglichkeiten, »entfalten« und damit überleben können, weil es im Rudel einen festen Platz für jeden von ihnen gibt. Innerhalb des Rudels hat jeder seinen sicheren, geborgenen Platz. Innerhalb des Rudels ist, in normalen Zeiten, *Loyalität* das Merkmal des Miteinanders. *Auch unser Hund versucht nachdrücklich, ein loyales Verhältnis zu uns zu finden, ganz gleich, wie er sich in der Hierarchie eingliedert.*

Rudel sind jedoch ein *lebendes* Gebilde, sie *verändern* sich. Es ändert sich jedoch niemals die Rudelstruktur, wohl aber können die einzelnen »Posten« neu ausgehandelt werden, was man dann als Rangordnungskämpfe bezeichnet. Immer wieder einmal wird ein Rangniederer kommen, der ausprobiert, ob die bisherige Rollenverteilung noch den Gegebenheiten entspricht, oder ob die Machtverhältnisse nicht anders zu verteilen wären. Dies ist eine sinnvolle Einrichtung: Sichert sie doch, daß im Rudel immer die Tiere Alphatiere sind, die auch die Eigenschaften dazu haben und nicht eventuell Geeignetere, Jüngere, sinnlos warten müssen, bis ein Platz weiter oben für sie frei wird.

Denn auch unterhalb der Alphatiere befinden sich die nachgeordneten Tiere wieder in weiteren, streng hierarchischen Verbindungen, bis hinab zu den Welpen, die schon spielerisch untereinander auszuhandeln beginnen, wer stärker oder schwächer ist. Genau dieses *immer wieder erneute Testen der vorhandenen Strukturen*, das sie gleichzeitig in Frage stellt, wie sie andererseits erhält, ist dem Wolf - wie bis heute unseren Hunden - in Fleisch und Blut übergegangen, d.h. angeboren. Auch im Rudel Mensch-Hund tut der Welpe von Anfang an nichts anderes, als seinem angeborenen Drang zu folgen, und die vorhandene Hierarchie zu testen. Erweist sich dabei der Mensch als der Schwächere, fühlt sich sofort der Hund als King und übernimmt das Regiment, damit nach seinem Gefühl die richtige Ordnung wieder hergestellt ist.

Noch etwas anderes hält das Rudel zusammen: Dies ist eine ausgefeilte *Kommunikation. Ohne Kommunikation gäbe es keine Gemeinschaft.* (Das gilt auch für die Gemeinschaft Mensch-Hund!) Die Verständigung der Wölfe erfolgt, außer dem bekannten *»Wolfsheulen«* und *olfaktorischen* Signalen, über eine sehr ausgefeilte *optische* Kommunikation. Dies bedeutet gleichzeitig, daß Wölfe in hohem Maße *beobachten, Gesehenes auswerten* und auf *Signale reagieren* können. Mit fein abgestuften Veränderungen ihrer Körperhaltung, Stellung der Ohren, ihrer ausdrucksvollen Mimik, Haltung des Schwanzes, Aufstellen der Haare wird alles zum Ausdruck gebracht: Imponierverhalten, neutrale Kontaktaufnahme, Rangdemonstration, viele Abstufungen der Unterwerfung, Verteidigungsbereitschaft, Angriffsabsicht, Angst. *Diese Ausdrucksformen finden wir auch bei unseren Hunden wieder.*

Denn alle diese *Ausdrucksformen* sind *angeboren*, d.h. sie werden bei einer bestimmten seelischen Befindlichkeit beim Wolf (wie auch beim Hund) sicher ausgelöst. Aber, was uns besonders interessiert: Das *Verstehen* dieser Signale ist *nicht* angeboren, sondern wird erst im Laufe des Lebens *gelernt.* Wie man das herausgefunden hat? Man hat versuchsweise einen Hundewelpen mit Katzenwelpen gemeinsam großgezogen, d.h. er hatte im Laufe seiner frühen Entwicklung keinen Kontakt mit anderen Hundewelpen. Das Erstaunliche war dann, daß es sich zeigte, daß der Hundewelpe sich durchaus wie ein typischer Hundewelpe verhielt, aber zu verstehen lernte, was die Katzen mit ihrem ganz anderen Verhalten »sagten«. Setzte man später den Hundewelpen mit anderen *Hunden* zusammen, konnte er nicht verstehen, was diese mit ihrem Verhalten ausdrücken wollten. D.h. der Hund »sprach« wie ein Hund und verstand aber nur »Katze«, also nicht die Sprache der eigenen Art.

Damit das Rudel also überhaupt ent- und bestehen kann, ist eine hervorragende Beobachtungsfähigkeit *angeboren*, aber es muß von *Klein auf gelernt* werden, die anderen richtig zu verstehen. Wölfen (wie auch Hunden) sind sowohl Wille wie Fähigkeit zum Lernen, weil für sie überlebensnotwendig, angeboren. Beobachtet man ein Rudel Wölfe (oder einen Wurf Welpen) kann man miterleben, wie eine Organisation sich wie von selbst aufbaut und ganz deutlich sichtbare Formen annimmt.

Wir müssen uns klar machen, daß Sozialverhalten und Lernvermögen eng miteinander verbunden sind. Grundlage davon ist die mögliche und schrittweise erreichte Gehirnentwicklung der jeweiligen Tierart.

Nun machen *alle* Tiere verschiedene Entwicklungsstufen durch, die sie zum Teil vor, zum Teil nach der Geburt durchlaufen. Sie kommen also mehr oder weniger entwickelt zur Welt. Wir unterscheiden z.B. *Nestflüchter* und *Nesthocker*, entsprechend ist sowohl das Verhalten der Eltern wie das der Kinder. Wir unterscheiden hier einerseits *Brutfürsorge* (Eltern und Jungtier kommen nicht miteinander in Berührung, die Jungen sind sich selbst überlassen und entsprechend selbständig und »wissen« alles Lebensnotwendige von Geburt an), wie andererseits *Brutpflege* (hier entsteht ein sozialer Kontakt zwischen Eltern und Kindern, wobei die verschiedensten Aufgaben anfallen: Ernähren, Beschützen, Reinigen und Unterrichten. Aber auch die Kinder untereinander entwickeln hier ein Sozialgefüge und *lernen*, zunächst spielerisch, alles, was sie für ihre Lebensbewältigung benötigen.)

Wir haben uns angewöhnt, derartige Unterschiede, wenn wir sie überhaupt registrieren, als selbstverständlich hinzunehmen. Es ist eben so. Das vielfältige Wunder, dem wir überall begegnen (können), und das auch uns selbst Aufschluß über die mutmaßlichen Bedingungen des eigenen Daseins geben könnte, bleibt uns meistens verborgen.

Wir müssen uns nämlich klar machen, daß Tiere, je nachdem wie »betriebsfertig« sie geboren werden, sich vor allem in ihrem Verhalten und ihrer Gehirnentwicklung, d.h. ihrer *Lernfähigkeit* und damit ihrer *Intelligenz* unterscheiden. Tiere, die völlig »betriebsfertig« auf die Welt kommen, müssen ein erheblich größeres, vollständiges Verhaltensinventar gleich von Geburt an haben. Sie haben einfach keine Zeit zum Lernen, entsprechend ist ihr Verhalten stereotyper.

Dennoch steht am Anfang *jedes* Lebens immer ein wichtiger Lernvorgang, die von Konrad Lorenz am Beispiel der Gänseküken so unvergeßlich geschilderte *Prägung*. Sobald das Küken geschlüpft ist, folgt es blindlings dem, den es in der ersten, entscheidenden Phase seines Lebens sah. Normalerweise seiner Gänsemutter. Konrad Lorenz fand heraus, daß ein Küken *allem* folgt, was ihm in dieser Phase begegnet: Dies kann ein Besen sein, ein Stiefel oder eben ein Verhaltensforscher. Alle anderen Verhaltensweisen des Kükens, und sei es auf die seltsamsten Dinge geprägt, bleiben völlig normal, sind also angeboren, nur seine »Bezugsperson« muß es erst kennen lernen.

Im Gegensatz zum Küken müssen »hilflosere« Tiere, zu denen auch Wölfe, Hunde und - Menschen gehören, betreut werden. Je länger die Reifezeit (Jugend) einer Tierart ist, um so größer ist sowohl ihr Entwicklungsrückstand, als auch ihre Lernfähigkeit, und um so weniger stereotyp wird später ihr Verhaltensrepertoire sein. Daher ist das Wichtigste in ihrem Leben, daß sie sehr vieles lernen müssen und, was entscheidend ist, auch lernen *können*.

Soziale Verhaltensweisen und Intelligenz sind also für das Überleben verschiedener Tierarten überlebenswichtig. Sie können nur dann überleben, wenn der Nachwuchs versorgt wird. Daß sich die Eltern um Nahrung, Aufzucht und Erziehung der Jungen kümmern, ist daher genetisch festgelegt. Da aber Tiere nur dann überleben können, wenn sie mit wechselnden Umweltbedingungen fertig werden können, setzt das auch eine gewisse Lernfähigkeit voraus. Im Falle des Wolfes hat sich dieser zu einer Rudelgemeinschaft zusammengefunden, nur gemeinsam sind sie überlebensfähig und so entsteht das Sozialverhalten aus einer Wechselwirkung von angeborenem Verhalten und Lernen.

Aber alle diese Zusammenhänge wurden erst nach Jahren durch die Erkenntnisse der Verhaltensforschung deutlich. Bestimmte Verhaltensweisen gehören zum *eisernen Grundbestand* jeder Art. Das Erbgut seines Stammvaters Wolf ist auch beim Hund erhalten geblieben: Dies sind u.a. der Drang und die Fähigkeit zum sozialen Verhalten. Jetzt wissen wir, warum wir immer wieder vom *Rudeltier* Hund gesprochen haben, denn Rudeltiere sind soziale Lebewesen und können ohne Sozialkontakte nicht artgerecht leben.

Aber auch bei den »Spätentwicklern« (wie Wolf, Hund und auch - Mensch) gibt es etwas, der *Prägung* des Kükens Vergleichbares. Dies wurde entdeckt, als man die Entwicklung von *Hundewelpen* genauer untersuchte und erst daraufhin auch die Entwicklung im Wolfsrudel besser zu verstehen lernte. Vermutlich, weil *wir* den Hundewelpen schon einige Zeit herumkrabbeln sehen, kommen wir nicht auf die Idee, daß auch für den Welpen sich erst etwas ähnliches vollzieht wie für das Gänsekind: eine *Prägungsphase* auf zunächst seine engste Umwelt setzt ein, die sich, anders als beim Gänseküken, über einen längeren Zeitraum erstreckt. Gleichzeitig damit beginnt sich seine »Intelligenz« zu entwickeln.

Der Zeitpunkt, zu dem ein Welpe »schlüpft«, ist die schrittweise Ausreifung seines Gehirns und erstreckt sich so über einige Wochen. Seine »Zuneigung« ist nicht ausschließlich auf eine Person beschränkt, sondern erstreckt sich auf eine Vielzahl von Umwelteindrücken und - einflüssen, die er erst kennenlernen muß, um mit ihnen vertraut zu werden. Wir haben es also nicht nur mit einem *Körper- und Organwachstum*, sondern auch mit einem *Lern-Wachstum* zu tun. Im Falle des Wolfsrudels sind dort ideale, absolut natürliche Grundbedingungen dafür vorhanden, völlig selbstverständlich wachsen die Welpen, in ihr Rudel eingebunden, in ihr künftiges Leben hinein. Sie genießen sozusagen eine »ganzheitliche«, komplexe Erziehung, die ihr ganzes Tun und Denken lückenlos einschließt und beeinflußt.

Im Falle des Hundes ist dies - aus Unkenntnis des Menschen - leider oft anders. *Nur zu oft wird ihm in den entscheidenden Lebensstadien die Möglichkeit vorenthalten, sich artgerecht zu entwickeln.* Was man dabei beachten muß, kann man zwar auch an einem Wolfsrudel beobachten - wirklich zu verstehen gelernt hat man es erst vor wenigen Jahren. Verlassen wir also unser Wolfsrudel und sehen, was man über

Hunde herausgefunden hat. Auch davon müssen wir möglichst alles wissen, denn *das meiste und Entscheidendste passiert, »bevor der Hund ins Haus kommt«*.

Von der Entwicklung des Hundes von der Geburt zum Erwachsensein

Was wir heute dazu wissen, verdanken wir einer amerikanischen Forschergruppe, die in Bar Harbor während siebzehn Jahren die genetischen Auswirkungen auf *menschliches Verhalten* studieren wollten. Da man mit Menschen keine Versuche machen kann, wählten sie *Hunde* als Studienobjekte, weil Hunde, ähnlich wie der Mensch, ein hohes Maß an Individualität entwickeln. Wenn auch das Hauptinteresse der Wissenschaftler war zu verstehen, warum *Menschen* sich so oder so verhalten, nahmen sie an, daß die sehr ähnliche Entwicklung der Hunde ihnen Aufschlüsse geben könne, die man auf den Menschen übertragen könne. Vor allem wollten sie die *frühe Entwicklung von Kindern* zu verstehen lernen, um Wege zu finden, sie besser ausgerüstet ins Leben zu entlassen. Überraschenderweise fanden sie, wonach sie suchten. Sie entdeckten, daß es wichtige Beziehungen gab zwischen *genetischen Vorgaben* und *früher Lebenserfahrung* und dem sich auf diesen Grundlagen entwickelnden späteren Verhalten des Erwachsenen. Und die von ihnen entdeckten Regeln, so fanden sie heraus, galten sowohl für den Menschen wie für den Hund.

Diese Untersuchung war nicht zuletzt auch für die Kenntnis des Hundes eine Sensation: Endlich begann man zu verstehen, auf welche Weise ein Hund ein Individuum, etwas Einzigartiges wird. Niemals zuvor hatte man soviel Grundlegendes über die Verhaltensentwicklung und das spätere Verhalten bei Hunden erfahren.

Siebzehn Jahre lang zogen sie einen Wurf Welpen (verschiedene Rassen) nach dem anderen unter den unterschiedlichsten Bedingungen groß. Die erste Überraschung war, daß sich in den ersten Tagen rassebedingte Verhaltensunterschiede, die später so überaus deutlich werden, nicht feststellen ließen. Am Anfang entwickelten sich alle Welpen einheitlich und - pünktlich. Denn man lernte, daß man die Tage zwischen den einzelnen Entwicklungsabschnitten, die man bald zu unterscheiden lernte, regelrecht abzählen konnte - war eine bestimmte Zeit vorüber, setzte prompt der nächste Abschnitt ein.

In Bar Harbor wurden ganz unterschiedliche Rassen großgezogen. Erst als man deren Entwicklung verglich, stellte man fest, daß genetisch bedingte Unterschiede des Verhaltens nicht *alle* auf einmal früh in der Entwicklung eines Tieres erkennbar sind. Sie entstehen erst unter dem Einfluß der Umweltbedingungen und sind erst relativ spät im Leben voll entwickelt.

Wer täglich mit einem Wurf Welpen zusammen ist, bemerkt oft nicht, daß sie sich *täglich* verändern, sondern stellt von Zeit zu Zeit fest, daß scheinbar über Nacht eine Veränderung eingetreten ist. In Wirklichkeit verändern sich Welpen unablässig. Aber man muß sich dabei klar machen, daß dabei ihre Erbmasse selbst nicht verändert wird. Sie wirkt fortlaufend auf ein jeweils dem Alter entsprechend völlig »anderes« Tier, gemäß der genetischen Vorgabe und dem umweltbedingten Entwicklungsstand. Daher ist Verhalten an sich nicht vererbbar. Vererbt werden nur jene Faktoren, die darüber bestimmen, wie sich das Erzeugte zu einem Gesamtorganismus entwickelt.

Ein Wurf Zwergschnauzer in typischer Schlafhaltung
E.: Möller/Talke 99189 Elxleben

Früher war man der Ansicht, daß Welpen so unbeholfen und hilflos wirken, weil ihre Augen und Ohren noch nicht geöffnet sind und sie noch kein rechtes Muskeltraining haben. Dann aber fanden die Wissenschaftler heraus, daß sie viel umfassender und länger hilflos sind, als man angenommen hatte. Aus den vielen Daten, die man beim Aufziehen der Welpen gewonnen hatte, kristallisierte sich nach und nach das zugrundeliegende System heraus. Sie entdeckten, daß alle Welpen bei ihrem Weg zum Erwachsenwerden vier klar zu unterscheidende Stadien durchlaufen. Jeder dieser Lebensabschnitte beginnt mit Veränderungen im Sozialverhalten, die man daran erkennen konnte, wie sich die Welpen mit ihrer Umwelt arrangierten. Wenn man auch geringe individuelle Schwankungen erkennen konnte, unterlag, im Ganzen gesehen, die Welpenentwicklung immer den gleichen Regeln. Ganz klar ließen sich bestimmte Abschnitte unterscheiden:

Neugeborenen-Phase (etwa 1. und 2. Woche)
Übergangsphase (zwischen 2. und 3. Woche)
Sozialisierungsphase (etwa 3.-12 Woche)
Mit dem Höhepunkt von der 6.-8 Woche
Jugendphase (bis zur sexuellen Reife)

Die *Neugeborenen-Phase* erstreckt sich von der Geburt bis zum Öffnen der Augen nach etwa 13 Tagen. Die *Übergangs-Phase* ist gekennzeichnet dadurch, daß die Welpen zunehmend sehen lernen und ihre Ohren sich etwa nach 20 Tagen öffnen. Die *Sozialisierungs-Phase* erstreckt sich etwa von der dritten bis etwa zur 12. Lebenswoche, daran anschließend kommt die *Jugend-Phase*, die mit Erreichen der sexuellen Reife endet, also je nach Rasse zwischen sechs Monaten oder einem Jahr oder mehr beendet sein kann.

Aus den vielen Daten und den unterschiedlichen Aufzuchtversuchen lernte man auch bald zu erkennen, daß es für das spätere Leben und Verhalten der Welpen *keinesfalls* gleichgültig war, *wie* sie die einzelnen Entwicklungsphasen, die stets pünktlich einsetzten und ebenso pünktlich abgeschlossen waren, hinter sich brachten. Man erkannte, daß gerade die ersten Lebenswochen und Monate entscheidende Grundlagen für das spätere Leben legten, d.h. daß auch scheinbar nebensächliche, geringfügige Erlebnisse in diesem frühen Zeitraum offensichtlich eine ungeheuere Wirkung auf das spätere Verhalten haben mußten. *Als am ausschlaggebendsten erwies sich aber die Zeit von der 3. - 12. Lebenswoche, sie nannten sie die für das spätere Verhalten kritische Sozialisierungs-Phase.* In dieser Zeit macht der Welpe die verschiedenartigsten Sozialerfahrungen, die entscheidenden Einfluß haben, wie er sich später entwickelt. Was aber noch viel wichtiger ist: In dieser Zeit wird auch der Grundstein dafür gelegt, ob ein Welpe später ein freundlicher, anhänglicher, an den Menschen gewöhnter Hund wird oder nicht.

Die Neugeborenen-Phase

Bei den Wölfen haben wir zuvor gelesen, daß die wichtigste Grundlage ihrer Überlebensstrategie das ausgefeilte *Sozialverhalten* ist und daß das, wenn auch aufgrund genetisch bedingter Vorgaben, von klein auf *gelernt* werden muß.

Hier bei den Hundewelpen hat man besser zu verstehen gelernt, wie das funktioniert. Sehr junge Welpen scheinen zunächst nur bedingt zu lernen. Als frühestes »Lernergebnis« läßt sich feststellen, daß sie die Milchquelle als solche auch an ihrem Geruch »erkennen«, was aber nur bedeutet, daß die entsprechenden Rezeptoren ausgereift sind. Auch der frühe Schnauzenkontakt der Welpen untereinander wird vom Milchgeruch an der Schnauze des anderen Welpen ausgelöst und führt zu frühen Knabber- und Beißkontakten. Im Versuch hat man aber herausgefunden, daß Welpen auch den »Milchgeruch« regelrecht zu *lernen* scheinen. Ein Forscher betupfte nämlich die Zitzen der Mutter mit Anisöl (was gar nicht gut riecht). Die Welpen, die an diesen Zitzen genuckelt hatten, krochen 24 Stunden später einem Anis-Öl getränkten Wattebausch nach, als sei dies die Milchquelle, während andere Welpen von diesem Geruch eindeutig abgestoßen wurden.

Ansonsten scheinen Welpen dieser Altersstufe nicht durch Erfahrung zu lernen, nur das Nuckeln macht sichtbare Fortschritte.

Ohne die Untersuchung des Welpengehirns und der Nerven bleibt das Beobachtete weitgehend rätselhaft. Aber: Beim *Neugeborenen* sind noch *keine Hirnströme* feststellbar! Daher könnte er auch dann nichts sehen oder hören, wenn Augen und Ohren geöffnet wären. Reaktionen, die mit der Fähigkeit des Sehens zusammenhängen, können auch künstlich nicht ausgelöst werden. Erst mit drei Wochen (also am Beginn der

Die Ausreifung des Nervensystems in den ersten acht Wochen

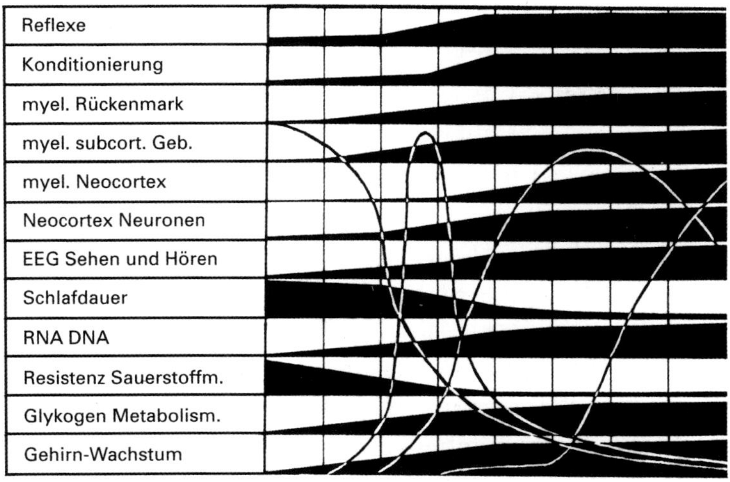

Die soziale Entwicklung in den ersten 12 Wochen

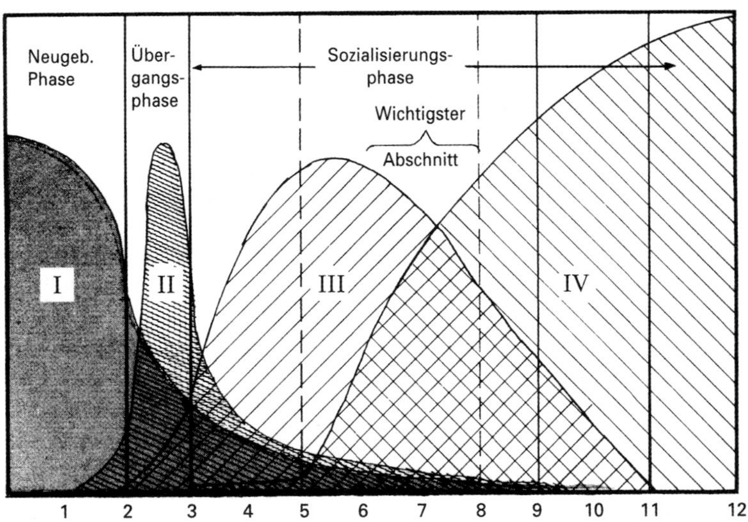

I = Abnahme der Abhängigkeit von der Mutter
II = Beginn der Selbständigkeit: Hören, Sehen, Bewegungen
III = Fortschreiten der Bewegungsentwicklung; Angezogensein von Neuem; Entwicklung sozialer Beziehungen
IV = Entwicklung von Vorsicht und Furcht vor Unbekanntem

Sozialisierungsphase) ändert sich das EEG erheblich, mit etwa 18 Tagen kann man auf dem EEG des Welpen einen Schlaf-Wachrhythmus ablesen, aber erst mit sieben oder acht Wochen, bzw. nach 49 - 56 Tagen ist das Gehirn so entwickelt, daß *eingehende Meldungen ab diesem Zeitpunkt auch verarbeitet werden können.* Dazu gehören Tasten, Fühlen, Hören, Riechen, Sehen, aber auch Angst vor Tiefe. Die anfänglich umfassende Hilflosigkeit des Welpen wird also nicht nur durch die noch nicht funktionsfähigen Organe hervorgerufen, sondern ist auch durch seine Gehirnentwicklung begründet.

Die Untersuchung der Nervenfasern zeigt, daß sie zunächst nicht, wie beim ausgereiften Tier, mit einer Myelin-Hülle (einer fetthaltigen Außenschicht) überzogen sind. Die Nervenfasern sind ohne ihre Hülle nur zu langsamer Weiterleitung fähig. Die myelinisierten Nervenfasern ausgewachsener Tiere vermitteln die Reize 50-100 mal schneller, d.h. die Reaktionen erfolgen nun prompt.

Aber nicht das gesamte Nervensystem des Welpen ist so mangelhaft ausgestattet. Einzelne Bezirke sind bereits bei Geburt gut myelinisiert. Vor allem die wichtigen Zuleitungen zur Schnauze, also die Tastnerven, die Fasern der Kiefermuskeln gehören dazu, aber auch der nicht-akustische Teil des Hör-Nerves, der mit dem Gleichgewichtsorgan verbunden ist. In der Großhirnrinde sind die Windungen einfach und die Nervenfasern meist völlig unmyelinisiert. Die Myelinisierung ist also verbunden mit der Entwicklung der Funktionen.

Nun läßt sich das bei den Welpen Beobachtete auch erklären. Da die Grundlagen von Hören, Sehen und Riechen noch nicht vorhanden sind, muß ein Reiz *direkt körperlich* auf den Welpen einwirken und kann sich nur dort auswirken, wo die entsprechenden Voraussetzungen dafür vorliegen: Tasten (Schmerz, Wärme, Kälte, Berührung), Schnauze, Gleichgewicht.

Auch die sich erst langsam entwickelnde Lernfähigkeit ist so erklärbar. Nicht nur die unentwickelten Sinnesorgane grenzen den Erfahrungsbereich ein. Da die Reaktion anfänglich noch sehr langsam erfolgt, oft Sekunden nach der Stimulation, kann der Welpe schwerlich den Zusammenhang erkennen zwischen einer Reaktion und der vorangegangenen (schmerzhaften) Stimulation. Trotzdem, obwohl der Welpe dabei nichts lernt, sind diese schwachen und verzögerten Reaktionen überaus wichtig. Nicht nur die Muskeln, sondern alle Organe, zu denen auch das Gehirn gehört, werden *nur* durch ihren Gebrauch zunehmend funktionsfähiger weiterentwickelt.

Weitaus die meiste Zeit (90%) verbringen Welpen mit Schlafen, nur unterbrochen durch die Nuckel-Intervalle und die Pflege durch die Hündin. Aber diese Schlafzeit brauchen sie auch dringend.

Die Welpen sind vollständig von der Mutter abhängig. Außer, daß sie die Welpen saugen läßt, beleckt sie regelmäßig deren Bauch- und Genital-Region, woraufhin sich die Welpen entleeren, was von der Mutter aufgefressen wird, die damit das Nest sauber hält. Wissenschaftler haben aber herausgefunden, daß das Belecken der Welpen, die dabei auf dem Rücken liegen, ein auch künftig beibehaltenes Verhalten ist. Dabei präsentieren die Welpen, wie später auch die erwachsenen Hunde, dem dominanten Partner ihre Bauchregion als Zeichen absoluter Unterwerfung (gelegentlich sogar mit Urin-Absatz).

Da man mehr über die schrittweise Entwicklung des Gehirns wissen wollte, machte man um 1900 einige Versuche mit Hunden. Bei ihrer Geburt wurden den Welpen die Augen verklebt. Sie waren dennoch, als sie ausgewachsen waren, keinesfalls hilflos, weil sie gelernt hatten, ihre übrigen Sinne verstärkt einzusetzen. Je nach Temperament lernten sie, mögliche Hindernisse, über die sie einmal gestolpert waren, durch größere Vorsicht zu vermeiden.

Erstaunlich war aber, was die spätere Untersuchung ihres Gehirns zutage brachte: Die für das Sehen zuständigen Zentren waren sehr ungenügend entwickelt. Zum Ausgleich dafür war das Hör- und Riechzentrum stärker, als bei den »normalen« Vergleichshunden, ausgebildet. Womit bewiesen war, daß erst die ständige Stimulation bestimmt, wie gut ein Organ ausgebildet wird und daß Lernen und Erfahrung auch körperliche Veränderungen nach sich ziehen.

Bereits in diesem frühen Stadium sollte der Züchter die Welpen *mildem* Streß aussetzen: Sie mehrfach in die Hand nehmen, alle Welpen streicheln und bevorzugt die, die besonders deutlich auf diesen Körperkontakt reagieren. Auf diese Weise hat der Mensch selbst in dieser frühen Phase die Chance, auf seine Welpen einzuwirken. Besteht ein Wurf aus nur ein oder zwei Welpen, müssen die Stimulationen durch den Züchter *sehr* viel häufiger erfolgen, weil ja die Anregung durch die anderen Welpen fehlt, wenn sie über- oder untereinander herumkriechen und ihre Körperhaltung dauernd verändern würden. Schon ab der zweiten Woche sollte man sie auch für kurze Zeit einer etwas niedrigeren Temperatur aussetzen, das fördert ihr Abgehärtetsein.

Die Übergangsphase

Wenn man auch schon bei den Welpen in der ersten und zweiten Woche (Neugeborenen-Phase) erste Anzeichen dafür beobachten kann, daß sie vermutlich ein ganz unterschiedliches Temperament entwickeln werden, beginnen die Grundlagen des Verhaltens in der Übergangsphase zu entstehen. Die beginnt, wenn die Welpen ihre Augen geöffnet haben. Aus den schlängelnden, tastenden Kriechbewegungen werden wacklige Gehversuche, und die Welpen können spätestens am Ende der dritten Woche das Nest verlassen. Die Übergangsphase ist sehr kurz: Sie beginnt mit dem Öffnen der Augen und, wenn Welpen auf Geräusche Fluchtversuche (mit etwa 17 Tagen) machen, ist sie schon beendet. Aber noch können die Welpen Sehreize nicht richtig verarbeiten, dazu müssen sie erst etwa 20 Tage alt sein.

In dieser kurzen Zeit geht eine extreme Veränderung mit dem Welpen vor. Bis dahin war er *passiv* und total von der Umwelt *abgeschirmt*. Nun verfügt er über alle grundlegenden Funktionen, die er benötigt: Sehen, Hören, Gehen, Kauen, Riechen, Sich-entleeren. Jetzt nimmt er nicht nur *aktiv* Umweltbeziehungen auf, sondern beginnt, umweltempfänglich und -empfindlich zu sein, d.h. die Umwelt nimmt Einfluß auf seine Entwicklung. Hier schon kann man erkennen, daß Umwelteinfluß nicht konstant auf den Welpen einwirkt, sondern einen ganz unterschiedlichen Effekt hat, je nach dem, in welchem Alter sich der Welpe befindet. Bis zum Ende der Übergangsphase sind Welpen auch für psychischen Streß nicht empfänglich, sie »behalten« derartige Eindrücke nicht.

Deutlicher werden zu diesem Zeitraum schon individuelle Unterschiede der Welpen: Einige von ihnen machen sich sofort wacker daran, das Nest zu verlassen. Andere können sich auch mit vier Wochen immer noch nicht so recht dazu entschließen. Nimmt man Welpen in diesem Alter aus dem Nest, werden sie von der befremdlichen Situation verwirrt. Obwohl sie *im* Nest schon richtige Gehbewegungen machten, bleiben sie nun außerhalb völlig irritiert einfach liegen und tun überhaupt nichts.

Auch vor heftigen Geräuschen sollte man sie bewahren, insgesamt sollte man sie zwar stimulieren, nicht aber erschrecken.

Hin und wieder sollte man sie auf den Rücken rollen, bis sie protestieren, und sie dann wieder in die richtige Körperlage zurücklegen und streicheln. Daraus lernen die Welpen sehr früh, daß Streicheln das Ende von Streß bedeutet. Von diesem Zeitpunkt an sollte man *die Welpen einmal wöchentlich daran gewöhnen, gepflegt zu werden*: Sanft bürsten, Ohren reinigen, Krallen schneiden, damit sie sich möglichst früh daran gewöhnen - um so leichter tut sich dann ihr späterer Besitzer mit ihnen.

In diesem Abschnitt beobachtet man auch erste spielerische Kontakte der Welpen untereinander: Sie stoßen sich mit den Pfoten an, beknabbern und belecken einander. Auch die Mutter beginnt jetzt, sich deutlich weniger um die Welpen zu kümmern, sie spielt nun nicht mehr die Hauptrolle.

Ab der 3. Woche - ein Zeitraum, der auch für den späteren Hundebesitzer bedeutungsvoll ist

Leider ist nicht allen Hundehaltern bewußt, daß für das Wichtigste, für ihren Hund Ausschlaggebendste, im Alter von 3-12 Wochen der Grundstein gelegt wird. In diesen nur neun Wochen braucht der Welpe nichts dringender, als vielfältigste Umweltkontakte, da sich jetzt die Charaktere der einzelnen Welpen entwickeln. Wenn *jeder* wüßte, *wie* wichtig diese Zeitspanne für den Hund ist, würde mancher erstens beim Kauf des Hundes vorsichtiger sein und den Züchter sehr gewissenhaft auswählen und zweitens darauf achten, daß er seinen Hund auch zum *richtigen Zeitpunkt* (nicht zu früh und nicht zu spät) bekommt. Auf diese Zeit vor dem Kauf hat der spätere Hundebesitzer weitgehend keinen Einfluß, leider aber sieht man dem Welpen nicht an, ob er in dieser Zeit auch artgerecht aufgezogen wurde. Hier muß man sich auf den Züchter verlassen können und sollte das nicht blindlings tun, nur weil die Welpen so niedlich sind.

So »automatisch« nämlich die Entwicklung, ohne daß die Umwelt eine größere Bedeutung hätte, in den ersten drei Wochen abläuft, so »automatisch« verläuft sie auch weiter. Jetzt allerdings ist entscheidend, daß auch die Umweltverhältnisse stimmen! Und für die richtigen Umweltverhältnisse ist in erster Linie der Züchter verantwortlich.

Mit dem Einsetzen von Hören und Sehen nimmt der Welpe Kontakt mit seiner Umwelt auf. Wenn sein Verhalten bisher nichts weiter war, als durch Körperkontakt ausgelöste *Reflexe*, kann er nun Dinge auch ohne direkten körperlichen Kontakt wahrnehmen und darauf reagieren.

Von nun an setzen sich Welpen gezielt in Bewegung, weil sie alles mögliche erkunden wollen, d.h. sie sind *neugierig* und wollen Erfahrungen sammeln. Ihre Körpersprache wird vielfältiger, vor allem ihre Schwänzchen beginnen, deutliche Signale zu geben und entweder erfreut hin- und herzuwippen oder aber einen absoluten Tiefpunkt auszudrücken.

Die Welpen geraten jetzt, selbst wenn sie an einem warmen und sicheren Ort gelandet sind, leicht in allerlei Aufregung, wenn sie sich nicht mehr zurechtfinden. (Solange sie noch blind dahinkrabbelten, waren sie sofort beruhigt, wenn sie einen warmen, weichen Platz erreicht hatten.)

Auch beginnen die Welpen, vermehrt miteinander zu spielen, stoßen sich mit den Schnauzen und Pfoten an und erkunden einander. Haben sie sich früher nur dem Gesäuge der *Mutter* genähert, tun sie das nun auch bei ihren Geschwistern, die sich dann bei dieser Berührung der Leistengegend völlig still verhalten. Eine Reaktion, die auch später als Unterwerfungsgeste beibehalten wird.

Je mehr sich ihre Nervenbahnen vervollkommnen, um so ausdrucksvoller wird ihr Mienenspiel: Der angestrengte, ernste, maskenhafte Gesichtsausdruck verliert sich.

In diesem Alter verlassen die Welpen zunehmend das Nest. Bei den Wolfswelpen ist jetzt auch immer ein Gelände vorhanden, das in immer größeren Bereichen erkundet wird. Leider haben aber nicht alle Hundewelpen ein abwechslungsreiches Gelände, das sie erkunden und wo sie Erfahrungen sammeln können. Zum Wichtigsten in der Natur eines Welpen gehört seine *Neugierde*, sein *natürlicher Erkundungsdrang*. Fehlten sie ihm, wäre er nicht in der Lage, Erfahrungen zu sammeln und zu lernen. Der Züchter muß jetzt dafür sorgen, daß die Umwelt so bunt gestaltet ist, daß die Welpen auch Ziele für ihren Erkundungsdrang haben. In einem sterilen Zwinger (oder gar einem Stall) ist vieles überhaupt nicht möglich. Es ist unmöglich, das Gelände zu erkunden und unterschiedlichste Bodenformen (Gras, Erde, Kies, Holz, Bodenerhebungen, »Täler«, Büsche, Baumstümpfe etc.) nicht nur kennen zu lernen, sondern auch, sich damit auseinander zu setzen. Alles mögliche wird nun abgeschleppt und herumtransportiert oder einem anderen Welpen abgejagt. Um einen Lumpen oder einen Knochen streitend, können sie sich bereits richtig »gefährlich« mit ihren hellen Stimmchen anknurren. Eimer, Steine, Büsche werden angeschlichen, Stufen und Holzscheite erklommen. Sie kriechen unter alles mögliche hinunter und verkünden dann jämmerlich quiekend, daß sie nicht mehr weiter wissen. Auf plötzliche, starke Geräusche verdrücken sich alle Welpen schleunigst möglichst in ihr Nest, wobei sie schon früh einen erstaunlichen *Ortssinn* an den Tag legen. Außerdem bemerkt man mehr und mehr etwas Wichtiges: Sie beginnen, von Stimmungen oder Aktionen angesteckt, *gemeinsam* zu reagieren.

Die Entwicklung der Beziehung zur Umwelt ist in vollem Gange und auch soziale Verhaltensweisen, sowohl der Welpen untereinander als auch zu anderen Mitlebewesen, also auch dem Menschen, formen sich. Im Gegensatz zu nur kurzer Zeit vorher wird jetzt *alles* aufgenommen, was die Umwelt bietet. Alles, was der Welpe jetzt erkennt und kennenlernt, wird ihm vertraut. Es prägt sich ihm ein, ob es für ihn angenehm oder unangenehm war, und erste, einfache Assoziationen beginnen, sein Handeln zu bestimmen.

Warum ist dies aber eine »kritische« Phase? Manche meinen, der Ausdruck »sensible« Phase wäre treffender. Wie man es aber nennt, es vollzieht sich folgendes: Während jeder Entwicklungsphase ist der Welpe, analog zu seiner Gehirnentwicklung, extrem aufnahmefähig für bestimmte Umweltreize. Jetzt ist sein Gehirn unbeschrieben wie ein leeres Blatt, aber alles, was die Umwelt ihm nun bietet, wird dort sofort und für alle Zeiten eingraviert. Nicht nur das: Wie wir zuvor bei den Welpen mit den zugeklebten Augen gesehen haben, wird das Gehirn in dieser Zeit nicht nur beschrieben, sondern es wird verändert, d.h. strukturiert und zunehmend komplexer und besser ausgebildet. Alles, was für den Welpen unerreichar ist, kann seinen Niederschlag im Gehirn *nicht* finden. Die Sozialisierungsphase des Welpen enthält also drei wichtige Variablen: die mehr oder weniger begrenzte Umwelterfahrung, die Ab- oder Anwesenheit von Hunden und die Ab- oder Anwesenheit von Menschen.

Den Beginn und das Ende dieser wichtigen sensiblen Phase kann man durch Beobachtung zeitlich genau festlegen. Sie setzt ein, wenn der Welpe zu zögern beginnt, wenn nichts Vertrautes in seiner Umgebung ist und er zwischen Fremdem und Vertrautem zu unterscheiden beginnt.

Gegen Ende der Sozialisierungsphase fürchtet sich der Welpe vor Fremden. Er verhält sich nun anders als an deren Anfang. Da litt er zwar unter Einsamkeit, aber neugierig angezogen ging er auf Neues und Ungewohntes nach kurzem Zögern dann doch zu. Das ändert sich, wenn Welpen etwa sieben Wochen alt sind. Auf fremde Personen und ungewohnte Objekte reagieren sie nun mit steigender Furcht. Die Angstphase erreicht ihren Höhepunkt mit etwa 12 Wochen. Jetzt macht die übergroße Angst es eine zeitlang unmöglich, irgendwelche neuen Beziehungen aufzunehmen. Ein ungünstiger Zeitpunkt für den Übergang in ein neues Heim.

Sozialisierung fördert also Umweltbeziehungen und soziale Bindung, weil Welpen die Nähe von Vertrautem suchen. Dieses System wirkt sicher, weil (bzw. wenn) es durch tägliche Erlebnisse ständig verstärkt wird und ist auch Grundlage des späten Gruppen- und Umweltverhaltens. *Untersuchungen haben ergeben, daß unzureichende Sozialisierungsprozesse sich später im Leben wie die Folgen einer Hirnverletzung auswirken!* Was wir nun verstehen können, denn in dieser Zeit formen sich ja nicht nur Verhaltensweisen, sondern auch das Grundgedächtnis und die Schaltbahnen im Gehirn.

Mehr von den »kritischen« Wochen - die alles entscheiden und sich nicht nachholen lassen. Im Verantwortungsbereich von Züchter und endgültigem Besitzer.

Haben Sie bisher geglaubt, die Hauptsache sei, Sie bekämen einen gesunden Hund, wird Ihnen nun nach und nach klar, daß Gesundheit zwar wichtig, aber nicht alles ist, was ein Hund haben muß. Bis jetzt haben Sie sich womöglich mehr dafür interessiert, welche genetisch bedingten Erkrankungen Ihr Welpe haben könne, weil einige davon ja sogar typisch für bestimmte Rassen sein sollen. Sie haben auch einige Züchter besucht, und über deren beeindruckende Zwingeranlagen nur so gestaunt: manche wirkten modern (muß nicht sein), (hoffentlich) sauber und (manchmal leider) steril... Sie haben Züchteranzeigen gelesen, daß bestimmte Welpen diesen oder jenen »Champion« unter ihren Vorfahren haben, sind also beeindruckt von dem, was Ihnen von mancher Seite geboten wird und überzeugt, einen Top-Hund zu bekommen. Und trotzdem, obwohl Sie nun nach Lage der Dinge sich nun sicher sind - aus irgendeinem Grunde bekommen Sie dann doch später Schwierigkeiten mit Ihrem Hund, mit denen Sie nicht gerechnet hatten.

Mögliche genetisch bedingte Krankheiten sind bekannt, kein ehrlicher Züchter wird Ihnen verschweigen, daß sie auftreten *können*, womit nicht gesagt ist, daß sie auch auftreten werden. Sie können selbst entscheiden, ob Sie, hingezogen zu der Rasse, das Risiko eingehen wollen. Auch Fellfarbe, Körperproportionen und -zustand kann man sehen, bzw. messen oder wiegen. Anders ist es aber bei Wesens-, Charaktereigenschaften oder -mängeln. Hier ist es außerordentlich schwer und in nur kurzer Zeit sogar unmöglich, ihren Grad und ihre Ursache einwandfrei festzustellen. Manches bemerkt man zwar schon am ersten Tag (der Welpe ist z.B. *sehr* ängstlich) meist meint man aber, daß sich das bald legen wird. Aber nach und nach tauchen auch noch andere Hindernisse auf, mit denen man eigentlich nicht gerechnet hatte.

Wer ist schuld daran, wenn ein Hund sich nicht oder nur schwer erziehen läßt? Wenn er ängstlich oder aggressiv ist? Was ist, wenn sich das nicht ändert oder auswächst? Hundebesitzer und Züchter schieben sich oft genug gegenseitig die Schuld zu. Da kommen dann die beliebten Hinweise auf den »schlechten Vererber«, die »überzüchtete Rasse«. Besonders liebe Züchter behaupten auch, der neue Besitzer selbst habe den Hund bereits »verdorben«. Der wird nun »klein und häßlich«, weil er nicht weiß, daß die wichtigste Entscheidung, wie ein Hund einmal sein wird, in den wenigen, ersten Wochen seines Lebens beim Züchter gefallen ist. Nicht nur das: *Bei gleicher Erbmasse können Hunde, unter verschiedenen Bedingungen aufgezogen, sich völlig gegensätzlich entwickeln.* Das haben die Forscher in Bar Harbor eindeutig belegen können.

Wenn Welpen sehen, hören und munter herumlaufen, meint mancher Züchter, nun seien die schlimmsten Klippen überwunden. Er ist froh, daß er sich nicht mehr dauernd mit den Welpen abmühen muß, weil sie nun während der letzten drei oder vier Wochen bis zu ihrem Verkauf ganz von selbst tüchtig fressen und wachsen. Auch ihre Kiste halten sie, wenn sie die Kiste Tag und Nacht verlassen können, ab der 5. bis 7. Woche selbständig sauber und erledigen ihr »Geschäft« außerhalb. (Schlimm ist, wenn Welpen diese Möglichkeit nicht hatten, sie sind später entsprechend schwer sauber zu bekommen.) Aber auch ein unsauber gehaltener Zwinger oder ein unsauberes Gelände sind nicht nur ein schlechtes Zeugnis für den Züchter, sondern können später zu Verhaltensproblemen bei der Sauberkeitserziehung führen. Zu leicht gewöhnen sich Welpen unter solchen Umständen daran, auch ein unsauberes Gelände mit Kot und Urin zu akzeptieren. Weil sie keine Aversion dagegen entwickeln konnten, ist auch ihr späteres Bestreben, ihren Bereich sauber zu halten, nicht entwickelt.

Überläßt also der Züchter die Welpen nun weitgehend sich selber, hat er damit gleichzeitig den Entschluß gefaßt, die bis dahin ordentliche Entwicklung abrupt zu beenden. Hält er sie außerdem in einem ereignislosen, sterilen, abgelegenen Zwinger, sind weitere Probleme bereits vorprogrammiert.

Was hier versäumt wird, kann man am besten am Beispiel des Wolfsrudels verstehen lernen. Dort klappt zwar alles vorzüglich, auch *ohne* daß sich der Mensch einmischt. Dafür kümmert sich aber, sobald die Wölfin weniger säugt und seltener bei den Welpen ist, das *ganze* Rudel um die Welpen, die nun anfangen, ihre Umwelt zu entdecken. Im Wolfsrudel vollziehen sich *Präge-* und *Sozialisierungsphase* ganz selbstverständlich und »automatisch«, während die Welpen im Spiel untereinander und mit allen Rudelmitgliedern vertraut, in die Gepflogenheiten des Lebens eingeführt und erzogen werden.

Bei Hundewelpen ist das Eingreifen des Menschen nicht nur der Prägung auf den Menschen wegen wichtig. Eine *einzelne* Hündin ist restlos überfordert, das erhebliche Spielbedürfnis der Welpen zu befriedigen. Sie muß sich hin und wieder von ihren Welpen trennen, jedoch jederzeit zu ihren Kindern zurückkehren können, um bei »Unstimmigkeiten« nach dem »Rechten« zu sehen. Werden die Welpen zu penetrant, wird sie sich murrend und verärgert beiseite trollen und ihren Kindern unmißverständlich zu verstehen geben, ihr mit gehörigem

Abstand vom Leibe zu bleiben. Im Wolfsrudel wären genügend »Hilfskräfte« zur Verfügung, die anstelle der erschöpften Hündin weitermachen.

Immer ist im Wolfsrudel dafür gesorgt, daß die Welpen, wenn sie nicht gerade eines ihrer vielen und notwendigen Schläfchen abhalten, stets bis zur Erschöpfung in voller Aktion sein können. Bei den wildlebenden Caniden ist also nicht überwiegend die Mutter mit den Welpen beschäftigt. Diese Aufgaben übernehmen, so vorhanden, andere Weibchen, aber auch Jungtiere aus früheren Würfen, die, wie die ebenso aktiven Rüden, mit den Welpen spielen, Futter herbeitragen oder vorbrechen. Bei Haushunden wird, aus verständlichen Gründen, letzteres selten beobachtet. Ist aber ein Rüde vorhanden, wird er sich, sobald ihn die Hündin zu den Welpen läßt, auch aktiv um die Welpen kümmern. Es ist erstaunlich, wie offensichtlich *gern* und mit welcher *Geduld* sich ältere Tiere, die nicht die Mutter sind, mit den Welpen abgeben, wie es auch ein *natürliches* Verhalten der Hündin ist, daß sie ihren Welpen nicht uneingeschränkt zur Verfügung steht.

Wie wir also sehen, gewinnt der junge Wolf in seiner langen Spiel- und Lernzeit ein breites »Vokabular« hinzu. Beim Hundewelpen, der nicht in eine derart »natürliche«, sich ständig erweiternde Umwelt hineinwächst, müssen Mittel und Wege gefunden werden, daß er nicht verdummt.

Auch das Spielen der Welpen miteinander ist nicht »zufällig« oder purer »Zeitvertreib«, sondern wichtig für ihre Entwicklung. Einerseits werden rein körperlich ihre Muskeln und ihre Körperbeherrschung trainiert, aber ebenso, oder fast noch wichtiger ist, daß die Welpen lernen, miteinander umzugehen, zu reagieren und zu handeln, wie sich auch erste Anfänge hierarchischen Verhaltens entwickeln. Dies ist die Grundlage sowohl für die späteren Beziehungen mit anderen Hunden, als auch für ihre eigene *Selbstsicherheit.*

Merkwürdigerweise meinen manche, das Verhalten eines Tieres bestehe aus mehr oder weniger zufälligen, beiläufigen Reaktionen, Bewegungen und Aktionen. Am Beispiel der Wolfswelpen sehen wir, daß das keinesfalls so ist. Hier findet eine *zielstrebige* Einführung in das Leben mit der Unfehlbarkeit eines Computers statt, Angeborenes und Erworbenes ergänzen einander: Das Überleben hängt davon ab.

Darum sind die Phasen des unerläßlichen »Prägevorgangs« genetisch bedingt. Ein Wolfsjunges muß lernen, zu welchen Lebewesen es gehört, und es muß sich angewöhnen, sich nie zu weit von ihnen zu entfernen. Ebenso muß sich ein Wolfsjunges mit seinem Territorium und dessen Gerüchen vertraut machen, wie es später lernt, sich auch außerhalb des Territoriums zurechtzufinden, und, vor allem, auch zurückzufinden. Auch das *Heimfindevermögen* wird so zunehmend mit immer größeren Entfernungen gelernt. Wolfsjunge müssen die »Sprache«, mit der man sich im Rudel verständigt und die die Grundlage des Gruppenverhaltens ist, verstehen und anzuwenden lernen. Genau für das gleiche Lernprogramm ist auch unser Welpe eingerichtet. Auch für ihn ist das alles wichtig für sein späteres Leben.

Aus der »Wolfszeit« als wichtiges Verhalten ererbt ist auch das *»Angsthaben«*, das auch bei jungen Hunden ab etwa sieben Wochen beginnt und mit etwa 12 Wochen wieder weitgehend verloren geht. Normalerweise wenigstens. Es setzt ein, wenn die Welpen zwar schon außerordentlich aktiv, andererseits aber auch noch sehr unvernünftig sind. Junge Wölfe müssen innerhalb ihrer vertrauten Umgebung bleiben. Da die Alten sie nicht anbinden, bzw. wie Hundewelpen einsperren können, werden sie eben durch »Angsthaben angebunden«. Später, wenn sie dann ihre Ausflüge in die Umgebung ausdehnen, halten sie sich dabei immer eng an die Rudelmitglieder, an deren Verhalten sie sich orientieren. Auch Hundewelpen halten sich in den ersten Wochen meist in der Nähe ihrer Menschen auf, die dann stolz meinen, man könne die Hunde schon sehr früh »ohne Leine« frei laufen lassen. Aber Vorsicht: Diese anfängliche, angeborene Anhänglichkeit verliert sich nach ein paar Wochen, wenn die Welpen erwachsener werden.

Erst an zahlreichen Aufzuchtversuchen mit Hunden hat man zu verstehen gelernt, daß zur normalen Welpenentwicklung gehört, einerseits positive, andererseits aber auch negative Erfahrungen zu machen. Bei einigen dieser Versuche wurden Welpen entweder isoliert oder aber gemeinsam, jedoch ohne jeden menschlichen Kontakt großgezogen.

Etwas Erstaunliches kristallisierte sich dabei heraus: Welpen, die bis zur sechsten Woche *nicht* mit *Menschen* in Berührung kamen, akzeptierten diese nicht als »Mit-Lebewesen«, während andere, selbst wenn sie täglich auch nur sehr kurze Zeit mit Menschen zusammenkamen, diesen voll als einen der ihren ansahen. Sehr verblüfft waren die Wissenschaftler vor allem darüber, daß es offensichtlich bereits genügte, wenn die Welpen Menschen nur *sahen*, und daß es *nicht* nötig war, daß sich eine Beziehung zu einem *bestimmten* Menschen formte. In der Prägephase wird also auch das »Bild« des Vertrauten im Gedächtnis gespeichert.

Während dieser Zeit empfiehlt es sich auch, nun gezielt mit den Welpen Kontakt aufzunehmen, mit ihnen zu spielen, sie *einzeln* hochzunehmen und ihnen, mit freundlichem Gesicht und irgendwelchen liebevoll klingenden Worten direkt in die Augen zu sehen, sie wieder abzusetzen und zu streicheln. Dies legt einen wichtigen Grundstein für Zusammengehörigkeitsgefühl und spätere Erziehbarkeit.

Für die Verhaltensentwicklung der Welpen sind die Geschwister und die anderen Rudelmitglieder lange Zeit offensichtlich wichtiger als die Mutter. Bei Welpen, die ohne Kontakt mit anderen Hunden, ausschließlich beim Menschen aufgezogen wurden, konnte man das genau beobachten. Noch mit 16 Wochen zeigten sie ein Spielverhalten, das sonst für sehr viel jüngere Tiere typisch ist. Sie waren also regelrecht »zurückgeblieben«.

Einen dieser »Isolationswelpen« brachte man versuchsweise nun mit seinen normal aufgewachsenen Geschwistern zusammen. Sofort zog er sich angstvoll zurück, was ihm nicht viel nützte, denn die anderen gingen trotzdem auf ihn los. Seine »rabiaten« Geschwister hatten nämlich die Fähigkeit, Beziehungen aufgrund bestimmter Verhaltensweisen aufzubauen. Davon hatte er, hinsichtlich seiner Artgenossen, überhaupt keine Ahnung.

Als die anderen frohgemut auf ihn zustürmten, hatte er nur Angst, denn er hatte nicht gelernt, die Reaktionsweisen seiner Geschwister richtig zu deuten. Die Körpersprache ist, wie gesagt, angeboren, nicht aber, sie zu verstehen. *Seine* ganze Körperhaltung war Angst und das Signal für die anderen, sich über ihn herzumachen.

Für diesen Welpen hatte die erste Begegnung prägenden Charakter. Er hatte »gelernt«, daß er der Unterlegene ist. Ein solcher Welpe wird seine Demutshaltung ein Leben lang sofort annehmen, wenn ihm ein anderer Hund begegnet, ein Leben lang entsprechend behandelt werden und immer der letzte im Dominanzgefüge sein. (Etwas ähnliches erlebt man auch bei Welpen, die aus irgendwelchen Gründen zu früh von Mutter und Geschwistern fortgenommen wurden. Sorgen Sie daher auch bei Ihrem Welpen dafür, daß er auch bei Ihnen ausreichend Umgang mit Artgenossen hat. Wir kommen noch darauf zurück.)

Normalerweise fangen Welpen mit etwa fünf bis sechs Wochen an, *gemeinsam* zu handeln und nicht mehr *zufällig* miteinander zu spielen. *Ihre Fähigkeit zur Stimmungsübertragung und zur Verhaltenskoordination entwickelt sich.* (Auch das ist für ihr späteres Zusammenleben mit dem Menschen, wie wir noch sehen werden, eminent wichtig.) Wenn sie etwa sieben bis acht Wochen alt sind, führen sie gemeinsam erste Aktionen als Rudel durch, und entwickeln nun, wenn sie noch weiter zusammenbleiben, erste Anfänge einer Rangordnung. Aus nun verständlichen Gründen ist dies das ideale Alter, einen Welpen in sein endgültiges »Rudel« umzusetzen. In sein natürliches Bestreben, furchtlos *gemeinsam* mit einem Rudel zu agieren, wie auch seinen Platz in diesem Rudel zu finden, bezieht er nun ganz selbstverständlich den Menschen mit ein. Wird ein Welpe hingegen näher seiner 12. Lebenswoche, also später umgesetzt, ist dies nicht günstig. In dieser Zeit reagiert er sehr vorsichtig empfindlich auf alles Fremde, was sich erst später wieder legt. Er sollte dann bei der Übergabe *deutlich älter* als 12 Wochen sein.

Normalerweise sollten also Welpen nach der achten Woche nicht mehr beisammen bleiben. Was jetzt hier geschehen würde, hat man in einem weiteren Aufzuchtversuch festgestellt, bei denen Welpen »wild« im Rudel ohne jeden menschlichen Kontakt großgezogen wurden. Sie hatten im Alter von elf bis 15 Wochen feste Dominanzverhältnisse untereinander ausgehandelt (das wäre auch im Mensch-Hund-Verhältnis der Zeitpunkt, wo dies klar geregelt sein müßte) und waren überhaupt nicht mehr erpicht auf menschliche Gesellschaft. Auch später ließen sie sich nicht mehr umgewöhnen oder erziehen.

Die sogenannte Sozialisierungsphase erstreckt sich also etwa vom ersten bis 3. Monat, dann sind die *Grundlagen des Verhaltens* geschaffen. Jedes Tier hat innerhalb seines Rudels sich einen bestimmten Platz erobert. Jetzt kann man große Unterschiede unter den Geschwistern feststellen. (Ebenso entwickeln sich auch die Welpen in ihren neuen Familien ganz unterschiedlich entsprechend ihrem individuellen Charakter und der Umwelt, die sie hier vorfinden.)

Die Entwicklung des Sozialverhaltens ist also inhaltlich das Wichtigste, was ein junger Hund, wie sein Stammvater der Wolf, lernen muß und lernt. Es wird zunächst aufgrund einfacher, angeborener Verhaltensweisen ausgelöst und formt sich durch Erfahrungen. Erstens werden die Rudelmitglieder eng miteinander verbunden und ihr Verhältnis zueinander geregelt. Zweitens werden nun die Welpen keine Bindung mehr eingehen mit irgendwelchen anderen Tieren, außer denen, die sie in einer bestimmten Lebensphase kennengelernt haben.

Ebenfalls spielerisch haben die Welpen auch gelernt, wie man sich später miteinander verständigt. Wenn die Mutter, die sich nun nicht mehr dauernd bei den Welpen befindet, zurückkehrt, wird sie sofort höchst beglückt von den Welpen umkreist: Sie wollen Futter haben, versorgt werden. Sie kommen freudig, schwanzwedelnd, leckend und schnauzestoßend und -beißend. Man kann die Übereinstimmung der sozialen »Begrüßungsgeste« mit dem »Bettelverhalten« der Jungtiere leicht erkennen. Nicht nur beim Wolf, auch bei vielen hundeartigen Raubtieren, stoßen erwachsene Gruppenmitglieder gegen die Mundwinkel des Partners, wie es auch die Jungen tun, um von der Jagd heimkehrende Alttiere zum Hochwürgen der Nahrungsbrocken zu veranlassen. *Das Anspringen des Hundes, möglichst nah zum Gesicht des Menschen, ist etwas sehr Ähnliches.*

Die zweite Sozialisierungsphase oder das Verwildern - im Verantwortungsbereich des endgültigen Besitzers

Wie nachhaltig wirkt die frühe Sozialisierung im späteren Leben weiter? Hat sie den gleichen lebenslänglichen Effekt wie Mängel in der Prägephase? Oder anders gefragt: Ist ein Welpe, den wir gut sozialisiert vom Züchter übernommen haben, für alle Zeiten sicher vor Rückfällen in seinem Sozialverhalten? Ist er sozusagen grundsätzlich, auch in seinem Verhalten uns gegenüber, ein für alle Mal erzogen?

Selbst zunächst gut sozialisierte Welpen bereiten ihren Züchtern gelegentlich Kopfzerbrechen. Sie kamen, konnten sie mit acht Wochen nicht verkauft werden, wieder zurück in den Zwinger zu den anderen Hunden.

Seltsamerweise waren diese Welpen, schließlich doch abgegeben, dann mit sechs Monaten scheu, unerziehbar, was sich niemand erklären konnte. Man vermutete, hier zeige sich ein genetisch bedingter schwerer Wesensmangel, den man allerdings bei den anderen Welpen, die früher abgegeben worden waren, nicht feststellen konnte.

Das Rätsel ließ sich durch Versuche mit Wolfswelpen klären. Einem Forscher gelang in geduldigen Bemühungen das erstaunliche Experiment, auch *ausgewachsene* Wölfe mit dem Menschen zu sozialisieren. Bemerkenswerterweise blieb den spät sozialisierten Wölfen dies Verhalten *lebenslänglich* erhalten, während zuvor sozialisierte Wolfswelpen wieder *verwildern* konnten.

Das führte zu der Entdeckung, daß Wölfe (und damit auch Hunde) offensichtlich später im Leben eine *zweite*, eminent wichtige Sozialisierungsphase durchlaufen müssen. Diese Fähigkeit zur zweiten Sozialisierungsphase ist bei allen rudelbildenden Caniden genetisch bedingt vorhanden und verfestigt das Sozialgefüge, wie es ebenso ermöglicht, daß Tiere sich in neuen Rudeln zusammenfinden können. Tiere, die zu einer zweiten Sozialisierung nicht fähig sind oder bei denen sie unterbleibt, sind nicht gemeinschaftsfähig und nicht erziehbar.

Diese Erkenntnisse sind für den Hundehalter von großer Bedeutung. Züchtern und Besitzern können hier aus Unkenntnis nicht wiedergutzumachende Fehler unterlaufen. Trotz ursprünglich guter Veranlagung und Sozialisierung können Hunde bei *Zwingerhaltung*, fehlendem Kontakt und mangelhafter Erziehung »asozial«, untrainierbar und »wesensschwach« werden.

Die Jugendphase und das Flegelalter. Verantwortlich der endgültige Besitzer

Unseren Welpen bekommen wir meistens dann, wenn seine Sozialisierung noch nicht vollständig abgeschlossen ist. Das ist auch gut so. Denn jetzt sind wir dran. Sofort wird der Welpe seine Beziehungen, die er zuvor im Rudel gepflegt hat, auf uns übertragen: Wir ersetzen ihm seine Mutter, seine Geschwister, seine Spielkumpane. Warum er uns sofort als die Seinen akzeptiert, wird wohl immer ein Rätsel bleiben. Aber gerade diese Fähigkeit war wohl das Ausschlaggebende vor ca. 15000 Jahren, als sich Wölfe an den Menschen zu gewöhnen lernten. Aus welchen Gründen auch immer, nun muß der Welpe erfahren, daß er zu *uns* gehört, uns zu verstehen und zu vertrauen lernen und außerdem mit der Tatsache vertraut gemacht werden, daß immer *wir* es sind, die das Sagen haben. Sie können sicher sein, daß er viel zäher daran arbeitet, das auszuprobieren, als wir uns das vorstellen können.

Im Wolfsrudel ist es überlebenswichtig, daß sich die Rudelstruktur immer wieder bestätigt. Solange eine feststehende Ordnung herrscht, d.h. sich als sicher erweist, ist Ruhe. Sobald aber neue Kräfte spürbar werden, weil dominante Tiere ausfallen oder überbietbar werden, geht das Aushandeln neu los. Daher ist es eine angeborene »Sucht« des Welpen, mit allen ihm zur Verfügung stehenden Mitteln die Rudelstruktur auf Schwachstellen zu überprüfen, seine Grenzen kennen zu lernen und uns, mit denen er nun anstelle seiner Wurfgeschwister Umgang hat, »durchzuchecken«.

Cavioca-Blue vom Sigirion Hof, Border Collie
E.: Ch. Niedrich, 38644 Goslar

Trotzdem darf es in dieser neuen Umgebung, vor allem nicht im Umgang mit uns, *keine Angsterlebnisse* geben. Er darf z.B. einen »Schreck« bekommen, wenn er dem heißen Ofen zu nahe kommt. Das Stehlen vom Tisch wird ihm verleidet, weil z.B. dann jedesmal eine unangenehm klappernde Blechdose herabfällt. Aber *wir selbst* dürfen für ihn nichts Schreckliches haben: Wenn er zu uns kommt und mit uns zusammen ist, muß es für ihn angenehm sein. Daß er sich dabei auch unterordnen muß, wird er als *natürlich*, nicht als belastend empfinden.

In diesem Alter lernt er noch überwiegend durch Gewohnheit, d.h. also Übung. Großartige Lernergebnisse und die Fähigkeit, Gelerntes auch zu generalisieren, können wir von ihm noch nicht erwarten. Die grundlegenden Lernprozesse sind allerdings abgeschlossen, und zeitweilig hat man nun sogar das Gefühl, daß er langsamere Fortschritte macht als vorher. Dies täuscht, denn jetzt ist der Zeitpunkt, wo er »umschaltet« vom bloßen Erfahrungen-Sammeln zum wirklichen Lernen, d.h. Verstehen. Er sortiert sozusagen seine bisherigen Erkenntnisse, um sie in ein geordnetes Wissen umzuwandeln und sie nicht nur in einer bestimmten Situation anzuwenden, die mit ihm geübt wurde, sondern sich auch in *ähnlichen* Situationen sinngemäß zu verhalten.

Obwohl er seine Körpergröße bald erreicht hat, ist er noch lange nicht ausgereift. Schwierige Trainingsaufgaben kann man ihm noch nicht zumuten, konzentrieren kann er sich jedenfalls noch ziemlich schlecht und wenn, dann nur für eine kurze Zeit. Ab dem vierten Monat beginnt sich das Verhalten des Welpen endgültig zu festigen, es bildet sich nun langsam die Grundlage für sein späteres, eigentliches Leben.

Während der *Jugendphase* vollenden sich die vorher angelegten Charakterstrukturen bis zum Erwachsenwerden. Der Junghund bezieht nun seinen Menschen in seine Verhaltensweisen immer mehr mit ein. Er folgt ihm, wie er den Rudelgefährten folgen würde, und ordnet sich - normalerweise - unter seine Menschen ein. Er lernt unsere *Sprache*: unsere *Worte*, aber auch unseren *Gesichtsausdruck* und unsere *Körpersprache* zu verstehen und ist uns darin oft weit voraus. Auch seine Fähigkeit zur Verhaltenssynchronisierung und Stimmungsübertragung wird immer perfekter, er kennt uns sozusagen in- und auswendig und versucht, sich so oder so mit uns zu arrangieren.

Irgendwann kommt jetzt ein Abschnitt, wo man den Hund am liebsten zum Züchter zurückbringen möchte, weil alle bisherigen Fortschritte und Erfolge sich in Nichts aufgelöst zu haben scheinen. Unser Hund ist ein wahrer Unband. Alles, was er schon recht schön »konnte«, ist wie weggeblasen. Meistens fällt dies mit dem Zahnwechsel, zwischen dem vierten und sechsten Monat zusammen. Diese Zeit, sie ähnelt der *Pubertät* bei Kindern, geht, ebenso wie bei diesen, mit Sicherheit vorüber. Hier heißt es, konsequent, ruhig, freundlich und selbstsicher zu sein.- Man kann sehr viel verderben, wenn man zunächst - schwach geworden - zu wenig konsequent und dann - restlos entnervt - zu rabiat vorgeht.

Wenn ein Rüde sein Bein hebt oder die Hündin zum ersten Mal läufig wird, haben sie ihre *Geschlechtsreife* (viel früher übrigens als Wölfe) erreicht. Deswegen sind aber die Hunde noch keinesfalls »erwachsen«. Bis Hunde auch charakterlich voll ausgereift sind, vergeht bei ihnen (wie auch bei Wölfen) noch einige Zeit. Meist mit zwei oder drei Jahren (Wölfe werden erst jetzt auch geschlechtsreif), bei einigen Rassen auch später, stabilisiert sich der Hund. Die Trainingsergebnisse werden von da ab erst restlos zuverlässig. Auch das Bewachen des Territoriums setzt erst etwa ab dem dritten Lebensjahr ein, allerdings ist dies Verhalten dann rassebedingt unterschiedlich stark ausgeprägt.

Soziale Entwicklung und Gehirnentwicklung in den ersten Lebenswochen

Um besser zu verstehen, was sich in den ersten Wochen vollzieht, ist es nützlich, sich in einer stark vereinfachten Grafik einmal vor Augen zu führen, welche Veränderungen des Gehirns mit welchen Veränderungen des Verhaltens Hand in Hand gehen. Jetzt kann man nämlich *sehen*, daß jeder Verhaltensänderung eine körperliche Veränderung vorangegangen ist, d.h. erst durch einen entsprechenden Entwicklungsabschnitt des Gehirns möglich wurde.

Beobachtet man die Verhaltensentwicklung der Welpen in den ersten acht Wochen, und sieht jeweils nach, wie weit das Gehirn sich inzwischen entwickelt hat, werden einem die Zusammenhänge klar. Mit fortschreitender Hirnentwicklung wird auch, was man an den wenigen Kurven sehen kann, das Ansteigen der »Aktivitäten« zunehmend ausgeprägter. Interessant ist aber dabei nicht nur die Kurve, die »Angezogensein« beschreibt, sondern besonders auch die ansteigende Linie des «Abgestoßenseins«, womit die sich langsam entwickelnde Furchtsamkeit gemeint ist. Für die Entwicklung von Vorsicht und Furcht vor Unbekanntem hat das Gehirnwachstum schon große Fortschritte gemacht: Jetzt erst kann der Welpe seine Umwelt voll erfassen, was ihn aber, unerfahren wie er ist, gleichzeitig auch verwirrt und vorsichtig sein läßt. Trotzdem überschneiden sich Angst und Angezogensein noch eine zeitlang. Das heißt, die Reizschwelle von Angezogensein ist noch recht niedrig, da es überlebenswichtig ist, daß sich der Welpe - wenn auch vorsichtig - Fremdem nähert, um Erfahrungen zu sammeln, andererseits aber lernen muß, auch negative Erfahrungen zu machen. Mit etwa 12 Wochen ist aber bei Hunden (anders als bei Wölfen) die Angstphase vorbei, d.h. ihre Reizschwelle für Angst ist nun wieder höher und sie begegnen auch Unbekanntem eher vertrauensvoll. Anders ist es bei Wölfen und wildlebenden Caniden im gleichen Alter: Bei diesen wird eine enorme Veränderung bemerkbar, die mit ihrer sexuellen Reife einhergeht. Vor allem aber ihre Furcht vor Fremden, die sich im dritten oder vierten Monat vermehrt ausbildet, ist, wenn sie etwa zwei Jahre alt sind, vollständig ausgeprägt. Hier sieht man, daß die Domestikation etwas Entscheidendes verändert hat. Vorgezogen wird beim Hund die sexuelle Reife, während sich Charaktereigenschaften - wie beim Wolf - erst später herausschälen, vor allem aber *unterbleibt* beim Hund ein wichtiger Teil der psychischen Reife des Wolfes vollständig: Bei Hunden wird die große, sich steigernde Umweltvorsicht des Wolfes nicht hinausgeschoben, sondern *unterbleibt* überhaupt. Die Neugierphase des Wolfes hingegen bleibt beim Hund lebenslänglich erhalten, die Furchtphase klingt langsam ab. Hunde sind daher auf der Stufe eines jungen Wolfes »stehengeblieben«, und damit für den »Hausgebrauch« geeignet geworden.

Bei Aufzucht und Erziehen von Wölfen hat man zu verstehen gelernt, daß die »Wildheit« des Wolfes nicht das Resultat seiner Aggressivität ist, sondern das Ergebnis seiner zunehmend feindlichen, d.h. *angstvollen* Lebenseinstellung. Sie ist es, die Wölfe, trotz anfänglicher guter Erziehungserfolge, plötzlich unberechenbar werden läßt, wodurch sie als Haushund ungeeignet sind.

Viele meinen, daß beim Hund die Erziehung erschwert oder unmöglich werde, wenn er sehr dominant oder aggressiv sei. Das aber sind Eigenschaften, die man weitgehend durch Erziehung doch noch beeinflussen kann. Anders ist es mit ängstlichen, extrem furchtsamen Hunden: Eine niedrige Reizschwelle für Angst erschwert die Erziehung des Hundes, wenn sie sie nicht sogar *unmöglich* macht. Sie wirkt sich nämlich aus auf *alle* anderen Aktivitäten des Hundes, sie behindert sein Neugierverhalten, seine Zutraulichkeit und seine Lernfähigkeit. An »gezähmten« Wölfen, Füchsen usw. hat man die auch für den Hundehalter wichtige Erkenntnis gewonnen, daß Tiere, solange sie keine Furcht haben oder sie verlieren, leicht sozialisierbar, d.h. erziehbar sind.

Über Gehirn, Denken und Fühlen

Selbst wenn man sich nur eine einfache Maschine anschafft, informiert man sich vorher, wozu alles sie nützlich ist und erkundet, wenn man sie dann hat, nachdrücklich, wie sie insgesamt funktioniert, um ihre Fähigkeiten und Grenzen kennen zu lernen.

Messalinas Daphne, genannt Raika, Airedale Terrier, 4 Monate (Gollwitzers Hund)

Kommt man aber in den Besitz von etwas so Komplexem wie einem Hund, macht man sich vielfach nicht die Mühe, seine Fähigkeiten und Grenzen kennen zu lernen, sondern probiert einfach auf gut Glück damit herum. Selbst bei einem Computer, wesentlich weniger komplex und kompliziert als ein Hund, besorgt man sich ein Handbuch, um, über die technischen Einzelheiten, mehr über die möglichen Funktionen herauszufinden. Sehr bald weiß man, daß ein Computer nur leisten kann, was sein eingebauter »Verstand« hergibt, und ohne Bedienungsanleitung würde man ihn nicht einmal zum Laufen kriegen.

Leider können Hund und Mensch auch ohne »Bedienungsanleitung« zusammenleben, zumindest geht der Hund auch dann nicht ein, wenn man sich kaum informiert hat. Aber das mit dem Zusammenleben fällt nicht selten unbefriedigend aus: Der Hund »leistet« nicht, was man sich von ihm vorgestellt hat.

Auch ein Hund wird nämlich erst dann etwas »leisten«, wenn Sie sich mit seinem »eingebauten Verstand«, und das ist sein Gehirn, etwas eingehender befaßt haben. Haben wir bis jetzt gelesen, daß es sich erst im Verlauf der ersten Lebenswochen entwickelt, sollte uns nun interessieren, was dieses Gehirn leisten oder nicht leisten kann und ob und wie es sich von unserem unterscheidet.

Das Gehirn, ursprünglich (und noch heute bei »niederen« Tieren) sozusagen nichts als eine Fortsetzung des Rückenmarks, hat sich im Verlaufe der Evolution regelrecht in verschiedenen »Etagen« aufgebaut. »Höhere« oder »niedere« Tiere unterscheidet man daher danach, wie weit sich ihr Gehirn entwickelt hat, das bei den ursprünglichen Lebewesen nur weniger ausgebildet war.

Wenn Menschen einen neuen »Prototyp« konstruieren, wird häufig jedesmal ein völlig neues Konzept gestaltet. Anders verfuhr die Natur mit der Entwicklung der Lebewesen und besonders mit der des Gehirns. Bei jeder neuen Stufe blieb, was sich bereits bewährt hatte, erhalten. Die älteren und früher entstandenen Hirnteile erfüllen die vegetativen Aufgaben des Organismus. Sie koordinieren Atmung, Kreislauf, hormonelle Regelung und sind die Instanz, die die verschiedenen Reizschwellen bedarfsgerecht (Hunger, Durst, Müdigkeit) erhöht oder absenkt. Darüber entwickelten sich schichtweise immer weitere »Ausbaustufen« des Gehirns, die miteinander korrespondieren.

Die Meldungen aus dem unteren Hirnstamm gehen also in das darüber befindliche Zwischenhirn weiter.

Das *Zwischenhirn* ist etwas wie das Gedächtnis der Art und zugleich die Sammelstelle der Informationen. Dort ist als fertiges Programm, sozusagen als eiserner Bestand gespeichert, was sich in Tausenden von Generationen bewährt hat, z.B. Verhaltensabläufe. In diesem Hirnteil ist auch das »Bild«, das jede Art von »ihrer« Welt hat, festgelegt. Ohne daß dies erst gelernt werden muß, werden »Freund« und »Feind« oder »Beute« an bestimmten Merkmalen, den *Schlüsselreizen* erkannt. *Ein* derartiger Schlüsselreiz genügt, um sofort den vollständigen und richtigen Verhaltensablauf auszulösen. In diesem Fall handelt das Tier aber noch nicht als *Subjekt*, es ist zwanghaft daran gebunden, das zu tun, was sein Gehirn ihm befiehlt. Für einfache, stereotype Verhaltensweisen reicht das aus.

Den Schritt in die freiere, variablere Entscheidung, den Schritt zum *handelnden Individuum*, ermöglichte erst die nächste Gehirnstufe, das *Großhirn*. Während *andere Hirnteile* vollgepackt mit Informationen sind, die sich im Laufe des Lebens *nicht* verändern lassen, ist das Großhirn »unbeschrieben«. Es kann nicht nur, es *muß* im Laufe der Entwicklung eines Tieres erst die entsprechenden Informationen bekommen. Dies ist der Teil des Gehirns, bei dem sich, in der »Sensiblen Phase«, die entscheidenden Veränderungen nicht nur festschreiben, sondern gleichzeitig auch das Gehirn weiterentwickeln, das noch dazu ein Leben lang nahezu *unbegrenzt* aufnahmefähig ist.

Die schrittweise Entwicklung des Gehirns im Verlaufe der Evolution läßt sich auch daran ablesen, wie der Informationsfluß, die verschiedenen Reize, weitergeleitet werden. Der große Sammelplatz ist das *Zwischenhirn*, von wo aus die entsprechenden Impulse weiter verteilt werden. Während die *Umrechnungsstelle Großhirn* die sonst automatenhaften, angeborenen Verhaltensweisen sinnvoll und abgewogen einzusetzen hilft, weil hier, durch den Schatz des *erlernten* Wissens, das Erbgedächtnis nun ergänzt wird. Die Hierarchie des Gehirns ist also von »unten« nach »oben« gestaltet.

Im letzten Jahrhundert untersuchten Wissenschaftler die Zusammenhänge der einzelnen Gehirnteile. Dabei wurde einem Hund die Großhirnrinde entfernt, der das auch überlebte. Aber man entdeckte nun, daß der Hund nur noch zu *angeborenen* Reaktionen auf veränderte Umweltbedingungen fähig war, aber nicht mehr »denken« konnte.

Im Verlaufe dieser Untersuchungen lernte man zu erkennen, daß die Rinde der Großhirnhemisphären der Sitz des *Verstandes* (der *erlernten* Reflexe) und der Hirnstamm der Sitz der *Instinkte* und *Gefühle* ist.

Man lernte auch zu verstehen, welche wunderbare und sinnvolle *Einheit* das Gehirn mit seinen Teilen ist. Das »obere Stockwerk« des Gehirns, der Sitz der Erfahrungen und des Verstandes »hemmt«, indem es sie analysiert und sinnvoll ordnet, die Tätigkeit der »unteren«, des Behälters und der Quelle der ererbten Eigenschaften. Ohne »erlernte« Reflexe kann keiner der Instinkte seine Wirkung *sinnvoll* entfalten. Aber auch der »Verstand« allein wäre machtlos, könnte er nicht auf die im Urgedächtnis der Instinkte gespeicherten Urerfahrungen, Impulse und Hemmungen zurückgreifen.

Dieses »Urgedächtnis« speichert die unabdingbaren Grundlagen der Lebensaktionen schlechthin. Sie sind *sofort*, d.h. bei Geburt bereits vorhanden und müssen nicht erst durch Erfahrung entwickelt werden. Ihr Nichtvorhandensein schlösse außerdem jeden weiteren Lernvorgang aus, da das Lebewesen ohne diesen Grundvorrat an Wissen so grobe Fehler machen würde, daß es innerhalb kürzester Zeit ausgelöscht wäre.

Der Hirnstamm, also unterhalb der Großhirnrinde, ist nicht nur der *Sitz des Erbgedächtnisses*, sondern zugleich auch der *»Sitz der Gefühle«*. Hier werden nun wechselseitig große Kräfte aufgeboten: Die Gefühle versuchen, die Kraft des Verstandes zu überbrücken, andererseits sind Verstandeskräfte nötig, um Herr der Gefühle (Angst, Wut, Angriffslust, Fortpflanzungstrieb, Hunger usw.) zu bleiben und nicht »rasend vor Zorn« oder »außer sich vor Angst« zu sein.

Hier ist auch die Nahtstelle, wo Hund und Mensch sich sehr nahe sind. Bedingt durch die Größe und den anderen Aufbau der »zuoberst« liegenden Gehirnteile hat der Mensch seinen ererbten Urerfahrungen, Kraft seines »Verstandes«, ein erheblich höheres Gegengewicht entgegenzusetzen als der Hund, bei dem instinktive Handlungsweisen, wozu auch seine *Gefühle* gehören, eine viel größere Rolle spielen. Vereinfacht gesagt: anders als der Mensch trifft der Hund viele Entscheidungen »aus dem Bauch«.

Vor allem aber im Bereich des »Gefühls« sind sich Mensch und Hund sehr nahe. Hier kann der Mensch sehr klar *nachempfinden* und verstandesmäßig erfassen, was in dem Hund vorgeht, da es in den *grundlegenden Empfindungen* in vielen Bereichen kaum Unterschiede gibt. Demzufolge hat aber auch umgekehrt der Hund die Fähigkeit, die »Gefühlslage« seines Menschen intuitiv nachzuvollziehen und in vieler Hinsicht richtig zu interpretieren. Trotz aller Unterschiede gibt es also Gemeinsames bei Mensch und Hund und damit eine unglaublich wichtige Möglichkeit der *Kommunikation*.

Hat der Hund ein »unterentwickeltes« Gehirn?

Gern wird, besonders von Gegnern der Rassehundzucht, behauptet, der Hund habe, wie alle domestizierten Tiere, ein gegenüber der Wildform reduziertes, weil relativ *kleineres* Gehirn, und sei schon allein aus diesem Grunde als überlebensunfähige Kreatur gezüchtet worden.

Andererseits hat man festgestellt, daß es auch innerhalb der Wildformen artbedingte unterschiedliche Gehirngrößen gibt, das Gehirn steht also in einer deutlichen Beziehung zu den Lebensbedingungen des Tieres.

Das Problem der unterschiedlichen Gehirngrößen, wobei außer Frage steht, daß der Mensch das größte und strukturierteste Gehirn aller Lebewesen aufweist, beschäftigte und beschäftigt die Wissenschaft bis in die Gegenwart: Man hat zu erkennen gelernt, welche Bedeutung die verschiedenen Gehirnentwicklungsstufen bei der Entwicklung der Lebewesen im Verlauf der Evolution haben. Jede Weiterentwicklung und Spezialisierung einer Art war auch mit einer neuen »Stufe«, einer Veränderung des Gehirns verbunden.

Bereits Anfang dieses Jahrhunderts haben Wissenschaftler herausgefunden, daß Hundegehirne 1/5 bis 1/4 kleiner waren als Wolfsgehirne. Daß das aber keineswegs ein Zeichen dafür ist, daß Hunde »zurückgeblieben« sind, brachte erst die *eingehendere* Untersuchung der Gehirne zutage. Hundegehirne sind nämlich *keinesfalls in allen Dimensionen kleiner als Wolfsgehirne*, sondern in manchen ebenso groß oder sogar größer. Man entdeckte, daß es vor allem die *Sehsphäre* ist, die beim Haushund, im Gegensatz zum Wildhund, die deutlichste *Abnahme* aufweist. Ein weiteres Verlustgebiet betrifft bei vielen Rassen das zentrale *Riechgebiet.* Nicht sicher ist man, ob dies auch für das zentrale Hörgebiet zutrifft, aber es gibt hier wohl irgendwelche Zusammenhänge, wenn man daran denkt, daß mit der weißen Fellfarbe auch Taubheit beobachtet wurde.

Eine *Zunahme* ließ sich beim Hundegehirn allerdings feststellen für die *Scheitelgegend des Gehirns.* Alles in allem fand man heraus, daß beim *Hundegehirn diejenigen Hirngebiete eine Zunahme erfahren haben, welche mit den höheren psychischen Vorgängen in Beziehung gebracht werden können, während die Sinnesgebiete zum Teil eine recht beträchtliche Abnahme erfahren.* Also: Zunahme der Assoziations-, Abnahme der Projektionszentren.

Für den Hund gilt also, daß im Verlaufe der Domestikation zunächst eine Abnahme bestimmter Hirnteile, dann aber eine Wiederzunahme anderer stattfand, sich also sein Gehirn auch hier den Anforderungen der Lebensbedingungen anpaßte. Morphologische Untersuchungen zeigen, daß es die Assoziationszentren im *ganzen* Hirn, nicht bloß im Hirnabschnitt sind, die beim Haushund *zugenommen* haben, daß also das ursprüngliche Wildhundegehirn *umgebaut* wurde, indem die mit den höheren psychischen Vorgängen in Beziehung stehenden Assoziationszentren zugenommen haben.

Für jeden, der einen Hund verstehen, erziehen und ausbilden will, ist daher ein Blick auf die Möglichkeiten seines Gehirns sehr wichtig.

Wenn nämlich zu gern berichtet wird, daß Hunde angeblich »denken« und »sprechen«, können sie dieses keinesfalls in menschenähnlicher Weise tun. Der Hund ist erstens dort »anders«, wo der Mensch »Ich« sagt oder denkt, d.h. sich selbst (und nicht nur seine Bedürfnisse) in die Koordination seiner Überlegungen einbezieht. Zweitens entnimmt der Hund aufgrund seiner anderen Sinnesleistungen der Umwelt ganz andere Informationen als der Mensch. Drittens verarbeitet das Gehirn aufgrund des unterschiedlichen Erbgedächtnisses die eingegangenen Meldungen zu den jeweils für Mensch oder Hund typischen Reaktionen.

Der Mensch ist, dank der Besonderheit seines Gehirns, in hohem Maße zu abstraktem Denken fähig, was auch das »Ich-Bewußtsein« einschließt. Sprechen gehört in den »Ich-*Bewußtsein*-Bereich«, nicht aber, so sehr dies überraschen mag, Gefühle, Aggressionen, instinktive

Reaktionen. (Diese werden, dank der größeren Großhirnrinde im Ich-Verstand des *Menschen* umgeformt, in Worten und Begriffen ausgedrückt und rational verarbeitet. Dazu ist das Hundegehirn nicht in der Lage.)

Der Hund kann nur *konkrete* Gefühle und Wünsche, nicht aber abstrakte Ansichten und Meinungen ausdrücken und setzt dafür immer, anstelle der »abstrakten« Sprache, konkrete Aktionen seines Körpers (Körpersprache) ein. Aber auch der Mensch drückt vieles, vor allem Gefühle und Stimmungen, *körperlich*, im nicht- oder vorsprachlichen Bereich aus. So können wir jetzt auch leichter begreifen, daß der Mensch zwar weiterentwickelt ist, aber dennoch die Gefühlsregungen seines Hundes gut verstehen kann, wie dieser, umgekehrt, sehr schnell lernt, die Körpersprache seines Menschen zu »lesen«. Während aber der Mensch *weiß*, warum er traurig oder froh, angstvoll oder aggressiv ist, erlebt und versteht der Hund nur das Gefühl. Verstehen in unserem Sinne kann er es nicht.

Unterschiede und Gemeinsamkeiten sind wichtig

Wie wir nun wissen, haben Hunde und Menschen Gemeinsamkeiten hinsichtlich ihrer Gehirnfunktion und -entwicklung. Aber um unseren Hund besser verstehen zu können, müssen wir uns auch immer wieder die Unterschiede vor Augen führen und uns klar machen, was das in der Praxis bedeutet.

Hunden fehlt das verbale Sprechen. Das bedeutet, daß ihm bei der Erziehung vieles von dem, was wir von ihm wünschen, ohne Worte gezeigt werden muß. Jetzt sagen Sie: »Und wie ist das mit den Befehlen, die der Hund verstehen kann?« Man muß sich klar machen, daß man dem Hund mit Worten oder Sätzen nichts *erklären* kann, so, wie man es beispielsweise schon bei einem kleinen Kind tun könnte, und erwarten, daß er es versteht. Aber selbst, wenn er etwas verstanden zu haben *scheint*, ist die Wahrscheinlichkeit sehr groß, daß er, völlig anders als ein Kind auf uns reagiert. Der Grund ist einfach: Hunde haben weniger Erkenntnisfähigkeit als ein Kind. Bringen wir ihm so etwas Einfaches wie das *»Sitz!«* bei, können wir entweder versuchen es ihm beizubringen, wenn wir das Wort dann sagen, wenn der Hund sich ohnehin setzt, oder ihn aber, gleichzeitig mit dem Wort, durch Druck auf sein Hinterteil zum Sitzen zu bringen, bis der Hund gelernt hat, das Wort (für ihn eine Lautfolge) mit dem Sitzen zu assoziieren. Wird er dann jedesmal gelobt oder belohnt, wird sich ihm nach und nach einprägen: Wenn er sich auf *»Sitz!«* auch hinsetzt, ist das gut für ihn. Schließlich wird das *»Sitz!«* ihm so in Fleisch und Blut übergegangen sein, daß es wie ein *konditionierter Reflex* erfolgt.

Menschen verlassen sich viel mehr auf ihren Verstand als auf ihre angeborenen Instinkte, während es bei Hunden genau umgekehrt ist. In einer für uns unvorstellbaren Geschwindigkeit diktiert ihnen ihr Instinkt, was sie bei einem bestimmten Reiz oder Vorkommnis zu tun haben. Daher reagieren Menschen im allgemeinen auch etwas langsamer als Hunde und müssen sich das *blitzartige* Handeln ihres Hundes erst klar machen*). Der Hund hat längst reagiert, während der Mensch noch dabei ist, eine Situation zu durchdenken.

Bei Hunden, was deren »Reaktionsschnelligkeit« erklärt, entsteht ein großer Teil des Verhaltenrepertoires aus dem vegetativen Nervensystem, das sozusagen automatisch reagiert und nicht durch den Umweg über ihren Verstand gesteuert wird. Dieses instinktive Handeln gehört in jenen Gehirnbereich, der automatisch funktioniert, aber auch Emotionen und Gefühle gehören hierher.

Wir Menschen teilen Emotionen und Gefühle mit unseren Hunden, aber wir verarbeiten sie unterschiedlich. Hunde sind ihren Emotionen und Gefühlen ausgeliefert, ihr »Verstand« kann ihnen bei deren Bewältigung nicht helfen, sie werden niemals »wissen«, was mit ihnen geschehen ist, trotzdem aber gemäß ihrer Gefühle, die sie nicht beeinflussen können, handeln. Beim Menschen werden die Gefühle zunächst (meist) vom Verstand kontrolliert, bevor sie dieses oder jenes Verhalten hervorrufen. Allerdings gibt es hier Unterschiede: Es gibt Menschen, die ihren Gefühlen besonders stark unterliegen, deren Handlungsweise sehr von ihren (meist unbewußten) Gefühlen beeinflußt wird. Wir müssen uns darüber klar sein, daß, wie die Hunde, auch wir Menschen über eine reiche Gefühlswelt verfügen. Der Unterschied ist, daß wir aufgrund unseres Gehirns und unserer Erziehung Gefühle oft nicht beachten oder unterdrücken - d.h. unser Verstand wirkt wie ein »Gefühlswächter«.

*) Siehe Eric H.W. Aldington, Was tu ich nur mit diesem Hund

Dadurch entsteht die für den Menschen typische Mischung aus Bewußtem und Unbewußtem, die seinen Gefühlsbereich ausmachen. Und man muß sich immer wieder klar machen, daß unsere *Emotionen* eine große Rolle in unserem Verhältnis zum Hund spielen.

Wenn sich das Gehirn bei Babys entwickelt, werden Funktionen, die zunächst vom Mittelhirn kontrolliert wurden und reflexartig waren, später vom Verstandesbereich übernommen. Beim erwachsenen Hund ist das anders, vieles verbleibt im autonomen Bereich. Viel mehr als beim Mensch sind große Teile seines Verhaltens angeboren und werden *nicht* durch Lernen verändert. Hunde wissen bei vielen Situationen automatisch, was sie zu tun haben, ohne es lernen zu müssen. Was wir ihnen, wenn wir sie erziehen, beibringen, ist, daß wir ihnen gezielt verschiedene Reize einprägen, auf die bei ihnen ein bestimmtes, natürliches Verhalten ausgelöst wird. Und, dank seines assoziationsfähigen Gehirns, ist der Hund außerdem noch in der Lage, ihm erteilte »Befehle« nicht nur in *geübten* Situationen durchzuführen, sondern sie zu *generalisieren*, d.h. auch in *ähnlichen* Situationen auszuführen. Aber auch das muß, wie wir gleich sehen werden, *gelernt* und *geübt* werden.

Es gibt durchaus Gemeinsamkeiten bei Hund und Mensch hinsichtlich angeborenen Verhaltens. Wie Babys können auch Welpen ganz selbstverständlich nuckeln. Babys haben, wie Welpen, noch keine Kontrolle über ihre Blase, aber Welpen können aufgrund ihres angeborenen Verhaltens, das Nest sauber zu halten, angeleitet werden, nicht nur außerhalb des Nestes, sondern auch an einer bestimmten Stelle im Gelände ihr Geschäft zu verrichten.

Bestimmte körperliche Voraussetzungen müssen also erfüllt sein, bevor man Hund oder Mensch erziehen kann. Bevor ein Kind seinen Schließmuskel nicht kontrollieren kann, ist es auch nicht zur Sauberkeit zu erziehen. Dasselbe gilt für Hunde, ganz gleich, ob es sich um Stubenreinheit oder schwierigere Aufgaben handelt. Erst wenn der Welpe körperlich geschickter wird und sich sein Gehirn entwickelt hat (also die Grundlage geschaffen ist, lernen zu können) kann man seine Erziehung mit einfachen Kommandos, wie z.B. »*Sitz!*« beginnen.

Noch einiges haben Hund und Mensch gemeinsam: Hand in Hand mit der Gehirnentwicklung entsteht nicht nur die Fähigkeit, sondern auch das angeborene Bedürfnis, lernen zu wollen. Außerdem müssen beide auch das Lernen erst lernen. Babys und Hunde sind wie ein Schwamm, sie saugen die unterschiedlichsten Stimuli in erstaunlicher Begeisterung, Schnelligkeit und Vielfalt auf. Vieles davon wird zunächst gar nicht »verarbeitet«, dennoch aber irgendwie gespeichert und ist sozusagen abrufbereit bei Bedarf und kann jederzeit erweitert werden. Je mehr Möglichkeiten ein Welpe zum Sammeln von Erfahrungen und zum Lernen hat, um so besser wird er das Lernen bewältigen und sich immer mehr darin vervollkommnen. Im Experiment wurde, wie wir schon beschrieben haben, bewiesen, daß das Gehirn, wenn es stimuliert wird, neue Nervenbahnen formt und sich den eingehenden Informationen anpaßt. So wie man einem Kind Lernspielzeug gibt, um damit seine Entwicklung zu fördern, ist es auch bei Welpen hilfreich, sie Neuem, Geräuschen, Gerüchen, Situationen von Anfang an auszusetzen. Sie sind dann für das Lernen als Junghunde oder »Erwachsene« besser vorbereitet.

Viele Studien zeigen, daß »Streß« enorm wichtig beim Lernen ist. Wohlgemerkt, *positiver* Streß, bei dem z.B. durch *Neugierde* oder bestimmte *positive Erwartungen Aufmerksamkeit* erzeugt wird. Tatsächlich, gleichgültige, uninteressierte Hunde (und Menschen) lernen nur wenig. Streß kann man aber beim Welpen auch dadurch erzeugen, daß man ihn beispielsweise eine abschüssige Schräge hinablaufen läßt, wobei er sich konzentrieren muß. Dies ist für ihn Streß und hilft dabei, seine Lernfähigkeit zu entwickeln.

Erst *Aufmerksamkeit* macht Hunde bereit zu lernen. Man kann das bei ihrer Erziehung gut ausnutzen, indem man sie *vor* Beginn des Trainings entsprechend motiviert, d.h. sie emotional auflädt. Man kann mit heller, begeisterter Stimme sagen: »Komm, *Bobby*, es ist Zeit zum Üben, stell dir vor, was uns das gleich für einen Spaß bereiten wird!« Natürlich hat *Bobby* keine Ahnung von dem, was Sie ihm so alles erzählen, aber er kann Ihrer Stimme und Ihrer Tonlage entnehmen, daß irgendetwas Wunderbares sich anbahnt. Sein Schwanz wird erfreut wedeln, und er wird Ihnen aufgeregt und aufmerksam folgen. Jetzt ist etwas sehr Wichtiges, nämlich Emotion und Motivation hinzugekommen, und *Bobby* wird besser und schneller lernen, als wenn Ihre *positive* Stimmung nicht beteiligt gewesen wäre, und Sie z.B. mißmutig zu ihm sagen: »Komm *Bobby*, jetzt müssen wir wieder üben, mal sehen, was Du heute alles vergessen hast...«

Lernen in vielen Variationen

Es ist immer wieder dieselbe Frage, die Hundehalter nur zu gern stellen: »Was ist der beste und sicherste Weg, meinem Hund etwas beizubringen?« Es sei gleich gesagt: *Einen* besten Weg gibt es nicht, nur *ein* Weg würde die vielfältigen Möglichkeiten des Hundes, etwas zu lernen, gar nicht ausschöpfen.

Um es etwas zu vereinfachen und unser Verständnis zu wecken, wollen wir uns hier mit nur drei Aspekten seines Lernens auseinandersetzen.

Ein wichtiger Aspekt ist das Herstellen seiner Lernbereitschaft. Sie können Ihren Hund zum Auftakt seines Lernens, wie schon gesagt, mehr oder weniger motivieren (oder demotivieren). Das heißt aber nichts anderes, als daß Sie zunächst *sich selbst* in eine frohe, erwartungsvolle Stimmung versetzen müssen, die Sie dann auf Ihren Hund übertragen.

Als nächstes gibt es den psychomotorischen Aspekt, wobei der Hund etwas Sichtbares tun muß. Hierzu gehört, daß der Hund z.B. ablegen muß oder Sie sagen *»Sitz!«* und der Hund setzt sich hin. Die wunschgemäßen Veränderungen seiner Körperhaltung gehören daher auch zu den einfachsten Grundübungen, die ausnahmslos jeder Hund innerhalb kürzester Zeit lernen kann.

Der dritte Aspekt ist, daß der Hund - während des Lernens - lernen muß, *seinen Verstand zu benutzen und eine Übung zu generalisieren.*

Haben Sie z.B. das *»Sitz!«* mit ihm immer an dem selben abgeschiedenen Ort geübt, wird er es auch nur dort können. Das sagt aber nichts anderes, als daß Sie alle Übungen, die Ihr Hund unter den mannigfaltigsten Bedingungen/Umständen beherrschen soll, möglichst früh auch unter den abweichendsten Bedingungen üben müssen. Dies ist die wichtigste Grundlage z.B. dafür, daß Ihr Hund später, bei komplizierteren Aufgaben, in der Lage sein muß, auch eigenständig Probleme zu lösen. Beispielsweise kann ein Hund lernen, erst einen, dann *jeden* Gegenstand aufzuheben, ganz gleich, wo dieser am Boden liegt. D.h. eine bestimmte Aufgabe wird, wenn Sie sie genügend und variationsreich trainiert haben, auf Befehl schließlich *überall* ausgeführt. Schöne Beispiele dafür sind Blinden-, Behinderten- oder Katastrophenhunde, die alle einmal als »8-Wochen-Welpe« ihre Laufbahn begonnen haben.

Ähnlich wie der Mensch lernen Hunde auf die unterschiedlichsten Weisen, und je umsichtiger und vielseitiger Sie das Lernen gestalten, und um so sinnvoller Sie die variablen Lehrmethoden einsetzen, um so größer wird schließlich der Erfolg.

Zunächst lernen Hunde durch ihr instinktives, angeborenes Verhalten. Schon wenn sie auf die Welt kommen, kann man bei ihnen die verschiedensten, zunächst einfachen Verhaltensweisen beobachten, die aufgrund der Wechselwirkung von Gehirnentwicklung und Umwelterfahrung sich weiterentwickeln und komplizierter werden.

Anfangs also bringt man dem Hund bei, etwas, was er von Natur aus kann, auf einen bestimmten Reiz oder ein bestimmtes Kommando hin auszuführen. Das hat bereits der russische Wissenschaftler Pawlov entdeckt *): Wenn er die Hunde fütterte, läutete er regelmäßig eine Glocke. Nach einiger Zeit entdeckte er, daß die Hunde in Erwartung der Mahlzeit nur allein auf das Glockengeräusch zu speicheln anfingen, auch wenn sie dann gar kein Futter bekamen. Die Hunde hatten gelernt, eine Assoziation herzustellen zwischen der Glocke und dem Futter. So reagierte ihr Körper, ohne daß ihr Verstand eingeschaltet war, auf das Glockenläuten, als wäre tatsächlich Futter vorhanden. Auch mit verschiedenen Grundübungen des Hundes ist es so: Wurden sie genügend geübt, führt er viele davon reflexartig und sehr schnell aus, ohne noch darüber nachzudenken.

Etwas sehr Wichtiges bei der Erziehung des Hundes ist seine, vom Wolf ererbte, Fähigkeit zur *Verhaltenssynchronisation* und *Stimmungsübertragung*.

Im Wolfsrudel kann man beobachten, daß alle Tiere *gemeinsam* etwas oder *gemeinsam* nichts tun, d.h. sie passen ihre Aktivitäten aneinander an, schlafen gleichzeitig, jagen gleichzeitig usw., man kann also nicht etwa beobachten, daß die einen spielen oder jagen, während andere z.B. schlafen. Das stellt im Rudel sicher, daß alle Tiere zur gleichen Zeit sowohl ausgeruht wie einsatzbereit sind, ist also überlebenswichtig. Hat man mehrere Hunde und einer fängt aus irgendeinem Grunde zu bellen an oder einer läuft bellend irgendwo hin, fangen auch die anderen sofort das Bellen an und folgen bellend ihrem »Vorbild«.

*) Siehe: Eric H.W. Aldington, Von der Seele des Hundes, (S. 159 ff)

Sie können aber seine Fähigkeit zur Stimmungsübertragung nicht nur dann einbeziehen, wenn Sie ihn vor dem Lernen motivieren. Haben Sie einen lebhaften oder nervösen Hund, können Sie ihn schon allein dadurch beruhigen und seine Konzentrationsfähigkeit erhöhen, daß Sie selbst ausgesprochen ruhig und überlegt (nicht nervös und aufgedreht) sind. Ist aber ihr Hund lustlos, phlegmatisch oder uninteressiert, können Sie sein Temperament durchaus steigern, wenn Sie besonders enthusiastisch auf ihn einwirken. Ebenso können Sie auf diese Weise, *ohne jede Gewalt*, Ihre Führerposition verstärken, indem Sie selbstbewußt und selbstverständlich über ihn verfügen, anstatt zögerlich und zurückhaltend zu sein.

Weniger, als oft behauptet, lernen Hunde durch *Beobachtung*. Es kann zwar vorkommen, daß ein Hund seinerseits eine Handlung durchführt, die ein anderer Hund auch gemacht hat, aber man kann einen Hund nicht allein dadurch erziehen, daß er einem anderen Hund beim Üben zuschaut. Einige Ausbilder behaupten allerdings, daß Hunde *schneller* lernen würden, wenn sie die von ihnen geforderten Übungen zuvor bei anderen Hunden beobachten konnten. (Anm. des Lektorats: Neuerdings kommen Wissenschaftler hier bei einzelnen Rassen zu völlig neuen Erkenntnissen. Man sollte darauf achten, wenn etwas davon veröffentlicht wird.)

Überwiegend lernen Hunde, (oft ohne daß wir das gewollt oder gewünscht hätten) durch Versuch und Irrtum, d.h. durch erfolgreiche/erfolglose, angenehme/unangenehme Erfahrungen. Hat ein Hund herausgefunden, daß immer etwas Leckeres für ihn abfällt, wenn er bettelt oder gar auf den Tisch steigt, wird er dies zunehmend und immer nachdrücklicher und trickreicher tun. Fällt hingegen jedesmal etwas laut klappernd vom Tisch, wenn er einen Versuch startet oder beachten wir sein Betteln niemals, wird er Stehlen und Betteln ziemlich bald sein lassen. Wie Kinder erproben und erkunden Welpen ihre Umwelt und erfahren dabei, wo sie positive oder negative Erlebnisse haben, und, wenn sie etwas erreichen wollen, probieren sie die verschiedensten Möglichkeiten aus, um Erfolg zu haben. *Hunde sind Egoisten. Ganz gleich, was sie auch tun: Das Wichtigste ist für sie, daß es für sie angenehm ist und ihrem Wohlbefinden dient.* Manche Hunde geben von sich aus nie auf, es sei denn, wir verstärken bei unerwünschtem Verhalten die negativen Folgen. Andere wieder unterlassen es nach wenigen, erfolglosen Versuchen - Lernen ist auch eine Charakterfrage.

Versuch und Irrtum kann man bei der Erziehung des Hundes sehr wohl *gezielt* einsetzen. Beispielsweise dann, wenn der Hund lernen soll, sich nah bei seinem Menschen zu halten. Gehen Sie dazu mit Ihrem Hund nah an Bäumen oder Parkuhren, also Hindernissen vorbei. Geht der Hund zu weit entfernt von Ihnen, geht er nicht auf der gleichen Seite an dem Hindernis vorbei und seine Leine wird sich verfangen. Während Sie nun erst weitergehen und dann auf ihn warten, wird Ihrem Hund nichts anderes übrig bleiben, als zurückzugehen, um das Hindernis nun auf der richtigen Seite zu passieren. Haben Sie das ein paar Mal mit ihm durchexerziert, hält sich der Hund bald, auch ohne Worte, von vornherein näher bei Ihnen, denn er ist keinesfalls zu dumm, um den Zusammenhang nicht zu kapieren.

Australien Terrier von den Lausbuben, 4, 2 und 7 Jahre alt
E.: G. Richter, 57439 Attendorn

Wenn man es genau nimmt, ist die gesamte Hunde-Erziehung, vom Hund aus gesehen, nichts anderes als »Versuch und Irrtum«. Der Hund ist bestrebt, von Ihnen auf die eine oder andere Weise Anerkennung, Lob, Belohnung oder Leckerle zu bekommen und strengt sich auf mannigfaltigste Weise an, das zu erreichen. (Sie sollten sich allerdings davor hüten, daß auch Ihre Erziehung auf Versuch und Irrtum beruht! Das unterminiert Ihre dominante Stellung ganz ungemein. *Sie* sollten von allem Anfang an genau wissen und beachten, was in den verschiedenen Situationen zu tun ist.)

Auch Hunde lernen durch *Einsicht*. (Wenn es auch bis heute nicht exakt wissenschaftlich untersucht ist.) Wie beim Menschen kann man bei ihnen beobachten, daß sie mehr oder weniger lange brauchen, bis sie etwas kapiert haben. Manchmal übt man erfolglos längere Zeit (und sollte es unverdrossen tun, ohne sich und den Hund zu demotivieren) und dann unerwartet, man weiß nicht warum, hat der Hund plötzlich begriffen, was Sie von ihm wollen. Wird er jetzt entsprechend gelobt und die Übung noch einige Male wiederholt, sitzt etwas, was lange Zeit überhaupt nicht klappen wollte, auf einmal bombenfest.

Erziehen - nicht Abrichten - ist eine Kunst

Beobachtet man manche Leute beim Erziehen ihres Hundes, kann man sich des Eindrucks nicht erwehren, sie verwechselten ihren (angeleinten) Hund mit einer Marionette. Mit großem Eifer und starkem Ziehen an der Leine versuchen sie, die grundlegenden »Befehle«: Sitz, Platz, Fuß, Komm mit ihrem Hund zu üben. Sie sind außerordentlich stolz, wenn ihr Hund erst gelegentlich, dann immer häufiger, tut, was ihm gesagt wird. Voller Neid schaut man aber auch auf andere Besitzer, die ihren Hunden schon viel mehr beigebracht haben und bei denen noch dazu das Zusammenwirken viel leichter und reibungsloser als bei einem selbst funktioniert.

Schon lange, bevor der Hund ins Haus kommt, sollte man sich klar machen, daß er erstens erzogen werden muß und sich zweitens überlegen, auf welches Ziel hin man ihn eigentlich erziehen will.

Leider verfahren viele Leute ganz anders: Sie holen, ohne sich groß zu informieren, erstmal den Hund ins Haus und lassen die Dinge dann auf sich zukommen. Statt den Hund von vornherein zu erziehen, tun sie nichts anderes, als auf unerwünschtes Verhalten des Hundes zu reagieren.

Als erstes merken sie, daß etwas hinsichtlich seiner Stubenreinheit passieren muß. Leider sind dann aber schon ein paar »Unglücke« passiert, und statt der *einen* Aufgabe, nämlich dem Hund klar zu machen, wo er darf und soll, sind nun schon *zwei* geworden: Der Hund muß lernen, wo er nicht darf (obwohl es für ihn erst ganz anders aussah) und außerdem begreifen, wo er statt dessen sein Geschäft erledigen muß.

Man muß es sich merken: Jede verpaßte Gelegenheit, einen Hund rechtzeitig zu erziehen, verdoppelt Ihren Aufwand!

Als nächstes ist er dauernd allen im Weg (statt daß er erfahren hat, wo sein »Platz« ist), und will - sperrt man ihn nun weg - lauthals nicht allein bleiben. Auch nimmt er auf irgendwelche Werte keine Rücksicht und macht allerlei kaputt - und im Handumdrehen sind 14 Tage oder drei Wochen vergangen, in denen Ihr Welpe zwar nicht erzogen wurde, sich aber prächtig entwickelt hat: zum Störenfried.

Wie oft wird leider erst jetzt, nachdem der Welpe sich als resistent gegen Ihre zaghaften, zögerlichen und unsicheren Erziehungsversuche gezeigt hat, schließlich Rat eingeholt oder gar ein Buch zum Thema gekauft. Bis man das dann auch gelesen hat, ist der erste Monat im neuen Heim schon vorüber und ist nicht nur vergeudete Zeit, sondern es wurde obendrein und ganz gegen jede Absicht die sichere Grundlage für spätere Probleme geschaffen.

Was viele sich nicht genügend klar machen, ist, daß ein Welpe, ganz gleich, ob Sie ihm etwas beibringen oder nicht, *immer* lernt. Er setzt nämlich nahtlos das fort, was er vorher »zuhause«, bei seinem Züchter und seiner Mutter auch getan hat: Neugierig erkundet er seine Umwelt und seine Rudelmitglieder. Tatendurstig bemüht er sich, neugierig und verspielt, seinen Platz in der Welt, so wie sie sich ihm bietet, zu finden und auszufüllen. Denken wir zurück an das Wolfsrudel, kann man dort zu verstehen lernen, daß die Welpen, wenn auch schrittweise, in ihre sozialen Beziehungen und ihre Umwelt hineinwachsen, und daß dort, unter natürlichen Bedingungen, nicht wochenlang ziel- und planlos dahingelebt wird.

Um nicht kostbare Zeit zu verschenken, sollte man sich daher schon lange *bevor* der Hund ins Haus kommt, nicht nur allgemeine Gedanken über seine Erziehung machen, sondern auch gleich einen richtigen Plan aufstellen, wie man das, *beginnend mit dem ersten Tag*, in die Hand nimmt und was man dabei als Nahziel, dann längerfristig gesehen, mit dem Hund erreichen will.

Machen wir uns dabei ruhig eine allgemeine Lebensweisheit zu Nutze: *Alles, was man sich gründlich und unverrückbar vorstellt, wird einem schließlich auch gelingen, behält man nur immer das Ziel deutlich vor Augen. Nur so ist gewährleistet, daß man in keiner Situation seines Lebens jene notwendigen Schritte unterläßt, die einem dem Ziel näherbringen.*

Aber selbst, wenn Sie sich aus Unerfahrenheit nicht zutrauen, mit Ihrem Hund ein »großes« Ziel anzusteuern, ist eines ausnahmslos für jeden Hundehalter sicher: *Der Hund soll sich harmonisch in das Familienleben eingliedern, nicht stören, kein Ballast sein und seinen Menschen möglichst nur Freude bereiten.* Das hört sich nicht nach viel an, ist aber doch schon eine ganze Menge.

Die richtige Erziehung ist weit mehr als nur Gehorsamkeitsübungen. Sie formt den ganzen Hund, indem man einzelne Unterordnungsübungen so mit ihm trainiert, daß er die besten Seiten seines Charakters zeigen kann. Deswegen ist Erziehen eine Kunst, sie holt aus Ihrem Hund gerade die Verhaltensweisen hervor, die er braucht, um friedlich mit Ihnen zusammenzuleben.

Aber, daß Ihr Welpe (was durchaus möglich ist) mit sechs Monaten die Befehle Sitz, Bleib, Komm, Fuß und Platz beherrscht, ist noch keine Garantie dafür, daß seine Erziehung auch gelungen ist. Denn wenn der Hund dabei ängstlich, widerwillig und nur unter Zwang Ihre Weisungen befolgt, den Schwanz einzieht und die Ohren anlegt, dann ist etwas sehr Wichtiges falsch gelaufen: Auch so darf sich ein sechsmonatiger Hund nicht zeigen.

Daher ist Erziehen nicht nur das Einprägen von Kommandos, sondern wirkt sich auch auf den Hund beim »Arbeiten« aus. Er sollte glücklich und motiviert wirken und schwanzwedelnd und aufmerksam den Eindruck erwecken, als wünsche er nichts mehr, als alle Ihre Wünsche und das umgehend zu erfüllen. Doch das ergibt sich nicht automatisch, wenn Sie nichts weiter tun, als *stur* die Grundübungen mit ihm durchzugehen.

Immer wieder können Sie hören, daß es dem Hund angeboren sei, alles daran zu setzen, seinem Menschen »zu Diensten zu sein«. Das ist ein zwar schönes, aber ein Märchen. Was dem Hund angeboren ist, ist der dringende Wunsch, alles daran zu setzen, daß sich *ihm* das Leben von der besten Seite zeigt. Er ist außerordentlich trickreich und schlau, möglichst auf der Sonnenseite des Lebens zu wandeln, und sehr lernfähig darin, wie man zu angenehmen Ereignissen im Leben kommt, bzw. unangenehmen ausweicht.

Auch Ihr Hund ist letztlich nichts anderes als solch ein purer Egoist. Während seiner Erziehung muß er lernen, *Sie* mit etwas Angenehmem in Verbindung zu setzen, weil er von *Ihnen* Aufmerksamkeit und Lob erhält. Das erst motiviert ihn, eifrig darauf zu achten, Ihnen jeden Wunsch von den Augen abzulesen. Aber auch das Gegenteil ist wichtig: Tut der Hund etwas, was Ihnen nicht recht ist, muß man ihm auch das klar machen.

Beim Welpen genügt schon ein kurzer Leinenruck und ein scharfes *»Nein!«*, er wird sich das sofort merken und bei Wiederholung richtig einprägen. (Wie man richtig korrigiert, dazu etwas später mehr.) Keinesfalls dürfen Sie ihn aber schlagen: Es ist die *Leine*, die an dem Hund ruckt, nicht Ihre Person, die dem Hund etwas Unangenehmes tut.

Im Grunde ist das die Basis jeder Hundeerziehung, ganz gleich, ob Sie einen Welpen oder einen älteren Hund erziehen. Nur, daß man beim Welpen besonders vorsichtig und umsichtig vorgeht, sein sich noch bildendes Weltbild berücksichtigt und ihn nur mildem Streß aussetzt.

Allerdings ist etwas Wichtiges sowohl beim Loben wie dem Tadeln zu beachten, sonst funktionieren sie nicht. Lob oder Tadel muß *SOFORT*, in der Sekunde, wo der Hund gewünschtes oder unerwünschtes Verhalten zeigt, erfolgen, und Ihre Stimme muß beim Lob hell und aufmunternd erklingen und tiefer, scharf und hart bei der Korrektur, denn der Hund versteht zunächst nicht Worte, sondern Ihre Tonlage. Haben Sie ihn mit *»Nein!«* getadelt, sollten Sie jetzt den gewünschten Befehl wiederholen und ihm Gelegenheit geben, diesmal ein Lob zu kassieren. Denken Sie daran, Leinenruck und *»Nein!«* sollen nicht Bestrafung sein, sondern lediglich Korrektur. Sie müssen gleich anschließend dem Hund klar machen, was Sie von ihm wollten. *Korrektur ist nichts anderes als Kommunikation zwischen Ihnen und Ihrem Hund.*

Keinesfalls dürfen Sie übellaunig oder nachtragend sein: Haben Sie Ihren Hund korrigiert, ist es auch schon vorbei und vergessen, und Sie machen in positiver Stimmung weiter. Nur so, aus dem *Rhythmus von Lob und Korrektur* lernt Ihr Hund, daß Sie das Sagen haben und Ihr Hund lernt schneller, als Sie angenommen haben, was er tun soll und was nicht.

Vor allem müssen Sie lernen, *schnell* zu reagieren. Wie bereits zuvor erwähnt, handelt Ihr Hund im Bruchteil einer Sekunde, und es kommt alles darauf an, daß Sie seine Handlungen ebenso schnell kommentieren, wobei sowohl Lob wie Korrektur hilfreich für ihn sind.

Es ist völlig normal, daß Ihr Hund Fehler macht. Wie gesagt, lernen Hunde durch Versuch und Irrtum und ihr Bestreben ist es, Lob und Angenehmes einzuheimsen, und solange Sie schnell und konsequent loben oder korrigieren, wird Ihr Hund auch aus seinen Fehlern lernen.

Inkonsequent dürfen Sie allerdings, ganz gleich wie alt Ihr Hund auch ist, *NIEMALS* sein. Ist etwas verboten oder falsch, ist es das unter allen Umständen, auch dann, wenn Sie gerade keine Lust haben, auf Ihren Hund einzuwirken. Viele Leute machen den Fehler, außerhalb der Übungsstunden auch mal Fünfe gerade sein zu lassen. Sie sagen zwar »*Sitz!*«, aber der Hund setzt sich nicht, ohne daß er dafür schnell korrigiert und nachdrücklich zum Sitzen animiert wird. Haben Sie so etwas, was leider *sehr* oft geschieht, einige Male durchgehen lassen, wird Ihr Hund überraschend schnell wie taub wirken, d.h. zunehmend öfter ignorieren, was Sie zu ihm sagen. Immer und unter ganz gleich welchen Umständen müssen Sie sich die Zeit nehmen, auf das Befolgen einer Anweisung zu bestehen, ganz gleich, wie unbequem das ist und auch ohne Rücksicht darauf, ob Sie in dem Augenblick auf wenig Verständnis Ihrer Umwelt rechnen können.

Von der Kommunikation mit Ihrem Hund

Verstehen und verstanden werden

Stellen Sie sich einmal vor, Sie haben plötzlich die Möglichkeit nach, sagen wir, China zu fahren. Zeit für irgendwelche Vorbereitungen bleibt Ihnen nicht, Sie fahren los und finden sich im Handumdrehen in einer völlig fremden, bunten, lauten Welt wieder. Nicht nur, daß die

Leute anders aussehen, als Sie es gewohnt sind. Befremdlich ist Ihnen der dichte Verkehr in den Straßen, weil Sie kein einziges Verkehrsschild lesen können. An den öffentlichen Verkehrsmitteln versuchen Sie durch *Beobachtung* herauszubekommen, was Sie selbst tun müssen, um von der Stelle zu kommen. Glücklicherweise können Sie ein bißchen Englisch. Trotzdem erfolgt die Verständigung mehr oder weniger durch *Zeichensprache* und - *Beobachtung*. Durch Beobachtung lernen Sie auch nach und nach den Sinn einzelner Schilder oder Hinweise oder immer wiederkehrender Worte zu verstehen... Aber Ihr anfänglich etwas unbehagliches Gefühl legt sich nach und nach, je länger Sie dort sind. Es gibt ja nicht nur Fremdes und Ungewohntes, bei vielen Gegebenheiten erkennen Sie auch Ähnlichkeiten zu Vertrautem und Ihr Verständnis und Ihre Sicherheit wachsen von Tag zu Tag durch immer wiederkehrende Vorkommnisse, in denen Sie sich ständig besser zurechtfinden.

Ihrem neuen Hund geht es nicht anders als Ihnen in China. Je besser ihn sein Züchter darauf vorbereitet hat, um so weniger Befremdliches wird er zwar vorfinden, und er hat auch schon gelernt, sich mit neuen Umständen irgendwie zu arrangieren, aber es ist doch eine Menge Neues, was auf ihn einstürmt. Allerdings ist es nicht natürlich (was Sie vielleicht annehmen), daß er vor lauter Schrecken versucht, sich in die hinterste Ecke zu verkriechen, das wäre ein *sehr* schlecht aufgezogener Welpe, der Ihnen noch viel Mühe bereiten wird. *Natürlich* ist, daß der Hund, voller Optimismus und von Neugierde geplagt, nun durch *Beobachtung* (so, wie Sie in China) herauszubekommen versucht, wie das in dem neuen Heim nun alles so zusammenhängt.

Ebenso wie Sie in China wird er das meiste, was Sie zu ihm sagen, nicht verstehen, aber auch erste Brocken Ihrer Sprache zu begreifen lernen. Aber auch Ihre Sprache lernt er nicht in erster Linie über das Gehör, sondern durch Beobachtung Ihrer Körpersprache in Verbindung mit verschiedenen Lauten. Wenn Ihnen z.B.ein Chinese beibringen will, daß er mit »CHI« Essen meint, wird er Ihnen das Wort vorsprechen und Ihnen das vermittels Zeichensprache klarzumachen versuchen. Hören Sie das Wort dann immer öfter wieder, verstehen Sie es dann auch ohne Zeichensprache und merken sich auch nach und nach einige Schriftzeichen. Merkt allerdings der Chinese, daß Sie seine

Gesten nicht richtig gedeutet haben, versucht er nochmals, Ihnen den Sinn eines Wortes mit Zeichensprache zu erklären. Bis es dann endlich soweit ist: Sie haben den Sinn einer bestimmten Laut- bzw. Zeichenfolge begriffen.

In den ersten Tagen und Wochen mit dem neuen Hund verschenken die meisten viel kostbare Zeit. Einmal angenommen, Sie würden mit einem Kassettenrekorder aufnehmen, was da alles auf Ihren Welpen einstürmt! Schnell werden Sie erkennen, daß es nichts als ein *Stimmengewirr* ist, wobei erstaunlich ist, daß der Welpe sich trotzdem bemüht, auf Sie zu reagieren. Woher soll er, unter all den vielen Worten, die auf ihn einprasseln, z.B. erkennen, daß sie ihn erstens überhaupt etwas angehen und zweitens was sein Name ist, er also gemeint ist und drittens ob Sie ihn für etwas loben oder ihn ausschelten. Hören Sie sich im Geiste solch ein Band mal an. Sie können ganz objektiv selbst feststellen, wie selten sich an Ihrer Stimmlage etwas Bestimmtes erkennen läßt, es sei denn, Sie sind richtig verärgert und schimpfen den Welpen aus. Da Sie dazu auch noch ein böses Gesicht machen, ihn womöglich noch schütteln, merkt ein Welpe sich so etwas ziemlich schnell, allerdings mehr durch Ihren *Tonfall* und durch Ihr gleichzeitig *böses Gesicht* - und macht so seine erste unangenehme Erfahrung mit *Ihnen*, allerdings meist ohne zu verstehen, warum... So kann es vorkommen, daß ein Welpe, noch ehe er erste zaghafte Beziehungen zu seinen Menschen aufbauen konnte, sich beim Nähern bestimmter Personen sofort in die Rückenlage begibt (als Zeichen allergrößter Unterwerfung) und womöglich noch uriniert. Ein schlechter Beginn einer Beziehung. Daß Sie u.U. auch schon allerlei Freundliches zu Ihrem Hund sagen (wollten), hat er nicht verstanden, weil es aus Ihrem Tonfall und Ihrer Körpersprache nicht hervorging.

Nun haben wir zuvor schon bei dem mit Katzen aufgezogenen Hund gesehen, daß dieser durchaus in der Lage ist, die »Katzensprache« zu »verstehen«, ohne daß das seine eigene Ausdrucksweise beeinflußt hat. Durch nichts als *Beobachtung* lernt der Hund (geradeso wie Sie in China!) das Verhalten der Katze richtig zu deuten, um auf sie dann auf seine Weise zu reagieren. Das Verstehenlernen einer »art-fremden« Sprache ist dem Hund also angeboren, zumindest solange er in seiner Prägephase damit in Kontakt kommt.

Besonders in den ersten Wochen und Monaten wird viel kostbare Zeit verschenkt. Anstatt dem Hund *geduldig* die Möglichkeit zu geben, sich *gezielt* mit unserer Ausdrucksweise vertraut zu machen, wird er nicht selten behandelt wie ein kleines Menschenkind und als selbstverständlich vorausgesetzt, daß er sich mit dem, was wir mit ihm unternehmen, schon irgendwie zurecht findet.

Das tut er auch, aber auf seine Weise und eine Menge Mißverständnisse sind vorprogrammiert, weil andererseits auch der Mensch sich nicht genügend darüber im Klaren ist, was der Hund ausdrücken will und vieles am Hund falsch deutet oder gar nicht wahrnimmt.

Hinsichtlich des Hundes müssen wir uns klar machen, daß er, zunächst jedenfalls, unsere Worte nicht als solche, sondern nur an ihrer *Stimmlage*, ihrem *Tonfall* erkennt und mehr oder weniger *errät*, was Sie ihm sagen wollen. Würden Sie ihm die Worte in Ihrer Abwesenheit auf dem Kassettenrekorder vorspielen, würde ihn das allerdings überhaupt nicht beeindrucken. Zum Verständnis braucht er mindestens Ihre *Anwesenheit*, den *Anblick* Ihrer Körperhaltung und Ihres Gesichtsausdruckes - erst alles zusammen ergibt für ihn eine Mitteilung. Stimmt aber Ihre Körpersprache nicht mit dem Gesagten überein (sie loben ihn beiläufig, sind aber wegen irgendetwas, was nicht den Hund betrifft, im Streß), wird er Sie mißverstehen, oder, was ganz schlecht wäre, einen Ausdruck mit etwas Falschem verknüpfen.

Nun werden Sie sagen, daß Sie soundsoviele Leute kennen, deren Hund ganz offensichtlich »jedes Wort versteht«. Das ist zweifellos bei etwas älteren Hunden der Fall, die durch jahrelange Praxis selbst an feinsten Nuancen durchschauen, was ihr Herr meint, und zwar an einer Verknüpfung aus Lauten und Körpersprache, die auch beim Menschen viel stereotyper ist, als man es sich so vorstellt, was sich der Hund merkt.

Natürlich möchten auch Sie, daß Ihr Hund möglichst schnell versteht, was Sie von ihm wollen. Selbstverständlich können Sie weiterhin mit ihm über alles mögliche reden, müssen sich aber darüber im Klaren sein, daß der Hund das höchstens als Zuwendung begreift, nicht aber weiß, was Sie meinen. An Ihrem Gesicht und Ihrer Körperhaltung wird er aber erkennen, daß es etwas Freundliches ist, wenn Sie z.B. mit ihm über sein Futter reden oder ihm sagen, daß Sie gleich mit ihm hinausgehen. (Ziehen Sie sich allerdings dabei den Mantel an oder klappern mit der Futterschüssel, weiß er sofort, worum es geht.)

Leider aber beginnt die Erziehung und Verständigung mit dem Hund, was viele sich nicht genügend klar machen, zuallererst mit Ihrer *Selbsterziehung*. Wenn Sie mit Ihrem Hund reden wollen, daß er Sie wirklich versteht, müssen Sie zunächst einmal sich selbst dazu erziehen, ihm *immer wiederkehrende konkrete Hinweise* zu geben und sich so auszudrücken, daß er außerdem an Ihrer *Stimmlage* erkennen kann, was Sie meinen.

Lernen Sie Ihren »Hundewortschatz«

Als erstes muß er seinen *Namen* erkennen lernen, also ein Wort, bei dem er immer weiß, daß *er* damit gemeint ist. Anfänglich kann man das nur üben, wenn man sich der ungeteilten Aufmerksamkeit des Hundes sicher ist. Überraschenderweise lernen Hunde vergleichsweise schnell, daß z.B. *Bobby* ein Wort ist, mit dem sie immer gemeint sind. Hier schon werden viele Fehler gemacht, z.B. dann, wenn man *Bobby*!!!! dann *drohend* sagt, wenn der Hund etwas Verbotenes unterlassen soll. Das kann man zwar bei einem Kind so handhaben, für den Hund ist das zu hoch. Die Folge ist, daß er schließlich auf seinen Namen überhaupt nicht reagiert, weil er für ihn unangenehm ist. *Bobby* muß *immer* mit etwas *Angenehmen, Anziehendem* verbunden sein.

Unser alltäglicher Wortschatz besteht aus einigen tausend Worten. Die kann Ihr Hund niemals alle lernen (obwohl er einiges davon zu verstehen lernen kann). Es sind vergleichsweise wenige Ausdrücke, die Ihr Hund als *Grundlage der Verständigung* begreifen muß, und mit diesem speziellen *Hundewortschatz* müssen Sie sich, wenn möglich, *bevor* der Hund ins Haus kommt, einmal auseinandersetzen. Ein Grundstock davon, also die ersten Begriffe, die Ihr Hund ohne weiteres lernen kann, finden Sie etwas später in diesem Buch.

Dabei ist allerdings dreierlei zu beachten: Erstens müssen Sie die paar Worte (Befehle), die Ihr Hund beachten soll, selbst sicher beherrschen. Daß das gar nicht selbstverständlich ist, können Sie immer wieder beobachten. Da wird dem Hund für ein und dieselbe Tätigkeit ein Befehl leider sehr leicht mit verschiedenen Worten gegeben. Statt eindeutig bei »*Sitz!*« zu bleiben, heißt es dann außerdem noch etwa »Setz

Dich hin«, oder versehentlich werden auch die Befehle *»Sitz!«* und *»Platz!«* alternativ benutzt, weil sie dem Hundehalter gerade so einfallen. Auch mit *»Platz!«* wird nicht immer, wie es sein sollte, kundgetan, daß der Hund sich hinlegen soll. Sein Herr versucht beispielsweise mit *»Platz!«* seinem Hund mitzuteilen, er solle seinen Platz, sein Körbchen aufsuchen, ein andermal will er den Hund damit veranlassen, sich zu setzen... Nahezu unerfüllbar wird es aber für den Hund, wenn Sie mit ein und demselben Wort Unterschiedliches von ihm verlangen. Einmal sagen Sie *»Komm!«* und meinen damit, daß er kommen soll, das andere Mal wollen Sie aber mit *»Komm!«* ausdrücken »Laß das sein!«

Zweitens muß der Hund an Ihrer *Stimmlage zweifelsfrei* erkennen, ob es sich um eine Anweisung, ein Lob oder eine Korrektur handelt. Besonders das *Loben* muß er als solches an ihrer *helleren, begeisterten Stimme* erkennen können. Haben Sie ihn zusammen mit einigen Streicheleinheiten daran gewöhnt, daß Sie sich *so* freuen, lernt er schnell, sich mitzufreuen und sich dabei wohlzufühlen und wird alles daran setzen, möglichst oft gelobt zu werden, auch wenn Sie ihn nicht jedesmal streicheln. Auch die *Korrektur* oder den *Tadel* muß er aus ihrer *tieferen Stimme* ablesen können, so wie der Welpe am bloßen Knurren seiner Mutter erkennt, daß er das, was er gerade tut, besser schleunigst unterläßt.

Drittens müssen Ihre Anweisungen *einwandfrei* zu erkennen sein. Ihr Hund hört, auch das sei hier gesagt, um einiges besser als Sie. Brüllen brauchen Sie daher überhaupt nicht (auch wenn Sie das auf einigen Übungsplätzen beobachten können), sonst müssen Sie *immer* brüllen, weil er sich gemerkt hat: *»Nur Brüllen geht mich an, sonst nichts«*.

Bevor Sie also mit Ihrem Hund zu Werke gehen (noch besser, *bevor* Sie ihn ins Haus holen!), üben Sie erstmal die deutliche, d.h. *eindeutige Aussprache* dessen, was Sie ihm jeweils bei welcher Gelegenheit mitteilen wollen. Ihr *»Sitz!«*, *»Platz!«*, *»Fuß!«*, *»Bleib!«*, *»Steh!«*, *»Nein!«*, *»So ist's Braaav!«*, *»Aus!«*, oder welche Ausdrücke Sie hauptsächlich verwenden wollen, müssen wirklich prägnant, typisch und deutlich gesprochen werden.

Oft wird z.B. bei der Aussprache von *»Sitz!«* und *»Platz!«* nicht klar genug unterschieden. Der scharfe Zischlaut »tz« am Ende der Worte wird zwar klar hervorgebracht, nicht aber der vorangegangene Vokal, bei »*Sitz!*« das helle, betonte »i«, bei »*Platz!*« das volle, betonte »a«. Es ist nicht nur sinnlos, sondern sogar falsch, diese Befehle in Sätzen zu bringen. Richtig ist es, deutlich, energisch und freundlich die gewünschte Anweisung zu geben, daß der Hund klar erkennen kann, daß mit diesem Wort *er* und kein anderer gemeint war.

Es bleibt Ihnen völlig unbenommen, welche Worte Sie auswählen. Sie müssen allerdings für eine gewünschte Aktion immer nur *einen* bestimmten Ausdruck verwenden und so den Hund zweifelsfrei erkennen lassen, was er tun soll, wenn er ihn hört. Wollen Sie Ihren Hund später einer weiterführenden Ausbildung zuführen, ist es allerdings besser, man gewöhnt ihn (und sich) gleich an die allgemein üblichen Befehle. Außerdem müssen Sie, wenn Ihre Familie aus mehreren Personen besteht, sicherstellen, daß *alle einheitlich die gleichen Ausdrücke benutzen*. Um so gewissenhafter Sie hierbei vorgehen, um so schneller wird Ihr Hund begreifen, was Sie von ihm wollen. Aber, das mit den Worten ist nur der eine Teil der Verständigung, wie wir noch sehen werden.

Larina vom Baronenwald, Dt. Schäferhund, 2 Monate
E.: B. Prinzing, 73079 Süßen

Lernen Sie auch den »Wort«schatz Ihres Hundes

Obwohl ganz klar ist, daß Ihr Hund nicht mit Worten mit Ihnen kommunizieren kann, werden (d.h. sollten) Sie schnell dahinter kommen, was er Ihnen mitzuteilen hat. Das ist nämlich eine ganze Menge. Wie wir schon bei den Wölfen gelesen haben, wird das Rudel durch eine reichhaltige *Kommunikation* zusammengehalten, und da Sie und Ihr Hund nun das Rudel bilden, muß man sich auch hier zu verständigen lernen. Der Hund tut das auf seine Weise: Durch Körpersprache, bestimmte Laute und Aktionen und durch seinen Gesichtsausdruck. Das alles können Sie durchaus entziffern, nicht aber immer die Signale, die er z.B. für seine Rudelgenossen durch Duftmarken setzt (oder erhält). Welche Nachrichten der Hund über die Nase aufnimmt, bleibt Ihnen verschlossen. Welche geruchlichen Signale er setzt, können Sie häufig beobachten und es zu deuten lernen.

Das Wichtigste bei der Hundeerziehung ist und bleibt aber, daß Sie lernen müssen, sich in Ihren Hund *hineinzuversetzen*, um einige seiner Reaktionen besser deuten zu können. Wenn Sie nicht zu begreifen lernen, *wie* Ihr Hund denkt und wie er Ihnen das *zeigt*, werden Sie nicht sehr weit kommen.

Zunächst einmal sollten Sie versuchen, Ihre Welt mit seinen Augen zu sehen. Gehen Sie ruhig einmal zu ihm an den Boden und betrachten die Welt von unten. Wie anders sieht das, worüber Sie sonst den Überblick haben, aus dieser Perspektive aus. Welch erdrückende Welt baut sich da oberhalb von Ihnen auf, wie groß sind selbst vergleichsweise kleine Kinder, wie riesig sind die Erwachsenen, die aus erheblicher Turmhöhe unverständlich auf Sie einreden oder (manchmal überraschend und mit überflüssiger Gewalt) auf den Welpen einwirken. Alles ist gigantisch und unerklärlich und man wundert sich, daß so ein Welpe viel weniger frustriert ist, als er es eigentlich sein müßte. Meistens jedenfalls.

Allerdings kann man bei einigen Welpen ein Verhalten beobachten, das nur zu oft mißverstanden wird. Angesichts bestimmter (oder aller) Personen setzt der Welpe mehr oder weniger regelmäßig einen See, und das, obwohl er gerade draußen gewesen ist. Nicht wenige betrachten das als »Unsauberkeit« und erkennen nicht, daß es das typische submissive Urinieren ist, welches Welpen zeigen, wenn sie sich fürchten.

Anstatt nun schleunigst eine andere, aus der Sicht des Welpen weniger furchterregende Haltung einzunehmen, wird jetzt der Welpe auch noch gescholten oder gar bestraft, woraufhin dieser dies Verhalten künftig auch noch *verstärkt* zeigt, statt es, wie gewünscht, zu unterlassen.

Jetzt würde es sich auszahlen, hätten Sie den Welpen, schon bevor er zu Ihnen kam, eine Weile in seinem Rudel beobachten können. Niemals werden Sie dort erleben, daß die Mutter oder ein älteres Rudelmitglied die Kleinen bestraft, wenn sie sich in submissiver Haltung (Schwanz eingeklemmt, Körper geduckt, Ohren angelegt) den »Erwachsenen« nähern. Vielmehr begegnen die Älteren den Kleinen freundlich und geduldig, wenn auch in dominanter Körperhaltung, auch andere, als die Mutter, lassen den Welpen Lecken und Pflegeverhalten »zukommen«. Alle nehmen die Demutsgeste der Welpen würdevoll, selbstbewußt und vor allem gnädig an. Es würde Ihnen auch auffallen, mit wieviel Nachdruck die »Großen« darauf bestehen, daß ihre Vormachtstellung respektiert wird.

Sie werden immer wieder erleben, daß Ihnen erfahrene Hundehalter durchaus sagen können, was Ihr Hund jetzt denkt oder fühlt. Sie lesen es an seiner Körperhaltung ab, was sie gelernt haben, indem sie ihren Hund beobachteten und das eine oder andere Buch über Hundeverhalten gelesen haben. Da ich anderweitig ausführlich über die Kommunikation von Wolf und Hund berichtet[*)] habe, will ich mich hier auf einige Stichworte beschränken.

Was wirklich jeder weiß: Wenn der Hund in bestimmter Weise mit dem Schwanz wedelt, freut er sich, wenn er ihn einzieht, hat er Angst. Spitzt er die Ohren oder legt er sie zurück, sind dies Anzeichen von gespannter Aufmerksamkeit, wobei die zurückgelegten Ohren Vorsicht oder Unterwerfung ausdrücken. Auch Zähnefletschen, Jaulen, Bellen und Knurren kann man ziemlich schnell richtig deuten, aber schon, was das unterschiedliche Verziehen der Lefzen und des Schnauzenbereichs bedeutet, ist schwieriger zu deuten. Wieder andere behaupten gar, ihr Hund lächele und haben vermutlich sogar Recht damit.

Wenn Sie Ihren Hund längere Zeit beobachten, wird Ihnen einiges Immerwiederkehrendes, Stereotypes an seiner Körperhaltung auffal-

*) Siehe: Eric H.W. Aldington, Von der Seele des Hundes, (S. 309 ff)

len, und Sie werden anfangen, ihn nach und nach zu verstehen. Was er dabei zum Ausdruck bringt, sind angeborene *Bewegungskoordinationen*, mit denen er anzeigt, wie er seine Umwelt zur Zeit empfindet.

Man muß sich klar machen, daß allen *gezielt* eingesetzten Körperbewegungen nur *zwei* Motivationen zugrunde liegen, auf einen gegebenen Reiz zu reagieren, die sich aber im Verlauf der Handlung abwechseln oder überlagern können. Der Hund fühlt sich entweder von etwas *angezogen* oder *abgestoßen*, fühlt sich also entweder wohl und zufrieden in seiner Haut oder aber »er wünscht sich weit weg«, weil die Situation unangenehm für ihn ist. Wenn er sich *erwartungsvoll* auf etwas zubewegt, ist alles an ihm *aufwärts* gerichtet: Kopf, Ohren, Hals, Körper und Schwanz. Je steiler allerdings deren Position wird, um so mehr verwandelt sich seine Annäherung in aktives *Drohen*. Die Endhandlung dieser Phase ist die *Zuwendung* oder die (freundliche oder drohende) *Bewegung nach vorn*.

Das Gegenteil ist das starke *Abgestoßensein*. Hierbei ist alles am Hund nach *unten* abgesenkt, Kopf, Hals, Ohren (extrem seitlich nach hinten angelegt), Schwanz eng unter den Körper eingezogen, Körperhaltung mehr und mehr geduckt. Die Endhandlung dieser Phase geht in eine grundsätzliche *Änderung* der Körperrichtung, d.h. möglichst vollständige *Abwendung* des Körpers, besonders des Kopfes, über. Das eine ist die *Flucht*, bei der das Tier sich in geduckter Haltung, um 180° gewendet, eiligst fortbewegt, das andere ist die Körperwendung in die *Rückenlage*.

Zwischen Annäherung, Angriff, Drohen, Flucht und Unterwerfung gibt es viele Abstufungen und Schwankungen. Sie können dem Hund deutlich *ansehen*, daß er in seiner Beurteilung der Lage hin- und hergerissen ist, wobei einmal hemmende dann wieder erregende Impulse die Überhand gewinnen können.

Als Faustregel kann stark vereinfacht gelten: Wenn wir uns mehrere Parallelebenen der Länge nach durch seinen Körper denken, sind alle Reaktionen, die sich von *unten nach oben* nachzeichnen lassen (Ohren-, Hals- und Kopfhaltung, Verziehen der Lefzen, Schwanzbewegung, Aufrichten des Körpers, Aufstellen der Haare usw.) als eine positive Stimmungslage (mit möglichem Übergang zu Überlegenheit und Drohen) zu verstehen. Alle Reaktionen, die sich als Bewegungsbogen von *oben nach unten* nachzeichnen lassen, zeigen den Übergang zu Unsicherheit, Abwarten, Unterlegenheit, Angst und dem möglichen Übergang zu Angriff oder Flucht.

Wenn Sie Hunde im Umgang miteinander beobachten, können Sie weitere Reaktionen Ihres Hundes auch Ihnen gegenüber besser verstehen. Wenn Hunde miteinander in Berührung kommen, bildet sich zwischen ihnen eine »T-Position«, das sich überlegen fühlende Tier nimmt hierbei sowohl die Längs- als auch die Querstellung ein und versucht, seinen Kopf auf den Unterlegenen zu legen oder auf diesem aufzureiten. Sie werden auch beobachten, daß das dominante Tier das offensive ist, d.h. die Aktion in Gang bringt, während das unterlegene Tier auf submissive Weise versucht, das dominante zu Aktionen zu veranlassen. Je nach dem, wie Ihr Hund Sie zur irgendwelchen Aktionen anregen will, können Sie dabei eine dominante oder submissive Tendenz beobachten. Ist immer er es, der Sie, wenn möglich, den ganzen Tag beschäftigt, beansprucht er einen zu hohen Rang in Ihrer Beziehung, worauf Sie zumindest mit Nichtbeachtung reagieren oder aber ihn auf seinen Platz zurückschicken müssen.

Setzt sich Ihr Hund allerdings, wenn er gescholten wurde oder Sie ihm etwas befohlen haben, plötzlich unvermutet hin und kratzt sich lange und nachhaltig, tut er dies nicht, weil es ihn juckt. Vielmehr ist er aus irgendeinem Grund hin- und hergerissen, er weiß nicht, was er von der Lage halten soll und kratzt sich, wie wir uns aus Ratlosigkeit am Kopf zu kratzen pflegen. Man nennt das eine Übersprungshandlung. Zu jeder Zeit ist unser Hund also das getreue Spiegelbild dessen, was er als Umwelt empfindet. Das ist ihm, wie seinem Urvater dem Wolf, angeboren.

Das Verhalten des Wolfes, und damit auch unseres Hundes, ist auf zwei gegensätzliche Komponenten aufgebaut. In seinem Sozialverhalten überwiegt eine geschlossene, stereotype, reizkonforme Reaktionsweise. Innerartliche Signale lösen bei ihm *immer* eine typische Antwort aus, die weitgehend nicht durch Lernen modifiziert wird. Dies ist die überlebenswichtige Grundlage für das reibungslose *Zusammenleben* im Rudel.

Dem entgegengesetzt ist sein *offenes Umweltverhalten*, betrifft also auch das Zusammenleben Mensch und Hund. Die dort auf ihn einwirkenden Signale muß er zu verstehen und umzusetzen lernen, sein instinktives Verhalten wird hier *verstandesmäßig* gelenkt. Dies ist die überlebenswichtige Grundlage seiner *Anpassungsfähigkeit* und gleichzeitig die Erklärung dafür, warum Hunde sich so hervorragend in eine menschliche Umwelt hineinfügen können.

Beim Hund hat zudem das Selektionsziel »Erziehbarkeit« die zwei beim Wolf gegensätzlichen Komponenten verschmolzen. Er muß bereits im engen Sozialbereich *lernfähig* sein, seine Umweltreaktion wird dagegen stärker *signalgebunden*. Die stereotype Ausdrucksweise seiner Körpersprache kann uns sein Verhalten verständlich machen (und wir sollten Sie daher möglichst schnell zu lesen lernen). Dank seiner Fähigkeit, körperliche Signale anderer zu beachten, lernt er schnell, auch uns zu verstehen. Seine Anpassungsfähigkeit an wechselnde Umweltverhältnisse ist seine genetisch bedingte *Lernfähigkeit*, die, zusammen mit seinem *Bindungs- und Kommunikationsbedürfnis*, die überlebenswichtige Grundlage seiner *Daseinsberechtigung* als Haushund ist.

Wenn wir auch hier nicht das gesamte Verhaltensrepertoire des Hundes in allen Einzelheiten durchgehen können, sollten wir uns wenigstens einiges von dem ansehen, was für uns im *täglichen Leben* mit ihm bedeutsam ist. Wichtig ist vor allem eines: *Nehmen Sie sich Zeit, Ihren Hund zu beobachten* und versuchen Sie, sich sein Verhalten aus *seiner* Sicht zu erklären. Sie werden schnell erkennen, daß Ihr Hund *niemals* etwas *zufällig* tut, *alles* hat seinen tieferen Sinn. Denken Sie immer wieder daran: Immer spiegelt Ihr Hund seine Umwelt, so wie sie sich ihm gerade in diesem Augenblick darbietet. Lernen Sie es, das Verhalten Ihres Hundes so zu lesen, als sei es ein Buch.

Jaulen, Bellen, Maunzen, Knurren

Wie der Wolf »äußert« sich auch der Hund mit verschiedenen Lauten und in allen Tonlagen. Schon Welpen maunzen vor sich hin, besonders dann, wenn sie sich nicht wohlfühlen und Hunger haben oder frieren. Sobald das Maunzen erklingt, kommt sofort die Mutter und bringt alles in Ordnung. Werden sie älter, verändert sich das Maunzen in ein mehr oder weniger lautes Jaulen, aber sie haben schon von früh auf gelernt, daß Sie mit Maunzen und Jaulen zunächst die Aufmerksamkeit ihrer Mutter erregen, später lernen Sie sehr schnell, daß sie auch bei Ihnen einiges damit erreichen können. Das geht schon mit dem Heulkonzert los, das ein Welpe im neuen Heim veranstalten kann, wenn er sich, getrennt von Mutter und Geschwistern, einsam und verlassen vorkommt. Natürlich können Sie den Welpen nun einfach mit in Ihr Bett nehmen, und er wird sofort Ruhe geben - und schon haben Sie das erste Problem, denn nach diesem Ort der Geborgenheit wird er u.U. ein Leben lang verlangen. Aus meiner Sicht: Ein Hund gehört *niemals* in das Bett seines Menschen, wohl aber daneben. Auch wenn Sie sein Körbchen dicht neben Ihr Bett stellen und ihn wohlig einmummeln, wird er bald Ruhe geben und ziemlich bald auch durchschlafen. Außerdem bemerken Sie schnell, wenn er unruhig wird, was meist ein Zeichen dafür ist, daß er mal raus muß und können entsprechend handeln. Reagieren Sie allerdings auf das Gejaule Ihres Welpen, indem Sie ihn auf- oder ins Bett nehmen, lernt er außerordentlich schnell, daß er Sie mit Jaulen manipulieren kann und wird dies auch in anderen Situationen versuchen. Wehret den Anfängen mit Verstand! Wenn man sich sicher ist, daß dem Welpen nichts Besonderes fehlt, muß man sein Jaulen übergehen.

Etwas Ähnliches ist es mit dem *Knurren*. Es ist meist etwas Abwehrendes, Feindliches oder Drohendes, und wenn Ihr Hund jemanden oder etwas anknurrt, haben das zumindest nicht Sie oder Ihre Familienmitglieder zu sein. Schon beim Spielen der Welpen untereinander kann man beobachten, daß sie sich anknurren, wenn sie um etwas streiten oder etwas aushandeln. Bei Wölfen knurrt der dominante den untergeordneten an, was für diesen Zeichen genug ist, sich sofort zu unterwerfen. Auch die Hundemutter knurrt ihre Welpen nachdrücklich an, worauf diese schleunigst einstellen, was sie gerade vollbrachten und sich ihrer Mutter demütig nähern. *Knurren ist also eine Dominanzgeste.*

Wenn also Ihr Hund Sie oder Ihre Familienmitglieder anknurrt, zeigt dies an, daß der Hund dominante Gefühle entwickelt (was er nicht sollte). Manchmal entsteht dieses Anknurren aus ganz einfachen Gründen: Sie nähern sich Ihrem Hund, der gerade sein Futter aus seinem Napf frißt, und er knurrt Sie an, damit Sie ihm ja nicht näherkommen. Wenn der Hundehalter das nicht beachtet und einfach weggeht (weil er den Hund nicht stören will und versteht, daß er beim Fressen knurrt) merkt sich der Welpe sehr schnell, daß er nur knurren muß, um seine Ruhe zu haben. Auch in anderen Situationen, die ihm nicht passen, wird er es mit Knurren versuchen. Wehret den Anfängen mit Verstand! Üben Sie zielsicher von klein auf, daß der Welpe sich von Ihnen jederzeit *alles*, auch das Futter, wegnehmen lassen muß und »betrafen« Sie sein Knurren, indem Sie ihm *sofort* die Schnauze zuhalten (Schnauzengriff, den auch die Hundemutter anwendet) und nachdrücklich *»Nein!«* sagen. Je früher Sie Ihrem Welpen das abgewöhnen, um so einfacher geht es, weil Sie, zumindest am Anfang, dem Welpen deutlich überlegen sind. Je länger Sie zuwarten, um so ausgeprägter wird diese (wie manche andere) dumme Angewohnheit und um so schwerer ist sie wieder abzugewöhnen.

Sind Hunde aus irgendeinem Grunde erregt, dann *bellen* sie. Wenn man sie dabei eine Weile beobachtet hat und sich mit Hunden ein bißchen auskennt, kann man sogar am Telefon erkennen, was für eine Art Bellen das jeweils ist. Helles, freundliches Bellen gibt es als Begrüßung, nachdrücklicher wird das Bellen, wenn der Hund etwas damit erreichen will, z.B. sein Futter. Das Bellen in gewissen Abständen, d.h. daß er hinauswill und bellt, Pause macht und wartet, wieder bellt, bis ihm jemand die Tür aufmacht. Ärgerlich wird das dann, wenn der Hund, nur aus Langeweile, dauernd hinaus und hineinwill und das jedesmal mit Bellen kundtut. Der Hund erreicht schließlich, was er »eigentlich« wollte: Jemand beschäftigt sich mit ihm. Da tut man gut, sein Bellen zu übergehen, sonst sind Sie dauernd zur Tür unterwegs.

Auch wenn Hunde nur aus Langerweile bellen, gilt es, man muß es ertragen und zu übergehen versuchen, damit der Hund es als zwecklos schließlich einstellt.

Anders ist das aggressive Bellen, das tiefer ist und Sie auf etwas aufmerksam machen soll. Wird es auch noch von Knurren unterbrochen, müssen Sie sich um Ihren Hund kümmern und feststellen, was er Ihnen sagen will. Schlecht ist es allerdings, wenn Ihr Hund jeden, der am Zaun vorbeigeht, als Feind betrachtet, und ihn mit Bellen und Knurren zu vertreiben sucht. Am besten versucht man, es gar nicht erst soweit kommen zu lassen und den Zaun an Straßen mit regem Passantenverkehr (die den Hund womöglich noch ärgern!) blicksicher zu machen. Hat der Hund sich das Bellen erstmal angewöhnt, ist es lästig und ärgerlich und ihm nur schwer wieder abzugewöhnen. Wie man sich dann verhält, weil man nicht genügend vorgesorgt hat, habe ich bereits anderweitig beschrieben.*) Wehret den Anfängen mit Verstand!

Kommunikation durch Körpersprache

Könnten Sie ein Wolfsrudel beobachten, würde es Sie erstaunen, wie *friedlich* die Tiere in Normalzeiten miteinander leben und wie selten es zu ernsthaften Auseinandersetzungen kommt. (Eine Ausnahmesituation ist z.B. die Ranzzeit.) Durch nichts als ihre Körperhaltung sagen die Tiere den anderen, was sie von ihnen halten, wollen oder nicht wollen. Das Erstaunliche ist, daß diese Signale nicht nur gewissenhaft beachtet und verstanden, sondern auch befolgt werden. Wir haben schon vorher von den beiden Extremen: *Angezogensein* und *Abgestoßensein* gesprochen, die der Hund mit seinen Körperbewegungen ausdrückt.

Sehr schnell werden Sie auch bei Ihrem Hund lernen zu unterscheiden, ob er entspannt und gleichmütig ist, ob er freudig und aufgeregt auf Sie zukommt, ob er sich fürchtet oder erregt ist...

Wenn er mit Ihnen spielen will, drückt er seinen Vorderkörper zu Boden, Hinterteil und wedelnder Schwanz bleiben oben, und er guckt Sie von unten herauf aufmerksam an oder wiederholt gar dieses Vorn-zu-Boden-Gehen mehrmals nachdrücklich, seine Schnauze ist entspannt und erwartungsvoll halb geöffnet, und er bellt freundlich auffordernd dazu. Auch das lernt man sehr schnell richtig zu deuten.

Nicht jeder erkennt aber sofort, wenn die Haltung des Hundes dominanter oder gar drohender wird. Jetzt nimmt er eine bedrohliche Position ein, indem er sich möglichst groß macht und sich hoch aufrichtet, die Ohren aufstellt, seine Schnauze ist leicht geöffnet und zeigt die Zähne, seine Beine wirken irgendwie steif und sein hochaufgerichteter Schwanz wedelt nicht, sondern *peitscht* hin und her (was von vielen falsch verstanden wird), wenn er sich Ihnen oder jemandem nähert. Begegnen sich zwei Hunde in der eben beschriebenen Weise, gibt es nur zwei Möglichkeiten: Entweder beide behalten diese Körperhaltung bei, dann kommt es zum Kampf oder aber einer der beiden gibt mit deutli-

*) Siehe Eric H.W. Aldington, Was tu ich nur mit diesem Hund

chen Zeichen submissiven Verhaltens auf, dann verläuft die Begegnung friedlich.

Nähert sich ein Hund einem *Menschen* oder gar Ihnen auf diese Weise, sollten alle Alarmglocken läuten. Ein ganz schlechtes Zeichen für seine Erziehung ist es, wenn ein Hund sich *seinem* Menschen so nähert. *Da ist zuvor einiges schief gelaufen und bedarf dringend der Korrektur*, da das ganze Dominanzgefüge aus den Fugen geraten ist. Wehret den Anfängen mit Verstand!

Zweierlei Formen kann man bei der *submissiven* Körperhaltung unterscheiden, nämlich die *aktive* und die *passive* Unterwerfung.

Aktive submissive Körperhaltung ist *nicht* angstvoll, sie wird auch im Wolfsrudel beobachtet, wenn ein Rudelmitglied ein anderes respektvoll und unterwürfig begrüßt. Die Ohren sind seitlich angelegt, der Schwanz ist zwar eingezogen, wedelt aber ein wenig und etwas nervös, die Schnauze ist wie mit einem leichten Grinsen geöffnet, der Körper insgesamt dem Boden nahe. Auch ihren Herrn begrüßen manche Hunde auf diese Weise, um ihm zu demonstrieren, daß er der allmächtige Alpha ist. (Daß eine *freudige* Begrüßung wünschenswerter wäre, sei hier nur am Rande bemerkt.)

Passive submissive Körperhaltung zeigt sich viel extremer. Bei geduckter Körperhaltung (manche Hunden legen sich hin oder rollen sich gar auf den Rücken) und eingezogenem Schwanz (der, wenn überhaupt, zaghaft wedelt) werden deutliche Zeichen von *Furcht* gezeigt, die Vorderbeine sind angezogen, die Ohren zurückgelegt und der Hund versucht, jedweden Augenkontakt zu vermeiden, und sich so klein wie irgend möglich zu machen. Ein anderer Hund würde eine solche Geste der absoluten Unterwerfung sofort verstehen und anerkennen. Eine Beißerei unter Hunden wird auf diese Weise vermieden.

Was viel zu wenig beachtet wird, ist, daß der Hund auch durch seine(n) bevorzugten Aufenthaltsort(e) deutliche Signale gibt, die sein Mensch zu verstehen lernen sollte. Immer wieder kann man Hunde beobachten, die dauernd allen im Wege liegen, so daß man fortwährend über sie hinwegsteigen muß. Andere Hunde bevorzugen nachdrücklich höher gelegene Ruheorte, auch wenn die eindeutig unbequemer sind, als der angestammte Hundeplatz. Wieder andere drängeln sich an ihrem Menschen vorbei stets als *erste* durch die Tür oder in das Auto, wieder andere liegen aus unerfindlichen Gründen in engen, sogar dunklen Fluren, daß jeder an ihnen vorbei oder über sie hinwegsteigen muß. Was Hunde damit ausdrücken, sind nichts weiter als Zeichen ihres Dominanzstrebens, sie fühlen sich als der erste oder als Herr der Lage. Häufig bereiten solche Hunde auch einige andere größere oder auch nur kleinere Probleme, weil sie erfahrungsgemäß nicht unter allen Umständen gehorchen und auch sonst einen »Dickkopf« haben können.*)

Geruchliche Signale

Infolge unseres, im Gegensatz zum Hund, sehr unterentwickelten Geruchssinnes, können wir geruchliche Signale, die der Hund aussendet oder empfängt, nur durch *Beobachtung* erkennen. Es kann sein, daß uns da wahre Welten entgehen, da Fachleute annehmen, daß der Hund die Mehrzahl aller Nachrichten und Signale mit der Nase wahrnimmt.

Was man bei Hunden beobachten kann und bei Wölfen erforscht hat, ist, daß hier zunächst einmal das Territorium durch »Duftmarken« (es wird Urin abgesetzt) markiert wird: »Dies ist mein Reich!«. Bei den Wölfen ist es der Alpha, der so seine Vormachtstellung demonstriert und auch fremden Rudeln signalisiert, daß sie hier nichts zu suchen haben. Auch bei Hunden kann man beobachten, daß diese an den verschiedensten markanten Punkten ihr Bein heben, oder, wenn sich zwei Hunde begegnen, erst der eine und dann der andere mit ernstem Gesicht eine Duftmarke setzt.

Innerhalb des Rudels (wie ebenso zwischen Hunden) spielen Gerüche eine wichtige Rolle: Dominante Tiere präsentieren den Untergeordneten ihr *Hinterteil* zur Untersuchung, vielleicht geht davon eine wichtige Nachricht aus, die Untergeordneten beantworten das nämlich damit, daß sie ihr eigenes Hinterteil wegdrehen, um etwa anzudeuten, daß sie überhaupt nicht vorhanden seien. (Wenn Hunde ihrem Herrn immer wieder ihr Hinterteil zudrehen - es sieht so aus, als wollten sie gestreichelt werden - kann man darin den Rest einer Dominanzgeste erkennen.)

Hündinnen setzen vor und während der Läufigkeit deutlich häufiger Urin und damit zahlreiche Duftmarken ab, um die Rüden ihrer

*) Siehe Eric H.W. Aldington, Was tu ich nur mit diesem Hund

Umgebung auf ihren Zustand aufmerksam zu machen. Man tut gut daran, die läufige Hündin möglichst wenig in der Nähe des Hauses laufen zu lassen, sondern sie lieber in dieser Zeit sofort ins Auto zu verfrachten und den Ausgang etwas entfernt durchzuführen, um die Rüden nicht direkt auf die Spur zu locken.

Sollten Rüden allerdings im eigenen Heim nachdrücklich ihr Territorium markieren, haben Sie beide ein Problem. Es kann passieren, wenn Sie mit dem Hund umgezogen sind (oder einen älteren Hund in Ihr Heim aufnehmen), daß hier, aus einer gewissen Unsicherheit heraus, *Dominanzgehabe* an den Tag gelegt und so zunächst einmal die nähere Umgebung in Besitz genommen wird. Hebt aber der Hund sein Bein gar an einem Familienmitglied, ist das eindeutig des Guten zuviel, denn hier wird eine Dominanzgeste deutlich, die dem Hund ganz einfach nicht zukommt.

Anders ist es bei Welpen. Sehr früh machen sie außerhalb ihres Nestes einen Ort aus, um dort regelmäßig ihr Geschäft zu erledigen. Das kann man zuhause ausnutzen, indem man den Welpen als erstes zu dem Platz führt, wo er sich garantiert lösen soll. Er wird später diesen Platz immer als den seinen »dafür« erkennen. Schlechter ist es, hat sich der Welpe innerhalb des Hauses oder an einem unerwünschten Platz gelöst. Hier muß schleunigst diese Duftbotschaft gründlich entfernt und mit einem Deodorant gelöscht werden, weil es sonst an dieser Stelle mit großer Sicherheit immer wieder passiert. Daß ein Welpe zielstrebig nach einem »geeigneten« (also möglichst duftmarkierten) Platz sucht, lernen Sie ziemlich schnell zu erkennen: Bevor er sich lösen kann, geht er erst eine Weile, die Nase suchend am Boden, schnüffelnd herum, um die »richtige Stelle« für sein Vorhaben zu finden. Das ist dann der Zeitpunkt, wo Sie ihn schleunigst ergreifen und an die richtige Stelle bugsieren müssen.

Augenkontakt - oft unterschätzt und ungenutzt

Die Sehleistung des Hundes ist in diesem Zusammenhang für uns nur insoweit interessant, als wir immer wieder betonen müssen, daß er außerordentlich aufnahmefähig bei allen Beobachtungen ist, also auch uns, unsere Körperhaltung und Mimik stets beachtet. Insgesamt ist seine Sehfähigkeit anders bzw. um einiges schlechter als unsere, man kann etwa sagen, daß im Vergleich der Hund ungefähr so gut sieht, wie wir riechen können.

Beim Hund (und damit auch für uns) hat das Auge noch eine andere, sehr wichtige Funktion. Es ist das einzige Sinnesorgan, das nicht nur Sinnesleistungen *aufnimmt*, sondern auch *aussendet!* Wenn ein Hund einen anderen hört, merkt der andere das nicht, wohl aber, wenn er von einem anderen Hund *angesehen* wird. Daher ist ein wichtiger Bestandteil des Dominanzverhaltens der *Blickkontakt*. Der starr auf jemanden gerichtete Blick wird wie eine körperliche Bedrohung und somit als Angriffsdrohung oder Gefahr verstanden, was er ja auch bedeutet.

Der sich unterordnende Hund wendet daher seinen Blick ab, sieht ihn der dominante Hund an. Weicht keiner der Hunde dem Blick des anderen aus, kommt es zum Kampf. Wendet das sich unterordnende Tier schließlich doch den Blick ab, läßt sofort die Aggression des anderen nach.

Daher ist es auch im Umgang mit Hunden nicht ratsam, einem fremden, aggressiven Hund direkt ins Auge zu sehen, weil man nicht sicher sein kann, ob der Hund darauf mit submissivem Verhalten oder Angriff reagiert.

Beobachten wir aber unsere Hunde, können wir immer wieder feststellen, daß sie uns mit einem *»Mona-Lisa-Blick«* ansehen. Obwohl ihnen nichts entgeht, sehen sie irgendwie an unserem direkten Blick vorbei, unsere Augen begegnen sich dabei selten.

Die mit dem Blick in die Augen verbundene wirkungsvolle Dominanzgeste wird bei der Erziehung des Hundes viel zu wenig ausgenutzt. Nehmen Sie, solange er klein und handlich ist, den Welpen immer wieder hoch und blicken ihm in die Augen. Einige Sekunden genügen, dann setzen Sie ihn wieder ab. Ist er später zu groß zum Hochheben, nehmen Sie seinen Kopf unter seiner Schnauze hoch, um Blickkontakt mit ihm zu machen, auch hier genügen einige Sekunden. Besonders bei Hunden, mit denen man bereits Dominanzprobleme hat, ist dies eine der einfachen Hilfen, die man einsetzen kann und die überraschenderweise helfen. Irgendwie beginnt der Hund bei »Blickkontakt« einzusehen, daß *Sie* es sind, dem er sich unterzuordnen hat.

Wenn Sie mit Ihrem Hund spielen oder ihn liebkosen, werden Sie, wenn Sie darauf achten, bemerken, daß er dem direkten Blickkontakt aus dem Wege geht, bzw. alles mit abgewandtem Gesicht und halbgeschlossenen Augen wohlig über sich ergehen läßt. Immer sollte man daran denken: Nur das Alphatier »darf« den Blickkontakt durchführen, und auf so ganz einfache Weise lernt Ihr Welpe ganz selbstverständlich, sich Ihnen unterzuordnen.

Hundesprache = Rudelsprache

Selbst bei dem wenigen, was ich Ihnen über die »Sprache« des Hundes beschrieben habe, wird Ihnen klar, daß man alle seine Verhaltensäußerungen nur als *soziale* Gesten verstehen kann. Er verhält sich hier instinktiv nicht anders als sein Vorfahre der Wolf. Wenn Sie nun meinen, Ihr Hund sei kein Wolf und Ihre Familie kein Wolfsrudel - Ihren Hund stört das nicht. Er demonstriert eisern sein Rudelverhalten, weil er gar nicht anders kann, es ist sein überlebenswichtiges angeborenes Verhaltensrepertoire. Denn Rudel halten nicht automatisch zusammen, immer wieder müssen die Bindungen im Sozialgefüge innerhalb des Rudels hergestellt, gefestigt und bestätigt werden.

Für Ihren Hund sind Sie sein Rudel, und so wie dort ist es auch bei Ihnen wichtig, daß das Alphatier, der Anführer sich eindeutig abzeichnet. Wie der Wolf wird auch der Hund instinktiv versuchen, sich möglichst weit oben in der Dominanzhierarchie anzusiedeln und macht dabei nicht automatisch vor Ihnen halt. Auch Sie werden »getestet«, von Anfang an und immer wieder. Eine zuverlässige soziale Konstruktion macht das Rudel stärker und die Rudelmitglieder fühlen sich sicherer. Es ist wichtig sowohl für ihren Seelenfrieden wie für ihr Selbstbewußtsein. *Auch Ihr Hund fühlt sich nur in gesicherten, sozialen Verhältnissen beschützt und geborgen.*

Dominanz und Unterordnung sind so wichtig, daß sie im Rudel schon von klein auf den Welpen beigebracht werden. Schauen Sie einer Hündin und ihren Welpen zu, werden Sie immer wieder beobachten können, daß auch sie ihre Welpen diszipliniert (und manche Hündinnen sind sehr streng dabei): Schnell, selbstverständlich und nachdrücklich. Die Welpen lernen, sich unterzuordnen, oder der Hündin mit aktiver Unterwerfung respektvoll (nicht mit Angst) zu begegnen. Allerdings haben Welpen innerhalb des Rudels viel Freiraum, sie können sich allerlei herausnehmen, was älteren Tieren niemals erlaubt wäre, sie werden freilich, treiben sie es zu bunt, in ihre Schranken gewiesen. *Das jedoch niemals so, daß sie furchtsam werden.* Das sollte auch uns, bei aller nötigen Korrektur des Welpen, immer wieder im Gedächtnis sein. Auch im Spiel, und Welpen lieben es zu spielen, können Sie Ihre Dominanz hervorheben, was sich dann auch auf andere Situationen überträgt.

Wie und wann wird man ein »Alphatier« bzw. der Rudelführer?

Manchen Leuten, kommen sie mit ihrem kleinen Welpen nach Hause, tut dieser zunächst richtig leid. Jetzt hat er sowohl seine Mutter, seine Geschwister wie sein Heim eingebüßt und muß sich in der fremden Umgebung doch erst zurechtfinden. Man muß ihm Zeit lassen, denken sie. Erfahrene Hundehalter hingegen wissen, daß man einen gut aufgezogenen Welpen sehr wohl reibungslos umsetzen kann, und, macht man es richtig, er sich *klaglos* sofort in seiner neuen Umgebung zurechtfindet.

Hat der Welpe seine bisherigen Leitfiguren verloren, sucht er sich sofort neue. Wie auch bei Wölfen findet jedes Tier seinen richtigen Platz im Rudel einerseits durch *körperliche Beeinflussung* (die Mutter drückt einen widerborstigen Welpen mit ihrer Schnauze blitzschnell, sanft aber *nachdrücklich* zu Boden) wie andererseits durch Augenkontakt mit seiner Mutter und anderen älteren Rudelmitgliedern. Jeder Welpe braucht und sucht seinen Beschützer!

Darum sollten Sie die Beschützer-Rolle übernehmen, und ab *sofort* die Leitfigur Ihres Welpen sein. Sie sollten schon deswegen nicht zu lange warten, weil sich das mit einem 9-Wochen-Welpen viel schneller und reibungsloser bewerkstelligen läßt, als später mit einem ausgewachsenen z.B. 80-kg-Hund.

Da ist zuerst der *physische Kontakt.* Viele Hundehalter machen den Fehler, anfangs viel zu viel auf ihre Welpen einzureden und vergessen dabei, daß dieser ja noch überhaupt kein einziges Wort versteht. Nehmen Sie Ihren Welpen immer wieder auf den Arm. Haben Sie dabei weiche, vorsichtige aber *feste* Hände und spüren darin den kleinen Körper, die zarten Knochen. Liebkosen Sie Ihren Welpen, der sich, auch im übertragenen Sinne, ganz in Ihrer Hand befindet. *Zeigen* Sie ihm am Anfang, was Sie von ihm wollen, indem Sie ihn *berühren* und *körperlich* anleiten. Auf diese Weise vermeiden Sie auch, daß Sie ihn ständig

»von oben nach unten« erziehen, weil Sie sich immer wieder auf seine Ebene hinabbegeben müssen.

Als nächstes muß Ihr Welpe lernen, ruhig und entspannt zu sein, wenn Sie sich mit ihm abgeben, damit er so in die richtige Verfassung kommt, sich auf Sie zu konzentrieren. Gar mancher hat schon allein dadurch Schiffbruch mit seinem Hund erlitten, weil es ihm einfach nicht gelang, die volle Aufmerksamkeit seines Hundes auf sich zu lenken. Von Anfang an muß er daher lernen, sich auf Sie einzustellen.

Dazu gibt es ein paar einfache Übungen, die nicht viel Zeit brauchen. Es ist umständlicher, sie zu erklären, als sie durchzuführen.

Eine einfache Übung ist es, ihn vor Beginn einer Lektion ruhigzustellen. Sie knien sich hinter Ihrem Welpen, den Sie zwischen Ihren Oberschenkeln halten, auf den Boden, so, daß Sie in die gleiche Richtung schauen. Ihre rechte Hand liegt über seinem Brustkasten, die linke unter seiner Schnauze. Läßt er das willig über sich ergehen, loben Sie ihn mit freundlichen Worten und massieren seine Kehle und seinen Körper. Wird er unruhig und will sich befreien, sagen Sie *»Nein!« »Bleib da!«* gibt er jetzt Ruhe, loben, massieren und streicheln Sie ihn wieder beruhigend am Kopf und am ganzen Körper. Gibt der Welpe auch auf das *»Nein!«* keine Ruhe, greifen Sie energisch über seine Schnauze und drücken so seinen Kopf etwas herab (*»Nein!« »Bleib da!«*), um ihn nachdrücklicher zu beeinflussen, aber nur so, daß er sich nicht etwa fürchtet. Vor allem sollten Ihre Hände gleichzeitig immer sanft, fest und bestimmt sein, der Welpe muß sich ganz in Ihrer Hand befinden. Nach ein paar Minuten geben Sie den Welpen wieder frei. Auf einfache Weise kommt er nun erstmals in Berührung mit den Begriffen *»Nein!«* und *»Bleib da!«* und dem *»So ist's Braaav!«*

Hat Ihr Welpe gelernt, sich auf Wunsch ruhig zu halten, gewöhnen Sie ihn daran, daß seine Schnauze und seine Ohren berührt und untersucht werden. Unterstützen Sie dabei (der Welpe sitzt bei Ihnen, wie oben beschrieben) seine Schnauze mit einer Hand, er soll dabei stillhalten. Dann legen Sie Ihre rechte Hand unter und Ihre linke über seine Schnauze und ziehen seine Lefzen sanft nach oben, um ihm dann mit sanftem aber festem Griff die Schnauze zu öffnen, indem Sie Ihre Finger zwischen seine Zähne schieben. Haben Sie seine Schnauze geöffnet, schauen Sie kurz hinein, dann geben Sie ihn wieder frei und loben ihn.

Einfache Maßnahmen, den Hund vor dem Üben oder vor dem Untersuchen ruhig, konzentriert, entspannt und vertrauensvoll zu machen.

Manche Welpen lassen sich das sofort gefallen, andere versuchen erst zu protestieren, gewöhnen sich aber mit der Zeit daran. Anschließend streicheln und loben Sie Ihren Welpen und machen sich dann daran, seine Ohren zu untersuchen. Auch hier muß er sich daran gewöhnen, sich anfassen zu lassen. Schon beim Welpen sollten übrigens die Ohren sorgfältig sauber gehalten werden.

Als nächstes gewöhnen Sie ihn daran, daß er sich von Ihnen am ganzen Körper anfassen und streicheln läßt, wenn er seitlich oder auf dem Rücken am Boden liegt. Auch muß er lernen, daß Sie ihn aus der Liegestellung hochheben können, ohne daß er sich wehrt. Daß Sie Ihren Welpen an diese Manipulation gewöhnen, ist aus mehrfacher Hinsicht wichtig. Einmal müssen Sie ihn bei der täglichen Pflege von allen Seiten »bearbeiten« können, zweitens könnte es bei der Untersuchung durch den Tierarzt wichtig sein, daß der Hund *vertrauensvoll* liegenbleibt und drittens müssen Sie ihn, falls er einmal verletzt daliegen sollte, jederzeit hochnehmen können, ohne daß er um sich beißt oder sich widersetzt.

Zuerst bringen Sie ihn in die »Platz-Lage«, streicheln und loben ihn, und achten darauf, daß er völlig entspannt ist. Dann rollen Sie ihn vorsichtig auf die Seite und fahren fort, indem Sie freundlich mit ihm sprechen, ihn zu streicheln. Wird der Hund unruhig, drücken Sie ihn mit fester Hand an seiner Schulter zu Boden und sagen *»Nein!« »Bleib da!«* und loben ihn sofort, wenn er nachgibt. Sie müssen ihn aber *sofort* korrigieren, sobald sich sein Widerstand regt, streicheln Sie ihn nach und nach am ganzen Körper bis in die Zehenspitzen. Wenn er nun friedlich, vertrauensvoll und entspannt daliegt, nehmen Sie ihn an den Beinen und rollen ihn auf dem Rücken sanft hin und her, loben ihn und machen Blickkontakt. Nochmals loben Sie ihn, sagen seinen Namen und sind nun bereit für eine Lektion.

Sie werden einsehen, daß man das alles am sinnvollsten schon mit einem kleinen Welpen übt, der sich naturgemäß weniger sperren wird, als ein älterer Hund. Aber auch bei einem älteren Hund kann und sollte man diese Übungen beibehalten, sie sind ungemein förderlich für ein vertrauensvolles und entspanntes Miteinander.

Übrigens: Welpen, die sich das partout nicht gefallen lassen wollen, können zum Problem werden. Widersetzen sie sich und beißen um sich, sollten Sie sich ziemlich bald nach Hilfe durch einen geübten Ausbilder

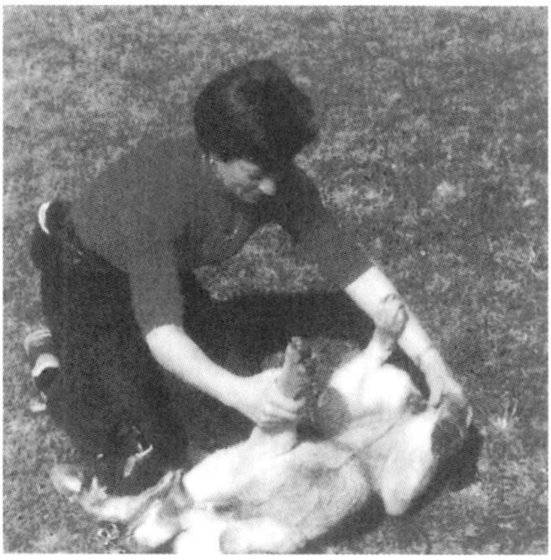

Absolut entspannt und vertrauensvoll sollte sich der Hund alles von seinem Herrn gefallen lassen. Man sollte es frühzeitig einführen.

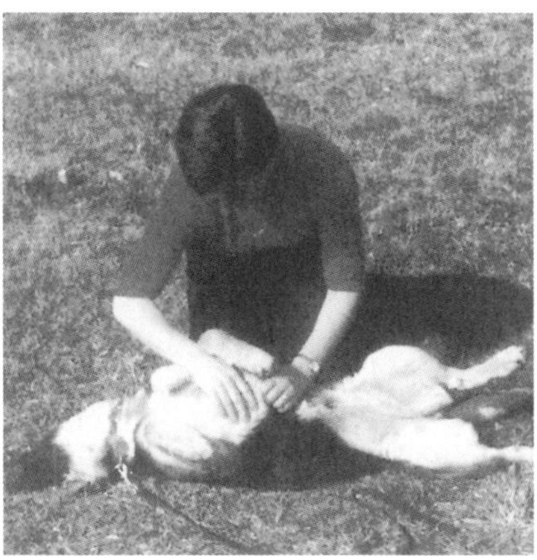

umsehen, der dann aufgrund seiner Erfahrung Ihnen helfen kann, mit diesem Hund doch noch richtig umzugehen. Manche Welpen sind nur besonders berührungsempfindlich, bei anderen kann es eine besonders starke Dominanz sein, die so zum Ausdruck kommt. Das muß man möglichst schnell herausfinden und entsprechend handeln.

Hilfen zur Kommunikation
verschiedene Wege, einen Hund zu beeinflussen

Auch wenn Sie ihn später vorwiegend mit Worten beeinflussen, müssen Sie anfangs erst einmal dafür sorgen, daß er überhaupt zu verstehen lernt, was Sie ihm sagen wollen. Es ist ihm zwar angeboren, Sie verstehen zu lernen, aber Ihre *Sprache* oder Ihre Sätze oder Worte versteht er darum noch nicht. Er versteht Sie vorwiegend im nichtsprachlichen Bereich, d.h. er liest »Sie«, beobachtet Ihre Körperbewegungen und Ihren Gesichtsausdruck, und er erkennt erst nach und nach die Zusammenhänge an den Ausdrücken und Lauten, die Sie zu ihm sagen. Daß es hierbei zu Mißverständnissen kommen kann, davon später.

Fragen Sie zehn Leute nach der besten Methode, einen Hund zu erziehen, kann es Ihnen leicht passieren, daß Ihnen auch zehn verschiedene Vorgehensweisen geschildert werden. Außerdem werden Ihnen erfahrene Ausbilder sagen, daß sie auf unterschiedlichste Weise verfahren, je nachdem, wie der jeweilige Hund sich gibt, da man jeden Hund ganz individuell anfassen muß (was die Sache für Sie nicht gerade erleichtert.)

Das liegt daran, daß es bei Hunden wie Menschen die unterschiedlichsten Charaktere gibt, und daß es darum viele Wege sind, die zum Ziel führen können.

Aber ganz gleich, was man Ihnen berichtet: Im Grunde können Sie alle Methoden, einem Hund etwas beizubringen, einsetzen und irgendwie »aus dem Bauch heraus« entscheiden, welche der möglichen Vorgehensweisen Ihnen diesmal die sinnvollste zu sein scheint. Das einzige, was Sie zuvor tun müssen, ist, sich über die verschiedenen Praktiken, die noch beschrieben werden, zu informieren, Ihren Hund eine Weile aufmerksam zu beobachten und nun versuchen, die Welt mit *seinen* Augen zu sehen. Reagiert er auf Ihre Anleitung angstfrei und wie gewünscht, war es richtig, achtet er überhaupt nicht auf Sie oder zeigt Zeichen von Furcht, haben Sie etwas verkehrt gemacht.

Einiges gilt allerdings für jeden Hund: Bevor Sie - gleich mit welcher Methode - beginnen, müssen Sie sich zuerst vergewissern, ob Ihr Hund überhaupt aufmerksam, neugierig und konzentriert ist. Sie müssen erreichen, daß er Sie beachtet und gespannt wartet, was Sie nun von ihm wollen. Ein Hund, der interessiert beispielsweise hinter anderen Hunden herschaut oder seinen Blick in der Umgegend herumschweifen läßt oder herumläuft, ohne Sie zu beachten, ist nicht besonders motiviert, Ihren Wünschen zu folgen - er hat anderes im Sinn.

Manche Leute versuchen nun, indem sie sich wie wild aufführen (Händeklatschen, Schnalzen, Herumhüpfen, den Hund beim Namen rufen), den Hund auf sich aufmerksam zu machen. Damit erreichen sie aber letztlich nur, daß der Hund nur auf sie achtet, wenn sie sich wie irre aufführen. Der Hund sollte aber aus eigenem Antrieb auf seinen Menschen achten.

Mit dem Hund an der langen Leine

Viel praktischer ist es, ganz anders vorzugehen. Sie haben ein freies, größeres Gelände (möglichst schon vorher ausgesucht) und hängen Ihren Hund an die 10-m-Leine. Dann gehen Sie, ohne mit dem Hund zu reden und ohne Blickkontakt, einfach geradeaus. Denken Sie sich, daß das Gelände vier Ecken hat, kommen Sie an einer solchen Ecke an, gehen Sie um die »Kurve« - vermutlich wird Ihr Hund weiter in der alten Richtung laufen. Das beachten Sie aber überhaupt nicht, sondern gehen stur weiter, was zur Folge hat, daß Ihr Hund am Leinenende angekommen, nun plötzlich ruckartig aufgehalten wird und womöglich das Gleichgewicht verliert. Ohne das zu beachten, gehen Sie stur weiter, der Hund rappelt sich auf, rennt Ihnen nach und zu Ihnen hin, bis Sie an der nächsten Ecke angekommen sind, wo sich das gleiche Spielchen vielleicht nocheinmal wiederholt. Je länger Sie so in Ihrem »Quadrat« herummarschieren, um so mehr wird Ihr Hund es sich angewöhnen, auf Sie zu achten, d.h. zu Ihnen hin- und aufzusehen, damit es nicht wieder zur Leinenkollision kommt. Er wird sich - Sie schweigen weiterhin und nehmen keinerlei Notiz von ihm - zunehmend auf Sie konzentrieren. Er wird es zunehmend vorziehen, sich mehr und mehr in Ihrer Nähe aufzuhalten und darauf zu achten, was Sie möglicherweise vorhaben. Aber, kein Befehl, kein Lob, kein Tadel - daß es Ihrem Hund, bleibt er in Ihrer Nähe, gut geht, ist für ihn angenehm genug, und er will ja, daß es ihm gut geht.

Sie können das »Quadrat-Gehen« ruhig an ein paar Tagen hintereinander mit ihm durchexerzieren und werden erstaunt sein, wie ganz selbstverständlich der Hund dazu übergeht, *von sich aus* auf Sie zu achten. Und das wollten Sie ja erreichen.

Nach und nach legen Sie die Grundlagen dazu, daß Ihr Hund Ihnen mit Argusaugen folgt. Schon allein, daß er von Ihnen sein Fressen bekommt, daß Sie es sind, der mit ihm spielt oder hinausgeht, läßt ihn immer wachsamer sein, ob nicht gleich wieder etwas Angenehmes, Kurzweiliges von Ihnen ausgeht. Hunde lieben die Aktion und damit auch den, von dem sie ausgeht. Manche Ausbilder sperren ihren Hund, bevor sie mit ihm üben, zwei Stunden ein oder hängen ihn irgendwo an einer Leine an, damit er recht begeistert ist, aus der Isolation herauszukommen. Wenn Sie einen sehr lebhaften Haushalt haben, wo dauernd was mit Ihrem Hund passiert, ist das auch ein vernünftiger Weg. Aber im Normalfall genügt es, daß man sich einige Zeit nicht mit dem Hund abgegeben hat, und er freut sich, wenn endlich wieder jemand Zeit für ihn findet. Sie sollten nicht, bevor Sie mit dem Hund etwas üben wollen, schon eine Stunde wild mit ihm herumgetollt haben, und auch nach dem Üben sollte er etwas Zeit (mindestens eine Stunde) haben, das Geübte zu verdauen. Sind Sie tagsüber über längere Zeit nicht zuhause, können Sie, *bevor* Sie den Hund allein lassen, etwas mit ihm üben und dann eine weitere Lektion veranstalten, wenn Sie wieder heimkommen und der Hund ganz ausgehungert nach Ihnen ist.

Nun wollen Sie Ihrem Hund die Bedeutung von verschiedenen Anweisungen klarmachen. Eine sehr sinnvolle Methode, das Interesse Ihres Hundes zu wecken, ist das *»Dirigieren«* (oder auch Zeigen). Nein, damit ist nicht das musikalische Dirigieren gemeint, sondern daß Sie seine Anteilnahme zielgerichtet erwecken. Das kommt der angeborenen Fähigkeit des Hundes entgegen, auf z.B. Ihre Körpersprache zu achten, darauf zu reagieren oder einer Bewegung zu folgen. Das »Dirigieren« (oder auch Zeigen) umfaßt Ihren ganzen Körper, Hand- oder nur Fingerbewegungen (Handzeichen) und die Neigung des Hundes, sich das alles zu merken und auf Ton und Bewegung zu folgen.

»Dirigieren« (oder auch Zeigen) umfaßt also alle Geräusche und Bewegungen, die Sie einsetzen, damit Ihr Hund angeregt wird, eine bestimmte Körperhaltung einzunehmen oder eine gewünschte Bewegung durchzuführen. Das kann ein einfacher Schnalz-Laut sein, um, bevor Sie ihm eine Anweisung geben, seine Aufmerksamkeit auf Sie zu lenken, oder ein sorgfältiges Handzeichen. Meist beginnt man mit überdeutlichen Zeichen, die aber im Laufe der Zeit immer spezifischer und feiner werden können.

Bringen Sie z.B. dem Hund das Bei-Fuß-Gehen bei, starten Sie am besten, indem Sie mit der Hand auf Ihren Oberschenkel klopfen, so daß der Hund animiert wird, sowohl vom Geräusch des Klopfens, als auch von der Handbewegung und Ihrem Vorwärtsgehen. Dies »Dirigieren« (oder auch Zeigen) ist selbst kein Befehl, sondern das Mittel, Ihren Hund neugierig und gespannt zu machen. Wenn Ihnen der Hund nun folgt, sagen Sie den Befehl *»Bobby, Fuß!«* und loben ihn, wenn er neben Ihnen herläuft. (Auf den hierbei auch möglichen Leinenruck kommen wird noch.)

Beispielsweise können Sie auch das *»Platz!«* mit ihm üben, indem Sie vor dem Hund auf den Boden klopfen, bis er sich von sich aus niederlegt, dann *»Platz!«* sagen und ihn loben *»So ist's Braaav!«*.

Auch in das Sitz können Sie ihn »dirigieren«, indem Sie ein Häppchen oder ein Spielzeug dicht über seine Nase halten und die Hand Richtung Hund bewegen: Um den Bissen im Blick zu behalten, bewegt er sich rückwärts und kommt automatisch zum Sitzen. Dann kommt Ihr Befehl *»Bobby, Sitz!«* und sofort, wenn er sitzt, das große Lob: *»So ist's Braaav!«*.

Beim »Dirigieren/Zeigen« geben Sie ihm mit Stimmlauten, Körper- und Gebärdensprache Hilfen, mit denen er den Sinn eines gesprochenen Befehls zu verstehen lernt, ohne daß Sie den Hund selbst anfassen. Er muß lernen, sich Ihren Wünschen zu fügen, ohne daß er selbst dabei berührt wird.

Eine andere Methode, dem Hund zu zeigen, was Sie ihm sagen wollen, ist die direkte körperliche Einwirkung, das »Formen«.

Bleiben wir beim Sitz: Man kann dies, ohne durch das (etwas zeitraubendere) »Zeigen« dem Hund beibringen, wenn man ihn, mit dem Wort *»Bobby, Sitz!«* mit der linken Hand auf der Kruppe zu Boden drückt und mit der anderen Hand vorn an der Leine hochzieht. (Der Hund sollte dabei links neben Ihnen sein.) Auch das *»Platz!«* kann man ihn lehren, indem man ihn zunächst in die Sitzposition bringt und dann seine Vorderbeine nach vorne zieht, damit er zu Boden geht. Beim *»Steh!«* hält man die Hand unter seinen Körper und klopft etwas unter seinen Bauch, daß er sich nicht setzen kann. (Das übt man am besten beim Kämmen und Bürsten, weil sich der Hund dabei zu gerne hinsetzt, weil es ihm langweilig ist.)

Man kann auch die natürlichen *Reflexe* des Hundes ausnutzen, um ihm zu zeigen, was gewünscht wird. Wenn ein Hund irgendwo mit der Nase gegen einen Widerstand stößt, wird er reflexgemäß seine Vorwärtsbewegung beenden. Man kann ihm also das Kommando *»Bleib da!«* oder *»Warten!«* klar machen (wenn z.B. der Hund eine unerwünschte Grenze überschreitet, ein Zimmer nicht betreten oder irgendwo warten soll) und ihm zunächst mit der geöffneten Handfläche sanft gegen die Nase stoßen. Bei der Berührung wird der Hund sofort seine Vorwärtsbewegung einstellen und dafür von Ihnen gelobt werden.

Haben Sie das ein paar Mal geübt, wird er schnell die Assoziation herstellen und Sie brauchen als Handzeichen nur die Handfläche in seine Richtung zu bewegen.

Wir wollen aber mehr erreichen, als daß unser Hund auf einen bestimmten Ausdruck hin lediglich wie auf Knopfdruck »funktioniert«. Zunehmend geht es darum, daß er uns richtig zu verstehen lernt. Es geht also darum, daß Ihr Hund lernt, bei allen Befehlen, die Sie ihm geben, eine Assoziation zu bilden. Das kann man regelrecht trainieren.

Sehr nützlich ist dies z.B. bei der Sauberkeitserziehung, d.h. wenn Ihr Hund lernen soll, sich auf Befehl zu entleeren. Sobald er, möglichst an einer dafür gewünschten Stelle, sich anschickt, sein Geschäft zu erledigen, sagen Sie *»Bobby, Mach was!«* und loben ihn dann sofort, wenn er es tut. Mit der Zeit geht das auch andersherum. Sie führen Ihren Hund zu einer bestimmten, dafür günstigen Stelle und sagen *»Bobby, Mach was!«*, und Ihr Hund wird sich - zunehmend häufiger - anschicken, sich dort zu entleeren. So können Sie Ihrem Hund beibringen, sein Geschäft auf Befehl zu erledigen, was in vielen Situationen sehr günstig ist, z.B. dann, bevor Sie mit ihm in die Stadt gehen oder wenn Sie auf Reisen mit ihm unterwegs sind und Ihr Hund sich anweisungsgemäß zügig entleeren soll.

Auch das *»Platz!«* kann man als Assoziation mit ihm üben. Nehmen wir an, er ist nach längerem Spielen, Laufen oder Üben müde geworden und macht Anstalten, sich hinzulegen. Jetzt sagen Sie *»Platz!«* und loben ihn, sobald er am Boden liegt. Dies ist zwar nur ein Weg, das *»Platz!«* zu üben, aber steter Tropfen höhlt den Stein. Wenn Sie es jedesmal wiederholen, wenn er sich niederlegt, merkt er sich das *»Platz!«* von Mal zu Mal besser.

Derartiges *Assoziationstraining* ist etwas zeitraubend, aber trotzdem wertvoll, weil der Hund dabei generell besser lernt, auf Ihre Befehle zu achten und mit ihrem Ziel zu assoziieren, weil er ja jedesmal, wenn er Ihrem Wunsch entsprochen hat, gelobt wird. Zunehmend können Sie beobachten, daß sich in seinem kleinen Kopf ein ganzes Räderwerk in Bewegung setzt, um herauszufinden, was Sie mit einem Wort, einer Geste oder einer Körperbewegung bewirken wollten. *Er will ja Ihr Lob, das Sie darum niemals vergessen dürfen!*

Belohnung durch Leckerle?

Schon bevor Sie den Hund ins Haus bekommen, wünsche ich Ihnen, daß Sie die Möglichkeit haben, mehrmals einige Stunden lang eine Hündin mit ihren Welpen zu beobachten. Denn Sie müssen sich klar machen: In den wenigen Wochen, in denen eine Hundemutter ihre Welpen erzieht, legt sie den Grundstein für das, was auch für Sie in den nächsten Wochen, Monaten und Jahren das Wichtigste im Umgang mit Ihrem Hund ist: Die Dominanzverhältnisse sind eindeutig geklärt und Ihrem Welpen in Fleisch und Blut übergegangen. Nun treten Sie an die Stelle der Hundemutter.

Sehen Sie der Hundemutter zu, wird Ihnen auffallen, daß sie den jeweiligen, ungebärdigen Welpen nachdrücklich zurechtweist: ihn anknurrt oder zu Boden drückt, und das blitzschnell. Kaum ist der Welpe seiner Mutter auf die Nerven gegangen, hat er auch schon »sein Fett weg«. Setzt er trotz der Maßregelung sein Unverhalten fort, bekommt er sofort wieder eins auf die Nase. Sie ist dabei niemals »böse«, grausam oder nachtragend, kein Welpe fürchtet sich vor seiner Mutter, wie er ebenso ihre Einwirkung nicht übersehen oder mißverstehen kann. Immer ist die Hündin der Boß und jeder Welpe gesteht ihr das zu.

Auch ein gemaßregelter Welpe gleicht einem Stehaufmännchen: Sein unbändiger Wille zu leben und zu lernen ist angeboren. Die ganze Umwelt ist dazu da, von ihm entdeckt zu werden, unendlich viele Dinge gilt es auszuprobieren und zu lernen. Er startet Aktion auf Aktion, Versuch auf Versuch, ist unermüdlich zu untersuchen und zu experimentieren. Hat er etwas herausgefunden oder geschafft, ist er sichtlich glücklich und zufrieden. Dazu braucht er keinerlei Anreiz von Dritten und schon gar kein Leckerle. Und diese angeborene Lebens- und Entdeckungslust des Welpen gilt es auszunutzen.

Wenn man auch später, wie Sie noch sehen werden, bei der fortschreitenden Erziehung des Hundes hin und wieder Belohnungen durch Leckerle als besonderen Anreiz einsetzen kann, rate ich immer wieder dazu, diese »Anreize« in den ersten Erziehungswochen bei sehr jungen Welpen nicht, bzw. nur sehr selten anzuwenden. Sie sind, gleich bei den ersten Erziehungsversuchen eingesetzt, unnatürlich und schaden zunächst mehr, als sie nützen.

Die universale Sprache der Hundemütter: S. 155, 157, 159, 161

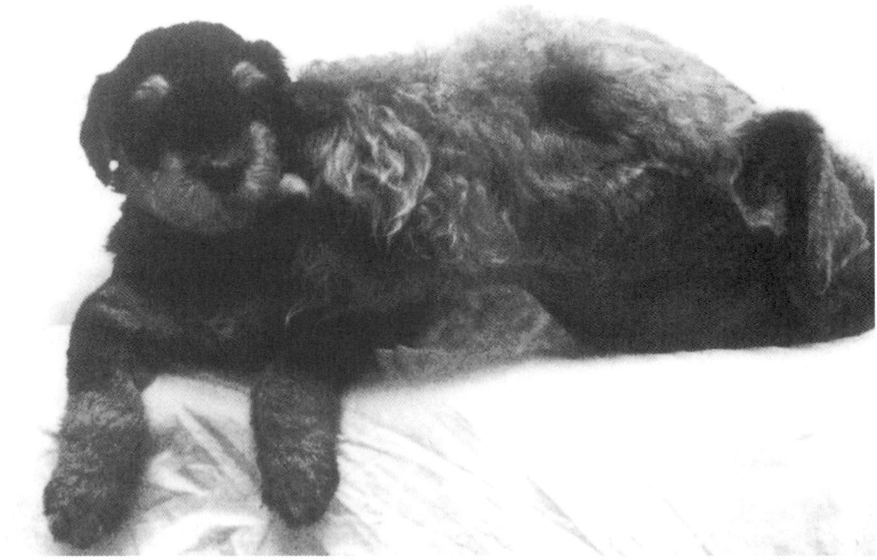

... mal zärtlich, vorsorglich

... mal energisch
E.: W. Günster, 91085 Weisendorf

Ein kleiner Hund, der vorwiegend mit Leckerle dazu gebracht wurde, etwas Bestimmtes zu tun, hat dabei im eigentlichen Sinne nichts gelernt, sondern reagiert eher automatisch und »dressiert«. Aber wir wollen ihn ja nicht abrichten oder dressieren, weil hier nur sehr begrenzte Ziele zu erreichen sind. Er soll ja etwas *LERNEN*, es Ihnen für Ihr Lob und Ihre Zuneigung recht machen, und über das, was er tun soll, »nachdenken«. Dabei würde ihn das Leckerle nur ablenken, was den natürlichen Lernprozeß geradezu stört. Ihr Hund soll sich auf Sie, nicht auf das Leckerle konzentrieren, und vor allem: Das Lernen selbst wird durch das Lernen gelernt.

Hat er dann das Leckerle (das obendrein dann oft noch viel zu groß ausfällt) bekommen und zerkaut es, ist es mit seiner Konzentration auf Sie vorbei, und Sie können wieder von vorn anfangen, eine Kommunikation mit ihm aufzubauen.

Zum »Leckerle-Problem» teilen sich allerdings die Ausbilder in zwei Lager. Einige haben es erprobt, daß bei ihnen die gesamte Ausbildung über Leckerle läuft. Vielleicht ist diese Situation des Übens in zwei Situationen günstig: Die eine ist, wenn der Hundehalter sehr ängstlich, ungeübt und unsicher ist. Das andere kann ein Hund sein, der nur schwer zu motivieren ist (vielleicht auch das, wegen des ungeübten Hundehalters).

Auch in diesem Buch haben wir einige Übungen, die wir mit Leckerle belohnen. Dabei hat der Hund dann etwas ganz Besonderes geleistet und kann - vorübergehend - so zusätzlich angespornt werden. Das aber ist nur dann etwas Besonderes, wenn Sie nicht schon zuvor bei jeder Gelegenheit mit Leckerle belohnt haben.

Loben und Tadeln will gelernt sein
auf den Zeitpunkt und die Dosis kommt es an!

Meistens wird Ihnen in Hundebüchern oder von anderen Hundehaltern geraten, Ihren Hund, jedesmal, wenn er etwas Gewünschtes für Sie getan hat, nachdrücklich zu loben. Das ist auch richtig und wichtig: Ihr Hund braucht *sofort* eine Bestätigung, daß er in diesem Moment etwas richtig gemacht hat. Ein allgemeines, pauschales Lob nach dem Üben: »Heute warst Du aber tüchtig!« kann er nicht nachvollziehen.

Irish Setter Hündin Iris hat einen ihrer Welpen am Wickel

Der kleine English Setter hätte zu gern das »Kauding« zwischen den Pfoten der Setterhündin. Sie hält ihn mit bloßem Verziehen der Lefzen in Schach.
E.: Hildegard Schwoyer

Aber die richtige Form und Dosis sowohl des Lobens (wie des Tadelns) muß man von Hund zu Hund herausbekommen. Da ist zunächst die Unterscheidung wichtig zwischen verbalem Lob (oder Tadel) und Körperkontakt durch Streicheln (oder Leinenruck). Die einen Hunde reagieren besonders auf die verbale Beeinflussung, während man bei anderen mehr durch Körperkontakt erreicht. Auch das Wort »Tadel« sollten wir möglichst bald aus unserem Wortschatz streichen und durch den Begriff »Korrektur« ersetzen, weil Sie mit einer »Bestrafung« des Hundes in einer Minute mehr kaputt machen können, als Sie vorher in Tagen und Wochen aufgebaut haben.

Es gibt Hunde, die kann man nicht dauernd, während sie arbeiten, kräftig loben, weil sie dann sozusagen alles stehen und liegen lassen, so daß sie alles, was sie sonst noch tun sollten, total vergessen und sich begeistert Ihrem Herrn zuwenden. Da muß ein einfaches, begeistertes *»So ist's Braaav!«* oder *»Guuut!«* vollauf genügen, um dem Hund zu bestätigen, daß alles richtig war.

Charro v. Esgaroth, Tervueren,
8 Wochen
E.: I. Schröder, 44339 Dortmund

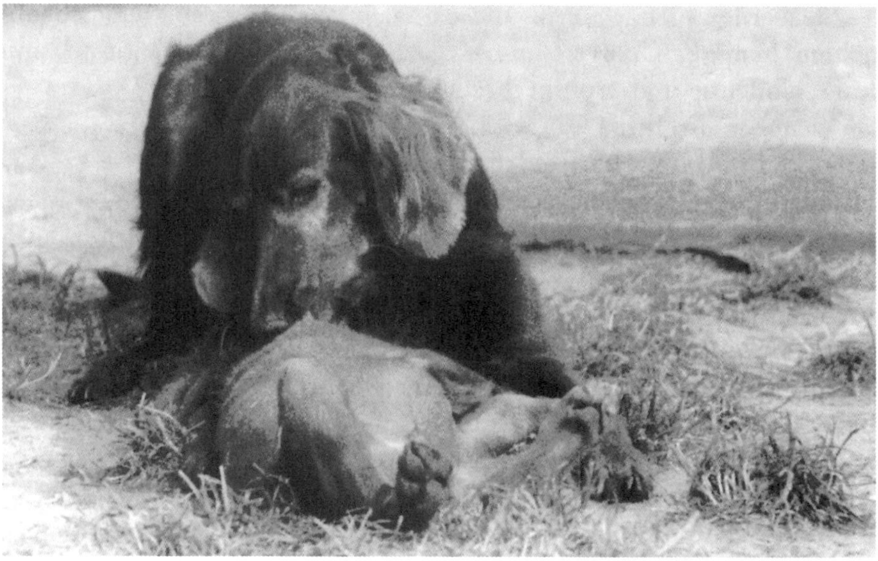

Da ist ein Welpe regelrecht »platt«

Hier wird die Mutter energisch
E.: K. Oppermann, 24211 Rastorfer Passau

Sie werden auch, wenn Sie die Hundemutter mit ihren Welpen beobachten, bemerken, daß sie immer sozusagen »sachlich« bleibt und nur kurz, eindeutig und prompt ihre Meinung kundtut.

Wenn Sie also Ihren Hund loben, wenn er sein *»Bobby, Sitz!«*, *»Bleib da!«* oder *»Bobby, Fuß!«* tadellos erledigt, müssen auch Sie bei einigen Hunden ausgesprochen »sachlich« bleiben - bei einzelnen Hunden kann ein Streicheln schon zu viel sein und ein vor Freude geradezu ausgelassener Hundehalter kann seinen Hund eher ablenken oder gar bremsen. Es ist z.B. falsch, wenn Sie Ihren Hund, erledigt er sein *»Bobby, Sitz!«*, so mit Lob überschütten, daß er sich sofort erhebt, um freudig an Ihnen hochzuspringen. Ihr freundliches *»So ist's Braaav!«* oder *»Guuut!«* muß ihm Lob und Anerkennung genug sein, und er muß trotz des Lobes das gewünschte Verhalten beibehalten oder fortsetzen.

Andere Hunde wieder müssen dauernd mit Lob, Streicheleinheiten und notfalls mit Leckerle angefeuert werden, damit sie in ihrem Eifer nicht nachlassen. Bei einem weniger kooperativen Hund muß der Hundehalter ganz besonders konzentriert bei der Sache sein. Schon bei den kleinsten Anzeichen eines Erfolges muß ein *»Guuut!«* den Hund anfeuern, fortzufahren, mit »Zeigen« (Schnalzlauten, auf die Schenkel klopfen usw.) kann man ihn weiter anspornen.

Welche Art von Lob Ihr Hund benötigt, müssen Sie selbst herausfinden, Sie können Erfahrungen anderer mit anderen Hunden nicht übertragen.

Der Gegensatz dazu sind Korrektur und Tadel, wobei wir uns gleich merken sollten, daß es nicht nur sinnlos, sondern auch gefährlich ist, einen Hund »bestrafen« zu wollen. Sie wollen ja ein Vertrauensverhältnis zu ihm aufbauen, und es nicht schnell und dauerhaft zerstören.

Wichtig ist, daß Korrektur bzw. Tadel in dem Moment erfolgen, in dem Sie das Fehlverhalten Ihre Hundes mit eigenen Augen beobachten. Keinesfalls dürfen Sie, wenn Sie etwas Tadelnswertes entdecken (z.B. einen See oder etwas Zerstörtes) *nachträglich* Ihren Hund zurechtweisen. Auch eine Hundemutter geht ihrem Welpen zu dem Zeitpunkt an den Kragen, wenn er *vor ihren Augen* etwas Unerwünschtes tut. Was sie nicht mit ihren eigenen Augen sieht, existiert nicht für sie. Merkwürdigerweise weiß auch die unerfahrenste Hündin immer genau, wie

Eine Welpe fügt sich ohne Widerspruch

... es bleibt ihm gar nichts anderes übrig ...
E.: S. Kerl, 37130 Gleichen

streng sie mit ihrem Kleinen verfahren muß. Niemals wird sie grob oder brutal sein, aber auch niemals zögerlich: Kein gemaßregelter Welpe wird sich ihr gegenüber frech auflehnen oder gar sein unerwünschtes Verhalten fortsetzen. Die Hündin erzieht ihre Jungen, dadurch daß sie sie anknurrt, anfletscht oder körperlich auf sie einwirkt, indem sie sie zu Boden drückt oder mit ihrer Schnauze über die ihrer Kinder greift. (Schnauzengriff). Sind die Welpen etwas größer, genügt schon ein Blick, ein Verziehen der Lefzen oder die Andeutung eines Knurrens, um die Welpen zur Ordnung zu rufen. Leider gibt es keinen Film, bei dem über einen längeren Zeitraum das Verhalten in einem Hunderudel und das Verhältnis Mutter und Kinder zu sehen ist. Aber, wenn Sie die Zeit und die Möglichkeit haben, bitten Sie einmal einen Züchter darum, Welpen und ihre Mutter bei ihm beobachten zu dürfen. Vieles, worüber Sie sich unsicher waren, wird Ihnen dabei eindeutig klar gemacht.

Während die Hundemutter vorwiegend mit der Schnauze und gelegentlich mit den Pfoten ihren Welpen beibringt, was Sache ist, so daß bei diesen schließlich allein das Knurren der Hündin ausreicht, hat naturgemäß der Mensch andere Mittel, sich bei seinem Welpen mit Nachdruck bemerkbar zu machen. Das sind Stimme, Hände, Halsband und Leine.

Drückt die Hündin einen Welpen zu Boden, wird er ebenso durch eine feste, nachdrückliche (nicht grobe) Korrektur mit Leine und Halsband zur Ordnung gerufen und prägt sich das sehr gut ein, wobei Sie ihn »anknurren«, nämlich gleichzeitig laut und energisch z.B. *»Nein!«* sagen. Wie bei der Hündin genügt auch bei Ihnen dann zunehmend das »Knurren«, also das kurze harte *»Nein!«* allein. Sie können also davon ausgehen, daß der Welpe, den Sie zunächst mit Leinenruck und Worten beeinflußt haben, bald sowohl das Eine wie das Andere, also nur den Leinenruck oder nur das *»Nein!«* richtig deutet. (Wie Sie ein »Meister der Leine« werden, davon etwas später.)

Aber wieder und wieder sei es gesagt: Jede »Bestrafung« muß blitzartig genau in dem Moment erfolgen, wo der Welpe sein »Vergehen« begeht. Es ist die einzig sichere Methode, daß Ihr Welpe auch begreift, *was* er unterlassen soll.

Manche Hundehalter behaupten, wenn sie nach Hause kämen, wüßte ihr Welpe/Hund ganz genau, daß er etwas falsch gemacht habe

Erzieherische Maßnahmen bei zaghaft widerstrebenden Welpen
E.: S. Kerl, 37130 Gleichen

und komme ihnen schon mit allen Zeichen schlechten Gewissens entgegen. Fragen Sie weiter nach, kommt dann meist heraus, daß der Welpe/Hund schon vorher mehrfach etwas Unerwünschtes getan hat (die Wohnung verunreinigt, etwas zerstört usw.) und dann von seinem heimkehrenden Besitzer gescholten oder gar bestraft wurde. Dieser Hund verbindet dann sehr schnell die *Heimkehr* seines Herrn mit etwas Unangenehmen. Seine Zeichen »schlechten Gewissens« sind dann nichts als - *Angst.* Daß das unerwünschte Verhalten obendrein beibehalten wird, ist ganz klar: Der Hund weiß ja überhaupt nicht, was er unterlassen soll.

Ebenso ist es unsinnig, einen Hund, der kürzere oder längere Zeit weggelaufen ist, kommt er schließlich zurück, mit Schimpfen oder gar Prügeln zu empfangen. Auch dies wird der Hund falsch verstehen, und es nicht mit dem Weglaufen, sondern mit dem Heimkehren in Zusammenhang bringen.

Als Grundregel gilt, daß Sie, kommt Ihr Hund, gleich unter welchen Umständen, zu Ihnen, ihn grundsätzlich mit allen Zeichen der Freude und Liebe begrüßen müssen, auch dann, wenn Sie innerlich wütend sein sollten. Ein Hund, der in solch einer Situation auf welche Weise auch immer »bestraft« wird, verliert alles Vertrauen und wird seinen Herrn zu meiden versuchen.

Manche Hundeerzieher behaupten, man könne bei einem Hund auch den Zusammenhang zu vergangenen »Untaten« herstellen, wenn man den Hund zum Ort des Geschehens (eine Pfütze, etwas Zerstörtes) bringt, und ihn dann, angesichts der Untat, am Halsband schüttelt und empört *»Nein!«* sagt. In meinen Augen kann man einen (jungen) Hund mit einer solchen Maßregelung nur verunsichern und das Vertrauensverhältnis zu seinem Menschen auf's Spiel setzen. Man sollte bei dem für den Hund verständlichen Verfahren bleiben, nur das zu korrigieren und zu tadeln, was man gerade mit eigenen Augen sieht.

Auch unser Hund, wie der Welpe im Rudel, wird ja für das Leben (mit uns) erzogen, d.h. er muß lernen, bestimmte Dinge zu tun und andere zu unterlassen. Aber wir sollen immer vorsichtig und vorausschauend handeln: Keine Hündin würde ihren Welpen irgendetwas so beibringen, daß sie sie für ihr späteres Leben psychisch beschädigen würde: Es müssen erhalten werden einerseits das Selbstbewußtsein der

Welpen und andererseits das sichere Gefühl für den angestammten Platz in der Hierarchie.

Während die Wolfs-/Hundemutter ihre Welpen nach und nach *überlebenswichtige* Dinge lehrt, haben wir mit unserem Welpen oft ganz andere, viel kompliziertere Dinge im Kopf, die oft weit über das hinausgehen, was ein Hund in seinem natürlichen Umfeld lernen würde. Ganz gleich aber, was wir mit ihm vorhaben, wichtig sind erstmal die ersten Monate seines Lebens, wo der Grundstein für das gelegt werden soll, was man möglicherweise darauf aufbauen möchte.

Das Verhindern von Unerwünschtem in Haus, Wohnung und Garten
Vorbeugen ist besser als heilen

Bevor wir uns mit den Dingen beschäftigen, die unser Hund in den ersten Wochen und Monaten seines Lebens lernen kann und sollte, müssen wir uns darüber Gedanken machen, wie wir unerwünschtes Verhalten wenn möglich von *vornherein* verhindern können, um es ihm nachher nicht mühsam abgewöhnen zu müssen.

Schon *bevor* Sie Ihren Hund ins Haus nehmen, müssen Sie abklären, was er eigentlich darf und was nicht. Das betrifft zunächst einmal seinen Aufenthaltsort. Haben Sie sich vorgenommen, daß der Hund nur in bestimmten Räumen Zutritt haben soll, darf ihm das nicht erst erlaubt und später dann verboten werden. Von Anfang an heißt es *»Nein!«*, wenn er z.B. in die Küche, das Kinderzimmer, das Schlaf- oder Wohnzimmer will. Rucken Sie an der Schlaufe an seinem Halsband (davon später) oder setzen Sie Ihren Hund einfach mit *»Nein!«* hinaus.

Bei uns sind die Hunde überall mit dabei, wo wir auch sind. Sie haben, sind sie erwachsen, in jedem Raum, in dem wir uns länger aufhalten, ihren festen Platz, damit man nicht dauernd über sie hinwegsteigen muß, aber auf *unseren* Sitzmöbeln haben sie nichts zu suchen.

Bei dem neuen oder jungen Hund arbeiten wir uns langsam zu diesem Ziel vor. Jeder neue Hund wird anfangs, solange seine Erziehung noch ungefestigt ist, sehr in seinem Bewegungsradius eingegrenzt. Soweit möglich, haben wir ihn ständig unter Beobachtung, damit wir jederzeit auf ihn einwirken können. Müssen wir ihn zeitweise unbeaufsichtigt lassen, wird er weggesperrt, wo er kein Unheil anrichten kann. Vorbeugen ist besser als heilen.

Dazu gehört auch, daß er sofort, wenn er bei uns angekommen ist, ein Halsband umbekommt und innerhalb des Hauses »angeleint« ist. Die Anführungsstriche deswegen, weil wir ihm zumindest ein kurzes Leinenstück am Halsband befestigen, oder einfach die Leine nachschleifen lassen. Das Leinenstück muß nicht länger sein, als gerade den Boden zu berühren. Es ist sein »Henkel« oder »Griff«, an dem wir ihn jederzeit ergreifen können.

Eine andere Maßnahme hat sich ebenfalls bewährt: Mit einer leichten Leine, die ruhig etwas länger sein kann und die wir uns umbinden, stellen wir eine Verbindung zwischen uns und dem Hund her. Er folgt uns bei unseren Gängen durch Haus und Garten, beim Putzen, beim Aufräumen, oder er macht es sich neben unserem Schreibtisch bequem, wenn wir dort zu arbeiten haben. Auch gewöhnen wir ihn von klein auf daran, beim Essen ruhig *unter* dem Tisch zu liegen; das zahlt sich insofern aus, als er später, muß man mal in eine Gaststätte mit ihm, auch dort sofort unter den Tisch geht und sich dort mucksmäuschenstill verhält. Auf diese Weise haben wir ihn immer unter Augen (und umgekehrt), er ist, auch im übertragenen Sinne, mit uns verbunden und lernt uns und unsere Gewohnheiten zu verstehen.

Weiterhin muß für den jungen Hund mindestens an einem Liegeplatz die Möglichkeit vorgesehen sein, ihn dort anfangs bei Bedarf kurz anzuleinen (Am besten, man hat dort bereits ein Leinenstück installiert.) Später bleibt der Hund dann auch unangeleint an seinem Platz.

Immer wieder einmal sollte Ihr Hund zu seinem Platz gebracht werden *»Geh in Dein Körbchen!«*, *»Platz!«*, *»Bleib da!«*, *»So ist's Braaav!«*, und sich dort mal längere oder kürzere Zeit aufhalten. Wenn Sie ihn anfangs dort angeleint zurücklassen, können Sie ihn gleichzeitig auch daran gewöhnen, daß Sie auch einmal ohne ihn das Zimmer oder die Wohnung für zunächst kurze Zeit und ohne größere Ankündigung verlassen können. Zuerst nur minutenweise, später können Sie dann Ihre Abwesenheit auch länger ausdehnen. Wichtig ist vor allem, daß der Hund sich von Anfang an daran gewöhnt. Je früher Sie das kurzfristige Alleinlassen mit ihm üben, um so selbstverständlicher wird es für ihn und um so klagloser wird er es ertragen. Er merkt bald, daß Sie immer wiederkommen. Aber es ist *sehr* anstrengend und unangenehm, wenn ein Hund nicht alleinbleiben will.

Damit kommen wir zum Zweiten, was Sie für Ihren Hund vorbereiten müssen: Sie brauchen einen sicheren Ort, wo sie ihn kurzfristig unterbringen können, müssen Sie ihn einmal aus den Augen lassen. Das kann ein Eckchen von Badezimmer oder Küche sein (oder ein Zwinger im Garten, aber bitte wirklich nur kurz!), jedenfalls ein Ort, an dem der Hund wirklich keinen Unfug machen kann. Denken Sie immer daran, eine Unart, die er sich gar nicht erst angewöhnt hat, brauchen Sie ihm auch nicht abzugewöhnen. Hat man keine Möglichkeit, »etwas abzutrennen«, sollte man sich eine Zimmerbox, d.h. eine Gitterbox in der richtigen Größe für den Hund besorgen und ihn daran gewöhnen, daß er sich gern darin aufhält. Er muß und wird sich auch daran gewöhnen, daß die Tür zeitweilig verschlossen ist. Eine solche Box kann durchaus, wie ein Körbchen, ein Höhlenersatz für ihn und sein sicherer Zufluchtsort sein. Auch für Leute, die viel mit ihrem Hund unterwegs sind, ist eine solche, transportable Box das Mittel der Wahl. Immer haben Sie das Zuhause Ihres Hundes dabei und können ihn auch unbesorgt darin einmal im Hotelzimmer zurücklassen, ohne daß er Terror macht.

Sehr viele Leute machen den ersten großen Fehler, indem sie ihrem Welpen anfangs zu viel Freiraum gewähren: Erst, wenn sie merken, was er alles - blitzschnell und unschuldig - dabei anstellt, versuchen sie ihn zu kasernieren. Der umgekehrte Weg, die zunächst beschränkte Freiheit und ständige Aufsicht, wären günstiger gewesen und hätten manche dumme Angewohnheit des Welpen von vornherein verhindert.

Auch das unerwünschte Zernagen und Zerstören kann man wirkungsvoll verhindern. Erstens dadurch, daß man den Welpen ständig beobachtet und ihn - wenn unbeobachtet - sicher wegsperrt. Zweitens, indem man ihm genügend Spielzeug und »erlaubte« Dinge gibt, an denen er seine Kaulust auslassen kann. Ein junger Hund probiert nun mal seine Umwelt auch mit seinen Zähnen aus. Hat er sich das unerlaubte Zernagen erst einmal angewöhnt, wird auch der ältere Hund, oft aus Frust oder purer Langeweile, alles mögliche zernagen und zerstören. Er hat sich gemerkt, daß die Welt voller Dinge ist, die man mit den Zähnen bearbeiten und sich dabei vergnügen kann.

Es gibt spezielles Spielzeug, an dem man herumnagen kann. Ebenfalls geeignet sind sehr große (rohe!) Kalbsknochen (auch wenn wir sie unappetitlich finden, weil sie nach einiger Zeit stark riechen), große Lederstücke, alte Lederhosen, die nicht mehr getragen werden, ebenso alte Socken, aus denen man dicke Knoten macht oder ein dickes Tauende. Nicht geeignet sind z.B. alte Schuhe. Woher soll der Hund wissen, welche er darf und welche nicht? Hat der Welpe doch einmal etwas Verbotenes erwischt, nehmen Sie es ihm sofort mit *»Nein!«* weg und geben ihm etwas Erlaubtes dafür *»So ist's Braaav!«*.

Immer wieder sei es gesagt: *Behalten Sie Ihren Hund unter Augen, wenn er sich frei bewegen kann, und setzen Sie ihn auf »Nummer-Sicher«, wenn Sie ihn alleinlassen müssen. Es ist besser, dumme Angewohnheiten gar nicht erst entstehen zu lassen, als sie dann mühsam wieder abzugewöhnen.*

Es kann außerdem kompliziert werden, wenn Sie Ihrem Hund etwas abgewöhnen müssen, was er in Ihrer *Abwesenheit* tut, z.B. das Zerkauen von Teppichen und Möbeln. Das führt zu nichts anderem, als daß Sie den erwachsenen Hund schließlich jedesmal einsperren müssen (was ihm aber seine Macken nicht immer abgewöhnt). Ein erwachsener Hund sollte (und kann) sich frei in der Wohnung bewegen, ohne daß er, allein gelassen, etwas zerstört.

Etwas Ähnliches gilt auch, wenn Sie einen Garten haben. Auch hier werden anfangs viele Fehler gemacht. Wenn es auch bequem ist, den Hund von Anfang an einfach in den Garten zu lassen (wegen des Zauns kann er ja nicht fortlaufen), sollte man das nicht tun. Erstens soll er lernen, sich nur an einem bestimmten Platz zu lösen und nicht den ganzen Garten in ein Hundeklo zu verwandeln. Zweitens sollte er nicht unkontrolliert graben, buddeln oder den Zaun unterminieren oder was ihm sonst in seiner ersten Untersuchungsfreude alles einfällt. Trennen Sie für den Fall, daß Sie ihn draußen allein lassen wollen, anfangs ein schattiges Eckchen für ihn ab, und bleiben ansonsten bei ihm, bis er gelernt hat, sich auch im Garten ordentlich zu benehmen. Es ist ja nur für eine Übergangszeit und macht sich später bezahlt. Viel mühsamer ist es, ihn ein ganzes Leben lang auch im Garten nicht unbeaufsichtigt lassen zu können. Daß Sie in jedem Falle einen Zaun um Ihr Grundstück brauchen, muß wohl nicht eigens betont werden.

Haben Sie einen größeren Garten, sollten Sie auch aus einem anderen Grund Ihren jungen Hund nicht frei herumlaufen lassen, bis er zuverlässig auf Ihren Ruf kommt. Er soll gar nicht herausbekommen, daß er - für Sie unerreichbar - im Garten entkommen und tun und lassen kann, was ihm einfällt. Haben Sie kein Stück für ihn abgetrennt, legen Sie ihn anfangs wenigstens an die lange Leine, so daß Sie Ihren Hund jederzeit erreichen können.

Wie gesagt: Bei einem *ordentlich erzogenen* Hund ist das später alles gar nicht mehr nötig. Aber man muß auch erst soweit kommen.

Werden Sie ein »Meister der Leine«
wie man den Hund richtig korrigiert

Es wird Sie verwundern, daß auch das Zubehör - wozu auch Halsband und Leine zählen - zu den Dingen gehören, mit denen Sie sich vertraut machen sollten, *bevor* der Hund ins Haus kommt. Es ist aber wichtig, daß man sich auf einen Hund richtig *vorbereitet*, damit man das, was man mit ihm unternehmen will, auch weiß und sich gleich vom ersten Tag an richtig und ohne Verzögerung mit ihm abgeben kann.

Viele Leute meinen beispielsweise, sie kämen mit nur einer Leine aus. Besser und richtiger ist es allerdings, man hat mehrere, verschiedene Leinen, die haargenau zu den mancherlei Situationen passen.

Chiwa »el Durani«, Afghane,
4 Wochen
E.: W. Wirkotsch, 91550 Dinkelsbühl

Es empfiehlt sich eine *sehr kurze Leine* (in jedem Falle ohne Handschlaufe), gerade so lang, daß sie vom Halsband des Hundes herabhängend knapp den Boden berührt. Weiterhin benötigen Sie eine *kurze Leine* (ca. 120 cm) und diverse *längere*, bzw. *sehr lange Leinen* (5m, 10m, 20m). Automatische Ablaufleinen, die sich sehr großer Beliebtheit erfreuen, mit denen man dem Hund mal mehr oder mal weniger Spielraum geben kann, braucht man nicht unbedingt. Beobachtet man manche Leute mit Hund und Ablaufleine in der Stadt, sieht man nicht selten, daß sie den Hund mal weiter und mal näher von sich laufen lassen, in der Stadt allerdings sollte sich der Hund *immer dicht* bei seinem Herrn halten. In einem solchen Falle benötigt man eben die 120cm-Leine, damit sich der Hund daran gewöhnt, daß eine bestimmte Leine zu bestimmten Anlässen gehört.

Für die *sehr kurze* Leine tut es ein Strick oder ein Stück Restleine, die normal lange sollte aus gutem Leder oder aus Baumwolle sein, die mechanischen Teile allerdings von guter Qualität. Haben Sie zu billige Karabinerhaken, gehen die meist schnell kaputt oder halten nicht.

Die sehr langen Leinen (5m und 10m) sollten aus Nylon oder Baumwolle sein, die 20m-Leine bekommt man als »Schweißleine« in den Fachgeschäften. Sie ist aus Nylon, und man muß lernen, so mit ihr umzugehen, daß sie sich nicht heillos verwirrt und sie, bevor man sie dem Hund anlegt, lang auswerfen, damit sie sich nicht verknotet.

Was man bei einem Welpen überhaupt nicht braucht, ist ein Stachelhalsband. Ebenfalls restlos überflüssig sind alle Arten von Elektro-Halsbändern.

Für den kleinen Hund benötigen Sie ein normales Lederhalsband, das Sie, wächst der Hund, noch einige Male erneuern müssen. Sinnvoll ist später außerdem ein Leder/Ketten-Abrichtehalsband, die es mit begrenztem oder unbegrenztem Zug gibt. Die darf man weder zu klein noch zu groß kaufen, da sonst der Leinenruck nicht einwandfrei funktioniert.

Halsband und Leine sind nicht nur für draußen, sondern auch im Haus anzulegen. Sie sind das Verbindungsstück zu unserem Hund, ein Mittelding zwischen Nabelschnur und Telefonleitung.

Haben Sie sich inzwischen eingeprägt, mit welchen Worten/Befehlen Sie ihrem Hund was mitteilen wollen, müssen Sie nun Mittel und

Wege finden, wie Sie die Mitteilung in seinem kleinen Hirn verankern können. Haben wir weiter vorn schon über das »Zeigen« und »Formen« gesprochen, stellen Sie nun mit Halsband und Leine eine Art direkten Draht zwischen sich und Ihrem Hund her. Damit der Kontakt mit ihm jederzeit herstellbar ist, trägt er auch im Haus Halsband und zumindest die sehr kurze Leine. Er muß möglichst früh erfahren, daß Sie jederzeit über ihn verfügen können.

Sie sollten sich aber klar machen, daß Halsband und Leine nicht dazu da sind, um den Hund gefangen zu halten, z.B. damit er nicht weglaufen kann. Das wäre zu wenig. Nein, Halsband und Leine sind anfangs ihre wichtigste *Verbindung*, dank der Sie mit Ihrem Hund kommunizieren können, denn nicht nur bei den Wölfen ist das wichtigste Bindeglied im Rudel die Kommunikation.

Sie müssen also unbedingt lernen, korrekt mit Halsband und Leine umzugehen; wer das nicht von Anfang an richtig macht, bekommt mit Sicherheit Probleme mit seinem Hund. Das Wichtigste ist, daß er sich mehr und mehr auf seinen Herrn konzentriert. Wird die Leine sachgemäß benutzt, verschafft sie Ihnen die ungeteilte Aufmerksamkeit Ihres Welpen und ermöglicht, daß dieser ziemlich schnell dazu übergeht, Ihre »Mitteilungen« zu beachten.

Eine Leine ist auch nicht zum Ziehen da! Weder Sie noch der Hund dürfen fortlaufend an der Leine ziehen, die nicht dauernd stramm gespannt sein darf, sondern im Normalfall *immer* lose durchhängen muß. Nur im Bedarfsfalle, nämlich wenn Sie dem Hund etwas sagen wollen, darf sie kurzfristig ruckartig angespannt werden. Nur dann kann Ihr Welpe bemerken, daß Sie ihm etwas mitteilen wollen, andernfalls ist es nur eine Art Tauziehen, das zu gar nichts führt. Nein, sagen wir es genauer: Sie erreichen damit geradezu das Gegenteil des Gewünschten.

Sie werden verstehen, was ich meine, wenn Sie das mit dem Ziehen und dem Leinenruck einmal an sich selbst ausprobieren. Am besten lassen Sie sich einmal eine lange Leine um die Taille binden. Wird längere Zeit dauerhaft daran gezogen, werden Sie bemerken, daß Ihr Körper sich automatisch dagegen lehnt und einen Gegenzug herstellt. Es ist unmöglich, dabei entspannt und aufmerksam zu bleiben, auch ist es nicht möglich, mit einer angespannten Leine einen wirkungsvollen Leinenruck durchzuführen. Wird aber an der Leine, die lose durchhängt, und an der Sie entspannt gehen, fast ohne sie zu spüren, kurz und kräftig geruckt, können Sie gar nicht anders, als dem Ruck nachgeben. Haben Sie das einmal an sich selbst ausprobiert, können Sie sich nun gut vorstellen, wie wichtig einerseits die entspannte Leine (= entspannte Atmosphäre) ist und daß man mit einem kurzen, kräftigen Leinenruck prompt Aufmerksamkeit erregen kann.

Ein geübter Hundeführer (es ist eine Freude, ihm dabei zuzuschauen) vollbringt mit Halsband und Leine wahre Wunder. Dabei achtet er allerdings darauf, daß er auch sachgerecht damit umgeht:

Das Trainingshalsband ist richtig angelegt

Die Leine wird (mit beiden Händen) so gehalten, daß sie normalerweise lose durchhängt

Eine Korrektur erfolgt blitzschnell in drei Schritten, nämlich dem *»Nein!«*, dem richtigen Leinenruck und dem sofortigen Lob nach der erfolgreichen Korrektur

Halsband

Schon beim Halsband werden die ersten Fehler gemacht, weil es aus Sparsamkeitsgründen (»der Hund wächst ja schnell hinein«) einfach zu groß gekauft wird.

Als Faustregel gilt, daß man es nicht mehr bequem über den Kopf des Welpen/Hundes streifen kann, weil dieser sonst aus dem Halsband schlüpfen könnte. Keinesfalls darf es so groß sein, daß es wie eine lange Halskette am Halsansatz fast auf den Schultern des Welpen baumelt. Später, wenn Sie ein Zughalsband benutzen, darf dieses nur bequem über den Kopf des Hundes zu ziehen sein.

Ein solches Halsband hat gleich zwei Nachteile: Erstens kann man nicht wirkungsvoll an der Leine rucken, weil das Halsband viel zu lange braucht, bis es zusammengezogen ist und greift. Zweitens hängt das Halsband viel zu tief am Hals des Hundes, was Sie am besten einmal an sich selbst ausprobieren.

Legen Sie sich einfach einmal selbst ein »Halsband« um. Sie brauchen bloß eine Schlaufe aus der Leine Ihres Hundes zu machen und sich selbst um den Hals legen. Ist dieses »Halsband« sehr weit, liegt es unten am Hals fast auf Ihren Schultern. Ziehen Sie einmal daran, werden Sie sehen, daß das »Halsband« an einer wenig empfindlichen Stelle angreift und der Leinenruck nicht viel bewirkt. Ist allerdings das »Halsband« kürzer und sitzt am Hals weiter oben, kurz unter der Stelle, wo der Kopf beginnt, und Sie ziehen jetzt, merken Sie, daß die Wirkung ungleich größer ist und Sie eher zum Einlenken bewegt. Je höher am Hals also das Halsband sitzt und um so genauer es paßt, um so weniger Kraft brauchen Sie beim Korrigieren und um so schneller teilt sich die Korrektur dem Hund mit. Darum ist auch beim Welpen anfangs ein Trainingshalsband aus Nylon oder Baumwolle zu empfehlen: Man kann es hoch genug am Hals anlegen und es rutscht nicht so leicht nach unten.

Es gibt nur *eine* Art und Weise, ein Zug-Halsband richtig anzulegen. Es muß so angemacht werden, daß es sich *sofort* wieder auseinanderzieht, wenn die Leine nach einem Ruck wieder locker gelassen wird. Dazu bildet man aus dem Halsband ein P und streift es dem Hund so über, daß der Teil mit dem beweglichen Ring unterhalb am Hals und der Teil mit dem Ring, an dem die Leine hängt, am oberen Teil des Hundehalses ist. Nur so läßt sich der Leinenruck richtig durchführen.

Leine

Die Leine selbst ist, wie gesagt, nicht zum Ziehen oder Festhalten da. Sie muß zwischen Ihnen und dem Hund immer lose durchhängen und Sie sollten sich dabei beide bequem und entspannt fühlen. Viele Leute machen den Fehler, den Hund an der dauernd straffen Leine so festzuhalten, daß er nirgendwo auskann und so auch keinen Fehler machen kann. Das Ergebnis wird sein, daß erstens der Hund sich mit aller Kraft in die Leine legt und daran zieht wie eine Lokomotive und daß er zweitens überhaupt nichts lernt und auch niemals so weit kommen kann, daß er wirklich unter Ihrer Kontrolle ist. Beides wollen Sie ganz sicher nicht.

Genau wie das mit dem Halsband sollten Sie auch das mit der Leine schon mal vorher ohne Hund ausprobieren, damit Sie dann nicht hilflos an Ihrem Hund herumfummeln und ihn eher verunsichern als beeinflussen. Gerade hier müssen Sie von Anfang an sicher und Herr der Lage sein.

Stellen Sie sich vor, Ihr Hund befände sich links von Ihnen, denn Ihre linke Seite ist die »Hundeseite«. Dann nehmen Sie die Leine in beide Hände. Die Handschlaufe der Leine ziehen Sie über Ihren rechten Daumen, die Leine läuft über Ihre geöffnete rechte Handfläche weiter zu Ihrer linken Hand. Dann machen Sie aus der rechten Hand eine Faust und halten so die Leine gut fest. Mit den Fingern der rechten Hand fassen Sie nun die Leine zusammen und halten die Hand mit der Leine in der Höhe Ihrer rechten Hüfte.

Mit der linken Hand nehmen Sie nun das andere Ende der Leine, an dem später der Hund befestigt ist, wobei die Fingerknöchel nach vorn zeigen und die Hand in Höhe Ihrer linken Hüfte ist. Nun machen Sie ein paar Schritte vorwärts und achten darauf, daß die Leine zwischen Ihren beiden Händen lose durchhängt. Aber auch am Leinenende, wo später der Hund daran hängt, darf nicht mehr Zug entstehen als jetzt, wo Sie das noch ohne Hund üben. Auch dort muß die Leine lose durchhängen. Jetzt üben Sie schon mal ohne Hund den Leinenruck mit der *linken* Hand: Kurz und kräftig anrucken und sofort wieder locker lassen. Das müssen Sie sich bereits eingeprägt haben, bevor Sie es mit Hund probieren.

Vom richtigen Leinenruck

Manche Leute machen eine wahre Strafaktion aus dem Leinenruck. Tatsächlich soll es aber nichts anderes sein, als eine kurze, nachdrückliche und überraschende *Information* Ihres Vierbeiners, daß er etwas nicht tun soll *»Nein!«* und statt dessen etwas anderes tun soll, nämlich Ihrem Befehl, z.B. *»Bobby, Fuß!«* folgen.

Rucken Sie hingegen, jedesmal, wenn er etwas verkehrt macht, hart an Halsband und Leine und bringen ihn allein dadurch in die richtige Position, wird aus der Kommunikation etwas Gewaltsames, was Ihrem Hund keinesfalls Spaß macht. Er lernt höchstens aus Angst etwas hinzu, wird aber keinesfalls erzogen, d.h. er lernt nicht, sich in Sie hineinzudenken und das Gewünschte zu begreifen.

Ganz anders ist es mit dem *positiven Leinenruck*, der dem Hund mitteilt, daß Sie etwas von ihm wünschen, der so motivierend und erzieherisch gleichzeitig wirkt.

Wollen Sie also die Aufmerksamkeit Ihres Hundes auf sich ziehen, machen Sie einen kurzen, energischen Leinenruck und lassen die Leine sofort wieder locker, die nun wieder durchhängen soll. Gleichzeitig mit dem Leinenruck sagen Sie *»Nein!«* und unterbrechen damit ein bestimmtes, unerwünschtes Verhalten, das der Hund nicht beibehalten soll. Sobald der Hund sein Verhalten ändert, also nicht mehr vorausprescht oder zieht oder sich nicht setzt, geben Sie ihm, sobald die Leine wieder durchhängt, den gewünschten Befehl, und loben den Hund sofort, führt er ihn aus.

Blitzschnell müssen also in drei Stufen aufeinander folgen:

1. Leinenruck und *»Nein!«*
   Leine locker
2. Befehl
3. (wenn ausgeführt)
   Lob:
   »So ist's Braaav!«
   oder *»Guuut!«*.

Je öfter Sie das ohne Hund schon mal ausprobiert haben, um so geschickter stellen Sie sich auch mit Hund an. Je sicherer Sie wissen, was Sie zu tun haben, um so prompter wird Ihr Hund auch befolgen, was Sie von ihm wollen. Sie sollten vor allem verhindern, daß Sie reichlich ungeschickt an dem Hund herumwerkeln und -ziehen, denn das unterminiert Ihre Dominanz-Stellung ganz ungemein! Merken Sie sich vor allem, daß der positive Leinenruck drei-stufig ist! Außerdem muß es schnell gehen, Sie müssen in dem Moment auf den Hund einwirken, wo er etwas Unerwünschtes tut, *»Nein!«* zu ihm sagen und ihm zeigen, was er statt dessen tun soll - und das Lob nicht vergessen: *»So ist's Braaav!«* oder *»Guuut!«*.

Jetzt denken wir auch gleich nochmal daran, was wir vorher schon über die »Befehle« und Ihre Stimmlage gesagt haben. Jetzt, beim Leinenruck, ist auch Ihre Stimme von großer Bedeutung:

Korrigieren Sie Ihren Hund, haben Sie eine tiefere Stimme, Ihr *»Nein!«* kommt scharf, deutlich und unmißverständlich. Mit etwas tieferer Stimme kommen auch Ihre Befehle *»Bobby, Sitz!«*, *»Platz!«*, *»Bleib da!«*, also die Befehle, bei denen Ihr Hund auf einer Stelle bleiben soll. Etwas höher ist Ihre Stimme, wenn Ihr Hund etwas tun soll, also motiviert wird, z.B. *»Bobby, Fuß!«*, *»Bobby, Komm!«* usw. Ihrer noch höheren Stimme muß man das Begeisterte Ihres Lobes klar anhören: *»So ist's Braaav!«* oder *»Guuut!«*.

Vergessen Sie auch nicht, daß der Hund auch beobachtet, was für ein Gesicht Sie machen. Es sollte immer freundlich und bestimmt sein, keinesfalls dürfen Sie griesgrämig vor sich hinblicken, nur weil Sie ein und dieselbe Sache schon so oft geübt haben... Meinen Sie, Ihrem Hund macht das immer Spaß? Achten Sie auf seine Körperhaltung und sein Schwanzwedeln: Auch er sollte sich freuen, wenn Sie ihn loben. Kneift er den Schwanz ein, haben *Sie* etwas verkehrt gemacht!

Vom Spielen

Sicherlich haben Sie auch schon einmal gehört, man solle dem Hund, vor allem dem sehr jungen, dies oder das eher »spielerisch« beibringen. Das wird dann mit dem Unterton gesagt, als wäre das »spielerische Beibringen« die Lernform, die man erstens selbst am leichtesten und ohne größere Vorbereitung hinkriegt und die zweitens der Hund gerade noch ertragen kann, als sei das Spielen nichts Ernstes, Wichtiges, was man notfalls auch schadlos unterlassen kann. Viele Leute werden durch solche Bemerkungen dazu verleitet, mit dem Hund, oft auch nur gelegentlich, planlos herumzuspielen, also nichts anderes zu tun, als zum Zeitvertreib allerlei ungeordnete »Spielchen«, etwa Tauziehen oder hinter einem Ball herjagen, mit dem Hund zu unternehmen. Mit manchen Hunden wird überhaupt nie *bewußt* gespielt, da gibt es die Übungsstunden und gelegentlich mal ein Herumtollen. Das ist dann schon alles. Was aber wird dabei alles verschenkt!

Schon bevor der Hund ins Haus kommt, sollte man sich auch über das *Spielen* ein wenig Gedanken machen. Nicht jedem ist klar, daß in der Natur, bei wildlebenden Tieren, *Erkunden, Neugierde, Nachahmen* und *Spielen* zusammenhängen und eine ganz und gar *wichtige und ernsthafte Angelegenheit* sind.

Erkunden, Neugierde, Nachahmen und *Spielen* geschehen aus eigenem Antrieb und sind miteinander verwandt. Bei vielen höher organisierten Säugetieren (auch beim Menschen) ist ein ganzer Lebensabschnitt diesen Verhaltensweisen gewidmet, es ist die Zeit zwischen früher Kindheit und dem Erreichen des Erwachsenenalters.

Beobachten Sie bei Ihrem Züchter die Welpen, können Sie diese beim Erkunden beispielsweise beobachten: Es ist ein Herumstreifen und Wahrnehmen dessen, dem sie begegnen. Beim Neugierverhalten

... selbstvergessend spielen ...

wird gezielt alles untersucht, was auffällig und unbekannt ist (und für die Welpen ist noch sehr vieles auffällig und unbekannt). Das Welpen-Spiel ist ein viefältiges Verhalten, sei es als Bewegungsspiel, sei es ein Spielen mit Gegenständen oder mit Spielkameraden, wobei sowohl die eigenen Kräfte wie auch soziale Verhaltensweisen (aus)geübt werden.

Auch im neuen Heim setzt Ihr Welpe, wenn man ihn läßt, dieses vielseitige Verhalten fort. Unermüdlich erkundet er sein neues Heim und seine neuen Mitlebewesen. Neugierig untersucht er (oft genug nachdrücklich mit den Zähnen) alles, was ihm fremd oder auffällig zu sein scheint, und er wird, gibt man ihm die Gelegenheit, auch mit »vernünftigen«, d.h. erlaubten Spielobjekten, ebenso unermüdlich spielen.

Dabei ist dies alles andere als eine Beschäftigung bloß zum Zeitvertreib: Es ist die einzige und wichtigste Möglichkeit, erwachsen zu werden, und der Welpe oder Junghund wird durch einen inneren Antrieb gesteuert, sich so und nicht anders zu verhalten. Das hat nichts mit Langeweile oder Amüsement zu tun, sondern ist der wichtigste Inhalt eines wichtigen Lebensabschnittes, den man, wie Sie gleich sehen werden, unbedingt nutzen sollte.

Als man erkannt hatte, daß das Spielen offensichtlich etwas Wichtiges ist, weil es Entscheidendes erst möglich macht, hat man auch bei Tieren das Spielen einmal genauer untersucht. Was passiert eigentlich wirklich, wenn Tiere nichts tun als einfach nur spielen?

Mit besonderem Interesse hat man beispielsweise das Spielen in einem Löwenrudel untersucht. Zehn Wochen lang etwa verbringen Löwenjunge an einem versteckten Ort und bleiben dort ganz ruhig liegen, solange die Mutter auf der Jagd unterwegs ist. Heimgekehrt säugt sie die Jungen, die nun satt sind, dann aber keinesfalls zufrieden einschlafen, sondern, im Gegenteil, aktiv werden: Sie laufen in der Gegend herum und beginnen, alles zu untersuchen: einen Stock, einen kleinen Busch oder einen Grasbüschel. Sie langen danach mit den Pfoten, rollen dabei auf den Rücken, ein weiteres Junges kommt hinzu und macht mit. Andere Junge patschen mit ihren Pfoten ins Wasser oder laufen am Ufer mit dem strömenden Wasser mit.

Auch miteinander spielen die Jungen, eines läuft in Spielhaltung auf ein anderes zu, wirft sich über dessen Körper, bearbeitet den Spielkameraden mit den Pfoten, packt ihn mit dem Maul an der Backe, den

... nichts als spielen ...

Ohren oder im Nacken, leckt ihn oder kugelt mit ihm über den Boden. Ebenso regt die Mutter die Jungen zum Spiel an, indem sie z.B. ihr Schwanzende lockend vor ihnen hin und her bewegt, und die Jungen mit dem Schwanz der Mutter spielen, sie stößt die Kleinen mit ihrer Schnauze oder ihrer Pranke an. Die älteren Löwenjungen spielen miteinander alle Phasen des angeborenen Jagdverhaltens durch: Anschleichen, Vorbereitungen zum Angriff, Angriff und Ansprung. Die Prankenschläge, immer übrigens mit eingezogenen Krallen, sind weich und freundlich, jedoch wohlgezielt. Die spielerischen Bisse richten sich eindeutig an die Kehle oder den Nacken des Spielpartners, als wäre dieser ein »Beutetier«, niemals wird aber so fest zugebissen, daß der Partner verletzt wird.

Auch das Spielen anderer Tiere wurde erforscht. Dabei fand man heraus, daß das Spielen nur im *angstfreien* Raum erfolgt, ebenso erfolgt das Erkunden nur im *entspannten* Umfeld, woran man zu verstehen lernte, *daß Angst dumm macht*, weil damit die Möglichkeit des Lernens im Spiel, wofür es keinen Ersatz gibt, genommen wird.

Auch das Erkunden der Rudelmitglieder und das Erkennen der Gesetzmäßigkeiten des Zusammenlebens erfolgt im Spiel. Mit verschiedenen spielerischen Handlungen werden Gruppenmitglieder ausprobiert und das Spielen entweder fortgesetzt oder nicht, je nachdem, ob diese ermunternd oder abweisend reagiert haben. Nur wenn genügend Ermunterung erfolgt, entfalten sich weitere Aktivitäten und sind neue Erfahrungen möglich. Nach und nach gliedert sich das Jungtier in die Gruppe ein, indem es deren Gebräuche übernimmt und unerwünschtes Verhalten zu unterlassen lernt. Nur so entwickelt sich ein Netz individueller Beziehungen, und nur so findet das Jungtier seinen sozialen Status. Bei den meisten Säugetierarten (nicht bei den Menschenaffen) geht die Initiative zum Erkunden und Spielen hauptsächlich von den Jungen aus. Nur der Mensch gibt bewußt und gezielt Spielanregungen, um Wissen und Erfahrung zu vermitteln.

Junge Wölfe beginnen mit 21 Tagen zu spielen, auch sie sind dabei freundlich und verletzen einander nicht ernsthaft. Sie haben bereits in diesem Alter eine höhere Beißhemmung (die nicht angeboren ist, sondern gelernt werden muß!) als beispielsweise Füchse und Kojoten, die ernsthaft zubeißen. Obwohl bei Füchsen und Kojoten mit 5-6 Wochen eine aggressive Interaktion besteht, bilden sie keine stabile Hierarchie (also auch kein soziales Gefüge) miteinander, während diese bei Wölfen zu diesem Zeitpunkt ausgebildet wird.

Vor allem führt bei den Wölfen das spielerische Austragen sozialer Konflikte zu einer *verminderten Aggression*, bei Füchsen gibt es weniger ausgeprägtes Gruppenverhalten und Führer-Folger-Neigung, ihre Aggression sprengt oft früh die Familie.

Was aber für uns sehr wichtig ist: Jedes Spielen wird *angeregt*, wenn das Spielobjekt oder der Spielpartner auf die Spielhandlung in irgendeiner Form *reagiert*, wenn also ein bestimmter Laut entsteht oder der Spielpartner etwas Auffälliges tut. Diese »Antwort« wirkt als Anregung zur Wiederholung der betreffenden Handlung, so daß das Lebewesen aus der Wiederholung des Verhaltens gesetzmäßige Konsequenzen des eigenen Verhaltens kennen lernt, d.h. also, daß alles Spielen sowohl ein Experimentieren als auch ein Üben ist. Etwas sehr Wichtiges ist dem Spielen eigen: Es gibt *kein* zu erreichendes Ziel, wodurch das Spiel beendet würde, vielmehr wird es unermüdlich wiederholt, solange es nur annähernd interessant genug ist. Spielen ist offensichtlich etwas *Selbstbelohnendes*, weil es für das Lebewesen mit Lustempfinden verbunden ist.

Für jene, für die alles einen »Sinn« haben muß, könnte man es wohl so ausdrücken: Der »Sinn« des Spielens ist, daß junge Lebewesen ein Höchstmaß an Erfahrung, die im Ernstfall wichtig ist, gewinnen, ohne dabei selbst gefährdet zu sein. Außerdem vervollkommnet sich im Spiel ganz allgemein die Geschicklichkeit. Doch an der Ausdauer, mit der das Spielen betrieben wird, kann man erkennen, daß das Spielen seinen Sinn auch in sich selbst haben muß.

Ich habe das mit dem Spielen so ausführlich geschildert, weil ich hoffe, daß Sie sich beim Lesen schon einmal vorgestellt haben, daß auch für Ihren Welpen/Hund das Spielen einen anderen Stellenwert hat, als Sie zunächst angenommen haben.

Man muß sich klar machen, daß für Ihren Hund das Spielalter nicht deswegen vorbei ist, weil er nun vom Züchter und seinen Geschwistern zu Ihnen übergesiedelt ist und nun keine Spielgefährten mehr hat. Vom Umsiedeln ist er noch keinesfalls erwachsen und das Spielen bleibt für ihn, mehr als man angenommen hat, weiterhin wichtig.

Wenn Sie nun beschließen, gleich noch im nächsten Zooladen einige Spielzeuge für Ihren Hund zu kaufen, ist das schon ein erster Schritt. Aber es reicht, wie wir gleich sehen werden, keinesfalls aus, ihn einfach mit allerlei Spielzeug zu versorgen, in der Annahme, er werde sich schon selbst sinnvoll damit beschäftigen.

Wenn Sie Ihrem Hund die Möglichkeit lassen, können Sie beobachten, daß sein *Neugierverhalten* ungebrochen ist: Unermüdlich, wenn auch gelegentlich vorsichtig, wird weiterhin alles untersucht, was irgendwie neu oder auffallend ist. (Allerdings sollten Sie ihn nicht ohne Aufsicht, jedoch so weit irgend möglich frei agieren lassen und ihn beobachten!) Kluge Hunde sind dabei auch von Natur aus vorsichtig: Hunde, die ohne zu zögern auf alles und jedes losgehen, wären in der Natur dem Tod geweihte Draufgänger. Sie zeigen an, daß sie in ihrem Verhalten wenig anpassungsfähig sind und uns u.U. Schwierigkeiten bereiten können. Immer aber muß die Neugier stärker sein als die Vorsicht. Auch ein extrem ängstlicher Hund ist alles andere als problemlos für uns.

Gleich geht es weiter zu neuen Taten

Wir haben zuvor zwei wichtige Gesichtspunkte besprochen: Erstens spielt der Hund aus eigenem Antrieb, ohne daß es eines Zieles oder einer Belohnung bedarf. Zweitens wird er von allem Neuartigen magisch angezogen und angeregt, sich damit auseinanderzusetzen. Das sagt nichts anderes, als daß sein Spieltrieb und seine Neugierde wichtige Antriebe seines *Lernens* sind und daher von uns gefördert werden sollten.

Denn es sollte natürlich auch Auswirkungen darauf haben, *wie* wir ihm etwas beibringen und mit ihm umgehen. Einerseits können wir dabei seinen Spieltrieb ansprechen, andererseits seine Neugierde erwecken. Gelingt uns das, hat das großen Einfluß auf etwas ganz anderes: Die Belohnungen nämlich. Wir haben schon gesagt, daß man zumindest bei sehr jungen Hunden zurückhaltend mit Leckerle sein sollte, weil diese das Lernen als solches eher bremsen als fördern. Spielen und Erkunden entstehen beim Hund sozusagen aus *eigenem Antrieb*. Verbinden wir das, was er lernen soll, mit Spielen, Jagen und Erkunden, wird der Hund mit *Feuereifer* bei der Sache sein. Sie wissen selbst, daß auch *wir* um so besser, schneller und gründlicher lernen, wenn wir dies aus *eigenem* Antrieb heraus tun. Bei Hunden ist das nicht anders.

Etwas weiteres kommt noch hinzu: Wird dem Welpen, auch nach Umsetzen in sein neues Heim, das Spielen und Erkunden möglich gemacht, wird er auch später, wenn er längst erwachsen ist, dies wertvolle Lernverhalten beibehalten, das ihm, bei welcher Ausbildung auch immer, sehr von Nutzen sein wird. Leider aber stumpfen viele Hunde, durch die Uninformiertheit ihrer Besitzer, viel zu früh ab, was ihre Ausbildungsfähigkeit einschränkt.

Wie auch die jungen Löwen brauchen Hunde einen streßfreien Zustand, um lustvoll spielen zu können: Sie müssen satt sein und das Umfeld friedlich und angenehm. Dazu gehört auch, daß der Hund *Vertrauen* zu seinen Menschen hat und sich wohlfühlt in ihrer Gegenwart. Ein unbeherrschter, lauter, launischer, hektischer Mensch wird kaum je einen Hund zum Spielen anregen können.

Wie auch beim Spielen der Hunde untereinander hat das Spiel Hund-Mensch zwei wichtige Aspekte: Man lernt sich gegenseitig besser zu *beobachten* und zu *verstehen* und außerdem werden *Rangfolge* und *Einordnung* positiv beeinflußt und dadurch *Vertrauen* hergestellt. Immer aber sollte es der Mensch sein, der darüber bestimmt, wann das Spielen beginnt oder beendet wird.

Spielen mit Ihrem Hund - wie und womit macht man das?

Wenn wir von Rangfolge und Einordnung sprechen, kommen wir unversehens auch zum Stichwort *»Erziehen«*, damit verbunden ist das *»Lernen«* und schon sind wir wieder beim *»Spielen«* angekommen. Nirgendwo sonst können sich Hund und Mensch so nahe kommen, als wenn sie miteinander spielen. Und daß man sich nahe kommen muß, ist die Grundlage aller Erziehung. Erreichen Sie keine Nähe zu Ihrem Hund, ist jede vernünftige Ausbildung zum Scheitern verurteilt. Das setzt aber vor allem voraus, daß auch *Sie* wirklich *selbstvergessend* und richtig spielen (und später erziehen und ausbilden) können, d.h. sich für die wenigen Minuten, die das Spielen (Erziehen/Ausbilden) benötigt, ganz auf Ihren Hund und das Spiel konzentrieren und *an nichts anderes denken.* Wenn Sie so wollen, ist das Spielen mit Ihrem Hund eine wichtige Vorstufe dessen, wie Sie sich später mit Ihrem Hund beschäftigen müssen, um das beste aus ihm zu machen.

Damit ist aber auch schon gesagt, daß das richtige Spielzeug zwar wichtig ist, daß es aber viel entscheidender ist, wie Sie sich auf Ihren Hund einlassen, was auch ganz und gar ohne Spielzeug möglich ist.

Manche Leute meinen, der Hund brauche Spielzeug vor allem, wenn er sich, allein gelassen, mit etwas beschäftigen soll. Alleingelassene Hunde vollbringen aber meistens Spiele, von denen ihr Mensch gar nicht so sehr begeistert ist: Sie machen, in Ermangelung anderer Beschäftigung, allerlei kaputt, womit sie sich, je größer und variabler der »Spielgegenstand« ist, auch genußvoll längere Zeit beschäftigen können: einen Teppich zerkauen, ein Sofa zerstören, Fußbodenleisten abreißen, Lichtleitungen zerbeißen... haben sie diesen Zeitvertreib erst einmal kennen gelernt, ist es sehr schwer, sie künftig davon abzuhalten. Besser ist es, man versorgt sie rechtzeitig mit geeigneten Spielsachen und macht alles unzugänglich, was der Hund nicht haben darf (oder man sperrt den Hund weg.) Beim Alleinsein braucht der Hund absolut *ungefährliche* Spielzeuge: z.B. Kauknochen oder Gummiknochen aus strapazierfähigem Material. Vor allem nimmt man keines der Spielzeuge, die man während des *aktiven* Spielens Mensch-Hund benutzt. Kein Spielzeug, mit dem der Hund allein gelassen wird, darf sich so zerlegen lassen, daß Teile aus seinem Inneren dem Hund gefährlich werden, oder, beim Zerstören, Teile abgeschluckt werden, die für den Hund unverträglich sind. Lassen Sie z.B. den Hund mit einem Ball allein, wird ihm das Nachjagen bald langweilig werden, und er wird versuchen, den Ball zu zerkauen.

Auch mit noch so viel Spielzeug wird dem Hund das Alleinsein bald langweilig werden. Denn das Spielen wird dadurch angeregt, daß das Spielobjekt in irgendeiner Form *reagiert*, wenn also ein bestimmter Laut entsteht oder das Spielzeug sich auf interessante Weise *verändert* (was z.B. beim Zerkauen oder Zerstören der Fall ist.) Diese »Antwort« wirkt als Anreiz zur Wiederholung der betreffenden, oft unerwünschten Handlung. Ist ein erlaubtes variables »Spielobjekt« (Kauknochen) nicht zur Hand, wird der Hund das Spielen überhaupt einstellen oder aber, was sehr gefährlich werden kann, sich mit sich selbst beschäftigen, an sich herumbeißen, sich belecken usw.

Am besten, Sie sehen sich einmal an, was man in einem Zooladen alles als Spielzeug für den Hund kaufen könnte, und legen sich schon mal einen kleinen Vorrat an.

Zum Nachjagen, Fassen und Tragen eignen sich Vollgummibälle (nicht zu groß und nicht zu klein kaufen), sinnvoll sind auch ein Bringholz, ein Schleuderball, eine Beißwurst und ein Gummiring. Aus alten Socken, die man mit anderen Socken stramm ausstopft und zunäht, kann man ein herrliches Spielzeug machen, mit einem dicken Tauende, das irgendwo herunter hängt, kann sich ein Hund ausdauernd beschäftigen, von sich aus wird er auch gern alle möglichen Haushaltsgegenstände (vorsichtig, falls gefährlich) zum Spielen requirieren, z.B. Handbesen oder gar große Besen mit Stiel, Fensterleder oder Putzlappen, Fußabstreifer. Ebenfalls sind Stofftiere, Teddybären usw. beliebt, weil der Hund sie gut greifen und schütteln kann. Man muß sich aber gut überlegen, was man ihm von diesem Spielzeug, das ja eigentlich nicht für Hunde gedacht ist, erlauben kann und will. Vielleicht darf er nur hin und wieder einmal unter Aufsicht mit z.B. einem Teddybären herumbalgen, den man dann wieder gut verwahrt. Gefährliche Dinge, so gern der Hund damit spielen mag, sollte man aber unzugänglich machen.

Besonders aufpassen muß man während des Zahnwechsels. Erstens ist zu dieser Zeit die »Kauwut« des Hundes besonders groß und zweitens sollte man zu dieser Zeit keine Beißspiele mit dem Hund machen, damit seine Zähne nicht verletzt werden.

Nun nützt es nicht viel (d.h. es ist nicht sinnvoll), wenn Sie Ihren Korb voll Spielzeug Ihrem Hund einfach hinstellen, in der Hoffnung, er würde sich schon damit beschäftigen. Dabei kann er die wichtigen Spielelemente (Neugierde, Erkunden usw.) gar nicht voll entfalten, weil ihm einfach jeder Anreiz fehlt. Nein, wichtig ist es (für Sie beide!), daß Sie gemeinsam mit Ihrem Hund spielen und ihm das Spielen so recht anregend und spannend machen.

Dazu gehört auch, daß Sie ihm nicht alles Spielzeug auf einmal geben, sondern, schön langsam, ihn mit einem nach dem anderen vertraut machen und anderes wieder wegnehmen.

Nehmen Sie aber z.B. einen Ball und rollen ihn zu dem Hund hin, wird er ihn die ersten Male vielleicht verfolgen... aber ziemlich bald gelangweilt davon sein und den Ball ignorieren. *Sie müssen das Spielzeug erst richtig interessant für ihn machen!* Den Ball z.B. können Sie erst zwischen Ihren Händen hin und her bewegen und dabei allerlei Laute von sich geben und damit herumhüpfen. Dann verstecken Sie den Ball unter Ihrem Pullover und lassen den Hund zuschauen (aber nicht zufassen). Oder Sie wenden sich mit dem Ball in den Händen von Ihrem Hund ab oder kriechen damit über den Boden und verbergen den Ball, dazu sagen Sie etwa: »Was habe ich da Feiiines entdeckt«, machen ein paar Schnalz- oder Quietschlaute, und feuern nun mit spannend klingenden Worten den Hund an, zu untersuchen, was Sie da wohl alles verborgen haben. Sie werden erstaunt sein, *wie* neugierig Hunde sind! Ist er Ihnen z.B. einmal entkommen, und denkt gar nicht daran, auf Ihren Zuruf zu Ihnen zu kommen, können Sie ihn durchaus *überlisten*, indem Sie so tun, als hätten Sie gerade etwas Erstaunliches entdeckt oder versteckt. Je spannender Sie ihm das ausmalen, um so eher wird er kommen. Natürlich versteht er kein Wort, entnimmt aber aus Ihrer Stimmlage und Ihren Gesten, daß ihm etwas entgehen könnte, wenn er es nicht sofort untersucht!

Es lohnt sich schon, die Neugierde des Hundes gezielt zu fördern, indem er immer, wenn Sie so geheimnisvoll tun, etwas Besonders vorfindet. Man braucht gar nicht immer gleich ein Spielzeug, um den Hund erwartungsvoll zu machen. Es genügt schon, z.B. mit der Hand unter einer Decke, einem Teppich oder einem Pullover alle möglichen Bewegungen zu machen und dabei Quietsch- und Schnalzlaute von sich zu geben, sofort wird der Hund höchst interessiert hinzustürzen, um zu untersuchen, was das wohl sei. Es schadet auch nichts, wenn er dabei - aber bitte nicht jedesmal - etwas Eßbares vorfindet.

Sie sollten sich dieser Spielanimation wirklich *hemmungslos* hingeben, nicht sparsam umgehen mit Gesten und Ausrufen, also besser dann mit dem Hund spielen, wenn Sie nicht durch Zuschauer in Ihren Aktivitäten *gebremst* fühlen und befürchten, sich lächerlich zu machen. Denn, was Sie erreichen wollen ist ja, daß der Hund es in Ihrer Gegenwart *immer* höchst amüsant und aufregend findet und gespannt auf alles ist, was Sie so zu bieten haben.

Was Sie jetzt üben, ist den Hund zu *motivieren*. Ganz gleich ob Mensch oder Hund, gibt es unterschiedliche Formen des Motiviertseins. Die wirkungsvollste Form ist, jemand *will* etwas Bestimmtes unbedingt und aus eigenem Antrieb tun, weil es ihm ganz einfach *Spaß* macht. (Und das sollten Sie beim Lernen und Üben mit Ihrem Hund immer anstreben!) Eine andere Art des Motiviertseins ist, wenn man etwas tut, um gelobt oder belohnt zu werden, da ist die Motivation zwar nicht *so* stark, aber immerhin vorhanden. Die wenigste Motivation geht davon aus, wenn man etwas tut, aus Angst, daß sonst etwas Unangenehmes erfolgt, z.B. Strafe. Angst ist kein guter Lehrmeister und führt nicht zum sicher und selbstbewußt folgenden Hund.

Wie gesagt, man braucht für verschiedene wesentliche Spiele überhaupt kein Spielzeug. Wichtig sind *Berührungsspiele*, z.B. Knuddeln, Kraulen, Balgen, mit denen Sie den Hund aus der Reserve und eng zu sich hinlocken können. Er wird mit Ihnen spielen, wie mit seinen Geschwistern und auch hin und wieder einmal seine Zähne benutzen. Faßt er nur zart und vorsichtig zu, ist alles in Ordnung. Bohren sich seine nadelspitzen Zähne allerdings kräftig in Ihre Haut, d.h. beißt er im Eifer des Gefechts richtig zu, sollten Sie tun, wonach Ihnen zumute ist, nämlich laut und durchdringend aufschreien. Genügt ihm das zum Ablassen, ist es gut. Reicht das Aufschreien nicht aus, muß man energisch den Schnauzengriff anwenden, ihm fest über die Schnauze greifen und nachdrücklich mit *»Nein!«* seinen Kopf herabdrücken: Von allem Anfang an muß die Beißhemmung des Hundes *trainiert* werden - und das geht am besten im Spiel!

Auch beim Knuddeln und Kraulen sollte der Hund entspannt und glücklich sein. Wie schon weiter vorn beschrieben, sollte er sich von uns auf den Rücken rollen lassen, ohne sich zu sperren, auch das kann man im Spiel wunderbar einüben.

Wenn ein Hund Angst vor dem Auto hat, kann man ihn auch daran spielerisch gewöhnen, indem man ihn das Auto entdecken läßt, in dem u.U. schon einige vertraute Spielzeuge oder - wenn der Hund sehr ängstlich ist - auch einige Leckerle versteckt sind, die der Hund aufstöbern soll. So kann man erreichen, daß das Auto seine Schrecken bald verliert und nach und nach mit zunächst kurzen Fahrten auch das Fahren selbst einüben.

Wenig Zweck hat es, mit dem Spielzeug hinter dem Hund herzurennen, um ihn zum Spielen zu animieren. Es ist seine *Beute*, und eine richtige Beute muß den Hund fliehen, d.h. er muß sie (und Sie mit dem Spielzeug) *verfolgen*. Sie müssen ihm das Spielzeug so anziehend machen, daß er es *unbedingt* aus der Nähe sehen und haben *will*. Nur dann ist er entspannt und freudig, vorausgesetzt, Sie sind es auch. Dazu muß man das Spielzeug mit Bewegungen, Stimmlauten und eifrigem Mienenspiel beleben, so lernt der Hund unsere Signale zu verstehen und uns alles mögliche von den Augen abzulesen.

Sie sollten dem Hund, kaum nähert er sich, auch das Spielzeug nicht sofort überlassen, sondern erst einmal selbst damit spielen, um es ihm so recht verführerisch zu machen. Immer gilt es seine Neugierde und seine Spiellust zu entfachen.

Manche machen den Fehler, mit dem Hund auch *sofort* das Auslassen im Spiel zu erproben. Sicher, es ist richtig, daß ein gut erzogener Hund auf Anweisung alles sofort hergeben muß. Aber zuerst muß er einmal richtig zu genießen lernen, daß er eine Beute gemacht hat. Nehmen Sie ihm diese dann sofort wieder ab, ist es kein besonders schönes Spiel für ihn. Auch wenn er sie im Fang hat, können Sie die Beute weiter beleben, daran ziehen und ruckeln, und - für eine kurze Weile - auch mal schwächer sein als der Hund. Zeigen Sie ihm dauernd Ihre Überlegenheit, wirkt das demotivierend. Schon allein dadurch, daß Sie Herr über Anfang und Ende des Spiels sind, zeigen Sie Ihre Autorität, sollen aber dem Hund nicht seine Selbstsicherheit nehmen.

Nach einiger Zeit überlassen wir dann dem Hund sein Spielzeug ganz. Aber er soll es doch zu Ihnen zurückbringen? Am besten, Sie haben nun ein zweites Spielzeug in Reserve, auf das Sie ihn, wie schon bei dem ersten, wieder richtig heiß machen. Wenn Sie Glück haben, kommt er gleich mit dem bisherigen Spielzeug im Fang zu Ihnen hin und läßt es bei Ihnen fallen, um das neue zu ergattern.

Nun kann es vorkommen, daß sich der Hund, trotz aller guten Absicht, beim Spielen etwas Falsches angewöhnt. Er beißt zu grob zu, ist ungebärdig, bleibt uninteressiert oder läßt sich nicht zum Zurückkommen animieren. Wenn Sie das feststellen, müssen Sie das Spielen für eine längere Zeit ganz unterlassen und es dann, aber an einem anderen, als dem bisherigen Ort, nach und nach wieder aufbauen. Die Zeit muß ausreichend bemessen sein, daß Ihr Hund sein falsches Verhalten wieder etwas vergessen hat und sozusagen neu und von vorne wieder anfängt. Daher ist es wichtig, haben Sie z.B. vorher in der Küche mit ihm gespielt, nun den Flur oder die Diele zum Spielterrain zu machen, damit der Hund nicht durch die alte Umgebung an sein altes Verhalten erinnert wird.

Erst, wenn Sie mit dem Hund im Haus eine Weile gespielt haben, können Sie das Spielen auch nach draußen verlegen. Lassen Sie aber anfangs den Hund niemals unangeleint dabei, damit er sich nicht angewöhnt, nach Lust und Laune zu entkommen, und Sie können dann sehen, wie Sie ihn, der jetzt recht übermütig ist, wieder einfangen.

Beginnen Sie das Spiel an einem Ort ohne größere Ablenkung (schon allein darum, weil Sie dann selbst, ohne Zuschauer, viel entspannter und selbstvergessener sind) und legen Sie den Hund an die 10m- oder 20m-Leine. Damit Sie die Hände frei behalten, machen Sie die Leine irgendwo (z.B. an einem Baum oder Zaun) fest. Nach Möglichkeit sollte die Leine hinter dem Hund liegen, damit er sich nicht verheddern kann.

Jetzt beginnen Sie wieder, wie oben beschrieben, dem Hund das Spielzeug interessant zu machen, laufen hin und her, verstecken es usw, bis er im Höchstmaß motiviert das Spielzeug an sich nimmt. Auch draußen sollten Sie ihn nicht gleich damit demotivieren, daß Sie ihm das Spielzeug sofort wieder entreißen, zunächst ist wichtig, daß der Hund sich auf Sie und das Spielzeug konzentriert, dicht bei Ihnen sein will, allen Ihren Bewegungen folgt und das Spielzeug, hat er es endlich erreicht, auch behält. Dann luchsen Sie es ihm wieder mit dem Ersatzspielzeug ab.

Ziemlich bald hat nämlich der Hund das mit dem Spielzeug-Austauschen begriffen und wirft ihnen bald das »alte«, womöglich von selbst, hin, um Sie nun seinerseits zum Fortsetzen des Spiels anzuregen. Sind Sie soweit gekommen, haben Sie etwas sehr Wichtiges erreicht!

Leckerle und Spielen

Wenn ich auch kein Freund des Belohnens hauptsächlich durch Leckerle bin, gibt es auch beim Spielen einige Sitationen, bei dem ein Häppchen die Sache sehr vereinfacht. Denken Sie aber bitte daran, daß Sie den Hund dabei nicht *füttern* sollen, sondern ihm nur winzig kleine Häppchen als Anreiz bieten sollten. Mit den Belohnungshäppchen kann man nämlich z.B. erreichen, daß er Hund sich möglichst nahe bei einem aufhält. Die meisten Hunde sind von Natur aus »gefräßig« und direkt vor dem Spielen sollte man sie ohnehin nicht gefüttert haben. (Auch nach dem Spielen braucht der Hund, bevor er etwas zu Fressen bekommt, eine Ruhepause.)

Besonders bei Hunden, mit denen man, weil man sich etwas ungeschickt verhalten hat, mit dem Spielen nicht recht in Schwung kommt, kann man das »Was ich wohl da habe...«, »Eiiii, ist das feiiin!« usw. auch mit einem in der Hand verborgenen Häppchen interessant machen. Untersucht der Hund jetzt die nahrhafte Hand, wird er auch später, wenn man einen Ball oder ein anderes Spielzeug »heiß« machen will, neugierig und hoffnungsfroh mit dem Untersuchen beginnen.

Allerdings sollte der Hund dabei nicht wie wild geworden an uns herauf- oder um uns herumspringen. Er soll seine Schnauze begierig an unsere Hand (die wir in Kopfhöhe des Hundes halten) pressen und uns, während wir rückwärts gehen, interessiert folgen. Tobt er wie wild herum, wird er nicht durch Futter belohnt, wohl aber, wenn er sich eng an uns anschließt und uns schrittweise folgt.

Ebenfalls spielerisch kann man ihn z.B. beim Bei-Fuß-Gehen daran gewöhnen, möglichst nah an uns zu kleben und uns seine vollste Aufmerksamkeit zu schenken. Das Häppchen, das wir nah an unserem

Körper halten, macht auch uns für ihn interessant. Dabei halten wir das Häppchen in der rechten Hand, weil wir die linke für eine eventuell nötige Korrektur benötigen.

Auch wenn er zeitweilig - in einer Gehpause - einmal nah bei uns absitzen soll, kann man ihm das mit einem Häppchen, das man in der linken, herabbaumelnden Hand hält, schmackhaft machen. Hat er sich ein Weilchen hingesetzt, geht man danach wieder mit ihm weiter, d.h. er soll uns folgen, sich aber setzen, wenn wir stehen bleiben. Man erreicht mit dem Häppchen, daß der Hund sich nicht »zur Ruhe setzt«, sondern gespannt darauf wartet, was nun wohl kommt.

Alle diese »Futterspiele« sollten zunehmend auch ohne Häppchen durchgeführt werden, damit der Hund nicht unterscheidet, wann es sich lohnt und wann nicht. Wie gesagt, Leckerle sind eine zweischneidige Angelegenheit und *keinesfalls* für den Dauergebrauch sinnvoll.

Woran erkennt man, daß das mit dem Spielen richtig war?

Das mit dem Spielen sollten Sie sich schon ein paar Mal durchgelesen haben, ehe Sie es mit dem Hund in die Tat umsetzen: Es sollte gleich von Anfang an richtig klappen. Haben Sie es richtig gemacht, werden Sie zunächst an sich selbst merken, daß Sie einerseits ganz schön in Hitze geraten sind und schwitzen, sich aber andererseits so wohl und entspannt fühlen, wie lange nicht mehr.

Aber auch der Hund hat sich verändert, ist ruhiger, entspannt und wenn Sie nun die eine oder andere Übung mit ihm machen, wird vielleicht einiges, was vorher nicht so recht klappen wollte, jetzt wie von selbst gehen.

Das Endziel alles Spielens ist in zweifacher Hinsicht etwas sehr Wichtiges: Der Hund wird einerseits nach und nach so auf uns fixiert, daß er höchst ungern von unserer Seite weicht und stets äußerst interessiert darüber wacht, welche Signale wohl von uns kommen. Andererseits hat das Spielen großen Einfluß auf die Strukturierung seines Gehirns, in dem nun auf vielfältigste Weise Verbindungen erstellt werden, wie es beim Spielen des wildlebenden Tieres auch geschieht. Die Vielfalt körperlicher und geistiger Anregungen können nur im Spiel erzeugt werden, der Hund wird aufnahmefähiger, kooperativer und in vieler Hinsicht »einsichtiger«, als man es durch bloßes Üben spezieller Kenntnisse erreichen kann.

Was Sie ihm später auch beibringen möchten und wollen, die *wichtigste Grundlage aller Übungen ist die ungeteilte Konzentration und Aufmerksamkeit Ihres Hundes.* Und das können Sie ihm besser und nachhaltiger als »nur« im Spiel gar nicht vermitteln. Denken Sie immer daran: Auch in der Natur werden die wichtigen Lebensgrundlagen in Kindheit und Jugend im - Spiel »eingeübt«, und jedes Lebewesen ist von sich aus daran interessiert und eifrig dabei, *zu erkunden, neugierig zu sein, nachzuahmen, zu experimentieren und zu spielen.*

TEIL 2

Nun ist der Hund im Haus

Hoffentlich...
die ersten Tage zuhause und sein Name

Kommen Sie nun mit Ihrem energiegeladenen Wicht ins Haus, haben Sie hoffentlich die vorausgegangenen Seiten bereits gelesen - und ich hoffe, auch die folgenden Seiten lesen Sie sich schon im voraus einmal durch. Es ist nämlich etwas beschwerlich, mit dem Hund in der einen und dem Buch in der anderen Hand herauszufinden, was Sie nun mit dem Hund tun oder besser lassen sollen.

Als erstes haben Sie hoffentlich, als Sie Ihren Zwerg aus dem Auto holten, diesen sofort und zuallererst zu dem Ort außerhalb, aber in der Nähe Ihrer Behausung gebracht, wo er künftig sein Geschäft erledigen soll und ihn sich dort entleeren lassen. Haben Sie ihn nämlich gleich vom Auto ins Haus verfrachtet, wird er dort erfahrungsgemäß ziemlich bald ein Bächlein machen, und Sie haben bereits das erste Problem... Schimpfen oder Herumerziehen dürfen Sie nämlich jetzt nicht. Es war *Ihr* Fehler. Putzen Sie, ohne daß er es sieht, kommentarlos das Unglück weg und desodorieren Sie die Stelle sorgfältig.

Also, auch wenn Sie Besuch bekommen, zeigen Sie dem, wo »das Häuschen« ist, geradeso müssen Sie das auch Ihrem Hund zeigen, weil er, klein wie er ist, ziemlich oft ein Bedürfnis hat. Davon weiß er zwar noch nicht, wo er *nicht* »darf«. Hat er aber an einer geeigneten Stelle bereits einmal seine Spur hinterlassen, geht es dort künftig auch, weil er einen vertrauten Geruch vorfindet.

Damit sind wir beim Thema. Das erste, was Sie von der ersten Stunde an in Angriff nehmen müssen, ist das mit seiner Sauberkeitserziehung. Bitte überlegen Sie schon, *bevor* der Hund ins Haus kommt, wie Sie das bewerkstelligen wollen, damit es von Anfang an keine Mißverständnisse gibt. Machen Sie sich von Anfang an klar: Der Hund ist so eingerichtet, daß er von Natur aus »sauber« wird, und zwar ziemlich schnell. Aber es gibt auch Hunde, die jahrelang Probleme haben, sauber zu werden. Das liegt nicht am Hund. Da wurde eindeutig etwas falsch gemacht.

Das heißt aber nicht, daß Sie schon von der ersten Stunde an erzieherisch auf ihn einwirken sollen. Überfordern Sie Ihren Hund in den ersten beiden Tagen nicht! Laden Sie nicht schon zu seinem Empfang alle möglichen Leute ein, den Neuzugang zu begutachten. Haben Sie Kinder im Haus, sollten die nicht gleich wie wild mit dem Welpen herumspielen. Lassen Sie ihm die ersten beiden Tage, um sich zu orientieren und zurechtzufinden. Auch Sie selbst sollten zwar freundlich und zuversichtlich mit ihm umgehen, aber ihn nicht geradezu mit Liebe und Streicheleinheiten überschütten. Beobachten Sie ihn, kommt er zu Ihnen, sind Sie freundlich zu ihm und streicheln ihn. Denken Sie daran, daß Welpen noch ziemlich viel Schlaf brauchen, den sie einbüßen, wenn ständig an ihnen herummanipuliert wird.

Allerdings sollten Sie sich darauf einrichten, in der ersten Zeit mit Ihrem neuen Hausgenossen sehr viel Zeit für ihn zu haben. Am besten, Sie nehmen Ihren Urlaub, damit Sie sich ohne Hetze um alles kümmern können. Die Zeit, die Sie jetzt aufwenden müssen, macht sich später mehr als bezahlt.

Nun sollte er nach und nach alles kennenlernen. Gehen Sie mit ihm im Haus oder in der Wohnung herum und lassen ihn alles untersuchen. Darf er in bestimmte Räume nicht hinein, sind die natürlich von Anfang an tabu. Zeigen Sie aber auch außerhalb des Hauses den Garten, die Straße, machen Sie aber nur ganz kurze Wege mit ihm und lassen Sie ihn alles erforschen. Denken Sie daran, wie groß und fremd die neue Umwelt für ihn ist und zeigen Sie ihm seine neue Heimat, bevor Sie ihn auch an den Kontakt mit verschiedenen Leuten gewöhnen.

In den ersten beiden Tagen haben Sie nichts Wichtigeres zu tun, als Ihren Welpen zu beobachten, auf ihn einzugehen und ihm Ihre Liebe zu zeigen. Keinesfalls darf er irgendetwas erleben, was ihn ängstigen oder verletzen könnte! Zuallererst muß Ihr Welpe Vertrauen zu Ihnen und zu seiner neuen Umgebung bekommen, vermeiden Sie alles, was dies verhindern könnte.

Findet sich Ihr Welpe schon einigermaßen bei Ihnen zurecht, müssen Sie ihn nach und nach mit der »Hausordnung« bekannt machen, d.h. er muß nun jeden Tag mehr und mehr begreifen, nach welchen Regeln in Ihrer Familie gelebt wird und wo sein Platz in der Hierarchie ist. Von Anfang an aber sollten Sie ihm das sichere Gefühl vermitteln, daß er von Ihnen bedingungslos geliebt wird, was Sie ihm weniger mit Worten als mit Berührungen und Körperkontakt klar machen müssen. Streicheln Sie ihn, nehmen Sie ihn auf den Arm, machen Sie immer ein freundliches Gesicht und sagen Sie ihm mit heller Stimme lauter liebe Worte, auch wenn er nichts davon versteht.

Tragen Sie Ihren Welpen herum, müssen Sie ihn richtig auf den Arm nehmen, damit er Ihnen nicht, macht er ein paar Gegenbewegungen, aus der Hand rutscht und zu Boden fällt. Setzen Sie ihn auf die eine Hand, halten Sie die andere vor seinen Brustkasten und tragen Sie den Hund dicht an Ihrem Körper.

Vom ersten Tage an machen Sie ihn auch mit seinem Namen vertraut. Jedesmal, wenn er zu Ihnen hinschaut, sagen Sie deutlich und freundlich seinen Namen. Benutzen Sie seinen Namen auch dann, wenn Sie ihn auf sich aufmerksam machen wollen und loben Sie ihn nachdrücklich *»Guuut!«*, wenn er zu Ihnen hinschaut. Ich finde es immer wieder erstaunlich, wie schnell sich ein Hund seinen Namen merkt.

Wenn Sie Ihren Welpen auch nicht strafen und verunsichern sollen, gibt es das *»Nein!«* auch schon von Anfang an. Jedesmal, wenn er etwas unternimmt, was er nicht sollte, (z.B. beißen oder etwas zernagen) heißt es deutlich und klar *»Nein!«*. Betritt er ein Zimmer, wohinein er nicht sollte, macht er einen See an ungewünschter Stelle, nimmt er etwas in die Schnauze, das er nicht haben soll - immer heißt es *»Nein!«*, und Sie sorgen gleichzeitig dafür, daß das unerwünschte Verhalten sofort abgebrochen wird.

Wenn auch das Wichtigste in dieser ersten Zeit mit Ihrem Hund die Liebe ist, haben wir uns noch ein Zweites ein für alle Mal einzuprägen. Das ist *Konsequenz*. Sie werden in der Praxis noch sehen, daß es nichts Schwierigeres gibt, als immer und unter allen Umständen fest und konsequent zu sein. Von allem Anfang an gilt: Was Sie Ihrem Welpen durchgehen lassen, muß auch für immer und ewig erlaubt sein. *Dinge, die er später nicht darf oder soll, sind vom ersten Tag an und unter allen Umständen zu unterbinden!*

Bedenken Sie eines: Wenn Leute über Probleme klagen, die sie mit ihren Welpen haben: Es sind immer die gleichen Schwierigkeiten und im Grunde nichts anderes als natürliches Verhalten, allerdings zur *falschen* Zeit oder am *falschen* Ort. Man kann nahezu *alle* mit ein bißchen Vorausdenken oder Vorsorge verhindern und sollte das auch tun.

Besteht Ihr Haushalt aus mehr als einer Person, müssen Sie von Anfang an dafür sorgen, daß *alle an einem Strick ziehen*. Machen Sie sich eine Liste, was der Welpe darf und was nicht und sprechen die Liste *eindringlich* mit allen Personen durch. Es ist das Dümmste, was passieren kann, wenn jeder in der Familie mit dem Hund auf seine Weise umgeht. Wie soll ein Welpe das verstehen? Alle sollten wissen, wann es Zeit für ein *»Nein!«* oder ein *»Guuut!«* ist, und niemand darf vor allem das Lob vergessen!

Davon, daß man seinem Welpen erst nach und nach die volle Freiheit geben soll, haben wir weiter vorn schon gesprochen. Halten Sie sich unbedingt daran! Erst wenn der Welpe das mit der Sauberhaltung gelernt hat, nur sein eigenes Spielzeug zerkaut und insgesamt etwas ruhiger ist, können Sie ihm nach und nach mehr Freiheit geben. Jetzt müssen Sie aber gewissenhaft darauf achten, daß das Haus »welpensicher« ist. Alles, was er nicht ergattern darf, muß aus seinem Zugriffsbereich genommen werden. Manche Leute empfehlen, Dinge, die der Welpe nicht zerstören darf und die man nicht verräumen kann, mit einem schlecht riechenden Spray (gibt's im Zooläden) zu besprühen. Aus eigener Erfahrung kann ich sagen, daß das nicht immer nützt, wenn der Drang des Welpen, etwas zu zerlegen, zu groß ist. *Man sollte ihn wirklich erst dann unbeaufsichtigt auf die Umwelt loslassen, wenn er die richtige Reife dafür hat.*

Angelina v. Felix, Boxer, 4 Wochen

Und damit er die »richtige Reife« möglichst früh erreicht, gibt es nur einen zuverlässigen Weg: Erziehen Sie Ihren Welpen, sobald er in Ihre Familie gekommen ist, und lassen Sie nicht kostbare Zeit ungenutzt vergehen! Sich darauf vorzubereiten, haben wir schon häufig betont.

Von der Stubenreinheit

Trotz aller Rücksichtnahme und Vorsicht müssen Sie sich mit dem, was man als »Stubenreinheit« bezeichnet, gleich von der ersten Stunde an beschäftigen. Sie müssen vermeiden, daß Ihr Welpe überhaupt die Gelegenheit hat, sich an der falschen Stelle zu lösen. Denken Sie daran: Etwas Falsches, das er sich gar nicht erst angewöhnt hat, müssen Sie ihm auch nicht wieder abgewöhnen.

Weil es für das Zusammenleben mit zu dem Wichtigsten gehört, daß der Hund möglichst schnell »stubenrein« wird, sollte man annehmen, daß hier längst von jedermann (wie vielleicht beim Autofahren) nach einem erprobten Schema verfahren würde. Denkste! Gegen alle Vernunft halten sich hier hartnäckig die seltsamsten Ratschläge und Ammenmärchen - und so werden nicht selten gerade hier die Grundlagen für ein »Hundeproblem« gelegt.

Schauen wir uns einmal an, wie Hundewinzlinge eigentlich, noch bei ihrer Mutter, die Angelegenheit von sich aus regeln. Vielleicht hat Ihnen schon mal jemand erzählt, daß Hunde von Natur aus ihr Nest sauber halten. Beobachten Sie einmal einen Wurf Welpen. Ist die Wurfkiste so konstruiert, daß die Welpen sie verlassen können, werden Sie bemerken, daß die Welpen ziemlich früh, nämlich etwa mit drei Wochen, tatsächlich ihr »Nest« verlassen, und ihr Geschäft außerhalb erledigen. Sehr bald haben sie in der Umgebung einen Ort, an dem es passiert, und das ist so, weil es dort entsprechend riecht. Das bringt nicht die Mutter den Welpen bei, da kommen sie von ganz allein darauf, diese Fähigkeit ist genetisch bedingt.

Es kommt also bei dem Welpen, den Sie bekommen, auch etwas darauf an, aus welcher »Kinderstube« er kommt. Gewissenhafte Züchter fördern nämlich das gezielte Versäubern der Welpen, so daß diese, kommen sie zu Ihnen, im Prinzip bereits »sauber« sind. Jetzt kommt allerdings die neue Umgebung hinzu, und Ihr Welpe muß jetzt erst neu herausfinden, wo bei Ihnen der Platz ist, wo er »soll«.

Wir haben oben schon gesagt, daß Sie, frisch mit ihm zuhause angekommen, ihn sofort zu »der« vorher bestimmten Stelle führen sollen, damit er sich nach der Fahrt erleichtert. Sofort haben Sie also einen Platz festgelegt, an dem es »richtig« (nämlich wenn sich der Welpe das erste Mal dort verewigt hat) riecht und an der er auch später immer die geeigneten Verhältnisse vorfindet. Bitte bedenken Sie, daß ein Welpe wie ein kleines Kind erst ein gewisses Alter haben muß, bevor er seine »Eingeweide« kontrollieren kann. Frühestens im Alter von drei oder vier Monaten ist er soweit, daß er Blase und Darm beherrscht und es bewußt bemerkt, daß »es« soweit ist, bzw. seine Ausscheidungen auch mal längere Zeit bei sich behalten kann.. Von einem Problem hinsichtlich der Stubenreinheit kann man erst sprechen, wenn der Hund älter als sechs Monate ist.

Oder drücken wir es einmal andersherum aus: Sehr früh gibt es für Welpen »Tabuzonen« für ihr Geschäft und die müssen sie nun auch bei Ihnen kennenlernen. Natürlich ist es so, daß bereits vorgeprägte Welpen das schneller lernen, als jene, die keine entsprechende Gelegenheit hatten.

Wichtig für die Problemlösung ist allerdings, daß Sie den Welpen ausreichend beobachten, ihm nicht zu viel Freiheit geben, was Unglücke fördert und ihn ausreichend oft (vielleicht auch einmal umsonst) zu seiner »Stelle« führen, um sich zu entleeren. Sie sollten ihn auch nicht allein und unbeaufsichtigt hinauslassen, sondern ihn, der dabei *angeleint* bleibt, begleiten oder, wenn es sehr eilig ist, zu seinem Ort tragen. Dort setzen Sie ihn sanft ab und sagen *»Bobby, Mach (tu) was!«* und warten geduldig, bis er etwas von sich gegeben hat. Klappt es nicht sofort, wäre es aber an der Zeit für ihn, bewegen Sie ihn an der Leine immer wieder an »der« Stelle hin und her. Manche Welpen müssen erst ein paar Schritte tun, bevor »es« geht. Dann loben Sie ihn *»So ist's Braaav!«* oder *»Guuut!«*.

Um es einmal fachlich zu erklären: Bei der Stubenreinheit handelt es sich um eine sogenannte klassische Konditionierung. Dabei kommen bestimmte körperliche Anzeichen, der bestimmte Ort (das Grün, der Straßenrand, die Zeitung, der Geruch) und das bestimmte »Lösungswort« *»Bobby, Mach (tu) was!«* zusammen. Nach einiger Zeit wird Ihr Welpe nämlich sich dann sofort erleichtern, wenn Sie die Umstände dafür vorgeben. Arbeiten Sie von Anfang an mit *»Bobby, Mach was!«*: Dies erleichtert es Ihnen später, daß Ihr Welpe sich jedesmal auf diese Anweisung hin zu versäubern bemüht, was dann zu dem »straßensauberen« Hund einerseits und unterwegs zu einem bequemeren Reisegefährten führt, weil er sich bereits *vor* der Fahrt zu entleeren lernt und somit länger durchhält. Es ist auch nicht nötig, den Welpen, außer dem *»So ist's Braaav!«* noch weiter zu belohnen.

Die Besonderheit der sog. klassischen Konditionierung ist, daß sie *selbstbelohnenden* Charakter hat, da das Erledigen des Geschäfts dem Welpen schon Belohnung genug ist. Daraus ergibt sich aber auch, daß der Hund bei Mißerfolg nicht gescholten oder bestraft werden darf, also beispielsweise dann, wenn man ihn nach draußen zu seinem Toilettenort führt, und er nicht sofort tut, was er soll. Wenn Ihnen hier das geduldige Warten etwas mühselig zu sein scheint, es macht sich nur kurze Zeit später mehr als bezahlt.

Bei unseren letzten Hunden haben wir so gut aufgepaßt, daß es dann tatsächlich nicht mehr zu Mißgeschicken kam. Aber, wenn Ihnen (bzw Ihrem Welpen), bei aller Umsicht dennoch ein Mißgeschick passiert, sollten Sie wissen, wie Sie sich richtig verhalten müssen, damit nicht, wegen solch einer dummen Sache, gleich das Vertrauen Ihres Welpen zu Ihnen flöten geht. Zum Beispiel kann man ihm »soetwas« nicht ein für alle Mal dadurch verleiden, daß man seine Nase hineinstößt und ihn beschimpft oder gar schlägt. Was Sie damit ausdrücken wollen, *kann* kein Welpe kapieren. Wichtig ist, daß Sie ruhig bleiben und das Geschehen *nicht* als eine Ungezogenheit des Welpen betrachten. Rufen Sie auch nicht den Welpen zu sich, bzw. auch nicht drohend seinen Namen, um ihn von seinem Tun abzuhalten. Erwischen Sie ihn *sofort nach* frischer Tat, zeigen Sie auf das Produzierte, klopfen unter seine Schnauze und sagen *»Nein!«*. Dann transportieren Sie sein Produkt nach draußen, wohin es gehört, zeigen darauf und loben ihn *»Guuut!«*, er soll nun begreifen, daß es hier richtig gewesen wäre und daß es ihm hier gut ginge. Innerhalb des Hauses reinigen und vor allem desodorieren Sie alles gewissenhaft.

Erwischen Sie Ihren Winzling auf *frischer Tat*, heben Sie ihn mit beiden Händen zu sich hoch, sagen mit tiefer Stimme *»Nein!«*, schauen ihm ernst und tief in die Augen und tragen ihn dann sofort zu dem für sein Geschäft bestimmten Ort und animieren ihn *»Bobby, Mach was!«*. Natürlich müssen Sie ihn bei Erfolg tüchtig loben und - ohne daß er es sieht - die verunreinigte Stelle im Haus gründlich reinigen und desodorieren. Haben Sie ihn *nicht* auf frischer Tat ertappt (Ihr Fehler!), müssen Sie sein Mißgeschick ignorieren, lediglich die Stelle gut reinigen und desodorieren.

Ein kleiner Trick noch zur »Fleckenvermeidung« bei Teppichböden: Haben Sie in den ersten Wochen immer ein Gefäß mit Sagrotan-Lauge und einem Schwamm parat, womit Sie die Stelle umgehend säubern können. Auf den nassen Fleck legen Sie danach eine Lage Zeitungen. Sie saugt die Flüssigkeit auf, so daß kein Rand entsteht.

Wollen Sie es ganz richtig machen, bringen Sie Ihren Welpen *nachts* nicht irgendwo in Bad, Küche oder Keller unter, sondern stellen sein Körbchen in die Nähe Ihres Bettes. So werden Sie kaum Schwierigkeiten haben, ihn nachts »unfallfrei« zu halten und außerdem nicht nur die »Stubenreinheit« erheblich beschleunigen. Die meisten Welpen halten nachts, da ja auch ihr Organismus nachts langsamer arbeitet, ziemlich lange durch. Wird er nachts in seinem Körbchen (Sie können auch eine Gitterbox verwenden) unruhig, werden Sie das sofort bemerken, und können ihn schnell an die richtige Stelle bringen, wo das *»Bobby, Mach was!«* sofort zum Erfolg führt und Sie die Nachtruhe wieder fortsetzen können. Beim abseits untergebrachten Hund geht (nicht nur) diese Chance ungenutzt vorüber. Er wird sich in irgendeiner Ecke erleichtern, aber sonst nichts Wesentliches lernen. Aber das längere Aushalten in der Nacht ist kein Zeichen dafür, daß Ihr Welpe seine Schließmuskel bereits unter Kontrolle halten kann: Sein Körper arbeitet jetzt nur auf Sparflamme, tagsüber sind seine »trockenen Intervalle« erheblich kürzer.

Wann ein Welpe mit ziemlicher Sicherheit »muß«

So klein Ihr Welpe auch sein mag, so geordnet ist trotzdem sein Verdauungswesen. Wenn Sie sich also bestimmte Zeitpunkte merken, wo Sie besonders wachsam sein müssen, erleichtert Ihnen das einiges:

Ein Welpe »muß« mit ziemlicher Sicherheit dann:

1. Sofort morgens nach dem Schlafen
   = Morgens als erstes (noch im Nachthemd!) mit ihm hinausgehen!

2. Sofort nach jedem, noch so kurzen Schläfchen
   = Nach jedem Schläfchen mit ihm hinausgehen!

3. Wenn er im Wasser war oder gebadet wurde
   = Danach jedesmal mit ihm hinausgehen!

4. Nach dem Essen
   = Danach jedesmal mit ihm hinausgehen!

5. Nach dem Spielen oder Üben
   = Danach jedesmal mit ihm hinausgehen!

6. Wenn er suchend und schnüffelnd herumläuft
   = Sofort jedesmal mit ihm hinausgehen!

7. Wenn er sich in kleinen Kreisen zu drehen beginnt (höchste Eisenbahn!)
   = Sofort jedesmal mit ihm hinausgehen!

8. Wenn er sich hinzuhocken anschickt (höchste Eisenbahn!)
   = Hochnehmen und sofort jedesmal mit ihm hinausgehen!

9. Wenn er irgendwie nervös und unsicher wirkt, vor sich hinmaunzt oder sichtlich unruhig wird
   = Hochnehmen und sofort jedesmal mit ihm hinausgehen!

10. Wenn er längere Zeit irgendwo allein war und man beispielsweise nach Hause kommt
    Sofort nach der Begrüßung mit ihm hinausgehen.

14 Stichworte zur Stubenreinheit)*

Damit die Sache mit der Stubenreinheit nicht zu einem frustrierenden Kleinkrieg wird, hier in 14 Punkten, was Sie als Wichtigstes beachten müssen:

1. Legen Sie von vornherein fest, wo *Bobbys* »Toilettenort« sein soll, und führen ihn gleich am ersten Tag als erstes dort hin, und auch künftig immer wieder zu dieser Stelle. Am günstigsten ist eine Stelle außer-

*) Aus Eric H.W. Aldington, Was tu ich nur mit diesem Hund

halb des Hauses, notfalls aber auch die Lage Zeitungen an einer festen Stelle innerhalb des Hauses.

2. Um beim »Zeitungstraining« zu vermeiden, daß *Bobby* sein Geschäft nur innerhalb des Hauses auf den Zeitungen erledigen kann, bringen Sie ihn regelmäßig auch außerhalb des Hauses dazu, sich an einer bestimmten Stelle oder auch beim Spazierengehen zu lösen.

3. Geben Sie *Bobby* anfänglich einen begrenzten Freiraum, so daß Sie ihn ständig beobachten können. Müssen Sie ihn einmal allein lassen, verfrachten Sie ihn an einen »sicheren« Ort: in ein Kinderställchen, in einen Stubenkäfig, in einen abgegrenzten Ort im Bad oder Küche. Lassen Sie ihn nachts in seinem Körbchen in Ihrer Nähe schlafen.

4. Befördern Sie *Bobby* (angeleint oder getragen), auch wenn man ihm nicht anmerkt, daß er vielleicht »muß«, zu *festen Zeiten* nach draußen oder »dorthin« ; *immer* aber nach dem *Schlafen*, nach dem *Füttern* und zu jenen Zeiten, von denen Sie, bei *pünktlicher* Fütterung, wissen, daß *Bobby* nun soweit sein wird.

Mainbridge Leonarda, Basset Hound, 10 Wochen
E.: M. Bärtl, 84036 Landshut

5. Gehen Sie mit *Bobby* zu »seinem« Toilettenort und bleiben dort eisern solange mit ihm, bis es, *»Bobby, Mach (tu) was!«* geklappt hat.

6. Alle Stellen, an denen *Bobby* ein *Unglück* passiert ist, müssen gründlich von allen Geruchsspuren befreit werden, sonst passiert es hier immer wieder.

7. Erwischen Sie *Bobby* auf frischer Tat, nehmen Sie ihn sofort mit entschlossenem Griff mit beiden Händen hoch, sagen *»Nein!«* und bringen ihn zu seinem Toiletten-Platz. Schlagen oder Strafen nützen überhaupt nichts, sondern schaden nur. Warum, haben wir bereits erklärt.

8. Wenn Sie *Bobby nicht* auf frischer Tat erwischen, nützen Strafen und Schelten schon gleich überhaupt nichts. Sie können nichts weiter tun, als alles gründlich zu reinigen und künftig besser aufzupassen.

9. Machen Sie keine Experimente mit *Futterwechsel*, wenn Sie vom Züchter einen Futterplan mitbekommen haben, bei dem *Bobby* eine geregelte Verdauung und keinen Durchfall hat. Wenn Sie dennoch das Futter wechseln müssen, tun Sie es *schrittweise* und beobachten genau, welche Veränderung in der Verdauung sich daraus ergibt. Durchfall kann die Folge von Überfütterung sein, aber auch andere Gründe haben. Mit Knochenmehl kann man einen festeren Stuhl, aber bei Übermaß auch Verstopfung erzeugen. Der Kot sollte festgeformt und braun sein. Ist er zu weich oder gar flüssig, stimmt etwas mit der Ernährung oder der Gesundheit nicht. Ist er bröcklig-grau und hart, haben Sie zuviel Knochen gefüttert. Am besten ist es, Sie vermeiden jeden Futterwechsel, bis die Stubenreinheit gesichert ist.

10. Füttern Sie grundsätzlich zu festgesetzten Zeiten, die Sie aber auch an Sonn- und Feiertagen ebenso einhalten müssen.

11. Legen Sie sich für *Bobby* einen »Terminkalender« an, in dem Sie alles notieren: Zeitpunkt und Art der Fütterung, wann geschlafen, wann aufgewacht, wann mit ihm draußen, wann gespielt, wann ein »Mißgeschick« im Haus, wann »erfolgreich« beim Ausgang. Bald haben Sie so heraus, in welchem zeitlichen Abstand *Bobby* die unverdauten Reste seiner Mahlzeiten wieder ans Tageslicht befördert. Auf diese Weise ler-

nen Sie bald, seinen Verdauungsrhythmus Ihrem eigenen Tagesplan anzupassen, indem Sie die Fütterung nun gezielt so legen, daß Sie hinterher auch Zeit haben, den Hund zu seinem Geschäft zu animieren.

12. Lassen Sie *Bobby* sofort von Ihrem Tierarzt gründlich auch auf Wurmbefall untersuchen und gegebenenfalls entwurmen.

13. Hat *Bobby* Durchfall oder ist er krank, müssen Sie besonders auf ihn achten. Natürlich dürfen Sie ihn jetzt schon gar nicht schelten oder strafen, müssen aber besonders häufig mit ihm ins Freie und eventuelle Mißgeschicke sofort gründlich entfernen, damit nicht, ist der Hund wieder gesund, er nun seine guten Manieren vergessen hat.

14. Erst wenn *Bobby* älter als sechs oder sieben Monate ist, können Sie von einem »Problem« hinsichtlich der Stubenreinheit reden.

Zeitungspapier bei der Sauberkeitserziehung

Am besten ist es zweifellos, Sie können es so einrichten, daß sich Ihr Welpe niemals *innerhalb* des Hauses entleert. Dann findet er hier niemals die geeigneten Verhältnisse vor und »kann« dort nach einiger Zeit einfach nicht.

Aus diesen Gründen war ich immer ein Gegner des sogenannten »Zeitungstrainings« und der Ansicht, wer nicht einmal die Zeit hat, seinen Hund rechtzeitig nach draußen zu befördern, sollte auch keinen Hund haben. Im Laufe der Jahre habe ich mich eines Besseren belehren lassen und eingesehen, daß lediglich Schwierigkeiten bei der Erziehung zur Sauberkeit nicht der alleinige Grund sein dürfen, auf einen Hund zu verzichten.

Wer z.B. im 10. Stock eines Hochhauses wohnt und möglicherweise den Hund einmal längere Zeit allein lassen muß, dem bleibt schließlich nichts anderes übrig, als seinen Hund an einen bestimmten Ort innerhalb der Wohnung, oder, was wenigstens etwas in die richtige Richtung ginge, auf dem Balkon als »Toilette« zu gewöhnen. Aber bitte: *Nur wenn es wirklich nicht anders geht!* Haben Sie andere Möglichkeiten, fangen Sie das mit dem Zeitungstraining gar nicht erst an, auch wenn Ihnen Bekannte erzählen, wie viele Mühen und Gänge Sie sich damit ersparen könnten. Wer einem Hund erlaubt, sich innerhalb des Hauses zu lösen, kann in der Folge, besonders bei älteren Hunden, mit einer Reihe anderer Probleme konfrontiert werden. Beim Welpen kommt es schon garantiert in der Weise zu Komplikationen, daß er sich, sind Sie mit ihm unterwegs, dann zunächst draußen nicht lösen kann.

Also, nach wirklich reiflicher Überlegung legen Sie eine »Toiletten-Ecke« im Bad, im Keller, in der Küche, auf dem Balkon an, jedenfalls für den Hund jederzeit und leicht erreichbar. Diesen Ort legen Sie mit mehreren Lagen Zeitungen aus. Vielleicht glückt Ihnen schon am ersten Tag, ihn dort zu See und Geschäft zu animieren *»Bobby, Mach (tu) was!«*, und schon haben Sie die Grundlage geschaffen.

Die beschmutzten Zeitungspapierlagen räumen Sie möglichst oft weg, ein Restchen allerdings heben Sie auf und legen es auf die frischen Papiere, damit Ihr Welpe den bestimmten Geruch dort immer wieder vorfindet und sich erinnert. Anfangs ist die Zeitungsauslage noch sehr geräumig, nach und nach schieben Sie die Zeitungen immer mehr zusammen, so daß zum Schluß nur noch der Platz von ein oder zwei voll aufgeschlagenen Zeitungen zur Verfügung steht. Jedenfalls haben Sie nun den Ort, wohin Sie Ihren Welpen immer dann verfrachten, wenn es Zeit und Grund gibt, ihn »nach draußen« zu befördern.

Wie gesagt, kann es zum Problem insofern werden, daß Ihr Welpe nun *nur* noch dort kann. Mit Hilfe der nassen Zeitungsstücke können Sie ihn aber nun auch daran gewöhnen, daß es auch außerhalb der Wohnung Stellen gibt, wo es »passend« riecht und ihn mit *»Bobby, Mach (tu) was!«* animieren, sein Geschäft auch draußen zu erledigen. Auch dann, wie im Hause, dürfen Sie das *»So ist's Braaav!«* niemals vergessen. Auf Dauer wird sich das mit den Zeitungen vermutlich nur mit Kleinhunden beibehalten lassen, da das Fassungsvermögen des Papiers begrenzt ist. Auf die richtige Größe des Hundes zu achten ist also auch hinsichtlich seiner Sauberkeitserziehung wichtig.

Was soll/kann ich schon dem Welpen eigentlich alles beibringen vom tieferen Sinn der Erziehung?

Immer wieder muß es gesagt werden: In der ersten Sekunde, die Ihr Welpe mit Ihnen verbringt, setzt auch sein Lernen ein! Sie können das nicht verhindern. Es nützt also gar nichts, sondern ist vielmehr verschenkte Zeit, wenn Sie den Welpen, weil er noch so klein ist, »schonen« wollen und bewußt versuchen, alles Schulmeisterliche zu unterlassen. Bringen *Sie* ihm nicht bei, was er tun oder lassen soll, lernt er eben, das zu tun oder zu lassen, was ihm in den Sinn kommt. Schnell sind die ersten sechs oder 12 Monate herum, und Ihr Welpe ist alles andere als erzogen, *gelernt* hat er aber eine Menge!

Dabei ist das, was die Grunderziehung des Welpen ausmacht, d.h. das, was er mit Sicherheit lernen soll, die einfachste Angelegenheit der Welt. Sie tun nichts anderes, als ihm zu vermitteln, daß er das, was er ohnehin schon kann, auf Ihre Anweisung hin zu tun oder zu lassen hat. Er kann sitzen, stehen, liegen, warten, zu einem bestimmten Ziel laufen, zu Ihnen kommen... das alles müssen Sie ihm ja gar nicht beibringen. Er muß nur lernen, es mit einem »Befehl« oder einer Handbewegung Ihrerseits zu verknüpfen und dann sofort und ohne jedes Zögern auch auszuführen.

So einfach es klingt, so einfach ist es im Grunde auch. Schwierig wird es nur deswegen, weil der Hundehalter nicht mit dem ausreichenden Durchsetzungsvermögen bei der Sache ist und seinem Hund viel zu wenig zutraut. Es muß eben die Kommunikationsmöglichkeit zwischen Ihnen und Ihrem Hund hergestellt werden, damit Sie ihm überhaupt sagen können, was Sie von ihm wollen, und er das auch versteht. Jeder von Ihnen beiden muß also die Sprache des anderen lernen, d.h. wir müssen unserem Hund die unsere verständlich machen und gleichzeitig lernen, seine Körpersprache zu begreifen.

Dabei hat auch die Erziehung der einfachsten Grundlagen einen tieferen, weitergehenden Sinn. Nehmen wir einmal das *»Bobby, Sitz!«*. Wenn er diese Anweisung befolgt, sind gleichzeitig eine ganze Menge anderer Aktionen für ihn unmöglich geworden: Er kann nicht springen, hüpfen, jemanden anspringen, weglaufen, mit anderen Hunden raufen usw. Ein einfaches *»Bobby, Sitz!«* bewahrt Sie, wenn Ihr Hund es prompt befolgt, davor, ihn wegen irgendwelcher unerlaubten Dinge auszuschelten oder zu bestrafen. Der Hund hat auch nur zwei Möglichkeiten: entweder er sitzt oder er sitzt nicht. Wenn er sitzt, haben Sie ihn unter Kontrolle, folgt er Ihnen nicht, ist es aus damit. So sollten Sie ihn auch nicht eher von der Leine lassen, als bis das mit z.B. dem *»Sitz!«* ziemlich zuverlässig funktioniert. Ging es eine Weile und hat Ihr Welpe, abgeleint, dann einen Rückfall, müssen Sie sofort zur Leine zurück.

Ebenso ist das mit dem *»Platz!«*, wobei der Hund sich hinlegen soll, eine Situation, die den Hund von sehr vielem, was er eigentlich lieber täte, abhält. Man kann ihn, wie wir noch sehen werden, sogar ziemlich lange abliegen lassen, und er wird in dieser Zeit an allerlei »Untaten« gehindert: Er kann nicht herumlaufen und etwas kaputt machen, kann Familienmitglieder nicht ärgern, nicht in der Küche herumstreunen, nicht hinter anderen Hunden herlaufen, lernt sich bei Besuchern ordentlich zu benehmen. Er hat an seinen Platz oder wo er sich gerade aufhält, abzuliegen und nichts anderes zu tun als eben nur das.

Ähnliches gilt für alle »Befehle«, die wir ihm beibringen. Jeder beinhaltet für den Hund eine bestimmte *Tätigkeit,* die andere ausschließt. Eine Ausnahmestellung hat sein Name, auf den wir gleich noch kommen.

Das ist aber nur der eine der beiden tieferen Sinne. Das zweite ist, daß der Hund mit jedem Wort, das wir ihm beibringen, mehr und mehr daran gewöhnt wird, sich auf *uns* einzustellen und auf *uns* zu achten. Auch das hat wieder mehrere Seiten: Einerseits wird die Dominanzhierarchie in Ihrem »Rudel« damit eindeutig gefestigt: Der Boß sind Sie, und zweitens wird mit den einfachen Übungen der Grundstein dafür gelegt, daß man ihm später auch weitergehende Aufgaben übertragen kann, wo Hunde wahre Wunder vollbringen können. Und last but not least: Erst wenn Ihr Hund einen gewissen Grundgehorsam sein eigen nennt, können Sie sicher sein, daß er sich selbstverständlich und störungsfrei in Ihr Leben eingliedert, daß man ihn später niemals wegsperren oder allein lassen muß, sondern ihn überall mit hinnehmen kann, was letztlich, da kein Hund gern allein ist, auch in seinem Sinne ist.

Viele Leute meinen fälschlicherweise, die Grunderziehung sei nichts als eine Reihe von Befehlen, die der Hund lernen muß. Aber man muß sich immer wieder vor Augen führen, daß es mehr ist als eine Reihe von Anordnungen. Viel wichtiger ist, daß der Hund lernt, daß er zu tun hat, was man ihm sagt, es *dann* zu tun, wenn Sie es von ihm verlangen und dies *solange* durchzuhalten, wie Sie es erwarten. Das ist es, was der Hund im Prinzip begreifen muß. Leider werden viele Hunde nur so erzogen, daß sie einzelne »Kunststückchen« können. Das Sitz, Platz usw. sind nichts als kleine Zirkusnummern, die sie, meist nur unter bestimmten Umständen, beherrschen. Das hat aber nichts mit *Erziehung* zu tun.

Was wir tun müssen, ist dem Hund die verschiedenen Anweisungen unter immer neuen Begleitumständen klar zu machen, so daß er sie unter allen Umständen, auch mehrere Befehle hintereinander, fließend und sozusagen elegant absolviert, ohne zu zögern und ohne die kleinste Unsicherheit. Er muß uns durch einen inneren Draht verbunden sein, und ein Wort, eben unseren Lippen entkommen, hat sofort nachdrücklichen Einfluß auf ihn. An unseren Handbewegungen und Gesten hängt er wie angewachsen, alles geht leicht und frei und irgendwie ohne Zwang und Mühsal.

Nun werden Sie meinen, auch wenn Sie die nächsten Seiten durchlesen, Erziehung sei beschwerlich. Sie haben Recht und Unrecht zugleich. Der tatsächliche Zeitaufwand ist gering, es sind immer nur wenige Minuten.

Der eigentliche Aufwand entsteht dadurch, daß Sie sich *mental* mit Ihrer Aufgabe auseinandersetzen müssen. Das geht am leichtesten so, daß Sie *immer* vor Augen haben, wie Ihr Hund eines Tages sein soll. Dann wird es Ihnen leichter fallen, immer, das große Ziel vor Augen, alles im Kopf parat zu haben, was Sie, und das *konsequent*, unternehmen müssen, damit Sie Ihr Ziel auch erreichen. Auf dem Weg dahin setzen Sie sich kleine Zwischenziele, also z.B. das »*Bobby, Sitz!*«' soll klappen oder das »*Platz!*«, oder das An-derLeine-gehen. Auf diese Schwerpunkte legen Sie Ihr Hauptaugenmerk, bis es richtig sitzt, alle anderen Aufgaben üben Sie zwar auch, gezielt, d.h. mit einem gewissen Nachdruck, bis sich immer mehr Gekonntes aneinanderreiht.

Früher konnte man lesen, man dürfe mit dem Hund erst dann etwas Neues üben, wenn das Vorherige richtig sitzt. Amerikanische Freunde, die berufsmäßig viele Hunde ausbilden, haben mich eines Besseren belehrt. Wir haben es ihnen dann nachgemacht und festgestellt, daß deren Methode schon einiges für sich hat, weil der Hund weniger lang dumm bleibt. Der »Trick« dabei ist, daß man die Grunderziehung in bestimmten Schritten nach und nach in Angriff nimmt und - einfach im täglichen Leben - während des Zusammenseins mit dem Hund simultan immer wieder übt. Beschäftigen tut man sich ohnehin mit dem Kleinen. Es ist also gar nicht so schwer, ihm sozusagen nebenbei alles mögliche beizubringen, was sich nach und nach in seinem kleinen Hirn festsetzt. Und so einfältig, wie wir gedacht haben, sind Hunde wirklich nicht. Sie sind durchaus in der Lage, auch unterschiedliche Dinge, die man im Spiel, d.h. während der Beschäftigung mit Ihnen übt, zu begreifen. Auch wenn Welpen miteinander spielen, führen sie die verschiedensten Aktionen aus und können sich auf viele Situationen einstellen.

Wir versuchen nun in den nächsten Kapiteln diese aneinanderreihende Erziehung in verschiedenen Schritten gemeinsam zu durchlaufen. Wir haben das System, das wir weitgehend von unseren amerikanischen Freunden übernommen haben, selbst und mit unseren Freunden und den verschiedensten Rassen erprobt und waren zufrieden mit dem Ergebnis.

Die ganze Familie erzieht den Welpen mit
Tricks, wie man das richtig oder falsch macht.

Das Schwierige an der Hundeerziehung - bzw. das, wo die meisten Fehler gemacht werden, ist mangelnde Konsequenz. Am deutlichsten bekommen das natürlich die zu spüren, die noch nie einen Hund hatten und die sich daher erst das Vokabular dazu angewöhnen müssen. Aber mühsam ist es auch, *allen* beteiligten Personen, die sich nicht hauptsächlich mit dem Hund abgeben (wohl aber erwarten, daß er folgt!) zu vermitteln, was sie mit dem Hund tun sollen und was nicht.

Dabei gibt es nur ein und obendrein einfaches Mittel, um diesen Klippen aus dem Wege zu gehen. Auf den folgenden Seiten werden Sie sehen, wie wir Schritt für Schritt uns die Befehle erarbeiten, die für die Kommunikation innerhalb der Familie sorgen.

Gleich zu Anfang legen Sie sich einen Stapel Notizzettel, von der Größe einer Postkarte an. Jedesmal, wenn Sie einen neuen Begriff in seinem (und Ihrem!) Gehirn verankern müssen, schreiben Sie auf einen Notizzettel groß das jeweilige Wort, also z.B. »*Bobby, Sitz!*« (oder wie Ihr Hund nun heißt) und befestigen die Postkarte mit Klebstreifen an einer Tür, an der man möglichst oft vorbei muß und die alle sehen können.

Sie erklären allen, wie das *Sitz!*« funktioniert und wie es ausgesprochen wird und was mit dem Hund dabei zu tun ist. Da Sie ja etwa jeden oder spätestens jeden 2. Tag mit einem neuen Begriff beginnen, haben

Sie an der gewissen Tür bald eine Reihe von Karten mit Befehlen hängen, jeder kann sofort sehen, welche Begriffe inzwischen eingeführt sind und sie entsprechend richtig benutzen. Für Sie selbst ist es ein Ansporn und ein Spickzettel zugleich. Jeden Tag kommt etwas Neues hinzu und Sie können das Anwachsen des Wissens täglich verfolgen, sehen aber auch gleich auf einen Blick, welche »alten« Befehle Sie in Ihr tägliches Üben wieder mit aufnehmen müssen. Zu leicht wird nämlich sonst das eine oder andere über dem Neuen vergessen. Wie und warum man seine Spickzettel später immer wieder umhängt, davon später mehr.

Ich kann Ihnen verraten, daß diese Methode - vor allem für Sie selbst - unglaublich wirkungsvoll ist. Man kann es gar nicht erwarten, daß es immer mehr Postkarten werden, merkt, wie es schrittweise weitergeht und wird immer daran erinnert, daß - Wiederholung den Meister macht! Und nicht zuletzt: Alle in der Familie Beteiligten sind hinsichtlich der Hundeerziehung immer auf dem gleichen Stand des Wissens!

Schritt Nr. 1
Der Hund und sein Name

Bevor Sie ihn mit seinem Namen vertraut machen, müssen Sie sich klar machen, daß es wichtig für Sie und ihn ist, daß er das möglichst schnell begreift, und daß Sie dafür jede sich bietende Gelegenheit ausnutzen müssen, also nicht irgendwann einmal 10 Minuten das mit seinem Namen üben müssen. *Wie vieles, was in den folgenden Schritten kommt, ist es wichtig, daß man - außer den ausdrücklichen Übungen - auch die zwischendurch sich ergebenden Situationen ausnutzt, seinem Hund das eine oder andere klar zu machen.*

Ich finde es erstaunlich, wie schnell ein Hund seinen Namen begreift, bzw. daß er und niemand anderes damit gemeint ist. Das nämlich käme in seiner normalen Umwelt nicht vor. Wir fangen ganz einfach damit an, daß wir *Bobby* dann sagen, wenn er uns anblickt. Wenn Sie Ihren Hund auf sich aufmerksam machen wollen, weil er gerade an etwas anderes denkt, rufen Sie ihn *Bobby!!* und loben ihn *»So ist's Braaav!«* oder *»Guuut!«*, schaut er zu Ihnen hin. Auch die verschiedenen Anweisungen, nämlich die, bei denen er etwas tun soll, kombinieren Sie mit seinem Namen z.B. *»Bobby, Sitz!«*. So lernt er nach und nach zu kombinieren, daß, sobald das *Bobby* ertönt, irgendetwas gemeint ist, was ihn betrifft. Das ist auch wichtig, wenn Sie mehrere Hunde haben. Sie müssen schon zu erkennen geben, daß Sie ausdrücklich *Bobby* meinen und niemand anderen.

Manche Leute machen den Fehler, den Namen *Bobby* wie einen Befehl zu benutzen. Sie rufen *Bobby* und meinen *»Bobby, Komm!«*, sie schimpfen *Bobbiiii!!*, und meinen dabei, er soll irgendetwas unterlassen. Das kann nur dazu führen, daß der Hund ganz verwirrt ist und nicht weiß, ob er nun zu Ihnen hinsehen, zu Ihnen kommen oder etwas lassen soll. Sie müssen erreichen, daß er sich bei Nennung seines Namens freut und erwartungsvoll ist, was Sie nun von ihm wollen.

Schritt Nr. 2
das »So ist's Braaav!« oder »Guuut!«

Das nächste, was Ihr Hund von Ihnen zu verstehen lernen muß, ist kein Befehl, sondern Ihr - Lob, er soll sich wohlfühlen dabei. Damit er das versteht, veranlassen Sie ihn, sich hinzulegen und sich von Ihnen streicheln zu lassen, dazu sagen Sie *»So ist's Braaav!«* oder *»Guuut!«*, oder nur eines von beiden, falls Sie es bei einem von beiden belassen wollen. Auch, wenn Ihr Welpe zu Ihnen kommt und gestreichelt wird, schauen Sie ihm in die Augen und sagen Sie ihm diese freundlichen Worte, daß er bald merkt, daß Sie und damit auch er in einer glücklichen, entspannten Stimmung sind. Das können Sie bereits auf der ersten Fahrt von Ihrem Züchter nach Hause erstmals zu ihm sagen. Wenn er sich friedlich auf Ihrem Schoß zusammenrollt, wenn Sie ihn hinter sich herlocken, daß er Ihnen folgt und immer dann, wenn er sich in den ersten Stunden und Tagen zu Ihnen hinwendet, müssen Sie ihn loben. Das behalten Sie ab sofort immer für den Fall bei, daß der Welpe etwas Gewünschtes getan hat, aber bitte, mit freundlicher Stimme, öfter auch mit Blickkontakt und Streicheln, und mit langem aaa oder langem uuuu.

Schritt Nr. 3
das Nein!

Auch das *»Nein!«* ist etwas, was der Welpe schon vom ersten Tag an bei Ihnen erfahren muß. Jedesmal, wenn er etwas Unerwünschtes tut, heißt es deutlich und klar und mit etwas tieferer Stimme *»Neiiiiin!«*, und, stoppt der Welpe zwar, setzt aber dann sein Verhalten fort, kommt ein zweites oder auch drittes *»Nein!«* mit Nachdruck. Natürlich müssen Sie ihn *sofort* nachdrücklich loben, wenn er dem *»Nein!«* Folge leistet. Damit er sein unerwünschtes Verhalten nicht doch gleich wieder aufnimmt, sollten Sie ihn ablenken, indem Sie ihn, nach dem Lob, mit etwas anderem beschäftigen, einen Ball zu ihm hinrollen oder ein paar Schritte mit ihm laufen oder was Ihnen einfällt.

Nun kommen aber auch Situationen, bei denen der Welpe beharrlich immer wieder tut, was er nicht soll. Das pure *»Nein!«* reicht also nicht aus, er hat es noch nicht kapiert. Als Steigerung geben Sie ihm einen Klaps unter sein Kinn und wiederholen das *»Nein!«*. Nützt auch das nichts, machen Sie den Schnauzengriff, sagen *»Nein!«* und bringen ihn vom Ort des Geschehens weg. Auch wenn es manchmal lange gedauert hat, verlieren Sie nicht die Geduld und nicht Ihre Freundlichkeit, die sofort wieder da sein muß, wenn Sie ihn loben.

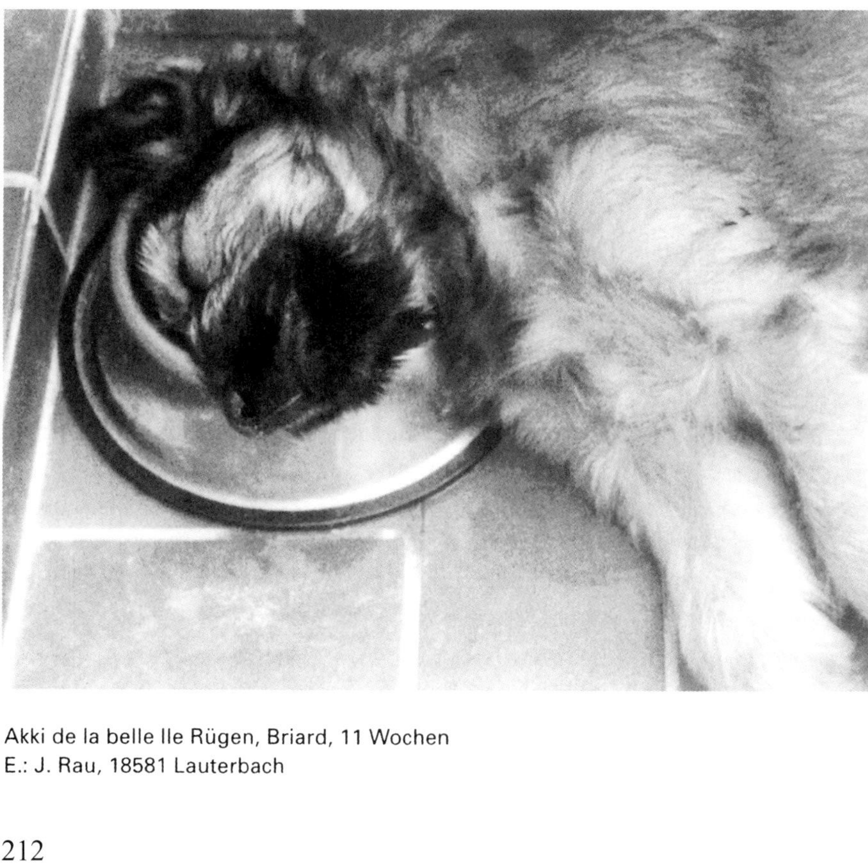

Akki de la belle Ile Rügen, Briard, 11 Wochen
E.: J. Rau, 18581 Lauterbach

Ein Fehler ist es anzunehmen, bei bestimmten Situationen reiche ein *»Nein!«* ein für alle Mal und alle Zukunft aus. Der Welpe merkt sich das nur für diesen Augenblick und wird wenig später etwas, was ihm vielleicht sehr am Herzen liegt, wieder ausführen. Jetzt heißt es aufpassen: Sind Sie - für diesen Tag - des Korrigierens müde geworden und haben keine Lust mehr, müssen Sie trotzdem, so mühsam das auch ist, weiterhin mit Ihrem *»Nein!«* zur Stelle sein. Manchmal ist es besser, ein immer wiederkehrendes Fehlverhalten durch Vorsorge zu verhindern. Gräbt Ihr Welpe immer wieder Löcher, zerkaut er Schuhe, Kissen oder Bücher, sperren Sie ihn oder die Sachen weg, daß er sie nicht unbeaufsichtigt erreichen kann. Auch darf er niemals etwas behalten, was er verbotener Weise an sich brachte. Das kann ein zerkauter Schuh sein (obwohl der nun ohnehin kaputt ist) oder ein geklautes Stück Brot oder Kuchen. Sie müssen es ihm mit einem nachdrücklichen *»Nein!«* abnehmen und für ihn unerreichbar machen. Denken Sie an die Hundemutter: *Jedesmal*, wenn ihr Kind etwas Verbotenes tut, wird sie es energisch maßregeln, ganz gleich, wie oft sie das vorher schon getan hat.

Achten Sie aber darauf, daß das *»Nein!«* nicht zu dem am häufigsten von Ihnen benutzten Wort wird, sondern sorgen Sie durch *umsichtiges Verhalten* dafür, daß ihm vieles, was er nicht darf, von vornherein unmöglich gemacht wird. Sonst besteht die Gefahr, daß er dies Wort schließlich ganz einfach ignoriert, weil es letztlich alle seine Handlungsweisen begleitet.

Schritt Nr. 4
»Bobby, Komm!« Kommen 1. Teil

Zu dem Wichtigsten, was Ihr Hund lernen muß, gehört, daß er, wenn Sie ihn rufen, garantiert alles stehen und liegen läßt und zu Ihnen kommt. Dies erwünschte Endergebnis müssen Sie immer vor Ihrem inneren Auge haben, wenn Sie sich *von Anfang an* mit ihm darum bemühen, daß er das *»Bobby, Komm!«* möglichst schnell in seinem kleinen Hirn verankert.

Am einfachsten ist, Sie leiten das Kommen gleich von Anfang an spielerisch ein. Gerade, weil er noch so klein ist, wird er bemüht sein, möglichst oft in Ihrer Nähe zu sein, oder Sie rufen ihn immer wieder mit *»Bobby, Komm!«* in Ihre Nähe und lassen sich von ihm begleiten. Dann wird er jedesmal ganz fürchterlich gelobt *»So ist's Braaav!«* oder *»Guuut!«*, daß es ihm richtig Spaß macht, sich mit Ihnen gemeinsam hierhin und dorthin zu bewegen.

Um ihn dazu anzuleiten, möglichst immer dort zu sein, wo auch Sie sind, können Sie sich eine leichte Leine um die Taille binden und den Hund daran anleinen. Dann sind Sie verbunden, fast wie Siamesische Zwillinge, und Ihr Hund gewöhnt sich, ohne daß Sie viel dazu tun müssen, an Sie, Ihren Tageslauf und Ihre Gewohnheiten.

Natürlich dürfen Sie ihn nicht stundenlang mit sich herumführen. Erstens ermüdet ein kleiner Hund schnell und braucht immer wieder seine Schlafpausen. Zweitens sollte Ihr Hund nicht daran gewöhnt werden, daß er *pausenlos* in Ihrer Nähe ist (oder Sie in seiner), das könnte zu Komplikationen führen.

Sie können das mit dem Kommen auch leider nur zu leicht verderben: Was Sie z.B. nicht tun dürfen, ist, Ihren Welpen zu sich zu rufen, um ihn zu tadeln oder wenn etwas von ihm Ungeliebtes (z.B. Baden) auf ihn zukommt. In solchen Fällen müssen Sie zu Ihrem Welpen gehen und das Nötige veranlassen. Wenn Ihr Welpe zu Ihnen kommt, muß es immer *wunderbar* für ihn sein, sonst wird das *»Bobby, Komm!«* ambivalente Gefühle in ihm auslösen. Der zweite Fehler ist, daß man nicht dafür sorgt, daß der Welpe auch wirklich kommt, hat man ihn gerufen. Das führt dann dazu, daß der Befehl je nach Lust und Laune ignoriert und niemals sicher befolgt wird.

Schon wenn Sie merken, daß der Welpe zu Ihnen hinkommen will, rufen Sie *»Bobby, Komm!«* und loben ihn, wenn er seinen Weg zu Ihnen fortsetzt, mit *»Guuut!«*, was ihn anfeuern soll und mit *»So ist's Braaav!«* und einigen Streicheleinheiten, wenn er bei Ihnen angekommen ist. Was Sie nun richtig und überlegt einsetzen müssen, sind Ihre Stimme und Ihre Körpersprache. Wie schon vorn, beim »Zeigen« besprochen, helfen Sie ihm mit Körperbewegungen, den Sinn von *»Bobby, Komm!«* zu verstehen. Sie können sich mit der Hand auf den Oberschenkel klopfen, und ein paar schnelle Schritte von ihm weg machen oder ihm mit Hand/Arm zu sich herwinken. Da er instinktiv mitläuft, wenn Sie weglaufen, folgt er Ihnen und, da Sie stehen bleiben, ist er dann bei Ihnen. Auch hier feuern Sie sein Zulaufen mit *»Guuut!«*

»Kommen« mit der langen Leine

»Kommen« zwischen zwei Personen

an und loben ihn *»So ist's Braaav!«*, wenn er bei Ihnen ist. Sie können sich auch in einiger Entfernung (die Sie nach und nach vergrößern) vor ihm auf den Boden kauern, ihn ansehen, in die Hände klatschen und *»Bobby, Komm!«* rufen und ihn mit *»Guuut!«* anfeuern, kommt er neugierig zu Ihnen hin. Diese Art des *»Bobby, Komm!«* üben Sie schon von klein auf mit ihm, aber bitte vorzugsweise in Situationen, wo Sie sicher sind, daß er auch kommen wird, d.h. er sollte einigermaßen aufmerksam auf Sie sein und zunächst mit nichts anderem dringend beschäftigt sein.

Sehr viel Spaß macht es Welpen, wenn sie mit *»Bobby, Komm!«* zwischen zwei Personen hin und hergeschickt werden. Erst hält ihn der eine fest, der andere ruft und man stupst den Welpen ein wenig in die richtige Richtung. Das Gegenüber feuert ihn mit *»Guuut!«* an und lobt ihn heftig und mit Streicheln *»So ist's Braaav!«*, ist er angekommen. Dann ruft ihn der andere wieder usw. Ausnahmsweise darf man dieses *»Bobby, Komm!«* auch jeweils mit einem wirklich winzigen Leckerle belohnen, um den Welpen zwischen den Personen besonders schnell hin und her eilen zu lassen.

Sehr viele Leute gewöhnen ihrem Welpen aber das Kommen mehr ab als an. Kommt der Welpe nicht zu ihnen hin, gehen sie selbst zu ihm, um ihn zu holen; weicht der Welpe aus, laufen sie ihm gar nach. Da verknüpft ein intelligenter Hund leicht das *»Bobby, Komm!«* mit einem amüsanten Fangespiel.

Als oberstes Erziehungsziel gilt: Wenn Sie Ihren Welpen rufen, muß er garantiert und auf der Stelle zu Ihnen kommen. Hinterherlaufen (d.h. Sie rennen ihm nach) gibt es <u>nie</u>, wohl aber ein schrittweises *Weg*laufen, um den Welpen zum Folgen zu animieren. Und dann machen Sie Ihr schönstes Sonntagsgesicht, wenn er bei Ihnen angekommen ist und loben ihn sehr.

Diese ersten Übungen, die Sie mit dem Welpen aus geringer Entfernung und meist im Haus machen, können Sie noch ohne Leine ausführen. Sehr junge Welpen kommen nur zu gern, wenn man sie ruft. Besser ist es jedoch, er hat die ganz kurze Leine am Halsband, daß Sie ihn noch etwas näher zu sich hinziehen können, damit er kapiert, auf das *»Bobby, Komm!«* muß er wirklich in Ihre nächste *Nähe* kommen. Weitere Komm-Übungen machen wir erst, wenn wir das *»Bobby, Sitz!«*

mit ihm erlernen, da wir dann das Kommen auch aus größerer Entfernung, allerdings zunächst angeleint, mit ihm trainieren.

Übrigens, auch zum Füttern können Sie ihn mit »*BOBBY*, *Komm!*« herbeilocken, da er anfänglich ja häufig gefüttert wird, kommt das mehrfach täglich vor und ist sehr angenehm für ihn. Auch das Kommen kann und sollte man »nebenher« üben: Jedesmal, wenn man ein paar Minuten Zeit für den Hund hat, holt man ihn mit »*BOBBY*, *Komm!*« zu sich, lobt ihn, usw.

Diese ersten »Komm«-Übungen machen Sie im Haus. Wie es dann draußen weitergeht, davon später.

Schritt Nr. 5
»BOBBY, Mach was!«

Auch mit dem *«BOBBY, Mach was!»* können Sie sich ein ganzes langes Hundeleben lang das Miteinander erheblich vereinfachen. Es ist nämlich nichts angenehmer, als das möglichst unverzügliche Versäubern auf Befehl zu erreichen, anstatt unvorhersehbar lange jedesmal abzuwarten, wann der Hund es aus eigenem Antrieb tut. Zum *»BOBBY, Mach was!«* haben wir den Welpen an der Leine und führen ihn zu der Stelle, wo es passieren soll und ermuntern ihn mit *«BOBBY, Mach was!«* geduldig, bis er, nach einigem Schnüffeln und Drehen, soweit ist. Natürlich ist es geschickter, einen Zeitpunkt zu wählen, wo Ihr Welpe garantiert kann, nach dem Schlafen, nach dem Essen usw., um so fixer prägt sich ihm das ein. Wie schon gesagt, ist zumindest anfangs die bestimmte Stelle ebenso wichtig, weil sie für den Welpen schon einladend riecht. Auch lernt er dabei, daß er sich zuhause, z.B. im Garten, immer nur an einer bestimmten Stelle lösen soll.

Aber, wie das mit den konditionierten Reflexen (und *»B*obby, *Mach was!«* ist einer) so ist, genügt schließlich auch das Wort, d.h. ein Reiz allein, um den Hund auch an anderer Stelle zum Versäubern zu bringen. Hauptsache ist, man hat es von Anfang an konsequent mit ihm durchexerziert.

Sobald der Welpe zu schnüffeln und sich zu drehen beginnt, fahren Sie mit dem - jetzt anfeuernden - *»BOBBY, Mach was!«* fort, bis »es« passiert, dann kommt das Lob, erst *»Guuut!«* und dann das Abliebeln *»So ist's Braaav!«*. Ein Leckerle gibt es hier *niemals*!

Schritt Nr. 6
Halsband und Leine
»Bobby, Auuusgehen!«

Oft kann man beobachten, daß Hunde, wenn sie merken, daß es nach draußen geht, vor Freude wie wild herumzutoben beginnen und sich emotional regelrecht aufschaukeln. Eigentlich sollten sie aber lernen, daß man sich, begibt man sich mit seinem Menschen ins Freie, bei aller Vorfreude einigermaßen gesittet verhalten sollte - bis man die Erlaubnis bekommt, auch herumzutoben. Auch im Auto sind dann solche Hunde, vor lauter Begeisterung, ein wahrer Unband, und das gar nicht zur Freude ihres Herrn. Also, mit Blick auf die Zukunft, lassen wir das gleich vom ersten Tag an nicht einreißen und bereiten einen geordneten Ausgang vor. (Was Ihr Hund sich gar nicht erst angewöhnt, müssen Sie ihm auch nicht abgewöhnen!)

Über Halsband und Leine, und wie man die anwendet, haben wir schon gesprochen. Für Welpen bis sechs Monate nehmen wir ein Leder- oder Nylon-Übungshalsband, ab sechs Monaten, besonders bei den mittleren und großen Rassen, ein Leder- oder Kettenhalsband. Ist Ihr Welpe nicht bereits vom Züchter an ein Halsband gewöhnt, müssen Sie ihm etwas Zeit geben, sich daran zu gewöhnen. Am besten, Sie legen es ihm bei ausgesprochen angenehmen Tätigkeiten an, z.B. wenn es Fressen gibt oder wenn man mit ihm hinausgeht, wobei er ebenfalls abgelenkt wird. Locken Sie ihn immer wieder mit *»Bobby, Komm!«* nah zu sich hin, loben und streicheln Sie ihn, und bald ist diese Phase überstanden. Niemals allerdings sollte man seinem Welpen durchgehen lassen, daß er - spielerisch oder ernsthaft - in die Leine beißt. Das ist sofort mit einem nachdrücklichen *»Nein!«* zu beantworten.

Gewöhnen Sie sich an, jeden Ausgang und jede Übungsstunde mit einem *»Bobby, Auuusgehen!«* zu beginnen. Das ist das Zeichen dafür, daß ihm Leine (und gegebenenfalls auch das Halsband) angelegt werden, und er solange stillzusitzen hat, bis das erledigt ist. Sie rufen ihn mit *»Bobby, Komm!«* zu sich, loben ihn *»So ist's Braaav!«* und bringen ihn in die Sitzposition (die wir gleich besprechen), indem Sie mit der einen Hand sein Hinterteil auf den Boden drücken und ihn gleichzeitig mit der anderen Hand an der Kehle nach hinten schieben, und, sitzt er dann, ihn »ausgehfertig« machen. Diese Prozedur sollten Sie gewissenhaft *immer* durchführen. Sie beruhigt den Welpen (der sonst wild um Sie herumspringen würde), und Sie können sich mit ihm geordnet auf den Weg machen. Vergessen Sie nicht, ist er dann »gestiefelt und gespornt«, ihn nochmals zu loben *»So ist's Braaav!«* und darauf zu bestehen, daß er solange sitzen bleibt, bis Sie ihm mit *»Bobby, Lauf zu!«* (siehe nächster Schritt) erlauben, Ihnen zu folgen. Immer aber gehen *Sie* zuerst durch die Tür, was ihm anzeigt, daß er immer *nach* Ihnen kommt, d.h. Ihnen zu *folgen* hat.

Wenn Sie das zum ersten Mal machen, wiederholen Sie das einige Male hintereinander, damit der Welpe mit dem *»Bobby, Auuusgehen!«* vertraut wird, und sich daran gewöhnt, daß ihm nun Leine und Halsband angelegt werden. *Während* Sie das erledigen, beruhigen Sie ihn mit *»Guuut!«*, sind Sie fertig, liebeln Sie ihn ab und sagen *»So ist's Braaav!«*. Nach einiger Übung wird Ihr Welpe ganz von selbst seinen Kopf hinhalten und freudig das Anlegen der Leine erwarten.

Schritt Nr. 7
»Bobby, Lauf zu!«

Wir haben schon gesagt, daß wir unserem Welpen vom ersten Tag an die Regeln unseres Zusammenlebens, also eine Art Hausordnung vermitteln. Nun haben wir ihn also an Halsband und Leine und begeben uns mit ihm nach draußen. Damit er das auch gleich mit dem richtigen Ausdruck verknüpft, animieren wir ihn zum Gehen mit einen freundlichen *»Bobby, Lauf zu!«*, wobei wir das *»zu«* betonen. Dies ist nun kein »Kommando«, das höchste Präzision erfordert, sondern sagt dem Welpen nichts anderes, als daß er sich in Ihrer Gesellschaft nun vorwärts von der Stelle bewegen soll. (Erst später lernt er dann das *»Bobby, Fuß!«*, bei dem wir viel mehr von ihm verlangen.)

Auch für das *»Bobby, Lauf zu!«* verwenden wir wieder das »Zeigen«, indem wir auffordernd mit unserer Hand auf unseren Oberschenkel klopfen, und so verfahren wir jedesmal, wenn wir nichts weiter wollen, als daß der Hund sich mit uns fortbewegt. Auch wenn er irgendwo stehen bleibt und schnüffelt, ermuntern Sie ihn mit Schenkelklopfen und *»Bobby, Lauf zu!«*, daß er seinen Weg mit Ihnen fortsetzt. Es ist aber dabei egal, ob er vor, neben (allerdings links) oder hinter Ihnen herläuft. Das *»Bobby, Lauf zu!«* können Sie stimmlich variieren:

Ist Ihr Welpe sehr überdreht und lebhaft, sagen Sie es ruhiger, müssen Sie ihn sichtlich motivieren, muß das auch bei Ihrem *»Bobby, Lauf zu!«* zum Ausdruck kommen.

Daß Ihr Welpe nicht vorausziehen darf wie eine Lokomotive oder hinter ihnen hertrottelt, daß Sie ihn regelrecht abschleppen müssen, haben wir schon gesagt. In beiden Fällen ziehen Sie nicht an der Leine (Tauziehen ist immer unerwünscht), sondern ändern einfach Ihre Richtung, und entweder sagen Sie gar nichts oder klopfen nur mit der Hand auf Ihren Oberschenkel, um ihn aufmerksamer auf das *»Bobby, Lauf zu!«* zu machen. Nach und nach wird Ihr Welpe lernen, sich synchron mit Ihnen fortzubewegen, und das ist es ja, was Sie anfangs erreichen wollen. Erst wenn der Hund älter ist, korrigieren Sie sein Vorausprellen mit einem kräftigen *»Nein!«* und einem raschen Leinenruck. Sobald der Welpe aber wieder mit Ihnen im Takt ist, loben Sie ihn *»So ist's Braaav!«*, oder *»Guuut!«*. Ziemlich bald hat Ihr Hund gelernt, sich bei *»Bobby, Lauf zu!«* Ihnen anzupassen. Jetzt variieren Sie das Tempo, gehen mal schneller, mal langsamer, korrigieren ihn, geht er zu weit voraus oder trottelt er hinterdrein.

Sie sehen schon, nur den Hund »am Strick« mit sich herumführen, ist es nicht. Sie müssen sich schon, und das vom ersten Tag an, richtig auf ihn konzentrieren und verhindern, daß er sich etwas Falsches angewöhnt.

Schritt Nr. 8
»Bobby, Geeeh zurück!«

Wie schon gesagt, bringen wir unserem Welpen nun nur lauter Dinge bei, die er auch von sich aus tun kann. Schon gleich am Anfang zeigen wir ihm das *»Bobby, Geeeh zurück!«*, was besonders dann nötig ist, wenn er sich zu weit von Ihnen fortbewegt und wie wild an der Leine zieht. Um ihm das im Prinzip beizubringen, nehmen Sie die Leine kurz, stellen sich vor ihn und gehen, ihm in die Augen blickend, stur auf ihn zu *»Bobby, Geeeh zurück!«*. So kurz angeleint bleibt ihm gar nichts anderes übrig, als den Rückzug anzutreten. Jetzt loben Sie ihn *»So ist's Braaav!«* oder *»Guuut!«* und machen sich mit einem *»Bobby, Lauf zu!«* wieder auf den Weg vorwärts. Das exerzieren Sie drei- oder viermal hintereinander, bis sich das nach und nach in ihm festigt, daß er das *»Bobby,*

Geeeh zurück!« auch dann ordentlich erledigt, wenn Sie nicht vor ihm stehen und ihn sonst über den Haufen rennen würden. Auch später gibt es noch zahllose Situationen, in denen Sie dankbar sind, wenn Ihr Hund das »*BOBBY, Lauf zu!«* und »*BOBBY, Geeeh zurück!«* tadellos beherrscht.

Auf zu neuen Schritten

Die Schritte 1-8 führen wir innerhalb der ersten drei (Übungs)Tage ein. Wir legen eine Art »Grundwortschatz« an, mit dem wir mit unserem Hund kommunizieren, damit er sich gleich bei den ersten Tätigkeiten, die er mit uns ausübt, daran gewöhnt, daß sie von uns immer mit denselben Worten begleitet werden, die ihn etwas angehen und die bedeutungsvoll sind. Warum man gleich so gezielt anfangen soll? Nun, wenn Sie sich beobachten, würden Sie auch so, wenn Sie sich mit Ihrem Hund beschäftigen, allerlei zu ihm sagen. Natürlich versteht es das ebensowenig, wie die ersten Ausdrücke, die Sie ihm vermitteln. Aber da diese Ausdrücke sich nun *jedesmal*, sind Sie mit ihm beschäftigt, wiederholen, prägt er sie sich nach und nach ein, und Sie umgehen den »Kommunikations-Salat«, den Sie unbedingt vermeiden sollten.

Im übrigen haben Sie für die ersten Ausdrücke jedesmal die Karten ausgefüllt und an der Tür befestigt; es sieht schon ganz beeindruckend aus! Vor allem aber: Wer auch immer nun mit Ihrem Welpen umgeht, der weiß, was er wann zu sagen hat. Auch das macht das Leben Ihres Hundes übersichtlicher, ziemlich schnell weiß er, was jedesmal gemeint ist.

Noch einiges zu dem Zeitverbrauch der einzelnen Übungen. Am schönsten ist es, Sie haben sich in den ersten Tagen und Wochen darauf eingerichtet, sich wirklich um Ihren Welpen kümmern zu können. Dann können Sie alles, was Sie ihm beibringen wollen, mit ihm so im *Verlauf* eines Tages üben. Immer mal wieder ergibt sich, daß Sie zwei oder drei Minuten Zeit haben, um so wirklich *nebenher* sich mit Ihrem Welpen abzugeben. Ist Ihr Tag stärker reglementiert, müssen Sie sich wenigstens zwei oder drei Mal täglich gezielt Zeit für Ihren Welpen nehmen, sollten aber jedesmal nicht länger als höchstens fünf Minuten mit ihm üben, also wirklich immer nur sehr kurz. Länger kann sich Ihr Welpe auch gar nicht konzentrieren.

Egal, wie auch immer Sie Ihrem Welpen etwas beibringen, seien Sie entspannt, freundlich und gestalten Sie das Lernen amüsant und angenehm. Sie stehen, fangen Sie rechtzeitig an, ja auch niemals unter Zeit- und Erfolgsdruck. Was Ihr Welpe heute nicht begreift, wird ihm, durch die ständige Wiederholung, morgen oder übermorgen schon aufgehen, verfolgen Sie konsequent Ihr Ziel. Wir bringen ihm alles so einfach und selbstverständlich bei, wie es seine Mutter an unserer Stelle tun würde. Noch ist er auch überaus willig und neugierig, alles zu befolgen, was man mit ihm unternimmt. Wir müssen diese Zeit gut ausnutzen, und dürfen nicht erst dann mit seiner Erziehung anfangen, wenn er von sich aus Widerstand leisten würde. Immer wieder legen wir auch eine Spielpause ein, bei der er, wie wir bereits gesehen haben, ebenfalls vieles Wichtige lernt.

Vor allem vergessen wir auch nicht, unsere »Vokabelkarten« auszufüllen und an die Tür zu kleben. Sie müssen unbedingt erreichen, daß Sie, und alle, die mit dem Hund beschäftigt sind, garantiert *immer* den gleichen Wortschatz verwenden. Vermeiden Sie, auch bei dem, was nun kommt, »Kommunikations-Salat«!

Schritt Nr. 9
»Bobby, Sitz!« und »Genug!«

Schon von sich aus setzen sich Welpen immer wieder hin. Ich habe manchmal den Eindruck, daß das Sitzen irgendwie ihr Denken fördert, denn wenn sie etwas beobachten oder ihnen etwas unklar ist - sie setzen sich hin.

Nun sind manche Leute schon sehr froh und zufrieden, wenn der Welpe kommt, wenn man ihn ruft. Ihnen kommt gar nicht in den Sinn, daß das Sitzen auf Befehl mindestens ebenso wichtig ist. Wir haben es zuvor schon gesagt: Mit dem Sitzen können wir, ohne viele weitere Befehle, alle möglichen Unarten des Welpen unterbinden. Wenn er sitzt, hat er das zu tun und sonst nichts.

Also fangen wir gleich am Anfang an, das Sitzen auf Befehl in seinem Denken zu verankern. Verfallen Sie bitte nicht auf die Idee, das Verfahren zu beschleunigen, indem Sie ihn mit Leckerle belohnen. (Das ist *nur* bei älteren, hartnäckigeren Hunden manchmal sinnvoll.)

Jedesmal, wenn Sie ihn zu sich gerufen haben, oder, wie schon gesagt, bevor Sie mit ihm ausgehen, bringen Sie ihn zum Sitzen. Dafür gibt es mehrere Methoden, die wir wahlweise so anwenden, wie wir es dem Gefühl (das wir bald bekommen) nach für richtig halten. Anfänglich machen wir den Welpen auf einfache Weise damit vertraut. Steht er vor uns, schnalzen wir mit den Fingern und bewegen unsere Hand dicht über seinem Kopf in Richtung seines Rückens. Wir können aber auch einen Ball oder ein Spielzeug in der Hand halten, das ihn interessiert (mit den Fingern schnalzen können wir immer.) Da er uns mit dem Blick und der Kopfbewegung folgt, kommt er automatisch dabei zum Sitzen. In dem Moment, wo er beginnt, sich zu setzen, sagen wir *»Bobby, Sitz!«* und loben ihn, ist er am Boden angekommen *»So ist's Braaav!«* oder *»Guuut!«*.

Bleibt er allerdings stehen oder geht er gar rückwärts, statt sich zu setzen, drücken wir ihm mit *»Bobby, Sitz!«* sein Hinterteil leicht zu Boden, während die andere Hand schnalzend oder mit dem Spielzeug sich über seinem Kopf nach hinten bewegt. Springt er, statt sich zu setzen, zu Ihrer Hand hinauf, haben Sie die Hand zu weit entfernt von seinem Kopf gehalten, versuchen Sie es nochmals etwas tiefer. Wenn Sie das ein paar Mal mit ihm gemacht und ihn jedesmal heftig gelobt haben, wird er das *»Bobby, Sitz!«* ziemlich schnell begreifen.

Aber wir üben das Sitz, damit es sich ihm besser einprägt, auch noch in anderen Situationen. Eine davon ist, wenn er auf dem Kämmtisch steht. Auch dort sagen wir *»Bobby, Sitz!«*, halten die rechte Hand unter sein Kinn und drücken ihn mit der linken hinten, seinen Rücken herabstreichend, nach unten, indem wir seine Kniekehlen unter seinen Körper schieben und gleichzeitig *»Bobby, Sitz!«* sagen. So gerät er automatisch in sein Sitz, zumal sein Kopf vorn von unserer Hand hochgehalten wird. Sobald er sitzt, wird er heftig gelobt *»So ist's Braaav!«* oder *»Guuut!«*. Ein Weilchen halten Sie ihn in dieser Position, dann erlauben Sie ihm mit *»Genug!«*, wieder aufzustehen. Weil's so schön ging, machen Sie das jedesmal gleich dreimal hintereinander, damit er sich an das Wort gewöhnt. (Nach einiger Zeit sagen wir, ohne auf ihn einzuwirken, lediglich *»Bobby, Sitz!«*, setzt er sich gleich hin, wird er gelobt, sonst müssen wir noch mal nachhelfen.)

Das nächste Mal üben wir das *»Bobby, Sitz!«* mit ihm, wenn wir unterwegs sind. Der Hund ist links neben uns, wir bleiben stehen und sagen (indem wir vorne die Leine mit der rechten Hand etwas straffen) *»Bobby, Sitz!«*, und drücken mit der Linken gleichzeitig sein Hinterteil nach unten. Kaum sitzt er, loben *»So ist's Braaav!«* oder *»Guuut!«*, wir verharren einen Moment und machen uns dann mit *»BOBBY, Lauf zu!«* daran, weiterzugehen. Nach einigen Schritten bleiben wir wieder stehen, *»BOBBY, Sitz!«*, vorn an der Leine sanft hochziehen, hinten sanft hinunterdrücken, *»So ist's Braaav!«* oder *»Guuut!«*, Pause und dann wieder *»BOBBY, Lauf zu!«*. Auch das üben wir jeweils dreimal hintereinander, damit es sich einprägt.

Überhaupt achten wir vom ersten Tag darauf, daß unser Welpe sich, sind wir mit ihm unterwegs, jedesmal sofort hinsetzt, wenn wir stehenbleiben. Vergessen Sie aber niemals das *»Genug!«* oder *»BOBBY, Lauf zu!«* (oder später das *»BOBBY, Fuß!«*). Ohne das Wort darf er sich nicht erheben.

Ecko v. Zippelbarg, Border Collie, 12 Wochen
E.: S. Bartz, 21033 Hamburg

Halten Sie ihn unterschiedlich lange in der Sitzposition fest, damit er sich nicht angewöhnt, mal eben mit seinem Hinterteil den Boden zu berühren und dann gleich wieder aufzustehen, als hätte er eine Sprungfeder eingebaut. Vor allem üben Sie das Sitzen auf die *verschiedensten* Methoden mit ihm, damit sich ihm das *»Bobby, Sitz!«* fest einprägt, und er sich nach einiger Zeit, ganz gleich, wo er ist, zuverlässig hinsetzt, sobald das Wort Ihre Lippen verlassen hat.

Hauptsächlich geht es darum, daß er sich schließlich *sofort und ohne zu zögern* setzt, wenn Sie das von ihm verlangen. Nach den ersten Einführungsübungen mit dem Fingerschnalzen oder dem Spielzeug wird es also der Druck auf sein Hinterteil sein, der bei ihm die von Ihnen erwartete prompte Reaktion bewirkt. Vergessen Sie das Loben *»So ist's Braaav!«* oder *»Guuut!«* nicht, und streicheln Sie seinen Brustkasten (vorn, manchmal auch »Vorbrust« genannt), was er sehr gern mag.

Jetzt werden Sie bald merken, daß sich Ihr Hund auch dann zu setzen beginnt, wenn Sie nichts über seinen Kopf halten oder ihn zu Boden drücken. Jetzt versuchen Sie es mit dem bloßen *»Bobby, Sitz!«*. Geht es wirkungslos vorüber, müssen Sie nochmal nachhelfen, und üben nun solange, bis Sie merken, daß ihm dämmert, was Sie von ihm erwarten.

Je nach Temperament reagieren Hunde unterschiedlich auf das *»Sitz!«*. Die ruhigeren unter ihnen akzeptieren das *»Sitz!«* ohne größere Komplikationen und bleiben auch brav sitzen, während die etwas temperamentvolleren die Stellung ungeduldiger einhalten. Denken Sie daran, noch geht es uns um nichts anderes, als den Hund dazu zu bringen, sich auf das *»Bobby, Sitz!« reflexartig*, d.h. blitzschnell zu setzen.

Wieder haben Sie ein neues Wort, das Sie auf Ihre Türe kleben können. Jetzt ist es schon eine ganze Menge, was Sie gemeinsam unternehmen können - und es ist erstaunlich, wie schnell Ihr Hund das kapiert hat.

Schritt Nr. 10
»Bobby, Schau her!«

Hat Ihr Welpe nun gerade gelernt, daß er brav links neben Ihnen sitzt, flechten Sie auch gleich das *»Bobby, Schau her!«*, d.h. den Augenkontakt ein. Er soll ja lernen, nicht nur neben Ihnen zu sitzen, sondern auch gleich noch zu Ihnen hinaufzuschauen, damit ihm nicht entgeht, was Sie als nächstes von ihm wollen. Es ist nichts schwieriger, als einen von der Umwelt total abgelenkten Hund zu erziehen.

Wenn Sie gut erzogene Hunde beim Arbeiten beobachten, wird Ihnen auffallen, daß diese immer ihren Herrn im Blick behalten, also jederzeit darüber informiert sind, was dieser tut oder will. Auch ist *»Augenkontakt«* etwas für den Hund Natürliches, denn bei den Wölfen beispielsweise sucht das Alphatier den Augenkontakt mit den Nachrangigen. *»Augenkontakt«* ist also etwas für die *Rangordnung Wichtiges.*

Immer wieder einmal, wenn Ihr Welpe z.B. brav neben Ihnen sitzt, machen Sie *»Augenkontakt«*: Sie halten ihn, mit der linken Hand, kurz an der Leine, mit der rechten Hand fassen Sie unter sein Kinn, heben seinen Kopf sanft in Richtung Ihres freundlichen Gesichtes: *»Bobby, Schau her!«*. Sobald er zu Ihnen hinschaut, loben *»So ist's Braaav!«* oder *»Guuut!«*, ein paar Sekunden soll dies Auge-zu-Auge schon andauern.

Manche Hunde sträuben sich, am Kinn dirigiert zu werden, ausnahmsweise nehmen Sie also ein Leckerle (es soll ja angenehm für ihn sein!) das Sie ihm dicht vor die Nase halten *»Bobby, Schau her!«* und es dann bis zu Ihren Augen führen (sein Blick wird dem Leckerle folgen) bis sein und Ihr Blick sich treffen, dann loben *»So ist's Braaav!«* oder *»Guuut!«*. Mit *»Genug!«* geben Sie ihm dann nach einigen Augenblicken den Leckerbissen. Das wiederholen Sie anfangs ein paar Mal hintereinander, damit sich Ihr Welpe das neue Wort einprägt und bald anfängt, schon von selbst zu Ihnen hinzugucken. Wird es ihm so langweilig, daß er sich zwischenzeitlich hinlegt, sagen Sie *»Nein!«* und ziehen ihn in die Sitzposition zurück. (Die Leckerle lassen Sie aber schnellstmöglich dann weg, wenn Ihr Hund das *»Bobby, Schau her!«* zu befolgen beginnt.)

Hat es mit Kinnhalten und Leckerle schon einigermaßen geklappt, versuchen Sie es probeweise einmal ohne Hilfsmittel. Sie zeigen einfach nur auf Ihre Augen und sagen *»Bobby, Schau her!«*. Vielleicht guckt er gleich fasziniert zu Ihnen hinauf, dann loben *»So ist's Braaav!«* oder *»Guuut!«*. Sonst versuchen Sie jetzt eine andere Methode: Sie tippen mit Ihrem Finger auf seine Nasenspitze oder seinen Kopf, führen dann den Finger zu Ihren Augen hinauf *»Bobby, Schau her!«*. Endziel, nach vielen Übungen, ist, daß er Ihnen etwa fünf Sekunden (Sie dehnen die Dauer immer weiter aus) seine volle Aufmerksamkeit zuwendet. Üben Sie das nicht nur immer auf die gleiche Weise, sondern mal mit Kinnhalten, mal mit Finger-Tippen, und nach einiger Zeit dann *ohne alles.* Sie haben zwar ein paar Wochen Zeit dazu, müssen aber schließlich erreichen, daß Ihr Welpe bei jedem *»Bobby, Schau her!«* sofort zu Ihnen aufschaut.

Schritt Nr. 11
»Bleib da!«

Wie auch das *»Sitz!«* ist das *»Bleib da!«* (nicht Bobby *»Bleib da!«*) ein Ausdruck, der Ihrem Welpen ziemlich schnell klar werden muß. Außerdem ist es wichtig, die Grundlage für einen Befehl zu legen, der künftig in den verschiedensten Zusammenhängen wichtig sein wird. Hier ist Selbstdisziplin verlangt und je früher man sich mehr im Spiel daran gewöhnt, um so selbstverständlicher wird es. Man kann es einführend gleich mit dem *»Sitz!«* in ihm verankern. Hat er sich bis jetzt hingesetzt und sich mehr oder weniger schnell wieder erheben dürfen, muß er nun bei dem *»Bleib da!«* begreifen, daß das Sitzen nun länger dauert. (Später erst wird er begreifen, daß er das *»Bleib da!«* auch in anderen Zusammenhängen befolgen muß. Aber, eins nach dem anderen.)

Sitzt also Ihr Welpe brav neben Ihnen, bringen Sie ihn mit *»Bobby, Schau her!«* dazu, zu Ihnen aufzusehen und sagen *»Bleib da!«*. Dabei halten Sie mit Ihrer *linken* Hand die Leine straff nach oben und geben ihm gleichzeitig mit der *rechten* Hand das passende Handzeichen: Sie halten Ihre *rechte* Handfläche in *Höhe seines Gesichtes* vor seine Schnauze. Immer noch gleichzeitig (Leine straff haltend) machen Sie mit Ihrem *rechten* Fuß einen Schritt so, daß Sie Ihrem Welpen genau *gegenüber* stehen. Die gestraffte Leine hält ihn an seiner Stelle fest, mit Ihrer Fingerspitze regen Sie ihn an, Ihnen in die Augen zu sehen. Dann loben *»So ist's Braaav!«* oder *»Guuut!«*. Dann gehen Sie ein paar Schritte *»Bobby, Lauf zu!«*, lassen ihn wieder absitzen *»Bobby, Sitz!«*, Leine straffen, *»Bleib da!«*, vor ihn hintreten, Augenkontakt und *»So ist's Braaav!«* oder *»Guuut!«*. Nun wird es vorkommen, daß der Welpe versucht aufzustehen, wenn Sie die Leine straffhalten und vor ihn hintreten. Das unterbinden Sie aber sofort mit einem Leinenruck und einem energischen *»Nein!«*, und lassen ihn an *haargenau* der Stelle wieder absitzen, von der er sich eben »widerrechtlich« erhoben hat. Aber wirklich an *haargenau* der bisherigen Stelle.

Nach und nach werden Sie merken, daß Ihr Welpe erkennt, um was es sich handelt. Jetzt versuchen Sie es, ob es auch klappt, wenn Sie die Leine etwas lockerer halten. Mit *»Bobby, Schau her!«* soll er zu Ihnen hinschauen, dann kommt - mit Handzeichen - das *»Bleib da!«* und das begeisterte Lob *»So ist's Braaav!«* oder *»Guuut!«*, tut er wie geheißen. Die lockerere Leine wird ihn mit Sicherheit zu etwas Sorglosigkeit verleiten. Er schaut mal eben wer-weiß-wo-hin, macht Anstalten, aufzustehen oder sich hinzulegen - das hat aber nur ihr energisches *»Nein!«*, *»Bleib da!«* zur Folge. Sie ziehen ihn in die Sitzposition zurück und ansehen soll er Sie auch. Erst wenn Sie *»Genug!«* sagen und mit ihm weitergehen *»Bobby, Lauf zu!«*, darf er sich wieder »richtig« bewegen.

Öfter als dreimal hintereinander sollten Sie das nicht mit ihm üben, besonders lustig findet er das nämlich nicht. Aber einmal ist zu wenig, weil er sonst die Zusammenhänge nicht begreift.

Wenn er etwas älter ist, und das *»Bleib da!«* in Ihrer nächsten Nähe schon ganz gut kann, vergrößern Sie nach und nach den Leinenspielraum, indem Sie rückwärts gehend den Zwischenraum, auch mit der längeren Leine, vergrößern. Dann alles wieder wie gehabt. Bis jetzt haben Sie alles ohne Ablenkung mit ihm geübt. Jetzt probieren Sie das *»Bleib da!«* auch einmal mit etwas Ablenkung aus. Statt vor ihm stehen zu bleiben, gehen Sie einige Male hin und her, vielleicht umrunden Sie ihn auch. Steht er nun auf, heißt es gleich wieder *»Nein!«* (Hund in die alte Position zurück) *»Bleib da!«*. Auch das versuchen Sie erst an einem abgeschiedenen Ort. Wie man beim Üben vom »abgeschiedenen Ort« zu belebteren kommt, davon später mehr.

Das *»Bleib da!«* üben Sie später auch in Verbindung mit anderen Anweisungen. Immer geben Sie ihm anfangs das Handzeichen. Nach und nach wird er begreifen, daß das *»Bleib da!«* bedeutet, daß er dort, wo er gerade ist, für einige Zeit verbleiben soll. Merken Sie sich aber eines: Immer, wenn Ihr Hund das *»Bleib da!«* von sich aus abbricht, *müssen* Sie ihn sofort in exakt die alte Position und an exakt den gleichen Ort zurückbefördern. Erlauben Sie ihm z.B., daß er sein *»Bleib da!«* etwas näher bei Ihnen fortsetzt, lernt er ziemlich schnell, daß er zu Ihnen hinkriechen kann und wird es immer wieder versuchen.

Schritt Nr. 12
»Platz!«

Es wird Sie nun nicht verwundern, daß wir auch das *»Platz!«* schon gleich von Anfang an mit dem Welpen üben. Bedenken Sie, je jünger Ihr Hund ist, um so kritikloser läßt er alles mit sich geschehen, um so formbarer ist er. Einleitend sagen Sie einfach jedesmal wenn er sich hinlegt *»Platz!«* und loben ihn, liegt er dann da *»So ist's Braaav!«* oder *»Guuut!«*. Allerdings macht das keinen solchen Eindruck auf ihn, daß er sich bald von selbst, hört er das *»Platz!«*, auch hinlegt. Die nächste Gelegenheit, das *»Platz!«* in ihm zu verankern, ist auf dem Kämmtisch. Erst bringen Sie ihn da in die Sitzposition, dann schieben Sie Ihren Arm unter seinen Brustkorb und pressen damit sanft seine Vorderbeine nach vorn *»Platz!«* und sofort *»So ist's Braaav!«* oder *»Guuut!«*. Natürlich streicheln Sie ihn auch und lassen ihn ein Weilchen da liegen, bis Sie ihm mit *»Genug!«* erlauben, etwas anderes zu tun. Wenn Sie das jeden Tag mit ihm auf dem »Wickeltisch« zwei oder drei Mal üben, kommen im Laufe der Zeit schon einige Übungen zusammen. Eine zweite sanfte Übung ist, ihn am Boden absitzen zu lassen und (ausnahmsweise) ein Leckerle in der geschlossenen Hand vor ihm am Boden von ihm wegzubewegen. Automatisch geht er auch vorn herunter (Sie haben vorher *»Platz!«* gesagt) und wird versuchen, sich Ihrer Hand zu nähern. Kaum ist er am Boden, wird er gelobt *»So ist's Braaav!«* oder *»Guuut!«*.

Damit er nicht meint, er müsse vor dem *»Platz!«* immer erst in die *»Bobby, Sitz!«*-Position, sagen Sie das nächste Mal, wenn er neben Ihnen steht, *»Platz!«* und bringen mit einer flinken Bewegung der rechten Hand das Leckerle vor ihm auf den Boden. Mit der linken Hand drücken Sie in zwischen den Schulterblättern zu Boden, für den er sich, wegen des Leckerles, ohnehin interessiert.

Diese Übungen dienen zu nichts anderem, als Ihren Welpen mit der Vokabel *»Platz!«* vertraut zu machen. Sie können immer wieder einmal ausprobieren, ob er es auf den Befehl hin schon von sich aus tut, meist wird er allerdings zu Ihnen hochschauen und warten, ob Sie nicht sonst noch was tun. Noch ist er ja daran gewöhnt, daß Sie - außer dem *»Platz!«* - noch einiges zusätzlich unternehmen.

»Platz!« gehört zu den besonders wichtigen Übungen, da Sie, wenn er es einmal begriffen hat, mit dem Wort *»Platz!«* den Hund sofort unter Ihre Kontrolle bringen können, was u.U. lebensrettend für ihn sein kann. Dazu ist es aber nötig, daß er sich nicht nur hinlegt, sondern dies auch ziemlich schnell und zuverlässig tut. *»Platz!«* ist leider eine Anweisung, die der Hund nicht geradezu liebt. Wir müssen uns klar machen, daß er in dieser Position ziemlich hilflos und uns ausgeliefert ist. Wir werden aber das *»Platz!«* später oft gerade dann von ihm verlangen, wenn er eigentlich alles andere will, als sich hinzulegen: Wenn er aufgeregt oder neugierig ist, wütend oder ängstlich. In einer solchen Verfassung würde sich also ein Hund von sich aus überhaupt nicht hinlegen!

Als nächstes üben Sie das *»Platz!«* einfach hin und wieder »unter der Zeit« mit ihm. Sie lassen ihn links neben sich absitzen *»Bobby, Sitz!«*, legen Ihre linke Hand auf seine Schulterblätter und schieben die rechte unter seinen Körper und drücken damit seine Vorderbeine nach vorn, während Sie ihn auf seinem Rücken, zwischen den Schulterblättern, niederdrücken. Kaum ist er unten, sofort loben *»So ist's Braaav!«* oder *»Guuut!«*. Merken Sie sich, er soll das Wort *»Platz!«* mit seinem Hinlegen verbinden, Sie dürfen ihn also nicht zu Boden pressen. Noch ist es auch egal, *wie* er am Boden liegt, allerdings müssen Sie darauf achten, daß er wirklich den Boden mit dem *ganzen Körper* berührt und sich nicht nur ein bißchen Richtung Boden geduckt hat.

Bald merken Sie, daß er das *»Platz!«* so nach und nach zu kapieren beginnt. Aber - früher oder später müssen Sie erreichen, daß er nicht nur irgendwann, sondern auf *»Platz!«* auch *sofort* zu Boden geht. Manche Erziehungsbücher schlagen hier vor, man solle das *»Platz!«* geradezu gewaltig zum Hund hinschmettern, ihn gar mit der Zeitungsrolle auf den Rücken schlagen, daß er sich vor Schreck zu Boden wirft. Also, wenn wir schon wissen, daß er das *»Platz!«* von Natur aus nicht besonders mag, müssen wir ihm anders zeigen, wie wir das meinen.

Dabei haben wir ihn angeleint links neben uns sitzen, lassen die Leine so weit durchhängen, daß Sie sie unter Ihrem linken Fuß, in der Kuhle gleich hinter dem Absatz, durchziehen können. Das Leinenende hal-

Platz mit Leckerle:

Aufmerksam machen mit Leckerle

Der nächste Schritt mit Leckerle

Mit Leckerle dem Boden entgegen

Mit Schulterdruck und Leckerle in die Platz-Position

ten Sie in der rechten Hand. Jetzt sagen Sie *»Platz!«* und ziehen *gleichzeitig* mit kräftigem Ruck an der Leine, die unter Ihrem Fuß hindurch den Hund, an seinem Halsband, zu Boden zieht. Während Sie an der Leine ziehen und *»Platz!«* sagen, drücken Sie den Hund mit der *linken* Hand fest und zielsicher an jener Einkerbung, hinter dem oberen Rand seiner Schulterblätter, mit Daumen und Zeigefinger seine Wirbelsäule umgreifend, nach vorn-unten hinab. (Am besten, Sie machen sich schon vorher einmal mit dieser Stelle an seinen Schulterblättern vertraut, es klingt schwieriger, als es ist. Sie müssen nämlich wirklich zielsicher zugreifen.) An dieser Stelle genügt schon ein geringfügiger Druck, um ihn zu Boden zu bringen. Ganz egal, wie krumm er dort liegt, kaum ist er unten, loben Sie ihn aus Leibeskräften *»So ist's Braaav!«* oder *»Guuut!«*. Jetzt zählen Sie innerlich bis etwa zehn und halten ihn mit sanftem Druck am Boden. Dann erlauben Sie ihm *»Bobby, Sitz!«* und mit *»Bobby, Lauf zu!«*, sich wieder etwas zu bewegen.

Hat er sich etwas von dem ersten Schrecken erholt, rufen Sie ihn wieder zu sich in die Sitz-Position, bugsieren die Leine unter ihren Fuß und exerzieren das Ganze erneut. Je öfter Sie das mit ihm üben, je flotter seine Reaktion wird und je älter er von Mal zu Mal wird, um so länger zählen Sie innerlich, bevor Sie ihm erlauben, sich zu erheben. Erst zählen Sie bis zwölf, dann bis fünfzehn, dann wieder nur bis 10, jedenfalls so, daß für ihn keine bestimmte Zeit entsteht, in der er liegen zu bleiben hat. Hat er es aus der Sitzposition schon ganz gut im Griff, muß er nun lernen, daß er auch aus dem Stehen *»Platz!«* zu Boden muß.

Auch hier ist es wichtig, weder zu unter- noch zu übertreiben. Beim ersten Mal wiederholen Sie das *»Platz!«* fünfmal, damit es sich einprägt, später genügt es, es jeweils dreimal zu wiederholen. Dafür führen Sie nun neu ein, daß Ihr Hund sich auch, wenn er neben Ihnen *herläuft*, auf das *»Platz!«* hin sofort hinzulegen hat. Wieder bringen Sie, unter dem Gehen, mit einer flinken Bewegung die Leine unter Ihren linken Fuß und ziehen ihn bei *»Platz!«* kräftig zu Boden. Dann loben *»So ist's Braaav!«* oder *»Guuut!«*, wieder bis zehn zählen, dann den Hund mit *»Bobby, Lauf zu!«* zum Weiterlaufen animieren. Auch das *»Platz!«* aus der Bewegung üben Sie beim ersten Mal fünfmal hintereinander.

Haben Sie das ein Weilchen exerziert, versuchen Sie es zunächst beim Sitz, dann aus dem Stand, dann aus der Bewegung, daß Ihr Hund

»Platz!« mit Schulterdruck

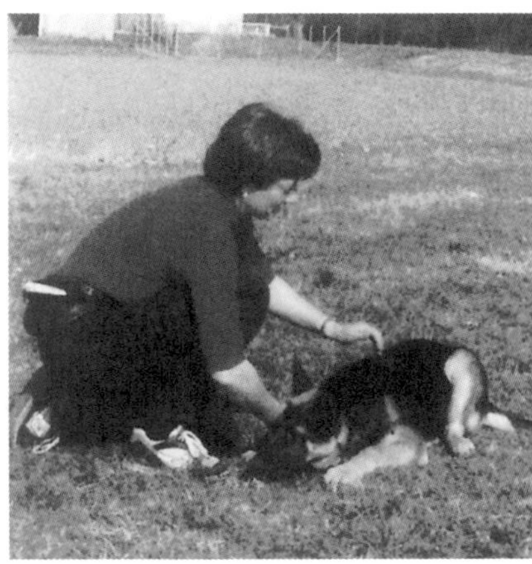

sich bei *»Platz!«* auch ohne Leinenruck sofort niederlegt. Nach und nach festigt sich nämlich das Wort *»Platz!«* so in seinem Gehirn, daß er es *reflexartig* befolgt, und das wollen wir ja erreichen. Hat er es schon eine Weile ohne Druck und Leinenruck ganz ordentlich gemacht und fängt er plötzlich wieder an, nachlässig zu werden, müssen Sie zwischendurch wieder einmal zu dem Leinenruck zurückkehren. Aber, Sie werden sehen, es festigt sich immer mehr.

Außerdem werden Sie beobachten, daß seine zunächst oft kuriose Liegeweise sich von selbst verbessert, weil er dem Befehl immer entspannter Folge leistet.

Sie können das *»Platz!«* auch mit einer Handbewegung begleiten. Dazu können Sie Ihre linke Hand sichtbar waagerecht über ihn halten oder aber mit dem Zeigefinger zu Boden zeigen oder vor ihm auf den Boden klopfen. Das ist insofern nützlich, als Sie nun einführen, daß Ihr Hund sich auch, wenn er sich nicht in Ihrer unmittelbaren Nähe befindet, auf *»Platz!«* zu Boden begibt. Dazu lassen Sie ihn an der längeren Leine neben sich herlaufen und probieren schon mal aus, ob er sich auf das *»Platz!«* auch sogleich niederlegt. Tut er das nicht, ziehen Sie ihn nicht zu sich hin, sondern gehen auf der Leine zu ihm, wiederholen das *»Platz!«* mit Leinenruck und Rückendruck, damit er kapiert, daß er sich an der Stelle, wo er sich eben befand, auf *»Platz!«* niederzulegen hat.

Ist Ihr Hund mit dem *»Platz!«* sicher vertraut, kombinieren Sie es mit dem *»Bleib da!«*.

Das üben Sie nun ebenso schrittweise, wie Sie es beim *»Sitz!«* schon mal erprobt haben. Erst üben Sie an der kurzen Leine, indem Sie, hat er abgelegt, vor ihn hintreten und nach dem *»Platz!« »Bleib da!«* sagen. Will er sich erheben oder zu Ihnen hinkriechen, führen Sie ihn wieder exakt an die gleiche Stelle zurück, *»Bleib da!«*, er muß kapieren, daß er *»Bleib da!«* grundsätzlich dort zu verbleiben hat, wo er sich gerade befindet, ganz gleich, ob er sitzt, steht oder liegt. Klappt es mit der kurzen Leine, nehmen Sie ihn nun an die längere, und probieren das *»Platz!«* und *»Bleib da!«* erneut mit ihm durch. Diesmal gehen Sie erst einen, dann zwei, dann drei Schritte von ihm weg, trotzdem muß er liegenbleiben. Dann gehen Sie zu ihm hin, umrunden ihn, steigen über ihn weg - er hat liegenzubleiben - bis Sie ihm mit *»Bobby, Sitz!«* und

»Platz!« aus der Sitzposition mit Vorziehen der Vorderbeine

Mit Schulterdruck nachhelfen

»Platz!« »Bleib da!« vorerst mit Leine

»Platz!« »Bleib da!« dann ohne Leine

»Bobby, Lauf zu!« in die Freiheit entlassen. Jede größere Entfernung von Ihnen muß immer erst mit einer wenige Sekunden dauernden Übung begonnen werden, und der Zeitraum darf bei der neuen Entfernung zuerst immer nur *sekundenweise* dann *minutenweise* gesteigert werden. Schließlich bleibt er fünf Minuten am äußersten Ende der 20m-Leine entfernt von Ihnen liegen. Versuchen Sie nun, mit *»Bobby, Schau her!«* seine Aufmerksamkeit zu steigern. Reagiert er nicht darauf, gehen Sie *auf* der langen Leine zu ihm hin, tippen ihm mit dem Finger auf den Kopf, zeigen dann auf Ihre Augen und wiederholen *»Bobby, Schau her!«* und gehen langsam wieder an das Ende der Leine zurück. Steht er auf, wird er mit *»Nein!«* zu exakt der gleichen Stelle zurückgebracht - verschenken Sie keinen Millimeter, er würde sich das merken.

Während Sie, zäh wie Sie sind, das eifrig mit Ihrem Hund üben, entwächst er so nach und nach dem Babyalter. Das mit dem *»Platz!«* wollen und müssen Sie aber immer mehr ausdehnen und verfeinern. Haben Sie das Gefühl, daß er mit einiger Sicherheit kapiert hat, was Sie von ihm erwarten, gehen Sie nach dem *»Platz!« »Bleib da!«* von ihm fort, ohne ihn anzusehen, und bleiben stehen, indem Sie ihm den Rücken zukehren. Er muß sich unbeobachtet fühlen. (Tatsächlich haben Sie aber einen Handspiegel dabei, so daß Sie sehr gut verfolgen können, was er tut, und sind bereit, ihn sofort zu korrigieren.) Hin und wieder wird es vorkommen, daß Ihr Hund - unbeobachtet, wie er sich vorkommt - aufsteht oder zwar liegen bleibt, aber versuchen wird, sich *kriechend* zu Ihnen hinzubewegen. Er wirkt so, als hätte er verstanden, sein *Bauch* solle am Boden bleiben. In einem solchen Falle gehen Sie, auf der Leine, ruhig zu ihm zurück und bringen ihn mit einem energischen *»Nein!«* zu seinen »Platz« zurück und legen ihn mit *»Platz!« »Bleib da!«* wieder ab.

Jetzt irgendwann machen Sie die Nagelprobe. Das *»Bleib da!«* muß sich ihm felsenfest einprägen. Sie lassen ihn ablegen, treten vor ihn hin und versuchen, ihn *wortlos* an der Leine sanft zu sich hinzuziehen. Natürlich steht er auf und will zu Ihnen hin! Mit einem energischen *»Nein!«* bringen Sie ihn in seine Ausgangslage zurück - ohne Anweisung keine Veränderung! Ein paar Mal geübt, dämmert es ihm!

Lebensrettend kann es aber sein, wenn Ihr Hund gelernt hat, sich bei *»Platz!«*, ganz gleich, wo er sich befindet, zu Boden zu begeben. Das ist

»Sitz!« mit Weggehen an der langen Leine

»Bobby, Schau her!« an der langen Leine

Der Hund ist, trotz korrekter Leinenhaltung, nicht konzentriert

»Bobby, Schau her!«, bevor »es« losgeht. Verständigung anbahnen.

es, was wir unter allen Umständen erreichen müssen. Er muß das *»Platz!«* also auch dann befolgen, wenn er sich nicht in Ihrem direkten Einwirkungsbereich befindet. Probieren geht über studieren. Sie lassen Ihren Hund mit schleppender langer Leine mit *»Bobby, Lauf zu!«* vor sich herlaufen und rufen ihm *»Platz!«* zu. Klappt es nicht, laufen Sie ihm auf seiner Leine nach und ziehen ihn sofort zu Boden. Jetzt natürlich loben *»So ist's Braaav!«* oder *»Guuut!«*. Manchmal dauert es ein bißchen, bis die Botschaft ankommt - verzagen Sie nicht, Ihr Hund ist klüger, als Sie meinen. Vergessen Sie vor allem nicht das überschwengliche Loben, geht er endlich von selbst zu Boden.

Man kann und sollte es auch in anderer Weise üben. Sie lassen ihn mit *»Bobby, Sitz!« »Bleib da!«* absitzen, bewegen sich von ihm fort und rufen ihm dann *»Platz!«* zu. Geht er zu Boden, wird er sofort gelobt *»So ist's Braaav!«* oder *»Guuut!«*. Sonst müssen Sie auf der Leine zu ihm zurück, und ihm das *»Platz!«* nochmal zeigen. Hat das *»Platz!«* aus Entfernung dann schließlich geklappt, gehen Sie auf der Leine langsam zu seiner rechten Seite zurück, lassen ihn sitzen und geben ihm dann mit *»Bobby, Lauf zu!«* seine Freitheit. Wir kommen auf das Üben bei Entfernung nochmals zurück.

Besonders in der Welpen- und Junghundzeit wird es Ihnen passieren, daß Sie dem Betätigungsdrang Ihres Hundes nicht nachkommen konnten. Irgendwann, meist gegen Abend, wird er anfangen, herumzutoben wie toll. Lassen Sie ihn ruhig ein Weilchen herumtoben. Dann aber ist unwiderruflich und eindeutig Schluß.

Jetzt bringen Sie ihn in die *»Platz!«*-Position, notfalls zwangsweise, und warten ab, bis sich der Aufruhr in ihm legt. Erfahrungsgemäß wird er, nach einigem Widerstreben, dann von einer Minute auf die andere tief und fest einschlafen - sein Tagewerk ist getan, er war nur ein bissel überdreht.

Ist Ihr Hund älter, ist wieder das *»Platz!«* in anderer Weise eine wichtige Übung für ihn. Ich meine damit das »Parken«. Dabei muß Ihr Hund 15 bis 30 Minuten *»Platz!«* an der von Ihnen angegebenen Stelle verharren. Es ist eine hervorragende Methode, um aufmüpfige Hunde wieder etwas zu Ruhe zu bringen, und überhaupt nützlich, um Ihre eigene Führerposition in seinem Gehirn zu festigen. Zudem ist es nicht zeitaufwendig. Sie können dabei seelenruhig Ihrer Tätigkeit nachgehen,

So umrundet der Hund seinen Menschen, um dann korrekt »Bobby, Fuß!« neben ihm anzukommen.

oder aber fernsehen oder lesen, einen Brief schreiben. Der Hund hat friedlich *»Platz!«* liegenzubleiben und den Vorgang ganz nach Ihren Wünschen ausdehnen. Aufstehen darf er grundsätzlich erst dann, wenn Sie ihm das erlauben!

Schritt Nr. 13/14
»Bobby, Geeeh in Dein Körbchen!«
»Bobby, Geeeh schlafen!«

Schon von Anfang an muß Ihr Hund wissen, wohin er gehört. Je nachdem, wie groß oder wie vieletagig Ihre Behausung ist, hat er einen oder mehrere Liegeplätze, die er einerseits braucht, um seine vielen Schläfchen zu halten und die andererseits Sie benötigen, um ihn mal aus dem Weg zu räumen. Dabei ist es nicht unwichtig, *wo* sich dieser Platz befindet und *wie* er ausgestattet ist. Wenig Freude werden Sie Ihrem Hund bereiten, suchen Sie eine Stelle für ihn aus, wo er sozusagen vom Puls des Lebens abgeschnitten ist. Sie sollten schon eine »kommunikationsfreundliche« Stelle auswählen, wo er das Kommen und Gehen seiner Menschen beobachten kann. Verbannen Sie ihn z.B. ins Badezimmer, wird der seinen »Platz« eher als Strafe empfinden und schwer daran zu gewöhnen sein. Haben Sie mehrere Orte, an denen Sie sich gemeinsam mit Ihren Hund aufhalten, sollte auch überall ein Plätzchen für ihn reserviert sein. Damit können (und sollten) Sie verhindern, daß er Ihnen überall vor den Füßen liegt, womöglich Sessel oder Sofa für sich beansprucht (was Sie vielleicht auf Dauer nicht erlauben wollen). Daß er einen festen, »seinen« Platz hat, ist nämlich auch wichtig hinsichtlich der Dominanzfrage: Es gibt Orte, wo ein Hund nichts zu suchen hat und andere, die für ihn bestimmt sind.

In dem jeweiligen Raum oder in den jeweiligen Räumen suchen Sie eine Ecke aus, wo es erstens *nicht zieht* und zweitens der Hund wenigstens den *Überblick* über den Raum hat. Legen Sie ihn z.B. hinter dem Schreibtisch ab, von wo er nichts sehen kann, wird es unweigerlich dazu kommen, daß der Hund dauernd seinen Platz verläßt und sich da niederläßt, wo er mehr vom Familienleben mitbekommt. Lassen Sie es in einem solchen Punkt nicht zu einem Machtkampf kommen, es lohnt sich nicht. Immer sollten Sie, zumindest beim jungen Hund, diplomatisch vorgehen und ihm das Folgen so leicht wie möglich machen.

Sie können als »Platz« ein richtiges Körbchen, eine Matratze oder eine Decke verwenden, müssen aber darauf achten, daß diese »Unterlage« nicht direkt am Boden ist, sondern daß etwas Zwischenraum für die Luftzirkulation bleibt. Wir haben oft nur ein Brett, auf Klötzchen gesetzt, mit einer Decke oder Matratze darauf. Warum Sie ihn vor *Bodenzug* bewahren müssen, können Sie leicht selbst ausprobieren, legen Sie sich einmal längere Zeit auf den Fußboden. So schön warm das Zimmer auch sein mag, nach einiger Zeit wird es Ihnen »da unten« ganz schön kalt werden, Ihrem Hund geht es nicht anders. Aber auch direkt vor einem Heizkörper oder in Ofennähe sollten Sie ihn nicht unterbringen, wenn er ständig in zu großer Wärme lebt, wird er doppelt empfindlich und kein bißchen abgehärtet. Haben Sie den richtigen Platz gefunden, sehen Sie eine Vorrichtung vor, daß Sie ihn dort anleinen können. Am besten, Sie befestigen ein Stück Leine gleich dort an der Wand, dann brauchen Sie ihn nur dort anzuleinen. (Das wird allerdings nur so lange nötig sein, bis er *kapiert* hat, daß er dort zu bleiben hat. Ein älterer Hund bleibt selbstverständlich auch so an seinem Platz liegen!)

Schon gleich von Anfang an machen Sie ihn mit der Vokabel *»Bobby, Geeeh in Dein Körbchen!«* vertraut, indem Sie ihn mit diesen Worten zu seinem Platz führen, ihn ablegen lassen und dort mit *»Bleib da!«* und mit *»So ist's Braaav!«* oder *»Guuut!«* anleinen. Manche Leute sagen in einen solchen Falle auch *»Bobby, Geeeh auf Deinen Platz!«*, aber das gibt dann Verwechslungen mit dem *»Platz!«*, was zu vermeiden ist. Überhaupt sollten Sie alles vermeiden, was Ihren Hund verwirren könnte. Je konfuser Sie mit Ihrem Vokabular umgehen, um so konfuser wird garantiert auch Ihr Hund.

Das *»Bobby, Geeeh in Dein Körbchen!«* üben Sie jedesmal mit ihm, wenn weder mit ihm gespielt, noch ausgegangen, noch gefressen wird. Ist er sozusagen aller Pflichten und Vergnügungen ledig, hat er zu seinem Platz zu gehen und guter Dinge zu hoffen. Während Sie ihn die ersten Male mit *»Bobby, Geeeh in Dein Körbchen!«* dorthin begleiten, gehen Sie, um den Befehl langsam auch aus größerer Entfernung mit ihm zu üben, mit ihm in Richtung Körbchen, lassen ihn dann los, geben ihm einen Stups in die Richtung Körbchen, zeigen mit Ihrem Zeigefinger in diese Richtung *»Bobby, Geeeh in Dein Körbchen!«* und loben ihn *»So ist's Braaav!«* oder *»Guuut!«* lauthals, kommt er richtig dort an.

Erst versuchen Sie es, wenn Sie etwa 50cm von dem Platz entfernt sind, dann aus 1m-Entfernung, die Sie dann schrittweise vergrößern. Schließlich müssen Sie soweit kommen, daß Sie, z.B. auf einem Sessel sitzend, dem Hund zurufen *»BOBBY, Geeeh in Dein Körbchen!«*, und er begibt sich sofort dahin, wohin er soll (und bleibt auch dort). Es kann nun vorkommen, daß Ihr Hund sich zwar in sein Körbchen begibt, dann aber flugs wieder aufsteht, um sein Körbchen gleich wieder zu verlassen. Jetzt heißt es *»Nein!«*, Sie führen ihn *»BOBBY, Geeeh in Dein Körbchen!«* und *»Platz!« »Bleib da!«* wieder zurück und loben ihn, hat er sich dort niedergelegt *»So ist's Braaav!«*.

Hat Ihr Hund mehrere Liegeplätze, müssen Sie es bei jedem einzelnen extra üben, bis er kapiert, daß er, ganz gleich wo er ist, bei *»BOBBY, Geeeh in Dein Körbchen!«* zu seinem nächstgelegenen Liegeplatz zu gehen hat und dort bleiben soll.

Haben Sie für Ihren Hund eine Gitterbox, gilt auch hier das *»BOBBY, Geeeh in Dein Körbchen!«*. Eine Gitterbox ist bequem, wenn Sie den Hund auf Reisen mitnehmen wollen und ihn sicher und allein im Hotelzimmer lassen wollen. Können Sie dem Hotelbesitzer versichern, daß Ihr Hund gut weggesperrt ist, bleibt er einmal allein, werden Sie weniger Schwierigkeiten haben, unterwegs irgendwo unterzukommen. Sind Sie ohne Gitterbox unterwegs, müssen Sie wenigstens die vertraute Hundedecke mitnehmen und Ihrem Hund im Hotelzimmer seinen vertrauten Platz anweisen, damit er weiß, wohin er gehört. Auch hier heißt es wie immer *»BOBBY, Geeeh in Dein Körbchen!«*. Ob und ab wann Sie allerdings Ihren Hund ohne Gitterbox auch allein im Hotelzimmer lassen können, müssen Sie selbst, je nach dem Stand Ihrer Erziehung, entscheiden. Bei einem jungen Hund ist es allerdings *keinesfalls* zu empfehlen, womöglich fürchtet er sich in der fremden Umgebung so, daß er erstens randaliert oder herumbellt und zweitens nie mehr allein bleiben will.

Wenn Ihr Hund zu seinem *nächtlichen* Ruheplatz gehen soll, können Sie ihm das *»BOBBY, Geeeh in Dein Körbchen!«* noch genauer beibringen, indem Sie ihn daran gewöhnen, *»BOBBY, Geeeh schlafen!«* sich nun vielleicht grundsätzlich in Ihr Schlafzimmer zu verfügen. Unsere Hunde haben das »Schlafengehen« fast von selbst gelernt, weil wir es jeden Abend zu Ihnen gesagt haben. Diese Anweisung hat einen gewissen Vorteil dann, wenn Sie Ihren Hund eventuell auch untertags einmal nachdrücklich aus dem Verkehr ziehen wollen, und er am besten im Schlafzimmer (oder wo sein nächtlicher Schlafplatz ist) aufgehoben ist. Bei dem *»Bobby, Geeeh schlafen!«* lernt er nämlich, auch in ein *anderes* Zimmer zu gehen. Bei beiden Befehlen heißt es: Steter Tropfen höhlt den Stein, sie sind ein kleiner Vorgeschmack auf all das, was Sie Ihrem Hund, bei gehöriger Konsequenz, alles beibringen können.

Rückblick auf die ersten 14 Tage und vom täglichen »Üben«

Gehen wir jetzt an unserer Tür vorbei, sehen wir, daß dort nun schon eine Menge Vokabeln versammelt sind. Aber nicht nur an der Tür merken wir das: Wir haben schon einen ganz schönen Wortschatz beisammen, den wir mit dem Hund gemeinsam haben. Das ist der Grund, warum ich Ihnen empfohlen habe, die ersten 14 Tage bis (was günstiger ist) vier Wochen so einzurichten, daß Sie sich wirklich richtig um Ihren Hund kümmern können.

Erstens kann er als noch kleines, aber *soziales* Lebewesen Einsamkeit nur schlecht vertragen, zweitens können Sie so seiner Erziehung den richtigen Anfangsschwung geben und eine sichere Grundlage schaffen, auf der Sie dann aufbauen können.

Haben Sie Zeit genug, d.h. sind Sie ständig zuhause, können Sie das Üben einerseits reduzieren und andererseits gleichzeitig beschleunigen. Sie haben dann nämlich nicht nur die dreimal täglich fünf Minuten, sondern können die »Übungen« einfach in Ihren Tageslauf einbeziehen und viel öfter üben. Das ist dann für den Hund keine »Schulstunde«, sondern eine fortlaufend angenehme Beschäftigung. Und da bei der Hundeerziehung alles sowohl von der Konsequenz wie von der Wiederholung abhängt, ist Ihnen nun auch klar, daß natürlich alles viel einfacher wird, wenn es im Laufe eines Tages mehrfach zwanglos in Ihr Zusammensein einfließt.

Können Sie sich nämlich in der ersten Zeit nicht richtig um den Hund kümmern, geht alles ein Stückchen langsamer. Da Sie nicht genügend Zeit für Wiederholungen haben, prägen sich ihm die Begriffe natürlich längst nicht so gut ein. Sie kommen also womöglich langsamer voran, als Sie könnten, weil Sie in der kurzen Zeit, die Ihnen zur

Verfügung steht, natürlich nicht alle bisherigen Begriffe hintereinander »abfragen« können, ob Ihr Hund sie nun schon kann.

Am günstigsten ist es, daß sich das Üben aus der jeweiligen Situation heraus ganz natürlich ergibt. Wecken Sie ihn morgens auf (er muß ja dann sofort »nach draußen«) sagen Sie *»Bobby, Komm!«* und führen oder tragen Ihn zu seinem Löseplatz *»B*obby, *Mach was!«*, dann loben Sie ihn *»So ist's Braaav!«* oder *»Guuut!«* und locken ihn mit *»Bobby, Komm!«* wieder zurück, wo er dann nochmals auf seinen Platz zu gehen hat *»Bobby, Geeeh in Dein Körbchen!«*, *»Platz!«* *»Bleib da!«* *»So ist's Braaav!«* oder *»Guuut!«* bis Sie sich angezogen haben und das Frühstück (und sein Fressen) fertig sind. Vor dem Fressen (oder wann es sich sonst im Laufe des Tages ergibt) üben Sie schon mal *»Bobby, Sitz!«* *»Bleib da!«* mit ihm, nach dem Fressen muß er gleich noch mal »nach draußen« *»B*obby, *Mach was!«*, *»So ist's Braaav!«* oder *»Guuut!«*, dann soll er wieder auf seinen Platz gehen *»Bobby, Geeeh in Dein Körbchen!«*, bis Sie vielleicht soweit sind, daß Sie mit ihm einen Ausgang machen. *»Bobby, Auuusgehen!«* heißt es dann, er muß sich setzen und anleinen lassen, *»So ist's Braaav!«* oder *»Guuut!«* und dann geht es mit *»Bobby, Lauf zu!«* weiter im Text. Will Ihr Hund unbedingt vor Ihnen durch die Tür, ermahnen Sie ihn mit *»Bobby Geeeh zurück!«*. Unterwegs lassen Sie ihn wechselweise mal *»Bobby, Sitz!«* oder *»Platz!«* machen, und ermuntern ihn mit *»Bobby, Lauf zu!«* zum Weitergehen. Jeden Tag, und das ist wichtig, bringen Sie ihn zu seinem Kämmplatz, auch wenn er noch gar nicht so viel Fell hat, daß sich das lohnen würde, und bürsten ihn von allen Seiten und üben das *»Bobby, Sitz!«* und *»Platz!«*, wie auch das *»Bobby, Schau her!«* auch auf dem Tisch mit ihm.

Ist es Ihnen aufgefallen? Bis jetzt haben Sie noch nicht eine Minute *zusätzlich* zum Üben gebraucht, alles hat sich vollständig natürlich ergeben. Sie müssen nur aufpassen, daß Ihr Hund wirklich befolgt, was Sie von ihm verlangen und notfalls ein bissel nachhelfen. Natürlich legen Sie hin und wieder einige Spielminuten ein, in denen Sie mit Ihrem Welpen herumtollen, anschließend das Rausgehen und *»B*obby, *Mach was!«* und das Loben *»So ist's Braaav!«* oder *»Guuut!«* nicht vergessen, dann heißt es wieder *»Bobby, Geeeh in Dein Körbchen!«*, und er muß sich ein Weilchen mit sich selbst beschäftigen bzw. schlafen. Und jeden

Abend beschließen Sie mit *»Bobby, Geeeh schlafen!«*, steter Tropfen höhlt den Stein, führen ihn, solange er es noch nicht von selbst tut, zu seinem nächtlichen Ruhelager. Und jedesmal, wenn er etwas Unerwünschtes tut, heißt es *»Nein!«*. Die Vokabel wird er so oft hören (und anfangs eventuell zu spüren bekommen), daß er auch diese ziemlich bald genau kennt.

Jetzt ist auch der Unterschied zwischen Ihnen und der Hundemutter gar nicht so groß: Auch sie erzieht ja ihre Kinder anläßlich aktueller Anlässe und ist immer dann zur Stelle, wenn es nötig ist.

Alle weiteren Schritt, die nun kommen, flechten wir ebenso in unseren täglichen Umgang mit dem Hund ein. Denken Sie daran, für jedes neue Wort schreiben Sie eine Karte und kleben sie an die Tür, damit Sie (und die Ihren) jederzeit den Überblick darüber haben, was inzwischen bei Ihnen Gang und Gäbe ist.

Pilar vom Pfefferhäuschen, Zwergschnauzer, 12 Wochen
E.: R. Hey, 52152 Kesternich

Schritt Nr. 15
»Genug!«

Haben wir das *»Genug!«* schon hin und wieder erwähnt, zeigen wir ihm jetzt einmal nachdrücklich, was wir damit meinen. Wir lassen ihn *»Bobby, Sitz!«* oder *»Platz!«* oder *»Bobby, Geeeh in Dein Körbchen!«* machen, und erlauben ihm mit *»Genug!«*, daß damit diese Anweisung nicht mehr gilt. Sie sagen das mit fröhlicher Stimme, klopfen vielleicht (wie bei *»Bobby, Komm!«*) auf Ihren Oberschenkel, daß er sich erhebt. Vielleicht steht er zunächst unschlüssig herum, Sie kümmern sich aber nicht um ihn und überlassen ihn sich selbst oder holen ein Spielzeug hervor, um etwas mit ihm zu spielen. Sie dürfen bitte auch niemals vergessen, eine Anweisung zu widerrufen. Ist der Hund gut erzogen, bleibt er sonst viel zu lange sitzen oder liegen, nur weil Sie ihn vergessen haben. Noch ungünstiger ist, daß er sich angewöhnt, sich nach einiger Zeit selbst das Zeichen zum Aufbruch zu geben, d.h. er tut, nachdem er anfänglich gefolgt ist, dann einfach, was ihm in den Sinn kommt. Lassen Sie ihn dann gewähren, weil »Sie ihn ohnehin bloß vergessen hatten«, ist der Grundstock für künftigen Ungehorsam schon gelegt. Wollen Sie das?

Schritt Nr. 16
»Bobby, Geeeh raus!«

Auch für diese zunächst unscheinbare Vokabel werden Sie, im Laufe seines langen Hundelebens, dankbar sein. Da auch sie sich im täglichen Leben wie von selbst ergibt, fügen wir sie bereits jetzt in unseren Wortschatz ein. Nehmen wir einmal an, Ihr Hund sitzt bei Ihnen in der Küche und Sie wollen aus irgendeinem Grunde, daß er diese verläßt (vielleicht wollen Sie gleich selbst einmal hinausgehen und ihn nicht allein dort lassen.) Ein andermal wollen Sie ihn animieren, in den Garten zu gehen; dann wieder soll er aus dem Schlafzimmer verschwinden - jedenfalls soll er sich aus dem Raum, in dem er sich zur Zeit befindet, entfernen. Nun ist nichts mühseliger, als den Hund dann jedesmal an Halsband zu nehmen und ihn hinauszuführen. Besser ist es, Sie sagen ihm gleich das richtige Wort dazu, dann weiß er nämlich nach einiger Zeit auch auf den »Befehl« allein, was Sie von ihm wollen.

Am besten ist, Sie sagen jedesmal, wenn Ihr Hund einen Raum verlassen soll *»Bobby, Geeeh raus!«* zu ihm und zeigen in die gewünschte

Richtung. Dann kennt er Wort und Handbewegung schon mal. Eines Tages, also heute, beschließen Sie, es einmal richtig mit ihm zu üben, daß es sich in ihm festsetzt. Am günstigsten ist es, Sie stehen in einem Zimmer an der geöffneten Tür, machen mit ausgestreckter Hand eine schwungvolle Bewegung nach draußen und sagen *»Bobby, Geeeh raus!«*. Wenn Sie Glück haben, folgt Ihr Hund Ihrer Handbewegung (viele Hunde begreifen zeigende Handbewegungen schneller, als man sich vorstellen kann) und geht einen Schritt vor die Tür. Sofort loben Sie ihn *»So ist's Braaav!«* oder *»Guuut!«*, folgen ihm nach draußen und versuchen das Experiment gleich nochmal von draußen nach drinnen. Ihr Hund soll kapieren, daß er auf diese Anweisung hin die Tür durchschreiten soll.

Steht Ihr Hund aber bloß da und schaut interessiert auf Sie oder Ihre Hand, machen Sie schnell mit ausgestreckter Hand selbst einen Schritt nach draußen, klopfen auf Ihren Oberschenkel, was den Hund ermuntert, sich Ihnen anzuschließen. Ist der Hund Ihnen nach draußen gefolgt, sofort loben *»So ist's Braaav!«* oder *»Guuut!«*, und das ganze nochmals rückwärts. Hat er immer noch nicht kapiert, was Sie eigentlich wollen, zupfen Sie ihn beim Zeigen und nach Draußen-Gehen an der kurzen Leine in Richtung Türschwelle, und loben ihn, wenn er diese überschritten hat.

Haben Sie immer noch das Gefühl, er kann Sie nicht verstehen, brauchen Sie eine zweite Person, die jenseits der Tür, nachdem Sie *»Bobby, Geeeh raus!«* gesagt haben, den Hund zu sich lockt. Stellt sich der Hund vollkommen taub, hängen Sie ihn an die lange Leine, an der ihn dann, haben Sie das *»Bobby, Geeeh raus!«* gesagt, die andere Person zu sich hinzieht. Loben!!

Irgendwann wird es ihm dämmern, und Sie versuchen es nun ohne, daß Sie selbst die Schwelle überschreiten, ohne zweite Person, vergessen aber bitte das Loben nicht, hat er sich nach draußen begeben. Da das für den Hund nicht sonderlich amüsant ist, wiederholen Sie das *»Bobby, Geeeh raus!«* höchstens fünfmal am Stück, einmal geht der Hund aus dem Zimmer, dann wieder hinein, daß sich in ihm das *»Bobby, Geeeh raus!«* so nach und nach einprägt. Auf der anderen Seite angekommen, kann der Hund dann tun und lassen, was er mag. Damit er sich nicht ganz dusslig vorkommt, sollten Sie ihn dort aber das eine oder andere Mal mit einem Spielzeug oder einem Spielchen erfreuen, damit er wenigstens irgendeinen Sinn darin sieht, warum er hinausgehen sollte. Haben Sie den Begriff erst einmal eingeführt, gibt es im Laufe des Tages unzählige Situationen, in denen Sie ihn festigen können. Nutzen Sie das auch eifrig aus: Erst die Wiederholung macht den Meister.

Schritt Nr. 17
»Warten!«

Auch das *»Warten!«* ist ein auf den ersten Blick unscheinbarer Befehl, bei dem Sie dankbar sein werden, weiß Ihr Hund, was damit gemeint ist. Er lernt dabei, eine unsichtbare Grenze, die er nicht überschreiten soll, zu beachten, kann aber sonst alles tun, was ihm beliebt. Insofern können Sie nicht stattdessen *»Bleib da!«* sagen, weil das ja beinhaltet, daß er Hund die Position, die er eben einnimmt, beibehalten soll.

Nehmen Sie einmal an, Sie betreten ein Zimmer und wollen nicht, daß der Hund Ihnen folgt. Wie sagen Sie ihm das? Keine der Vokabeln, die wir bisher kennengelernt haben, trifft zu. Sagen Sie aber *»Warten!«*, heißt das für ihn, daß er nicht mehr weitergehen soll (wir kommen später auch bei den Leinenregeln darauf), aber sonst tun und lassen kann, was er will.

Wie macht man ihm das klar? Wir haben bereits früher erwähnt, daß Sie es sich, solange der Hund noch »neu« ist, angewöhnen sollten, sich (angeleint) bei Ihren verschiedenen Wegen und Tätigkeiten begleiten zu lassen. Gehen Sie jetzt in ein Zimmer, wohin Ihnen der Hund nicht folgen soll, bleiben Sie jenseits des Türrahmens stehen, strecken Ihre Hand, mit Handrücken zum Hund, in seiner Augenhöhe, quer aus und sagen *»Warten!«*. Folgt Ihr Hund Ihnen trotzdem, kriegt er mit Ihrem Handrücken einen Stups vor die Nase. Und nun loben Sie ihn, der folglich zögert, sofort *»So ist's Braaav!«* oder *»Guuut!«*. Das probieren Sie gleich mal (heute), also an einem Tag, an dem Sie nicht besonders eilig sind, aus. Sie gehen mit dem Hund von Zimmer zu Zimmer, und das eine oder andere Mal lassen Sie ihn draußen *»Warten!«* (Handbewegung und Loben nicht vergessen), erledigen in dem Zimmer irgendetwas und gehen wieder hinaus. Nehmen Sie aber nicht immer dasselbe Zimmer, sonst meint Ihr Hund, nur dort sei sein Zutritt unerwünscht.

Folgt er Ihnen trotzdem über die unsichtbare Linie, wird er an der Nase gestupst, so wieder zurückbefördert und sofort gelobt *»So ist's Braaav!«* oder *»Guuut!«*.

Irgendwann merken Sie, der Hund hat den Sinn des Unternehmens durchschaut. Jetzt vertiefen Sie sein Verständnis. Sie lassen ihn vor einer Tür *»Warten!«*, loben ihn *»So ist's Braaav!«* oder *»Guuut!«*, und gehen nun einige Male über die unsichtbare Grenze hin und zurück. Ihr Hund hat draußen zu bleiben, ganz gleich was Sie tun. Sie können ihm auch die Zeit angenehm machen, indem Sie zwischendurch auf »seiner« Seite mit ihm spielen, sich dann wieder nach nebenan begeben und eisern auf das *»Warten!«* achten. Hat Ihr Hund über dem Spielen und Ihrem Hin- und Hergehen vergessen, was er sollte, bringen Sie ihn mit Nasenstups und *»Warten!«* energisch dahin zurück, wo er bleiben soll. Auch jetzt loben Sie ihn *»So ist's Braaav!«* oder *»Guuut!«*.

Am Anfang, wenn Sie die Vokabel einführen, veranstalten Sie das Warten etwa fünfmal hintereinander, später üben Sie es einfach untertags, so daß Sie ihn, über den Tag verteilt, drei- oder viermal warten lassen, niemals aber das Loben vergessen.

Nach und nach weiß er, was mit *»Warten!«* von ihm verlangt wird und Sie üben es nun mit künstlichen Abwechslungen. Sie lassen ihn vor der Tür warten, hüpfen im Raum hin und her, hantieren mit seinen Spielzeugen, lassen einen Ball rollen... Will er Ihnen nach, heißt es energisch *»Nein!«* *»Warten!«* (Nasenstups und anschließendes Loben nicht vergessen.)

Nach einiger Zeit können Sie die Handbewegung weglassen, Ihr Hund soll allein auf das gesprochene *»Warten!«* wissen, was er zu tun (d.h. zu lassen) hat.

Es gibt zahlreiche Situationen, in denen Sie es begrüßen werden, daß Ihr Hund das *»Warten!«* gelernt hat. Stellen Sie sich einmal vor, Sie haben es z.B. mit einer Person zu tun, die nicht viel Sinn für Hunde hat. Schon bevor Sie die Tür öffnen, können Sie den Hund mit *»Warten!«* in einem bestimmten Zimmer zurücklassen oder ihn vor der Tür z.B. des Wohnzimmers warten lassen, während Sie drinnen etwas besprechen. Natürlich könnten Sie Ihren Hund auch erst zu seinem Platz schicken und dort ablegen lassen. Aber schneller und situationsgerechter geht allemal das *»Warten!«*, das innerhalb einer Sekunde wirken soll.

Schritt Nr. 18
»Bobby, Komm näher!«

Weil wir uns ja mit unserem Hund auch in unserem Sinne »vernünftig« unterhalten, trotzdem aber einen »Kommunikationssalat« vermeiden wollen, müssen wir uns auch im täglichen Leben bestimmte Vokabeln angewöhnen. Die sind dann der erste Schritt dazu, daß auch Ihr Hund »jedes Wort versteht«. Sie können statt *»Bobby, Komm näher!«* auch *»Bobby, Komm mal her!«* verwenden, sollten sich aber auf *einen* bestimmten Ausdruck festlegen.

Nehmen wir einmal an, Sie sitzen beim Fernsehen, ihr Hund hält sich irgendwo im Zimmer auf, Sie aber würden es schöner finden, er wäre näher bei Ihnen. (Ich z.B. mag es sehr gerne, wenn in einer solchen entpannten Situation »meine Lieben« möglichst nah bei mir versammelt sind, es ist irgendwie gemütlicher.) Jetzt sagen Sie *»Bobby, Komm näher!«* und klopfen mit Ihrer Hand an die Außenwand oder die Lehne Ihres Sessels oder auf den Sitz des Sofas und loben den Hund, kommt er zu Ihnen *»So ist's Braaav!«* oder *»Guuut!«*. Sie können auch mit der Hand (oder mit dem Fuß) auf den Boden klopfen, um dem Hund anzuzeigen, wohin er sich begeben soll. Viele Hunde kommen ohnehin, wenn man sie ruft und *kapieren* ziemlich schnell, was gemeint ist. Kann Ihrer garnichts damit anfangen, hängen Sie ihn an die lange, dünne Leine, und ziehen ihn in kleinen Rucken, wenn Sie gesagt haben *»Bobby, Komm näher!«* in Ihre Richtung und klopfen auf die gewünschte Stelle. Sie können auch auf Ihren Körper klopfen, wenn Sie wollen, daß Ihr Hund z.B. ganz nah zu Ihnen kommt und vielleicht auf Ihren Schoß springt oder sich an Sie anschmiegt. Dann das Loben nicht vergessen *»So ist's Braaav!«* oder *»Guuut!«*.

Schritt Nr. 19
»Bobby, Geh zu!«

Wieder verbessern wir unseren Wortschatz, um uns im täglichen Leben mit unserem Hund einwandfrei verständigen zu können. Wie schon so oft gesagt, wichtig ist allein, daß Sie für ein und dieselbe gewünschte Reaktion auch immer den gleichen Ausdruck verwenden. Sie können statt *»Bobby, Geh zu!«* auch sagen *»Bobby, Geh weg!«*, aber genauer ist *»Bobby, Geh zu!«*, weil es nichts anderes meint, als daß Ihr

»Bobby, Sitz!« mit Druck auf das Hinterteil

Belohnung mit Leckerle (es geht auch ohne)

Hund sich von da, wo er sich gerade befindet, entfernen soll, ganz gleich, ob er da sitzt, steht oder liegt und es einem egal ist, was er danach tut. Wer einmal einen Hund gehabt hat, wird bestätigen, daß es Zeiten gibt, wo einem der liebe Vierbeiner dauernd im Weg ist. Natürlich können Sie ihn, um ihn aus dem Weg zu haben, mit *»Bobby, Geeeh in Dein Körbchen!«* entfernen, meistens genügt es Ihnen aber, daß er lediglich einen bestimmten Ort freigibt, ansonsten stört er Sie nicht. Auch müßten Sie, wenn Sie ihn in sein Körbchen befördert haben, außerdem noch überwachen, daß er dort wirklich bleibt. Manchmal ist man einfach zu beschäftigt, das im Kopf zu behalten und man begnügt sich mit *»Bobby, Geh zu!«*.

An das Wort gewöhnen Sie ihn am besten, wenn Sie, sitzt, liegt oder steht er in Ihrer Nähe herum, direkt auf ihn zu, sozusagen in ihn hineingehen und sagen *»Bobby, Geh zu!«*. Selbst wenn er sich, verdutzt nicht von der Stelle rührt, gehen Sie weiter, stoßen ihn gar an, irgendwann weicht er Ihnen schon aus. Dann loben *»So ist's Braaav!«* oder *»Guuut!«*. Das machen Sie ein paar Mal hintereinander und untertags immer mal wieder, bis er kapiert hat, was Sie mit *»Bobby, Geh zu!«* meinen. Haben Sie es erst in nächster Nähe geübt, versuchen Sie das *»Bobby, Geh zu!«* auch aus größerer Entfernung, damit Ihr Hund begreift, daß er sich von der Stelle, an der er sich eben befand, zu entfernen hat. Das kann z.B. dann sinnvoll sein, wenn Ihr Hund irgendwo im Weg liegt, wo Sie gleich durchmüssen (Sie transportieren einen größeren Gegenstand oder ein Tablett) und nicht so lange warten wollen, bis Sie ihn aus nächster Nähe verscheuchen.

Schritt Nr. 20
»Laß das!«

Immer wieder kommen Sie so in Ihrem Zusammenleben in Situationen, wo Ihr Hund sichtlich etwas vorhat, was Ihnen nicht paßt. Das *»Nein!«* haben Sie schon dann eingesetzt, wenn Ihr Hund etwas Unerwünschtes *tut*, was aber sagen Sie, wenn Sie ihn von etwas *abhalten* wollen, was er im Begriff ist, gleich zu tun? Außerdem wollen Sie das *»Nein!«* auch nicht unnötig strapazieren, damit es nicht den ganzen Tag über immer wieder das Wort ist, was er am häufigsten hört - und womöglich, aus lauter Gewöhnung, schließlich ignoriert.

»Bobby, Sitz!« »Bleib da!« Erst mit, dann ohne Leine

Nehmen wir an, Sie beobachten Ihren Hund, daß er sich in Richtung Tisch bewegt, dort womöglich hochsteigt, um zu besichtigen, was es dort Leckeres gibt und es womöglich gleich klaut. Bevor es soweit kommt, sagen Sie *»Laß das!«*, und zeigen ihm damit an, daß er das, was er gerade im Sinn hat, unterlassen soll. Das können Sie ihm nämlich nicht mit *»Aus!«* mitteilen, weil das ein Wort ist, das er später lernt und begreifen soll, daß er etwas, was er gerade tut, was *eigentlich* erlaubt ist, diesmal unterbrechen oder ablassen soll.

Wie aber erklärt man seinem Hund, daß er etwas, was er bloß *vorhat*, sein lassen soll? Noch hat er ja garnichts getan! Sie können ihn natürlich zu sich rufen, aber was soll er da, Sie wollen ja nur, daß er sein Vorhaben stoppt.

Irgendwie müssen Sie es ihm also klar machen. Ausnahmsweise ist hier ein Leckerle erlaubt, das Sie fest in Ihre Hand nehmen, daß der Hund wirklich nicht daran kommt. Natürlich wird er versuchen, es zu erreichen und Ihre Hand bearbeiten. Jetzt kommt Ihr *»Laß das!«*, was erfahrungsgemäß von Ihrem Hund nicht beachtet wird. Was in Ihrer Hand ist, ist viel zu interessant für ihn. Also wiederholen Sie das *»Laß das!«*, und geben ihm mit Ihrer das Leckerle umschließenden Hand einen Nasenstups. Zieht er sich nun etwas verdutzt zurück, sofort loben *»So ist's Braaav!«* oder *»Guuut!«*. Aber von dem einen Mal merkt er sich das nicht. Das mit dem Leckerle müssen Sie schon ein paar Mal wiederholen, *»Laß das!«*, Nasenstups und *»So ist's Braaav!«* oder *»Guuut!«*, zieht er sich zurück. Mit der Zeit merken Sie, daß es schon mal den Nasenstups nach dem *»Laß das!«* nicht mehr braucht, Ihr Hund also anfängt zu kapieren.

Aber, daß er Ihre Hand mit dem Leckerle in Ruhe lassen soll, ist ja nur für sein erstes Verstehen nützlich. Als nächstes legen Sie ihn an die lange, dünne Leine und legen ein Leckerle z. B. vor ihm auf einen niedrigen Tisch, daß er es gut sehen kann. Natürlich kann er meist nicht widerstehen und will es holen. Kaum ist er nahe am Tisch und kurz vor'm Ziel, heißt es wieder *»Laß das!«* und mit einem Nasenstups oder einem Ruck an der Leine wird ihm klar gemacht, daß er die Aktion abbrechen soll. Sobald er zurücksteckt, wird er heftig gelobt *»So ist's Braaav!«* oder *»Guuut!«*. Das üben Sie nun in den unterschiedlichsten Situationen, damit Ihr Hund lernt, das Wort zu generalisieren. Sie können es, haben Sie es mit den Leckerle ausreichend gefestigt, z.B. auch dann anwenden, wenn Ihr Hund Anstalten macht, zu einem anderen Hund hinzulaufen *»Laß das!«*, den Hund zurückziehen und *»So ist's Braaav!«* oder *»Guuut!«*. Auch unterwegs ist es praktisch, wenn der Hund Ihnen auf *»Laß das!«* wirklich folgt. Dann z.B. wenn er am Wege etwas Eßbares oder einen Pferdeapfel entdeckt, den er zu gern aufnehmen würde. Wieder heißt es *»Laß das!«*, er wird zurückgezogen und sehr gelobt. Mit einiger Geduld werden Sie bald soweit kommen, daß Ihr Hund auf *»Laß das!«*, was auch immer er gerade vorhat, stoppt. Und Sie haben wieder ein sinnvolles Wort mehr für Ihre tägliche Konversation.

Schritt Nr. 21
»Hoch!«

Wenn Sie auch keinen Zirkushund aus ihm machen wollen, es reizt Sie schon, immer neue Worte zu finden, um das eine oder andere mit ihm zu veranstalten. Außerdem brauchen wir das *»Hoch!«*, um ihm anschließend das *»Runter!«*, das wir möglicherweise viel öfter brauchen, klar zu machen. Außerdem, jedes neue Wort, an das Sie ihn gewöhnen, vertieft Ihre Verständigung miteinander.

Mit *»Hoch!«* ist gemeint, daß er seine Vorderbeine vom Boden heben und sie auf etwas legen soll, oder aber, sich aufzurichten, und sich nirgendwo festzuhalten. Sie wollen - Sie werden gleich wissen warum - erreichen, daß Ihr Hund an Ihnen hochgeht. Also sagen Sie *»Hoch!«*, klopfen mit der Hand auf Ihren Körper und dürfen ihn - ausnahmsweise - auch mal mit einem Leckerle zum Hochgehen animieren. Kaum hat er sich an Ihnen aufgerichtet, loben Sie ihn *»So ist's Braaav!«* oder *»Guuut!«*, und er bekommt sein Leckerle. Oder Sie wollen, daß er mit seinen Vorderpfoten auf Ihren Schoß kommt, um ihn ein bißchen zu liebkosen. Wieder heißt es *»Hoch!«*, Sie klopfen auf Ihren Schoß, und er wird, tut er - mit oder ohne Leckerle - was er soll, tüchtig gelobt *»So ist's Braaav!«* oder *»Guuut!«*. Hat er das kapiert, was ziemlich schnell geht, versuchen Sie es auch einmal mit *»Hoch!«*, wenn Sie nur ein Leckerle (d.h. Ihre Hand) über seinen Kopf halten. Natürlich wird er sich aufrichten und sofort gelobt. Nach und nach soll er das *»Hoch!«* auch ohne Leckerle, nur auf Ihre Handbewegung durchführen. Auch das wird er ziemlich schnell kapieren, haben Sie ihn nur ausreichend gelobt. Damit es sich festigt, machen Sie es wahlweise mal mit und mal ohne Leckerle, bis es sich ihm schließlich auch eingeprägt hat, wenn er nichts als das *»So ist's Braaav!«* oder *»Guuut!«* als Lohn bekommt.

Für eine Reihe späterer Übungen ist es günstig, wenn Sie ihm mit *»Hoch!«* anweisen, an etwas hochzugehen. Z.B. kann man ihm das Öffnen oder Schließen einer Tür anfangs damit beibringen, oder wenn er von einem Tisch oder einer Konsole etwas holen soll (z.B. das Telefon). Das zeigt man ihm, indem man mit der Hand auf etwas klopft, daß er dort hinauf soll und zeigt ihm, was er nun da soll. Aber noch sind wir ja beim Welpen.

Aber das *»Hoch!«* ist noch wichtig, um den nächsten Schritt mit ihm zu üben.

Ccyrus Rex Miroko CS. Alaskan Malamute, 5 Monate
E.: S. Kreuzritter, 09390 Gornsdorf

Schritt Nr. 22
»Runter!«

Mit dieser Vokabel bringen Sie Ihrem Welpen bei, daß er sich, worauf er sich auch befindet, von dort wieder zu entfernen hat. Das kann Ihr Schoß sein, das Bett, ein Sessel, aber auch der Autositz, wenn er stattdessen auf dem Boden liegen soll. (Auch bei späteren, weiterführenden Übungen ist es sinnvoll, wenn er das *»Runter!«* begriffen hat und befolgt.)

Sie können es ihm beibringen, indem Sie jedesmal, wenn er oben auf etwas ist, sich wieder nach unten begibt, *»Runter!«* sagen und auf den Boden klopfen. Kaum ist er unten, loben *»So ist's Braaav!«* oder *»Guuut!«*. Sie können es aber auch einige Male hintereinander mit ihm üben, wenn Sie zuvor *»Hoch!«* gesagt haben und ihn nun wieder zurückbefördern wollen.

Nach einiger Zeit werden Sie soweit kommen, daß Ihr Hund sich sowohl auf das Wort *»Runter!«* wie auch auf die Handbewegung (Klopfen auf den Boden) wieder auf den Boden zurückbegibt. Es gibt später zahlreiche Gelegenheiten, in denen Sie von ihm wollen, daß er erst auf etwas hinauf- und dann wieder hinuntersteigt. Da dann u.U. andere »Befehle« eingeübt werden sollen, ist es günstig, er weiß auf die Handbewegung hin, was er tun soll. Vorerst genügt es uns aber, daß er z.B. einen Sessel schleunigst wieder verläßt, oder aber, wenn er an Ihnen oder jemand anderem hochgegangen ist, sofort wieder ausläßt.

Das mit dem Anspringen ist ohnehin ein kleines Problem. Es kann sein, daß es uns hin und wieder direkt fehlen würde, wenn der Hund nicht voller Freude an uns hochspringt. Wünschen Sie das *grundsätzlich* nicht, müssen Sie es auch von vornherein für *immer* unterbinden, indem Sie z.B. jedesmal, wenn zu erwarten ist, daß der Hund an Ihnen hochspringt, sich zu ihm hinabbeugen, wenn Sie ihn beispielsweise begrüßen wollen. Wenn Sie es für *immer* unterbinden wollen, können Sie es ihm auch mit *»Nein!«* verbieten. Haben Sie es aber manchmal ganz gern, wenn Ihr Hund sich Ihnen voller Freude zuwendet, können Sie ihm (Sie sind gerade für solche Liebkosungen ungeeignet gekleidet) mit *»Runter!«* bedeuten, daß er *jetzt* am Boden bleiben soll. Auch wenn er eine fremde Person angesprungen hat, holen Sie ihn mit *»Runter!«* am schnellsten wieder auf den Boden zurück, das ist für ihn eindeutiger als ein *»Nein!«*, das Sie ja schon für die verschiedensten Anlässe nutzen. Haben Sie das *»Runter!«* so oft geübt, daß er eindeutig weiß, was er tun soll, klappt es schnell und reibungslos wie ein Reflex.

Schritt Nr. 23
»Gib Laut!«

Jetzt werden Sie sagen »Mein Hund bellt ohnehin von allein, wozu soll ich ihm das beibringen?« Nun, wir sind bisher davon ausgegangen, daß wir für alles, was unser Hund von sich aus und freiwillig tut, eine Vokabel finden wollen, daß er dies und das auch auf unseren »Befehl« hin tut. Das Bellen gehört dazu, denn es könnte ja sein, daß wir irgendwann einmal sehr dankbar dafür sind, wenn unser Hund auf das *»Gib Laut!«* hin eindrucksvoll zu bellen beginnt. Außerdem wird es ihm, wie Sie bald feststellen werden, richtiggehend Spaß machen, auf Ihr *»Gib Laut!«* hin richtig und ausgiebig zu bellen und dafür gelobt zu werden *»So ist's Braaav!«* oder *»Guuut!«*. Obendrein können Sie mit ihm wunderbar üben, das Bellen auf Befehl einzustellen, wenn Sie ihn mit *»Gib Laut!«* vorher dazu animiert haben. So jedenfalls läßt es sich gut hintereinander üben.

Üben läßt sich das relativ einfach: Jedesmal, wenn er bellt, sagen Sie *»Gib Laut!«* und loben ihn sofort. Wir üben es außerdem mit der Futterschüssel, die wir vor unserem Hund hochhalten und mit *»Gib Laut!«* auch unsererseits etwas - bellen und ihn sofort loben, setzt er unser Bellen fort *»So ist's Braaav!«* oder *»Guuut!«*. Das sitzt blitzschnell. Im nächsten Schritt sehen wir, wie wir das Bellen auch wieder abstellen können.

Schritt Nr. 24
»Aus!«

Einem Kind können Sie erklären, warum es eine Sache mal tun darf und dann wieder lassen soll. Ihr Hund aber kann Erklärungen nicht verstehen, Sie müssen also einen bestimmten Ausdruck mit ihm vereinbaren, damit er weiß, was Sie meinen.

Um das sinnvoll zu üben, müssen Sie die passenden Situationen abwarten oder herbeiführen. Sie wollen etwas nämlich nicht grundsätzlich verbieten, sondern etwas, was normalerweise erlaubt sein kann, lediglich abbrechen. Das Wort *»Nein!«* ist aber für die Fälle *reserviert*, daß Sie etwas *grundsätzlich untersagen* wollen.

Zurück zum Bellen: An und für sich wird es Ihnen ganz recht sein, wenn Ihr Hund, mit oder ohne Befehl, bellt, ist etwas an der Tür. Sie fühlen sich dadurch sicherer, daß an der anderen Türseite jemand gewarnt ist, drinnen sei ein Hund. Aber, wie lange soll Ihr Hund bellen? Das »Wie-Lange« können Sie nicht mit ihm üben, dafür aber, daß es jetzt ausreicht. Hier sagen Sie *»Aus!«*, der Hund weiß jetzt, er hat seine Pflicht getan und jetzt ist es genug.

Bleiben wir beim Bellen. Am besten, Sie bringen jemand dazu, vor Ihrer Wohnungstür zu rumoren, folglich bellt der Hund, notfalls helfen Sie mit *»Gib Laut!«* nach. Bellt er: *»So ist's Braaav!«* oder *»Guuut!«*. Nun sagen Sie *»Aus!«* und loben ihn sofort nachdrücklich, wenn er das Bellen einstellt. Sie lassen die Person herein, wechseln ein paar Worte, die Person geht wieder. Nach einiger Zeit wieder das Rumoren, das Bellen, das *»Aus!«* und das Loben *»So ist's Braaav!«* oder *»Guuut!«*. Das exerzieren Sie einige Male hintereinander, in der Hoffnung, daß es Ihrem Hund dämmert. Etwas später versuchen Sie es erneut mit dem Rumoren, sind aber weiter weg von dem Hund. Jetzt rufen Sie *»Aus!«* und loben ihn, wenn er das Bellen stoppt, gewaltig. Aber einmal angenommen, Ihr Hund gehört zu jenen, die überhaupt nicht mit dem Bellen aufhören können. An der Tür rumort es, Sie rufen *»Aus!«*, der Hund bellt weiter - jetzt müssen Sie hin zur Tür, den Hund beim Schnauzengriff nehmen und ihn etwas mit *»Aus!«* schütteln. Beim Schütteln hört er auf und wird gelobt *»So ist's Braaav!«* oder *»Guuut!«*.

Sie können das *»Aus!«* dann einfach im täglichen Leben mit ihm üben. Allerdings müssen Sie eisern darauf achten, daß er das *»Aus!«* auch befolgt und daß Sie es hinreichend loben.

Denn nicht nur beim Bellen, sondern bei vielen anderen Situationen, ist *»Aus!«* der richtige Befehl. Sie haben z.B. mit Ihrem Hund gespielt und wollen nun, daß er den Ball, mit dem Sie eben beschäftigt waren, wieder herausgibt. Wieder heißt es *»Aus!«*, notfalls helfen Sie mit der Hand nach, damit er den Fang öffnet und loben ihn, kaum lockert er seine Zähne, hocherfreut *»So ist's Braaav!«* oder *»Guuut!«*. Man sollte dies *»Aus!«* sehr frühzeitig üben, weil es bei einem jüngeren Hund vergleichsweise einfach ist, seinen Fang zu öffnen. Ist der Hund schon älter, kann es sein, daß er seine Kiefer zusammenpreßt wie einen Schraubstock und noch so viele *»Aus!«* werden ihn nicht dazu bewegen, etwas wieder herzugeben. Es ist sehr schwer und gefährlich, bei einem ausgewachsenen Hund den Fang gewaltsam zu öffnen, der das nicht zulassen will. Das muß vorher geübt sein, daß er es auf Befehl aus lauter Gewohnheit tut. Selbst wenn wir später das Apportieren mit ihm üben und wollen, daß er, was er im Fang hält, wieder herausgibt, hilft uns das frühzeitig geübte *»Aus!«* auf sinnvolle Weise. Hin und wieder eignet sich ein Hund etwas an, was wir ihm wieder abnehmen wollen. Auch hier bringen wir ihn mit *»Aus!«* dazu, seinen Fang zu öffen und die Beute herzugeben oder fallen zu lassen.

Auch wenn der Hund beim Spielen mit Ihnen zu wild wird, kann man das Spiel mit einem *»Aus!«* abbrechen. Nun weiß er, für jetzt ist genug - notfalls nehmen Sie ihn jetzt beim Kragen, schauen ihm in die Augen und sagen *»Aus!«*. Ziemlich schnell wird Ihr Hund, bei konsequenter Anwendung, begreifen, daß auf *»Aus!«* etwas beendet wird, was zwar *normalerweise erlaubt* ist, aber nicht fortgesetzt werden soll. Vergessen Sie niemals das Lob!

Schritt Nr. 25
»Steeeh!«

Einen Moment werden Sie jetzt überlegen, ob Sie das *»Steeeh!«* für Ihren Hund wohl jemals brauchen werden. Aber spätestens dann, wenn Sie ihn auf dem »Wickeltisch« haben und ihn bürsten wollen - setzt er sich nach einem Weilchen einfach hin, weil es ihm langweilig oder er müde wird. Jetzt hat das *»Steeeh!«* plötzlich einen Sinn für Sie und Sie schieben Ihre Hand unter seinen Bauch, hieven ihn *»Steeeh!«* wieder hoch und loben ihn *»So ist's Braaav!«* oder *»Guuut!«*. Ich habe es mir bei einem neuen Hund angewöhnt, grundsätzlich eine Hand in seiner Bauchnähe zu haben, um ihn, sobald er Anstalten macht, sich setzen zu wollen, gleich wieder nach oben zu befördern *»Steeeh!«*, Sie können seine Hinterbeine dabei sogar etwas vom Boden entfernen, dann streckt er sie aus und Sie können ihn richtig im Stand wieder absetzen. Die Stelle unter seinem Bauch scheint auch besonders empfindlich zu sein: Sie müssen gar nicht besonders stark drücken, allein die Berührung hindert ihn daran, sich zu setzen. Das *»Steeeh!«* gehört

Korrekt »Fuß!«-Gehen

also zu den Vokabeln, die wir ohne zusätzliche Übungen jeden Tag mit ihm wiederholen können, und die er darum besonders leicht begreift. Soll er längere Zeit stillstehen, heißt es dann *»Steeeh!« »Bleib da!«*. Vergessen Sie nicht, ihm mit *»Genug!«* zu erlauben, etwas anderes zu tun, wenn Sie fertig sind.

Aber nicht nur beim täglichen Bürsten wird Ihnen das *»Steeeh!«* nützlich sein. Denken Sie nur daran, daß er auch beim Tierarzt auf dem Tisch stehen muß und sich nicht setzen oder legen soll, und daran gewöhnt sein sollte, daß man sich, während er stehen bleiben soll, mit ihm beschäftigt. Oder Sie kommen nach einem schmutzigen Regentag mit ihm heim und wollen ihm die Pfoten reinigen, bevor er ins Haus kommt. Wieder heißt es *»Steeeh!«* und Sie können seine Pfoten, eine nach der anderen, bearbeiten. Auch beim Baden soll er in der Wanne stehen und sich einseifen und ausduschen lassen und vielleicht hernach noch ein Weilchen, von einem Handtuch umwickelt, stehen bleiben, bis die größte Nässe vom Handtuch aufgenommen ist. Oder Sie wollen ihn trockenfönen, oder Sie sind an einem besonders matschigen Tag mit ihm unterwegs und er soll sich ausnahmsweise einmal nicht setzen, müssen Sie aus irgendeinem Grunde stehenbleiben.

Es ist wirklich schwierig, gute Fotos von Hunden zu machen. Haben Sie ihm das Stehen mit *»Steeeh!« »Bleib da!«* beigebracht, können Sie ihn wirklich in Ruhe von allen Seiten fotografieren und vorher noch dazu Ihre Kamera richtig einstellen. Auch auf Ausstellungen erweist sich ein richtig und rechtzeitig erlerntes *»Steeeh!«* als außerordentlich nützlich. Ein sehr einfacher »Befehl« und leicht zu erlernen!

Schritt Nr. 26
»Geeeh mach Platz!«

Vielleicht werden Sie jetzt denken: »Was soll dieser Befehl, wenn wir schon *»Platz!«* üben, das müßte doch ausreichen!« Haben Sie Ihren Hund aber einmal daran gewöhnt, werden Sie im Laufe der Jahre schon selbst feststellen, wie oft Sie zu ihm *»Geeeh mach Platz!«* sagen werden und froh sein, daß er das auf Anordnung ausführt.

»Platz!« bedeutet, daß der Hund, wo er sich gerade befindet, zu Boden gehen soll. *»Geeeh mach Platz!«* meint aber, daß Ihr Hund sich erst irgendwo *hinbewegen* soll und dann dort *»Platz!«* machen soll.

Gehen wir vom täglichen Alltag aus, wo wir das auch am besten üben können. Nehmen wir an, Sie und Ihr Hund sind in der Küche, dauernd ist er ihnen im Weg und Sie wollen ihn nicht nur nach draußen schicken *Geeeh raus!*, sondern wollen, daß er sich beispielsweise im Flur friedlich hinlegt. Oder Sie befinden sich in einem Raum mit ihm, wo er keine besondere Liegestelle hat, und Sie wollen ihm bedeuten, er soll sich in einer genau festgelegten Ecke niederlegen, weil Sie gerade etwas Bestimmtes tun wollen: Ein Buch lesen, ein Baby wickeln, Yoga-Übungen machen. Jetzt ist es gut, wenn er das *»Geeeh mach Platz!«* gelernt hat und Ihnen aus dem Weg ist.

Natürlich kann man das - wie noch vieles andere - dem Hund beibringen. Sie sind mit ihm in der Küche oder einem anderen Zimmer, er hat seine kurze Leine an. Plötzlich rufen Sie ihm - es muß klingen, als sei es eine Glücksbotschaft - zu: *»Geeeh mach Platz!«*, zeigen mit ausgestrecktem Arm in eine Richtung (am besten in eine Zimmerecke) ergreifen ihn an der Leine, und eilen mit ihm dorthin, jetzt heißt es *»Platz!« »Bleib da!«* und Sie bringen den Hund dazu, sich dort niederzulegen. Das Loben nicht vergessen *»So ist's Braaav!«* oder *»Guuut!«*. Streicheln Sie auch seinen Kopf, damit er richtig merkt, wie sehr Sie sich freuen. Wenn er eine Weile dort brav gelegen hat, sagen Sie *»Genug!« »Komm näher!«* und locken ihn mit Schenkelklopfen zu sich hin. Das machen Sie, anfangs jeden Tag zwei- oder dreimal hintereinander, zunächst im selben Zimmer, dann in anderen Räumen. Sie können das *»Geeeh mach Platz!«* im Schlafzimmer, im Wohnzimmer, im Kinderzimmer oder im Keller mit ihm üben. Auch die Zeitdauer, in der er sich ruhig zu verhalten hat, variieren Sie, lassen ihn mal kürzer, mal länger liegen, damit er lernt, er darf seine Stellung erst verlassen, wenn Sie ihm das erlauben. Während Sie ihn die ersten Male noch an Halsband oder kurzer Leine ergreifen und begleiten, muß er nach und nach lernen, daß er das *»Geeeh mach Platz!«* auch ohne Ihre Begleitung tun muß. Er wird es lernen.

Vielleicht passiert es Ihnen anfangs, daß Ihr Hund, wenn Sie versuchen, ihn nicht mehr zu begleiten, bei *»Geeeh mach Platz!«* nur das *»Platz!«* versteht. Legt er sich jetzt, wo er gerade ist, einfach hin, gehen Sie ruhig zu ihm und sagen *»Nein!«*, *»Geeeh mach Platz!«* und führen ihn im Eilschritt zu der Stelle, wohin Sie gezeigt haben. Er muß nach und nach begreifen, daß mit dem »*Geeeh...*« noch etwas anderes verknüpft sein kann, worauf er achten und es zu unterscheiden lernen muß.

Später, wenn er schon etwas größer und geübter ist, versuchen Sie das »*Geeeh mach Platz!*« auch in fremder Umgebung mit ihm zu üben, z.B. bei (hundeverständigen) Freunden, deren Wohnung Sie sich einmal für das »*Geeeh mach Platz!*« »ausleihen« können, damit Ihr Hund lernt, daß dieser Befehl überall dort gilt, wo er ihn hört. Sie werden einmal dankbar dafür sein, daß Sie Ihren Hund, ganz gleich, wo Sie sich befinden, einmal »wegschicken« können und er, obwohl er nicht in Ihrer unmittelbaren Nähe ist, sich ruhig verhält, solange Sie das wünschen.

Schritt Nr. 27/28
»Nimm's« und »Gib's her!«

Das Wörtchen »*Nimm's*« wird sich, weil nützlich, gut in unserem Vokabular machen. Wer z.B. befürchtet, sein Hund könne einmal etwas Ungenießbares zu sich nehmen, kann ihn dazu erziehen, daß er Futter oder Eßbares nur dann zu sich nimmt, wenn man ihm das vorher mit »*Nimm's*« erlaubt hat. Ob man das tun will, bleibt jedem überlassen, einige schwören darauf, ich allerdings zweifele, ob es nicht einen Hund bei einer besonders verführerischen Situation dennoch überkommt.

Aber das »*Nimm's*« ist im täglichen Leben, wie auch bei einigen weiterführenden Übungen gut geeignet und zugleich leicht lernbar. Man kann anfangen, es am Futternapf zu üben, angesichts dessen man den Hund »*Bobby, Sitz!*« absitzen läßt, ihn lobt »*So ist's Braaav!*« oder »*Guuut!*«, und ihm erst nach einer Weile mit »*Nimm's*« erlaubt, sein Futter zu sich zu nehmen. Ihr Lob geht zwar in seinem Geschlabber unter, aber irgendwie merkt er sich das doch. Außerdem ist das Futter schon Belohnung an sich. Will er vor dem »*Nimm's*« vorpreschen, hält man ihn mit »*Nein!*« zurück und bringt ihn genau zu der Stelle, an der er vorher gesessen hat, wiederholt das »*Bobby, Sitz!*« und läßt ihn solange schmoren (vielleicht eine Minute) bis man mit »*Nimm's*« und auf das Futter zeigen, seiner Ungeduld ein Ende setzt. Da man einen jungen Hund häufiger füttert, hat man zahlreiche Gelegenheiten zum Üben, was das Lernen beschleunigt.

»Platz!« »Bleib da!«

»Bobby, Komm!«

Auch einzelne Leckerle kann man ihm mit *»Nimm's«* erlauben, anzunehmen, man kann zuvor die Übung mit dem *»Laß das!«* durchexerzieren und ihn am Schluß mit einem *»Nimm's«* für das Aushalten belohnen. Ihr Hund soll kapieren, daß er auf das *»Nimm's«* hin etwas nehmen *darf* und später begreifen, daß er auf das *»Nimm's«* etwas Gewünschtes nehmen *soll.*

Zum Bücken zu faul, lasse ich mir häufig vom Hund ein Spielzeug aufheben, indem ich mit der Fußspitze daran tippe und *»Nimm's«* sage, hat er es dann im Fang, muß ich nicht so weit nach unten, um es wegzuräumen. Auch zur Zeitung, die uns der Bote immer über den Zaun wirft, kann ich meine Hunde mit *»Nimm's«* und ausgestrecktem Arm in Richtung der Zeitung schicken, die ich ihnen dann, kommen sie damit bei mir an, abnehme *»Gib's her!«* und *»So ist's Braaav!«* oder *»Guuut!«*. Aber Vorsicht! Später beim Apportieren werden wir sehen, daß man das mit dem Wegnehmen mit Fingerspitzengefühl machen muß, um den Hund nicht zu vergrämen. Vorläufig bleiben wir dabei, daß das *»Nimm's«* etwas für den Hund Lohnendes oder Freudiges ist, was er häufig - aber nicht immer - auffressen darf und das man ihm manchmal, des Lobes voll, auch wieder abnimmt *»Aus!«* oder *»Gib's her!«* und ihn gleich nochmals lauthals lobt.

Vier Wochen sind herum - werde und will ich das schaffen?

Vielleicht haben Sie, was ich hoffe, die vorausgegangenen Seiten im Voraus gelesen. Jetzt haben Sie nämlich einen Überblick über das, was hauptsächlich von Ihnen, natürlich aber auch von dem Hund verlangt wird.

Es ist auch völlig normal, wenn Sie auf jeder Seite etwas erschrockener wurden und im Stillen zweifelten, ob Sie das *durchhalten* würden. Wäre es nicht einfacher, man ließe den Hund Hund sein und würde sich irgendwie mit ihm arrangieren? Würde der Hund sich nicht auch ohne größere Bemühungen bei uns eingewöhnen und man bringt ihm nur notgedrungen bei, daß er nichts ins Haus zu machen habe? Reicht es nicht aus, wenn man nur recht lieb mit ihm ist, ihn regelmäßig füttert und hinausführt?

Es ist richtig, Sie können das Buch einfach zuklappen und die Dinge, wie sie sind, auf sich zukommen lassen. Aber, ich wette mit Ihnen: Diese

Haltung werden Sie nur bei Ihrem *ersten* Hund einnehmen. Und bereits bei diesem werden Sie, je älter er wird, immer mehr bedauern, daß Sie ihn so wenig geformt haben, weil Sie nach und nach erkennen, was man alles aus ihm hätte machen *können*. Denn es ist erstaunlich, was ein Hund, selbst wenn er nicht erzogen wird, alles lernt - leider sind wir bei vielem gar nicht erfreut darüber.

Also, vielleicht schließen Sie sich nun doch meiner Ansicht an, daß ein Hund erzogen werden *muß*. Sofort fragen Sie mich aber: Muß es denn so viel sein? Genügt es nicht, wenn er ein bißchen Sitz, Platz, Fuß kann, seinen Namen kennt und meistens kommt, wenn man ihn ruft? Sie können sich damit begnügen (und Tausende tun es) - aber werden Sie am Ende auch wirklich damit zufrieden sein?

Auch Ihre Frage nach dem Sinn der vielen Vokabeln, die zugegebenerweise zuerst *Sie* lernen müssen, muß man einmal sachlich betrachten. Ganz ohne Zweifel werden Sie nämlich, mit oder ohne Erziehungsarbeit, nicht *stumm* mit Ihrem Hund hantieren. Alles, was wir bisher beschrieben haben, kommt als Handlungsweisen und Notwendigkeiten in Ihrem täglichen Miteinander vor. Spricht eigentlich irgendetwas dagegen, daß Sie sich, statt irgendwas mit dem Hund zu reden und einen »Kommunikations-Salat« zu riskieren, sich gleich *richtig* mit dem Hund befassen? Wäre es nicht schade, wenn Sie die Zeit, in der Ihr Hund aufnahmefähig wie ein Schwamm ist, ungenutzt oder sinnlos genutzt, verstreichen lassen? Wenn sie vorbei ist, ist sie endgültig Vergangenheit und nicht mehr wiederholbar.

»Also, ein paar Begriffe lasse ich doch weg«, werden Sie sagen. Lassen Sie mich anmerken, daß es Ihnen später leid tun wird, wenn Sie nicht einen richtigen »Hundewortschatz« aufgebaut haben. Am Anfang ist das nämlich viel leichter und logischer, als wenn man später doch das eine oder andere sinnvollerweise noch einführen möchte. Mit dem Lernen ist nämlich etwas für Ihren Hund sehr Wichtiges verbunden: Er lernt zu lernen und auf das zu achten, was Sie ihm sagen. Er lernt Sie zu verstehen. Mit dem Lernen ist aber auch etwas für Sie sehr Wichtiges verbunden: Ebenso wie er müssen auch *Sie* sich einprägen, wie Sie mit ihm kommunizieren können und kommen, ohne daß Sie das wollen, auch dahinter, wie man ihm das eine oder andere beibringen kann. Sie entdecken, was Sie alles aus Ihrem Hund herausholen können. Sie meinen, so viel würden Sie von Ihrem Hund gar nicht verlangen. Ich kann Ihnen schon jetzt nur raten: *Verschenken Sie nicht die große, überwältigende Freude, die es bereitet, wenn der Hund vom Haustier zum - Partner wird.*

Inzwischen ist Ihnen auch klar, warum ich Ihnen geraten habe, zur Ankunft des neuen Hundes Ihren Urlaub einzuplanen. Natürlich sind Sie nicht pausenlos mit dem Hund beschäftigt. Aber, wenn er wach ist, sollten Sie da sein und alles, was Sie mit ihm unternehmen (müssen), von Anfang an gleich richtig machen. Selbst wenn dadurch in diesem Jahr eine größere Urlaubsreise für Sie flach fällt: Die Zeit, die Sie am Anfang mit dem Hund verbringen, zahlt sich - für viele Jahre - aus. Noch dazu, langweilig wird es Ihnen diesmal nicht werden und merkwürdigerweise werden Sie sich vielleicht sogar besser entspannen und erholen, als bei anderen Urlauben. Der Hund nimmt Ihr ganzes Denken und Handeln in Anspruch, besser abschalten, als einen Hund zu erziehen, kann man überhaupt nicht!

Statt alles auf sich zukommen zu lassen, sollten Sie tun, was Ihr Hund nicht kann: *Setzen Sie sich Ziele!* Gehen Sie zielstrebig einen Schritt nach dem anderen und *halten Sie es eisern durch!* Erwarten Sie keine plötzlichen Erfolge, die wollen Schritt für Schritt erarbeitet werden. Wenn Ihr Hund beispielsweise das *»Bobby, Sitz!« »Bleib da!«* schon ganz gut kann und eine Minute aushält, erwarten Sie nicht schon am nächsten Tag, daß es auch schon 20 oder 30 Minuten möglich sein wird. Verlangen Sie, noch dazu ungeduldig, zu viel von Ihrem Hund, wird er (wie Sie) lediglich frustriert sein und sich zu sperren beginnen - und Sie verlieren beide die Lust. Bauen Sie langsam auf, erst eine Minute, dann zwei, dann drei usw. Das erste Jahr hat viele Tage - nutzen Sie jeden davon!

Denken Sie immer daran: Ihr Hund wird nur das werden, was Sie *überzeugt* sind, daß er werden könnte! Zweifeln Sie schon gleich beim Üben, daß er etwas Bestimmtes lernt - Sie können sicher sein, irgendwie spürt er Ihre Zweifel und wird es tatsächlich nicht lernen. Wenn Sie aber zielstrebig und schrittweise vorgehen, *durchhalten* und sich nicht beirren lassen, werden Sie Erfolg haben.

Etwas anderes werden Sie ebenfalls beobachten: In diesem Tagen und Wochen gelingt es auch Ihrem Hund, *Sie* zu erziehen. Ich kann

»Bobby, Komm!«

Korrekt vorsitzen

Loben nicht
vergessen

Ihnen schon jetzt voraussagen, daß Sie jedes Schwanzwedeln und jeder Liebesbeweis Ihres Hundes entzücken wird. Er wird an Ihnen hochspringen und Sie »küssen«, er wird sich an Sie schmiegen oder Sie mit der Schnauze anstoßen, und, fast reflexartig, werden Sie ihn streicheln und irgendetwas zu ihm sagen. Sie, der geschworen hat, mit dem Hund nicht wie mit einem Menschen zu reden, werden sich ertappen, daß Sie ihm allerlei mitteilen und erfreut registrieren, wedelt er mit seinem Schwanz und schaut er interessiert mit seinen dunklen, großen, sanften Augen und mit gespitzten Ohren zu Ihnen auf, so, als verstünde er jedes Wort. Jetzt gilt es für Sie, das rechte Maß zu finden. Nicht überwiegend *er* darf es sein, der Aktionen anregt und fördert. Das Leittier ist es, das das Zeichen zum Aufbruch gibt! Seien Sie, bei allem berechtigtem Entzücken - wachsam.

Dort gehört er nicht hin, so sehr er es auch liebt ...

Vom richtigen Üben und dem Umgang mit den Karten

Während Sie nun den »Grundwortschatz« angelegt haben und (hoffentlich) brav Karte um Karte an die Tür geklebt haben, werden Sie bald merken, daß der Hund einiges davon ziemlich schnell begreift (besonders wenn es häufig vorkommt), bei anderen Karten hapert es noch bedenklich.

Jetzt sortieren Sie die Karten um: Die, bei denen es schon recht schön klappt und die (Ihnen beiden) in Fleisch und Blut übergegangen sind, kleben Sie an den *unteren* Teil der Tür. An den oberen Teil kleben Sie die Karten, die nun neu hinzukommen und die, bei denen es noch nicht so gut gelingt. Die müssen Sie (beide) sich noch besser einprägen. Verzweifeln Sie nicht, wenn es erst nur wenige Karten sind, die Sie »nach unten« kleben können. Es werden, wie von selbst, immer mehr sein.

Einen Fehler sollten Sie allerdings unbedingt vermeiden: Kommen Sie nicht auf die (naheliegende) Idee, bevorzugt *nur* noch die Dinge mit Ihrem Hund zu üben, in denen er noch kein Meister ist. Das wird Sie und ihn frustrieren.

Aber Sie können sich *eine* »schwierige« Karte heraussuchen, und die mal bevorzugt üben. Vorher und hinterher machen Sie aber etwas, was Ihr Hund schon besonders gut kann und was Sie zum allergrößten Lob verleitet.

Einige Übungen erfordern mehr Präzision als andere, bei anderen kommt es mehr auf das Zusammenspiel zwischen Ihnen und Ihrem Hund an. Aber Sie können Ihrem Hund ja nichts mit Worten *erklären*, Sie müssen es sein, der präzise und einfühlsam ist und lernen, aus den Reaktionen Ihres Hundes zu erkennen, was *Sie* falsch gemacht haben oder anders machen müssen.

Ihr Hund hat seinerseits gelernt, *Sie* zu »lesen«. Ohne den Sinn eines Wortes zu begreifen, lernt er an seinem Klang und Ihren Körperbewegungen zu erkennen, was Sie von ihm wollen und richtet sich danach.

Nun klappt das nicht immer sofort. Der Hund hat nicht verstanden. Und schon machen Sie den nächsten, größeren Fehler und *wiederholen* die Anweisung. Und weil es auch beim nächsten Mal nicht sofort klappt - Sie müßten jetzt eine Stufe zurückgehen und ihm *zeigen*, was gemeint ist - versuchen Sie es statt dessen wieder mit der Wiederholung des Befehls. Ihr Hund lernt nun trotzdem was dabei: Er lernt, daß es nicht

»Bobby, Sitz!« heißt, sondern *»Bobby, Sitz!«*, *»Sitz!«*, *»Sitz!«*. Schneller, als Ihnen das lieb ist, hat er das *»Sitz!«*, *»Sitz!«*,*»Sitz!«* in sich aufgenommen und wird künftig bei diesen oder anderen Befehlen immer darauf warten, daß Sie diese wiederholen. Darum immer darauf achten: Hat der Hund etwas nicht begriffen, einen Schritt zurück und nochmal *zeigen* (oder *formen*) was Sie von ihm wollen.

Sie ist schon bemerkenswert, diese wechselseitige Erziehung. Während Sie aber ein Buch dazu studieren müssen und sich viele Ratschläge einholen, bei anderen Hundeausbildern zusehen, um herauszubekommen, was Sie tun oder lassen sollen: Der Hund »weiß« das alles aus sich heraus. In seinem konsequenten Reagieren und Verhalten ist er uns nämlich über: Er beobachtet uns, zieht seine Schlußfolgerungen und handelt danach. Konsequent. Immer wieder muß es gesagt werden: Seien *Sie* konsequent und präzise. *Sie* müssen es sein, der erzieht. Sie sind die Leitfigur, die die Fäden in der Hand hat. Nicht Ihr Hund. Mehr und mehr müssen Sie der Signalgeber sein, das stärkt das Dominanzgefüge in Ihrem Sinne und führt zu einer echten Partnerschaft.

Apportieren - Soll man es überhaupt üben?

Einer meiner Freunde, der mehrere Hunde, darunter einen Chihuahua, besaß, hatte sich, hundebesessen wie er war, vorgenommen, auch den »Kleinen« hinsichtlich der Grunderziehung genau so zu behandeln wie die Großen. Also hatte er auch mit ihm, wie mit den anderen, bereits in den ersten Wochen angefangen, das Apportieren einzuleiten und den »Kleinen«, im Verlauf einiger Wochen, wirklich dazu gebracht, genau so zuverlässig und eifrig zu apportieren wie die Großen. Es war wirklich rührend anzusehen, mit welchem Tatendrang der »Kleine« bei der Sache war, die Apportel waren eigens für ihn angefertigt oder kleine Bälle, als Hürde genügten ein paar Ziegelsteine... Natürlich machte dies Apportieren, wie mein Freund zugab, zunächst überhaupt keinen Sinn. Und trotzdem: Beim geduldigen Einführen und Üben waren sich Hund und Mensch auf besondere Weise nähergekommen: Mein Freund hatte entdeckt (was er ohnehin vermutet hatte), daß Körpergröße nicht ausschlaggebend für die Vielseitigkeit eines Hundes ist, und für den Hund war es ein unglaubliches Vergnügen mehr, wenn sein Herr sich in dieser Weise mit ihm beschäftigte.

Ich erwähne das nur, um Sie zum Innehalten zu bringen, wenn Sie nun meinen, mit dem Apportieren fingen Sie erst gar nicht an. (Vor allem, wenn Sie dann lesen, in wie vielen Einzelschritten man da vorgehen muß.) Erstens würde Ihr Hund sowieso schon immer alles Mögliche »apportieren«, d.h. es holen, wenn Sie es wegwerfen oder irgendwo aufheben, um damit herumzurennen, und zweitens wüßten Sie überhaupt nicht, wozu Sie sich eigentlich diese Mühe machen sollten, Ihr Hund sei (entweder) ohnehin ein Kleinhund oder kein Jagdhund, und brauche daher das Apportieren »beruflich« nicht.

Wenn ein Hund etwas holt, was Sie für ihn hinwerfen oder von sich aus alles mögliche anschleppt, hat das mit dem »richtigen« Apportieren so gut wie nichts zu tun. Nach wenigen Minuten hat der Hund das Interesse verloren und läßt, was er eben noch begeistert herumschleppte, achtlos liegen. Beim »richtigen« Apportieren wird er aber, was Sie auch wünschen, immer und zuverlässig auf Ihre Anweisung aufnehmen, transportieren und herausgeben. Ohne zu ermüden.

Apportieren ist, auch wenn wir es hier als *einen* »Schritt« bezeichnen, eine gar nicht einfache, *mehrstufige* Lernfolge, deren Vorbereitung man bereits früh beim Welpen beginnt und die sich über viele Wochen hinzieht. Man kann später mehr daraus machen, kann es aber auch einfach auslassen, weil es die Grundausbildung nicht direkt behindert, wenn man es überspringt. Indirekt ist es allerdings sehr wertvoll, weil es, wie kaum eine andere Übung, das *Verständnis des Menschen für eine mehrstufige Lernfolge fördert* und die Fähigkeit des Hundes, zu lernen, eminent stärkt.

Schritt Nr. 29-35
Apportieren: »Nimm's«, »Bring's«, »Halte!«, »Aus!«, »Gib's her!« »Such's!« »Hopp!«

Die folgenden Übungen ziehen sich insgesamt, Sie beginnen etwa, wenn der Hund 10 Wochen alt ist, über 24 Wochen hin. Sie nehmen eine Sonderstellung ein, weil sie sozusagen neben den anderen Übungen herlaufen und hier bereits Kenntnisse erwartet werden, die der Hund während seiner »normalen« Übungen erst nach und nach lernt, sie aber jetzt, wo Sie das Apportieren beginnen, noch nicht kennt. Trotzdem fassen wir hier das Apportieren in einen Abschnitt zusammen, zu dem

Sie immer wieder zurückblättern müssen, es aber im Zusammenhang kennen sollten, um immer vor Augen zu haben, auf welches Endziel Sie hinarbeiten.

Weil das Apportieren ein Sonderkapitel ist, heften Sie auch hier Ihre Erinnerungskarten an die bewußte Tür, *diesmal sollten aber die Karten eine andere Farbe haben, z.B. gelb sein*. Hier ist es so, daß Sie, wenn Sie merken, daß der Hund in der vorgesehenen Zeit (von Abschnitt zu Abschnitt haben wir eine Woche vorgesehen) nicht sicher ist, hängen Sie einfach eine zweite Woche zum Üben dran, bevor Sie zur nächsten Karte übergehen. Aber im Normalfall müßte die jeweilige Woche ausreichend sein, um weitermachen zu können. Als Notiz schreiben Sie sich beispielsweise auf die gelbe Karte: **»Apport. 1. Woche, Finger in Fang«** oder: **»Apport. 2. Woche, Finger mit Handschuh in Fang«** usw., d.h. Sie notieren sich in Stichworten, was sich in dieser Woche ändert bzw. neu hinzukommt.

So gern und begeistert ein Hund allerlei mit der Schnauze aufnimmt und herumträgt, so kompliziert kann es trotzdem werden, will man ihn dazu zwingen, etwas erstens aufzunehmen, es zweitens eine beliebig lange Zeit in der Schnauze zu halten und es zuletzt uns in die Hand zu geben, statt es entweder zu behalten und damit fortzurennen oder es einfach fallen zu lassen.

Wir machen uns also beim Apportieren einerseits eine natürliche Neigung des Hundes zunutze und verlangen andererseits etwas von ihm, was ihm gegen den Strich geht.

Manche Leute fangen viel zu spät mit dem Apportieren an. Sie besorgen sich dann ein Bringholz und zwingen ihren Hund mit einigen (oft harten) Tricks, den starren Gegenstand in die Schnauze zu nehmen. Natürlich will er den Fremdkörper gleich loswerden, wird aber mit Zuhalten der Schnauze auch noch gezwungen, das »Dings« zu halten. Das kann eine Roßkur für Herrn und Hund werden, und zu leicht geht das wichtige Vertrauensverhältnis und jede Freude an der Sache verloren.

Wir gehen das langsamer an. Weil wir früher anfangen, haben wir Zeit. Grundsätzlich machen wir alle Übungen zunächst im Haus, da der Hund nicht abgelenkt werden soll, auch ist er, dank angelegter Leine, jederzeit von uns zu beeinflussen.

1. Woche

Wir beginnen nach einem Spiel. In einer entspannten Situation knien wir uns hinter unseren sitzenden Hund (den wir zwischen die Oberschenkel nehmen), legen unseren linken Arm um ihn, so, daß unsere Hand seinen Unterkiefer umfassen kann und sagen »*Nimm's*«. Gleichzeitig schieben sich Zeigefinger und Daumen unserer *linken* Hand zwischen seine Lefzen, so daß er die Schnauze öffnet, die Finger unserer *rechten* Hand, *ohne* den Daumen, (bei sehr kleinen Hunden nur zwei Finger) schieben wir zwischen seine Zähne, (der *Handrücken ist oben*, die weichere Innenfläche der Hand auf seiner Zunge), drücken mit der linken Hand seinen Unterkiefer sanft nach oben und fahren damit beruhigend an seiner Kehle auf und ab und sagen »*Halte!*«. Sofort wird er auch gelobt »*So ist's Braaav!*« oder »*Guuut!*«, das »*Halte!*« wiederholt, ebenso das Lob. Dann sagen wir »*Aus!*« oder »*Gib's her!*«, und entfernen unsere Finger wieder aus seinem Fang. »*So ist's Braaav!*« oder »*Guuut!*«.

Unser Hund soll kapieren, daß er auf das »*Nimm's*« etwas Fremdes in die Schnauze nehmen und dort dulden soll, bis wir »*Aus!*« oder »*Gib's her!*« sagen.

Manche Leute fangen das gleich mit dem Apportel an, was auch möglich ist, wenn man ihm das erst richtig interessant gemacht hat. Mich hat die Methode mit den Fingern, auf die mich ein Freund brachte, der es wieder von jemand anderem erfolgreich übernommen hatte, mehr überzeugt, vor allem hat sie sich bei allen, die es ausprobiert haben, bestens bewährt. Ihre Finger sind anfangs deswegen günstiger, weil Sie sie dem Hund feinfühliger zwischen die Zähne schieben können und er sich dann weniger sträubt.

Schieben Sie Ihre Finger (und später das Apportel) nicht zu tief in seinen Fang, damit er nicht reflexartig gezwungen ist, darauf herumzukauen. Er soll es festhalten, mehr aber nicht. Dann sagen Sie »*Aus!*« oder »*Gib's her!*«, der Druck gegen seinen Unterkiefer läßt nach, Sie nehmen Ihre rechte Hand wieder zurück. Niemals das Loben vergessen »*So ist's Braaav!*« oder »*Guuut!*«.

Die Dauer, die der Hund Ihre Finger dulden soll, dehnen Sie von zuerst fünf Sekunden nach und nach auf 20-30 Sekunden aus. D.h. Sie wiederholen es etwa drei- bis viermal, damit sich der Hund an das Nehmen, Festhalten und - nach unterschiedlicher Zeitdauer - Hergeben und an die dazugehörigen Vokabeln gewöhnt. Das machen Sie eine Woche lang jeden Tag drei oder viermal.

2. Woche

In der zweiten Woche brauchen Sie einen alten, *getragenen* Handschuh, d.h. er sollte nicht »neu«, sondern nach Ihnen und Ihrer Umwelt riechen und schmecken. Bei sehr kleinen Hunden nimmt man einen Fingerhandschuh aus Leder, den Sie schon längere Zeit getragen haben, der aber nicht nach Parfüm, sondern nach Ihnen riechen soll. Günstig sind auch bei mittelgroßen oder großen Hunden Fäustlinge aus Lammfell, auch wieder gebraucht, d.h. mit Ihrem Geruch. Unsinnig sind aber z.B. alte Arbeitshandschuhe, die nach Farben, Terpentin oder Öl riechen, die wird der Hund nicht mögen.

Zuerst geben Sie dem Hund einmal nur die Finger in den Fang, dann aber ziehen Sie den Handschuh über und schieben nun die behandschuhten Finger in seine Schnauze, *»Nimm's« »So ist's Braaav!«* oder *»Guuut!«*, *»Halte!«*, *»So ist's Braaav!«* oder *»Guuut!«*. Nach einigen Sekunden (wieder wie in der ersten Woche nach und nach steigern) heißt es *»Aus!«* oder *»Gib's her!«*, und sofort wieder das Lob *»So ist's Braaav!«* oder *»Guuut!«*. Jetzt hat der Hund schon die unfreiwillige Begegnung mit etwas Fremden erfahren und auszuhalten gelernt. Wenn Sie Glück haben, faßt Ihr Hund auch schon ohne das *»Nimm's«* von sich aus nach Ihren Fingern, die Sie ihm dicht vor den Fang halten, sonst müssen Sie geduldig nachhelfen.

3. Woche

Vorbereitend machen Sie ihm den Handschuh (am besten einen Lammfellfäustling) im Spiel schon so recht interessant, drehen und wenden ihn mit heftigen Bewegungen vor ihm her, geben dabei einige Laute von sich, werfen ihn in die Luft oder lassen ihn vor dem Hund über den Boden rutschen, um ihn so recht wild auf die »Beute« zu machen.

Jetzt gehen Sie wieder schrittweise vor: erst nur die Finger, dann die Finger mit dem Handschuh in seinen Fang, jedesmal mit *»Nimm's« »So ist's Braaav!«* oder *»Guuut!«*, *»Halte!« »So ist's Braaav!«* oder *»Guuut!«*, schließlich *»Aus!«* oder *»Gib's her!«*. Nun aber halten Sie ihm den Handschuh (bei Fäustlingen den Daumen weg vom Hund) hin und bringen ihn mit »*Nimm's*«, mit oder ohne Hilfe der linken Hand dazu, den Handschuh zu nehmen und zu halten »*Halte!*«, loben »*So ist's Braaav!*« oder »*Guuut!*«. Den Handschuh nicht zu tief in seinen Fang, damit der Hund nicht darauf kaut, was mit »*Nein!*« zu verbieten ist. Mit »*Aus!*« oder »*Gib's her!*« nehmen Sie ihm den Handschuh (Sie lassen ihn in mehreren Abständen immer länger halten) wieder ab. Wieder drei- bis viermal wiederholen, vermutlich schnappt der Hund schon von sich aus hin und wieder nach dem Handschuh.

4. Woche

Im Spiel machen Sie ihm weiterhin den Handschuh so recht interessant, daß er nichts Wichtigeres weiß, als ihn zu ergattern. Inzwischen hat er begriffen, daß er den Handschuh flink nehmen und ruhig in der Schnauze halten soll (sonst müssen Sie die alten Übungen nochmals wiederholen). Jetzt sagen Sie zu ihm, der sitzt, »*Bleib da!*« und gehen (wachsam) ein paar Schritte vor dem Hund hin und her. Läßt der Hund den Handschuh fallen, sind Sie blitzschnell wieder bei ihm, rufen »*Nein!*« und geben ihm »*Nimm's*« den Handschuh wieder in den Fang, »*Halte!*« und loben »*So ist's Braaav!*« oder »*Guuut!*«. Dann den Handschuh (mit beiden Händen) wieder abnehmen, die Haltedauer schrittweise verlängern) »*Aus!*« oder »*Gib's her!*« und loben »*So ist's Braaav!*« oder »*Guuut!*«. Wieder drei- bis viermal wiederholen.

Wenn Sie das drei Tage lang gemacht haben, versuchen Sie, statt vor dem Hund hin und her zu gehen, den handschuhtragenden Hund zu *umkreisen*. Wachsam sein, wirft er den Handschuh weg, siehe oben. Wieder drei- bis viermal wiederholen

5. Woche

Im Spiel machen Sie Ihrem Hund den Handschuh weiterhin interessant, er muß ihn richtig liebgewinnen. Diesmal geben Sie Ihrem sitzenden Hund mit den üblichen Vokabeln den Handschuh in den Fang, »*Nimm's*«, »*Halte!*« »*So ist's Braaav!*« oder »*Guuut!*«, sagen außerdem »*Bleib da!*«, zum Zeichen, daß er sitzen bleiben soll, wo er ist. Wirft er den Handschuh ab, ihm diesen, wie oben, nach »*Nein!*« wieder in den Fang geben.

Diesmal umkreisen Sie ihn nicht, sondern gehen rückwärts ein bißchen von ihm weg und hocken sich hin, loben ihn nochmals »*So ist's Braaav!*« oder »*Guuut!*« und rufen ihn dann »*Bobby, Komm!*« zu sich, und ziehen ihn an der Leine in Ihre Richtung. Sie können auch schnalzen oder sonstwie interessant locken.

Zu groß darf der Abstand anfangs nicht sein, weil sonst der Hund den Handschuh eventuell wegwirft oder sich mit dem Handschuh trollen will. Tut er das, müssen Sie mit *»Nein!«* zum Ausgangspunkt zurück und die Übung nochmal beginnen. Ist er mit dem Handschuh bei Ihnen angekommen, muß er sich *»Halte!«* mit Handschuh vor Sie hinsetzen *»BOBBY, Sitz!«*. Jetzt nehmen Sie ihm den Handschuh nicht gleich ab *»Halte!«*, sondern loben den Hund *»So ist's Braaav!«* oder *»Guuut!«*, berühren mit beiden Händen den Handschuh *»Halte!«* und sagen erst nach einigen Sekunden *»Aus!«* oder *»Gib's her!«*. Gibt der Hund den Handschuh heraus (sonst mit Lefzendruck nachhelfen) heftig loben. Nach einer so langen Übung dürfen Sie ihm auch ein Leckerle geben. Dann wiederholen Sie den ganzen Vorgang noch dreimal bis viermal, jedesmal ein Leckerle als Abschluß und vergrößern dabei schrittweise den Abstand. Läßt der Hund den Handschuh *fallen*, was er *niemals* darf (er muß dem Hund immer *abgenommen* werden), bekommt er ihn nach *»Nein!«* mit *»Nimm's«* und *»Halte!«* sofort wieder in den Fang. *»So ist's Braaav!«* oder *»Guuut!«*.

6. und 7. Woche

Inzwischen hat Ihr Hund vermutlich realisiert, daß er das Dings (das Sie ihm im Spiel immer wieder interessant machen) in der Schnauze halten soll. Jetzt soll er lernen, den Handschuh haltend, mit Ihnen mitzulaufen, ohne ihn fallen zu lassen. Er bekommt also, nachdem er angeleint sitzt *»BOBBY, Sitz!«* mit *»Nimm's«*, *»Halte!«* *»Bring's«* (mit oder ohne Lefzendruck) den Handschuh verpaßt und mit aufmunterdem *»Bring's«* laufen Sie, auf Ihren Schenkel klopfend, an seiner Leine ruckend, neben ihm her, er soll den Handschuh ein paar Schritte lang halten. Dann stellen Sie sich vor ihn hin, *»BOBBY, Sitz!«*, *»Halte!«* und nehmen ihm dann mit *»Aus!«* oder *»Gib's her!«* mit beiden Händen den Handschuh wieder ab, jetzt wird er gelobt *»So ist's Braaav!«* oder *»Guuut!«*. Jetzt ist ein Leckerle erlaubt. Drei- bis viermal wiederholen, zunächst jedesmal mit Leckerle.

In den nächsten Tagen versuchen Sie erstens, daß er den Handschuh möglichst von sich aus nimmt (es soll ihm Spaß machen) und zweitens, mit ihm mal schneller und mal langsamer zu gehen, daß er sich an unterschiedliches Tempo gewöhnt. Auch können Sie nun die Strecke, von zunächst nur wenigen Schritten, nach und nach verlängern. Das kann man auch, wenn man mit dem Hund unterwegs ist, einfach einmal einschieben.

Im Spiel beginnen Sie auch in dieser Woche, das Apportel, an das Sie ihn *demnächst* gewöhnen wollen, »heiß« zu machen. Haben Sie ein in der Größe passendes Holzapportel gekauft, müssen Sie das noch ein wenig präparieren. Den Mittelteil, den der Hund in die Schnauze nehmen soll, umwickeln Sie mit gutgewaschenen Leinenlappen oder einem Streifen aus ausgekochtem, wieder weichgerubbelten Fensterleder. Das Ganze umwickeln Sie fest mit einem Bindfanden. Sinn des ganzen ist, daß das Mittelteil von einem nicht zu weichen, aber bombenfest sitzenden Polster umgeben ist, das sich nicht um das Apportel drehen darf, weil der Hund beim Zufassen sonst keinen richtigen Halt hat.

Statt des Handschuhs machen Sie ihm im Spiel nun das Apportel interessant. Sie hängen es an einen Bindfaden und kollern es vor ihm am Boden hin und her, daß er hinzuspringt und es nehmen will oder nimmt. In dem Moment, wo er es nimmt, sagen Sie *»Nimm's«* und loben ihn *»So ist's Braaav!«* oder *»Guuut!«*, hat er es eine Weile gehalten, vielleicht läuft er auch damit herum, nehmen Sie es ihm mit *»Aus!«* oder *»Gib's her!«* wieder ab, um es aber *sofort* wieder für ihn auszuwerfen. Es muß richtig spannend für ihn sein, das Apportel einzufangen und zu halten. Das Loben nicht vergessen. (Sie können statt des Apportels auch ein Dummy, ein gerolltes Handtuch oder ein Spielzeug nehmen. Denken Sie daran, ihm den Gegenstand, den er als nächstes apportieren soll, im Spiel interessant zu machen.)

Jetzt nämlich ist es an der Zeit, die Übungen mit dem Handschuh aufzugeben und den Hund an ein anderes, auch etwas schwereres Objekt zu gewöhnen. Wollen Sie ausprobieren, ob Ihr Hund schon soweit ist, können Sie ihm auch irgendein Spielzeug (ein Stofftier z.B.) recht interessant machen, es wild vor ihm hin und her bewegen, damit herumhüpfen und es ihm mit *»Nimm's«* vor die Nase halten. Etwas so Anziehendes läßt sich kaum ein Hund entgehen, er wird, Sie sagen gleichzeitig *»Nimm's«*, danach schnappen, jetzt sagen Sie *»Halte!«* und loben ihn *»So ist's Braaav!«* oder *»Guuut!«* und nehmen es ihm nach einiger Zeit mit *»Aus!«* oder *»Gib's her!«* wieder ab, um es ihm *sofort* wieder vor die Nase zu halten oder vor ihn hinzuwerfen. Wenn Sie den Vorgang nicht sofort wiederholen, vermiesen Sie ihm das Apportieren, weil es für ihn keinen Sinn macht, etwas zu ergreifen, nur, damit Sie es ihm sofort wieder für immer wegnehmen. Das Loben nicht vergessen. Hat Ihr Hund derart erfreut und eifrig nach seinem Spielzeug gegriffen, wissen Sie, daß es Zeit ist, jetzt »richtig« mit ihm zu üben.

Dummy oder Apportierholz (wir nennen es künftig »Apportel«) gibt es für den Hund nur, wenn Sie dabei sind. Es hat bei seinen Spielsachen, die ihm frei zur Verfügung stehen, nichts zu suchen. Das Apportel machen Sie dem Hund mehr als vertraut: Er muß finden, daß es die schönste, heißeste, aufregendste Sache der Welt ist! Sie schwenken es vor ihm hin und her, hüpfen, Laute von sich gebend, damit herum, rollen es über den Boden und lassen es ihn holen. Er muß es *wunderbar* finden, wenn Sie mit dem Ding zu ihm kommen.

Jetzt muß er, ebenso wie mit dem Handschuh, nun lernen, das Apportel im Fang zu halten. Sie geben es ihm mit oder ohne Lefzendruck (Sie knien dabei neben ihm) in die Schnauze, sagen *»Nimm's« »So ist's Braaav!«* oder *»Guuut!«* und *»Halte!«* usw. Je nachdem, wie gewissenhaft Sie mit dem Handschuh trainiert haben, wird Ihr Hund das schwerere Apportel wieder ausspucken (*»Nein!«, »Nimm's«, »Halte!« »So ist's Braaav!«* oder *»Guuut!«)* oder aber es richtig festhalten. Jetzt wird er gelobt, ihm das Apportel mit *»Aus!«* oder *»Gib's her!«* mit *beiden* Händen wieder abgenommen, und er bekommt ein Leckerle und viel, viel Lob. Dann das Ganze *sofort* wiederholen. Je nachdem, wie der Hund gelaunt ist, wiederholen Sie es drei- oder viermal.

Sobald er das Apportel festhält, gehen Sie in Schritten a-d vorwärts. Der Hund ist dabei an der langen Leine, die am Boden schleifen kann.

- a Hund hält Apportel (wie den Handschuh) und Sie gehen einige Schritte vor ihm hin und her.
- b Hund hält Apportel und wird von Ihnen einige Male umkreist.
- c Hund hält Apportel und läuft auf *»Bobby, Komm!«* ein paar Schritte auf Sie zu und soll sich vor Sie hinsetzen.
- d Hund hält Apportel und läuft in unterschiedlichem Tempo ein paar Schritte neben Ihnen her.

8. Woche

Sie wiederholen die Übung a-d, indem Sie den Hund auch andere Gegenstände, z.B. ein dickeres Tauende oder ein gerollte Zeitung oder ein Spielzeug transportieren lassen, das Sie ihm vorher interessant gemacht haben.

9. Woche

Jetzt soll der Hund, wenn er es nicht schon ohnehin kapiert hat und tut, ohne jeden Zwang seinen Fang aufmachen und (hoffentlich) erfreut und gierig nach dem Apportel schnappen. Klappt das immer noch nicht, müssen Sie ihm das Apportel richtig interessant machen. Jetzt quetschen Sie es ihm nicht mehr zwischen die Zähne, sondern halten es ihm *»Nimm's«* ermunternd und verlockend vor die Schnauze. Wenn er es nimmt, *»Halte!«* und heftig loben *»So ist's Braaav!«* oder *»Guuut!«*. Dann wieder die Übungen a, b, c und d.

Machen Sie niemals einen Übungsmarathon, drei- oder viermal wiederholt reicht vollständig aus, Leckerle beflügeln ihn zusätzlich, anschließend beschäftigen Sie sich mit anderen Dingen.

10. Woche

Bis jetzt haben Sie ihm das Apportel immer etwa in Schnauzenhöhe präsentiert. Jetzt muß Ihr Hund lernen, nach dem Apportel zu schnappen, wenn Sie es mal höher, mal mehr in Bodennähe, dann wieder in Schnauzenhöhe halten. Auch jetzt machen Sie wieder a, b, c, d und reichen ihm das Apportel aus unterschiedlicher Höhe.

11. Woche

Nun soll Ihr Hund begreifen, daß er sich zum Apportel hinbewegen soll, um es zu holen. Sie haben den Hund links neben sich und halten das Apportel in Armlänge entfernt rechts vom Hund weg, sagen *»Nimm's«* und dirigieren den Hund mit der linken Hand zum Apportel hin (falls das nötig ist und der Hund sich nicht ohnehin schon in Bewegung setzt, das begehrte Apportel zu erhaschen.) Jetzt wieder nach dieser Einleitung die Übungen a, b, c, d.

12. Woche

Logisch ist, was jetzt als nächstes kommt: Ihr Hund nimmt das Apportel nicht mehr direkt aus Ihrer Hand, sondern *holt* es sich. Sie lassen den Hund *»BOBBY, Sitz!«* machen, gehen vorwärts, und legen das Apportel deutlich sichtbar etwas erhöht auf z.B. zwei Bücher, die Sie etwa 1m entfernt vorbereitet haben. D.h. das Apportel wird etwas erhöht abgelegt, daß es einfacher vom Hund genommen werden kann, der mit seiner Schnauze so den Boden nicht berühren muß.

Haben Sie das Apportel auf den Büchern abgelegt, kehren Sie zum Hund zurück und laufen dann gemeinsam mit ihm zum Apportel zurück, und sagen »*Such's!*«. Angekommen, zeigen Sie auf das Apportel »*Nimm's*«, loben ihn, wenn er es nimmt »*So ist's Braaav!*« oder »*Guuut!*«, »*Halte!*«, loben, »*So ist's Braaav!*« oder »*Guuut!*« und laufen dann mit dem Hund zum Ausgangsort zurück und lassen ihn, mit dem Apportel in der Schnauze »*BOBBY, Sitz!*« machen. Dann treten Sie vor den Hund und nehmen ihm das Apportel mit »*Aus!*« oder »*Gib's her!*« ab und loben ihn kräftig. Auch hier dürfen Sie wieder mit einem Leckerle belohnen.

Das wiederholen Sie aus

a 1 m Entfernung
b 2 m Entfernung
c 3-4 m Entfernung

13. und 14. Woche

Wieder geht es logisch weiter. Jetzt legen Sie das Apportel nicht mehr erhöht auf zwei Bücher, sondern *direkt auf den Boden* und gehen die Übung wieder a, b, c mit ihm durch. Nach einer Woche allerdings versuchen Sie nicht mehr mitzulaufen, sondern ermuntern den Hund mit »*Such's!*« und in Richtung des 1m entfernten Apportels ausgestreckter Hand, sich in Bewegung zu setzen. Kapiert er, was Sie meinen, ist es gut, sonst müssen Sie nochmals mit ihm mitlaufen. Loben und Leckerle nicht vergessen, es muß dem Hund Spaß machen.

15. Woche

Was Sie schon mal aus geringer Entfernung probiert haben, gehen Sie nun richtig an. Sie lassen den angeleinten Hund neben sich absitzen »*BOBBY, Sitz!*« »*Bleib da!*«, gehen ohne ihn ein paar Schritte voraus und legen deutlich betont das Apportel auf den Boden. Zurückgekehrt nehmen Sie die Leine und laufen mit dem Hund »*Such's!*« Richtung Apportel. Kurz bevor Sie beide bei dem Apportel angekommen sind, bleiben Sie leicht zurück, wiederholen »*Such's!*«, der Hund soll weiterlaufen, Sie können ihn notfalls mit der Leine leicht dirigieren. Hat der Hund

»Nimm's« das Apportel aufgenommen *»Halte!«*, *»So ist's Braaav!«* oder *»Guuut!«* dirigieren Sie ihn mit der Leine zurück *»Bring's«* und laufen mit ihm zum Ausgangspunkt zurück. Dort angekommen, berühren Sie mit beiden Händen das Apportel, wiederholen *»Halte!«*, er soll es nicht fallen lassen. Wirft er es weg, geben Sie es ihm nach *»Nein!«* sofort wieder *»Nimm's«* in den Fang zurück. Jetzt soll der Hund vor Ihnen absitzen. Damit das möglich wird, müssen Sie ein paar Schritte zurückgehen.

Wie gesagt, das Apportel nicht sofort abnehmen, damit der Hund lernt, es bis zum *»Aus!«* oder *»Gib's her!«* festzuhalten. Loben nicht vergessen *»So ist's Braaav!«* oder *»Guuut!«*. Noch immer sind wir nicht am Ende. Auf *»BOBBY, Fuß!«* soll nun der Hund (was er inzwischen gelernt hat) hinter Ihnen herum auf Ihre linke Seite gehen und sich dort hinsetzen. Jetzt wird er sehr gelobt und bekommt ein Leckerle. Zwei- bis dreimal wiederholen, aufpassen, daß Sie möglichst viel Enthusiasmus an den Tag legen, daß es dem Hund nicht lästig wird, sondern Spaß macht.

Wer kommt wohl als nächstes?

16. Woche

Jetzt haben Sie den Hund an der langen dünnen Leine, die am Boden schleift, so daß Sie ihn jederzeit daran erreichen können. Nun soll er, von Ihnen nur zur Anfeuerung ein bis zwei Schritt begleitet, zum vor ihm abgelegten Apportel hinlaufen »*Such's!*«, es aufnehmen »*Nimm's*« und es »*Bring's*« zum Ausgangsort zurückbringen. Nimmt er es wirklich auf (sonst müssen Sie nochmal mitlaufen) müssen Sie ihn sehr loben und die paar Schritte, die Sie mitgegangen sind, wieder zurücklaufen »*Bring's*«. Sie sind also etwas eher zurück als Ihr Hund, den Sie jetzt so abfangen, daß Sie ihn vor sich zum Sitzen bekommen »*Bobby, Sitz!*« »*Halte!*«. Dann, nach einigen Sekunden, nehmen Sie ihm mit beiden Händen das Apportel ab und lassen den Hund mit »*Bobby, Fuß!*« hinten um sich herum links von Ihnen absitzen. Zwei- bis dreimal wiederholen, Lob und Leckerle nicht vergessen.

17. Woche

Wenn das mit der langen Leine sicher klappt, können Sie es nun auch ohne Leine versuchen. Sie lassen, nach einer Übung an der langen Leine, den Hund absitzen »*Bobby, Sitz!*« »*Bleib da!*«. Bei den ersten Übungen trägt er noch die ganz kurze Leine, damit Sie ihn im Notfall besser ergreifen können, später lassen Sie die Leine überhaupt weg. Das Apportel wird 1 m vor ihm abgelegt. Jetzt fordern Sie ihn mit ausgestrecktem Arm und »*Such's!*« auf, sich Richtung Apportel zu bewegen (s.o.) lassen dann den Hund mit dem Apportel auf sich zukommen, er muß vor Ihnen absitzen und warten, bis Sie ihm das Apportel abnehmen. Dann wieder mit »*Bobby, Fuß!*« hinter Ihnen herum gehen lassen, er soll sich nun wieder links neben Sie hinsetzen. Bricht der Hund aus oder klappt irgendetwas anderes nicht, nochmals zur Leine zurück und den ganzen Vorgang nochmals angeleint durchexerzieren und etwas später erneut probieren, ob er es jetzt kapiert hat. In jedem Fall nur zwei- bis dreimal wiederholen, das Lob und das Leckerle nicht vergessen.

18. Woche

Sind Sie nun ohne Leine bei geringer Entfernung einigermaßen sicher, legt man das Apportel nun mal mehr oder weniger entfernt vor ihm ab, damit er kapiert (und hoffentlich ganz gierig darauf ist), er muß zu dem Apportel hin, es holen, es zu Ihnen bringen, es sich abnehmen lassen und dann links neben Ihnen absitzen.

19. Woche

Bis jetzt sind Sie am Anfang jedes Apportiervorganges vor den Augen Ihres Hundes mit dem Apportel vorausgelaufen und haben es für ihn deutlich sichtbar abgelegt.

Jetzt lassen Sie den Hund neben sich absitzen *»Bobby, Sitz!« »Bleib da!«* und werfen, auf der Stelle stehen bleibend, das Apportel etwa 1m vor sich hin und animieren ihn, noch angeleint, das Apportel (wie oben) zu holen. Falls er, wider Erwarten, nicht sofort hinläuft, können Sie ihn nochmals begleiten. Rennt er los, bevor Sie ihm das erlaubt haben, müssen Sie ihn mit *»Nein!«*, *»Bobby, Sitz!« »Bleib da!«* wieder genau an der richtigen Stelle absitzen lassen und alles nochmals wiederholen.

Im Laufe dieser Woche vergrößern Sie den Abstand des weggeworfenen Apportels, daß der Hund es aus unterschiedlichen Entfernungen holen und ordnungsgemäß abliefern muß. Machen Sie ihm weiterhin das Apportel so interessant wie möglich, daß er ganz gierig ist, hinterdrein zu laufen, es zu holen, es abzuliefern und wieder losgeschickt zu werden. Vergessen Sie das Loben und das Leckerle nicht. Reagiert er - wider Erwarten - hier zögerlich, müssen Sie auch das weggeworfene Apportel mit ihm üben, indem Sie die ersten Male mit ihm (wenigstens ein Stück) mitlaufen. Er muß begreifen, daß er etwas, das Sie für ihn fortgeworfen haben, für Sie holen soll. Niemals darf er aber von sich aus sofort zum Apportel hinlaufen, er muß warten, bis Sie ihm dazu das Signal geben.

20.Woche

Sollten Sie Ihren Hund später zu Prüfungen bringen, muß er dort über eine Hürde apportieren. Da ihm das noch dazu Spaß macht, fangen Sie es jetzt schon mal im Kleinen an. Ihr Hund wird nun - ein zunächst niedriges - Hindernis überspringen. Das mit dem Hindernis überspringen haben Sie ja inzwischen mit ihm geübt, so daß es nicht neu für ihn ist.

Sie lassen den Hund links neben sich absitzen *»Bobby, Sitz!« »Bleib da!«*, gehen zum Hindernis und werfen das Apportel, das Sie ihm so recht schmackhaft gemacht haben, deutlich sichtbar auf die andere Seite. Zum Hund zurückgekehrt, loben *»So ist's Braaav!«* oder *»Guuut!«*, weil er brav sitzen geblieben ist, fordern Sie ihn nun, indem Sie auf Ihren Oberschenkel klopfen, angeleint zum Mitlaufen zum Hindernis auf, lassen den Hund angeleint (Sie müssen mit) auf *»Hopp!«* (was Sie schon früher mit ihm geübt haben) *»So ist's Braaav!«* oder *»Guuut!«* über das Hindernis springen, sagen *»Nimm's«* und *»Halte!«* *»Bring's«*, und laufen mit dem Hund über das Hindernis und zum Ausgangspunkt zurück. Wieder muß er vor Ihnen absitzen, Sie nehmen ihm das Apportel ab, der Hund geht hinten um Sie herum und muß links von Ihnen absitzen. Loben und Leckerle nicht vergessen, zwei- oder dreimal wiederholen.

21. Woche

Diesmal versuchen Sie, ob die Übungen der letzen Woche auch klappen, wenn Sie nicht mitlaufen. Sicherheitshalber hängen Sie den Hund an die lange Leine. Geht es nicht gleich, wie Sie es gern hätten, laufen Sie nochmals mit, begleiten ihn dann nur einige Schritte, bis Sie es endgültig versuchen, indem Sie am Ort bleiben. Vergessen Sie nicht, Ihrem Hund mit ausgestrecktem Arm die Richtung anzugeben, in die er laufen soll, und haben Sie, außer dem anfeuernden Lob, am Schluß immer ein Leckerle für ihn bereit.

22.Woche

In dieser Woche holen Sie Ihren alten Lammfell-Fäustling wieder hervor und machen ihn dem Hund wieder recht interessant. Jetzt üben Sie mal mit dem Apportel, mal mit dem Fäustling das *»Bring's«* in verschiedenen Schritten bis zum Überspringen der Hürde. Um ihm klarzumachen, was Sie wollen, werfen Sie einmal das gewohnte Apportel, das nächste Mal den Handschuh. Kapiert der Hund nicht, was Sie wollen, müssen Sie zur Abwechslung anfangs wieder mitlaufen und ihm genau zeigen, was gewünscht ist. Haben Sie ihm die verschiedenen Apportel recht interessant gemacht und ihn enthusiastisch genug gelobt, wird (und muß) er ganz begierig sein, das Weggeworfene für Sie zu holen.

Ab 23. Woche

Jetzt können Sie anfangen, nun drinnen wie auch draußen (allerdings noch ohne Ablenkung), mit dem Hund die unterschiedlichsten Gegenstände zu apportieren. Fangen Sie es wieder in kleinen Schritten an, Sie können aber jetzt relativ schnell vorangehen, und lassen ihn z.B. eine gerollte Zeitung (später eine ungerollte), ein Schlüsseletui, einen Schlüsselbund, ein Portemonnaie, eine Mütze usw. bringen. Sie haben jetzt gelernt, wie man schrittweise vorgeht und gewöhnen Ihren Hund an die unterschiedlichsten Materialien, Formen und Größen und an die verschiedensten Orte. Er soll damit vertraut werden, daß es nicht nur das *Apportel* ist, das er bringen soll, sondern, daß es die verschiedensten Gegenstände sein können. Auch muß er zu begreifen lernen, daß das mit dem Apportieren nicht an einen bestimmten Ort gebunden ist. Ferner erhöhen Sie das Hindernis von Woche zu Woche etwas. Sie können ihn aber auch einmal über einen umgelegten Stuhl oder andere Hindernisse (Sofakissen, Kisten) springen lassen.

Nachdem Sie nun Schritt für Schritt das Apportieren gemeinsam erarbeitet haben, setzen Sie sich bitte nicht zur Ruhe. Mindestens zweimal in der Woche sollten Sie es zur Übung mit ihm durchexerzieren, oder sich mal wieder eine Woche gezielt vornehmen, ihn an einen neuen Gegenstand oder neuen Ort oder neue Umstände zu gewöhnen. Nehmen Sie beispielsweise Ihren Lederfäustling auch unterwegs mit und lassen den Hund apportierend ein Stück neben sich herlaufen. Erst üben Sie das mit ihm auf abgeschiedenen Wegen, dann versuchen Sie mal, ob es auch nicht in der Stadt ebenso gut klappt. Denken Sie immer daran: Genau so wichtig wie der konsequente Übungsaufbau ist die lebenslängliche Wiederholung. Je mehr Ihrem Hund das Apportieren in Fleisch und Blut übergangen ist, um so seltener müssen Sie ihn mit Leckerle belohnen. Ihre Begeisterung und sein Eifer sind schon Lohn genug.

Jetzt sind wir unserer Zeit schon weit voraus und machen nun weiter mit unseren »gewöhnlichen« Übungen.

Wenn es nach draußen geht

Vielleicht sagten Sie, als ich vom »geordneten Ausgang« sprach, ich hätte gut reden. Ihr Hund jedenfalls hasse Halsband und Leine wie die Pest und Sie wären noch überhaupt nicht soweit gekommen, mit dem angeleinten Hund nach draußen gehen zu können. Kaum angeleint rühre er sich überhaupt einfach nicht vom Fleck.

Also, wie gut ein Hund von seinem Züchter auf ein selbständigeres, angstfreies Leben vorbereitet ist, erkennt man u.a. daran, wie leicht Sie ihn an Halsband und Leine gewöhnen können. Es sei nochmals wiederholt, falls es bei Ihnen in dieser Hinsicht Schwierigkeiten gibt: Stellt er sich quer, bleibt Ihnen gar nichts anderes übrig, als ihm, vielleicht wenn es zum Futter geht, ein leichtes Halsbändchen und eine leichte Leine anzulegen, die er, mit dem Futter beschäftigt, weniger beachtet, bzw. sie leicht über dem Fressen vergißt. Um ihn an die Leine zu gewöhnen, lassen Sie ihn unter Beobachtung in der Wohnung mit nachschleifender zunächst leichter Leine herumlaufen. Auf diese Weise lernt er von selbst, auf die Leine zu achten, da er stolpert, wenn er darauf tritt und so lernt, daß er die Leine neben sich haben muß. Wenn Sie ihm das Herumlaufen mit dem einen oder anderen Spielchen versüßen und alles richtig spannend für ihn ist, wird die Leine bald kein Thema mehr für ihn sein.

Haben Sie die ersten Klippen überwunden, können Sie Ihren Winzling schon in den ersten Tagen und Wochen unbesorgt nach draußen lassen. Sie haben ihn zu seinem Platz geführt, wo er sich lösen soll und haben ihn auch bereits mit seiner neuen Umgebung etwas bekannt gemacht. Auch wenn er Ihnen bei diesen ersten Ausflügen noch willig folgen wird, sollten Sie ihn *angeleint* nach draußen führen, damit ihm gar nicht erst in den Sinn kommt, er habe außerhalb des Hauses alle Freiheit. Denken Sie daran, die Leine ist ein Mittelding zwischen Nabelschnur und Telefonleitung, lassen Sie die Verbindung nicht abreißen.

Wenn Sie irgendwo draußen einen größeren Ausgang mit ihm machten, haben Sie ihn, wie bereits früher beschrieben, auch schon daran gewöhnt, immer auf Sie zu achten. Zu Ihrer Erinnerung: Sie haben ihn an der längeren Leine nach Belieben laufen lassen und hatten nun zwei Möglichkeiten:

Erstens sind Sie auf einer größeren Fläche umhergegangen, als sei sie ein Quadrat und haben an den gedachten Ecken stumm den Weg in eine andere Richtung gemacht, worauf Ihr Hund in die Leine rannte, er zu Ihnen hinsehen und Ihnen eiligst nachlaufen mußte. Nach ein paar Malen hat er sich schon angewöhnt, ein wachsames Auge auf Sie zu haben.

Die zweite Möglichkeit ist, daß Sie einen bestimmten Weg mit ihm geradeaus ablaufen. Prescht Ihr Hund zu weit vor und scheint Sie völlig vergessen zu haben, machen Sie einfach stumm auf dem Absatz kehrt und gehen in die entgegengesetzte Richtung. Prompt läuft er in die Leine, stolpert und wird sich, haben Sie das ein paar Mal durchexerziert, bald ziemlich gewissenhaft in Ihrer Reichweite aufhalten und Sie im Auge behalten.

Es gibt noch eine dritte Methode, den Hund zur Aufmerksamkeit zu erziehen. Die allerdings arbeitet mit Belohnungen, und wer seinen Hund gern mal belohnen möchte, kann es auch damit versuchen. Sie haben den angeleinten Hund links neben sich und gehen ein paar Schritte. Prescht der Hund zu weit vor, bleiben Sie einfach stehen und tun gar nichts. Der Hund, der nun nicht weiß, was er davon halten soll, setzt sich meist nach einiger Zeit hin, wofür Sie ihn mit einem (kleinen!) Leckerle belohnen. Dann gehen Sie wieder EINEN Schritt weiter und bleiben wieder stehen. Hund setzt sich hin und bekommt sein Leckerle. Nach und nach steigern Sie die Anzahl ihrer Schritte erst auf zwei, dann drei, dann vier, dann fünf Schritte usw. und gewöhnen so Ihren Hund daran, sich mehr und mehr auf das Gute zu konzentrieren, das von Ihnen ausgeht.

Nun also haben wir drei Methoden, nach denen es mit Sicherheit gelingt, Ihren Hund dazu zu bringen, Ihnen immer seine Aufmerksamkeit zuzuwenden. Und nun machen wir ein paar weitere »Schritte« in unserem Erziehungsprogramm.

M.-Wurf vom Schondratal, Hovawart, 6 Wochen
E.: H. Lingfelder, 8781 Völkersleier

Schritt Nr. 36:
»Nicht ziehen!«

Wenn ich Sie jetzt daran erinnere, werden auch Ihnen Dutzende von Hunden einfallen, die Sie dabei beobachtet haben, daß sie wie eine schnaufende Lokomotive vor ihren Herrn gespannt zu sein scheinen, den sie keuchend nachschleppen. Erstens sieht es blöd aus und jeder Fachmann erkennt sofort: Mit der Erziehung dieses Hundes ist es nicht weit her. Zweitens macht diese Spaziermethode weder dem Herrn noch dem Hund Spaß. Also nehmen Sie sich von Anfang an vor: *»Mein Hund wird mich nicht an der Leine nachzerren!«*

Am besten Sie klären daher die Verhältnisse gleich von Anfang an. Wenn Ihr Hund sich das Ziehen gar nicht erst angewöhnt, brauchen Sie es ihm später nicht wieder abzugewöhnen.

Ein bissel gelernt auf die Leine zu achten hat er ja schon. Jetzt gehen Sie mit ihm auf einen ruhigen Waldweg oder in einer abgeschiedene Gegend. Sie haben den Hund an der normalen Lederleine zum Sitzen links neben sich gebracht, und Sie bringen ihn mit *»Bobby, Schau her!«* dazu, zu Ihnen aufzublicken. Ausnahmsweise haben Sie ein paar (kleine!) Leckerle für ihn bereit, was er, dank seiner feinen Nase, längst spitz gekriegt hat und was seine Aufmerksamkeit enorm steigert.

Mit *»Lauf zu!«* und Klopfen auf den Oberschenkel setzen Sie sich nun zügig in Bewegung, Ihr Hund läuft flott links neben Ihnen und nach einiger Zeit voraus und ist bald am Ende der Leine angekommen. Jetzt *würde* er ziehen, aber bevor es soweit ist, rucken Sie kurzentschlossen kräftig an der Leine, womit seine Vorwärtsbewegung gestoppt wird und sagen *»Nicht ziehen!«*, wobei Sie beide Wörter betonen. Sie müssen nicht so stark reißen, daß Ihr Hund das Gleichgewicht verliert, nur so viel, daß seine Bewegung gestoppt wird.

Jetzt beugen Sie sich zu ihm vor, *»So ist's Braaav!«* oder *»Guuut!«* und geben ihm ein Leckerle. Nun können Sie weitergehen, aber sobald sich die Leine demnächst strafft, verhindern Sie das mit *»Nicht ziehen!«*, Loben und Leckerle nicht vergessen. Sinn des Unternehmens ist, daß Ihr Hund erstens lernt, daß die Leine immer locker bleibt, d.h. daß er immer eine bestimmte Entfernung zu Ihnen nicht überschreiten darf. Zweitens lernt er die Vokabel *»Nicht ziehen!«*, die auch in anderer Hinsicht nützlich für Sie beide ist.

Vielleicht zieht aber nun Ihr Hund statt nach vorn - nach hinten, d.h. er trottelt ständig hinter Ihnen her, was er auch nicht soll. Die Leine soll *durchhängen*, also schleifen Sie ihn nicht hinter sich her, sondern drehen sich zu ihm um, gehen etwas in die Hocke und locken ihn mit einem Leckerle. Angekommen, wird er gelobt, Sie gehen flotten Schrittes weiter, was ihn meist ohnehin zum Mitlaufen animiert. Bildet Ihr Hund ständig die Nachhut, nehmen Sie ein Leckerle in Ihre linke Faust, er soll sich glühend dafür interessieren, was Sie da in der Hand halten und daher ganz in Ihrer Nähe bleiben. Außerdem klopfen Sie aufmunternd mit *»Lauf zu!«* auf Ihren Oberschenkel und machen ein paar flinke Schritte, um ihn aufzumuntern. *»So ist's Braaav!«* oder *»Guuut!«* nicht vergessen! Dies ist die erste Vorstufe auf das *»Bobby, Fuß!«*, das wir dann anschließend einzuüben beginnen.

Bleiben Sie vor allem konsequent, je nach Situation bremsen oder ermuntern Sie Ihren Hund und konzentrieren sich auf ihn. Nicht nur die Leine ist Ihre Verbindung. Mehr und mehr soll diese Bindung vom Verstand und Gefühl her aufgebaut werden.

Schritt Nr. 37
»Bobby, Fuß!«

Nun können Sie schon ziemlich störungsfrei mit Ihrem Hund spazierengehen. Langsam können Sie schon daran denken, Ihrem Hund nach und nach das »Bei-Fuß-Gehen« anzugewöhnen. Damit wollen Sie erreichen, daß Ihr Hund nah an Ihrer linken Seite *neben* Ihnen geht, ohne vorzuprellen oder nachzuhängen und er sich Ihrem Tempo anzupassen hat. Die Leine soll dabei lose durchhängen. Dabei schlagen Sie zwei Fliegen mit einer Klappe. Einerseits lernt Ihr Hund, sich z.B., wenn Sie mit ihm in der Stadt sind, tadellos zu benehmen, und Sie können ihn ohne Streß immer bei sich haben. Andererseits ist die Übung gut für Ihre Beziehung: Ein Hund, der stets seinen Herrn hinterherzerrt, versteht sich als Alpha, d.h. den Anführer. Der aber sind Sie. Nicht der Hund hat zu bestimmen, wie schnell und wohin es geht, das alles bestimmen Sie. Mit *»Bobby, Fuß!«* erklären Sie ihm, daß er sich an Ihrer Seite zu halten hat, ganz gleich, ob Sie langsam oder schnell gehen oder gar joggen. Aber nicht nur *irgendwo* links neben ihnen, sondern seine Schulter soll exakt in Höhe Ihres Knies sein. Dabei muß der Hund

(und anfangs der Herr) sich ganz schön konzentrieren, damit der Hund lernt, synchron mit Ihnen zu sein.

Damit er sich schön konzentrieren kann, machen Sie die ersten Versuche auf einem einsamen Waldweg, zumindest aber in einer Gegend ohne Ablenkungen. Sie nehmen die Schlaufe der Leine in die rechte Hand, halten das Ende der Leine, wo der Hund ist, mit der linken, die Leine hängt lose durch, der Hund sitzt links neben Ihnen. Dann klopfen Sie mit der linken Hand, Leine kurz loslassen, auf Ihren Oberschenkel *»Bobby, Fuß!«* und gehen, mit dem *linken* Fuß beginnend, *flott* voran. Prescht der Hund vor oder weicht seitlich aus, gehen Sie mit Ihrem linken Fuß wieder einen Schritt zurück, *»Nein!«*, um ihn *»Bobby, Fuß!«* und einem flinken Leinenruck wieder in die richtige Position zu bringen. Keinesfalls gehen *Sie* schneller, um immer auf seiner Höhe zu bleiben. Aber wenn Sie flink vorangehen, anfangs immer wieder mit *»Bobby, Fuß!«* Ihren Hund ermuntern und ihn fortlaufend mit *»So ist's Braaav!«* oder *»Guuut!«* ermuntern, wird er sich schon an Ihrer Seite halten. Ihre Stimme muß immer Spannung und Enthusiasmus vermitteln, Ihr Hund muß ganz eifrig sein, dicht bei Ihnen zu bleiben.

Zweierlei müssen Sie beachten: Lenken Sie Ihren Hund nicht mit der gestrafften Leine. Halten Sie ihn nämlich an der gespannten Leine, wird Ihr Hund dagegenziehen - schon haben Sie die »Lokomotiven-Haltung«, die Sie unbedingt vermeiden wollen. Vor allem aber: Niemals und unter keinen Umständen dürfen Sie Ihre Körperhaltung der seinen anpassen, d.h. geht er z.B. nach links weg, ihm nicht einfach nach links folgen, damit die richtige Position beibehalten wird. Verläßt Ihr Hund die gewünschte Position neben Ihnen, machen Sie blitzartig auf der Stelle kehrt und gehen in die entgegengesetzte Richtung, und Sie sagen scharf *»Nein!«*. Dabei straffen Sie für einen kurzen Moment und mit deutlichem Ruck die Leine, der Hund wird mit Ihnen gezogen, *»Bobby, Fuß!«* und, sobald er wieder richtig auf Ihrer Linken ist, sofort nachdrücklich gelobt *»So ist's Braaav!«* oder *»Guuut!«. Bedenken Sie, der Leinenruck soll keine Strafe sein,* sondern seine Aufmerksamkeit auf Sie lenken. Sie haben ihm etwas Wichtiges zu sagen, Leinenruck, *»Nein!«*, Befehl wiederholen und loben. (Über das drei-stufige Korrektur-System haben wir schon früher gesprochen.)

Wenn Sie nun mit ihm Bei-Fuß-Gehen und er Sie zu vergessen scheint, erinnern Sie ihn mit einem Leinenruck an Ihre Gegenwart, korrigieren und loben ihn sobald als möglich.

Während Sie anfänglich schneller zugehen, verändern Sie mit der Zeit Ihr Schrittempo, gehen mal langsamer, mal schneller und ermuntern Ihren Hund mit einem kurzen Leinenruck, wenn er nicht gleich kapiert, daß nun ein anderes Tempo gewünscht wird.

Anfänglich legen Sie unterwegs, wenn er einfach nur mit Ihnen mitläuft, immer mal wieder ein paar Schritte »Bei-Fuß« ein, dann lassen Sie ihn wieder mit *»Lauf zu!«* laufen wie er mag, um ihn dann nach einiger Zeit wieder ein Stückchen »Bei-Fuß« gehen zu lassen. Dies muß ihm, wegen des damit verbundenen Lobes, richtig Spaß machen.

Merken Sie, daß es schon ganz schön geht und der Hund sich auch bei wechselndem Tempo ordentlich neben Ihnen hält, verlegen Sie Ihre Bei-Fuß-Übungen zunehmend in belebtere Gegenden mit mehr Ablenkung. Auch hier ist es wichtig, darauf zu achten, daß die Leine immer lose durchhängt. Machen Sie nicht den Fehler, in der Stadt den Hund an der *gespannten* Leine zu halten. Sofort wird er sich angewöhnen, in der Stadt zu ziehen und die »Lokomotiven-Haltung« einzunehmen. Dann haben Sie nämlich genau, was Sie nicht haben wollen: In abgelegenen Gegenden klappt das Bei-Fuß tadellos, in der Stadt, wo alle Sie sehen können, ist es eine einzige Blamage.

Haben Sie den Eindruck, daß Ihr Hund das »Bei-Fuß« im Prinzip kapiert hat, verändern Sie Ihre Kommunikation ein wenig. Statt unterwegs zur Erinnerung den Befehl zu wiederholen, bleibt es beim ersten *»Bobby, Fuß!«*, macht er einen Fehler, korrigieren Sie ihn dreistufig mit einem Leinenruck und dem *»Nein!«*, und loben ihn sofort, wenn er wieder richtig an Ihrer Seite ist. Schnell wird er nun begreifen, daß das *»Bobby, Fuß!«* für ihn immer so lange gilt, bis Sie ihm etwas anderes erlaubt haben.

Achten Sie darauf, daß Sie beim Gehen immer geradeaus sehen. Wenn Sie sich doch einmal zu Ihrem Hund hinwenden müssen, achten Sie darauf, daß Ihre Füße in *Gehrichtung* bleiben, Sie sollten also nur Ihren Oberkörper zu ihm hinwenden. Erfahrungsgemäß bemerkt der Hund auch die Änderung Ihrer Fußrichtung. Er wird leicht irritiert reagieren, wenn Sie ihn korrigieren wollen.

Schritt Nr. 38
1 x schnalzen + »langsaam«
2 x schnalzen + »marsch-marsch«

Von jetzt an beginnen Sie grundsätzlich jeden Ausgang mit Ihrem Hund mit zwei Minuten (nicht mehr!) flottem, konzentriertem »Bei-Fuß-Gehen«. Das gilt sowohl für Ihren täglichen Ausgang, wie für alle Übungslektionen. Dabei variieren Sie das Tempo von langsam bis schnell. Vermindern Sie das Tempo, sagen Sie leise *»langsaam«* und schnalzen einmal. Werden Sie schneller, sagen Sie *»marsch-marsch«* und schnalzen zweimal. Im Laufe der Zeit können Sie auch die Worte weglassen und es lediglich beim einmaligen oder zweimaligen Schnalzen belassen. Später weiß der Hund dann unterwegs genau, was Sie jeweils von Ihm erwarten und richtet sich danach, ohne daß Sie ihm irgendetwas mit Worten oder Leinenrucken angeben müssen. Der doppelte Schnalzlaut ist auch dann praktisch, wenn er unterwegs einmal anfängt nachzutrotteln. Sie können ihm so signalisieren, daß er etwas an Tempo zulegen soll. Prescht er voraus, genügt ein einmaliger Schnalzlaut, um sein Tempo etwas zu mindern.

Auch Ihre *Körpersprache* vermittelt dem Hund Ihre Absicht: Wollen Sie schneller gehen, kündigen Sie das Ihrem Hund an, indem Sie mit Ihrem linken Fuß einen *kürzeren, schnelleren* Schritt machen. Wollen Sie Ihr Tempo drosseln, machen Sie mit Ihrem linken Fuß einen *längeren, langsamen* Schritt. Am besten, Sie üben das vorher schon mal ohne Hund. Wenn Sie es konsequent genug beginnen, wird Ihr Hund sehr schnell die Zusammenhänge begreifen. Der Hund wird allerdings die Tempoveränderung nicht nur an Ihrer Schrittfolge, sondern auch an Ihrer Körperhaltung abzulesen lernen. Gehen Sie schneller, ist Ihr Oberkörper mehr *vorwärts* geneigt, werden Sie langsamer, lehnen Sie, unbewußt natürlich, Ihren Oberkörper leicht zurück.

Ihnen selbst wird es aber ebenso in Fleisch und Blut übergehen, Ihren Hund bei Bedarf mit diesen unauffälligen Schnalzlauten und einer unauffälligen Bewegung Ihres linken Fußes zu dirigieren.

Ihr Hund soll aber nicht nur lernen, sich eng neben Ihnen zu halten, sondern sich auch einprägen, seine Bewegungen den Ihren anzupassen. Dazu hilft erstaunlicherweise ein kleiner Trick: Sie singen, summen oder pfeiffen ein flottes Wanderlied vor sich hin und gehen in dessen

Rhythmus. Sie werden erstaunt feststellen, daß Ihr Hund diesen Rhythmus übernimmt. Wollen Sie langsamer gehen, wählen Sie eine getragenere Melodie, und marschieren in deren Rhythmus.

Schritt Nr. 39
Rechtswendungen
So lernt Ihr Hund, immer neben Ihnen zu bleiben

Wenn Ihr Hund auf geraden Strecken schon ganz schön Bei-Fuß geht und sich Ihrem Tempo einfühlsam anzupassen gelernt hat, muß er nun zu verstehen lernen, daß er, ganz gleich, wohin Sie gehen, neben Ihnen zu bleiben hat.

Zu diesem Zweck üben Sie mit ihm *Wendungen* und *Kreise*. Zuerst die *Rechtswendung*. Dabei ist der Hund an der Außenseite der »Kurve«, geht also praktisch außen um Sie herum. Sie beginnen wieder an einem abgeschiedenen Ort. Nachdem Sie etwa 5_m »Bei-Fuß« mit ihm gegangen sind, setzen Sie, ohne in der Gehbewegung zu stoppen, Ihren linken Fuß vorn schräg vor den rechten, machen bei dem nächsten Schritt eine *Kehrtwendung nach rechts* (180°) und gehen in der gleichen Spur zurück. Bevor Sie aber mit diesen zwei Schritten wenden, sagen Sie kurz *»Bobby, Fuß!«* und nehmen mit der linken Hand seine Leine *möglichst nah am Halsband*, so daß Sie mit kräftigem Griff Ihren Hund *nah zu sich hinziehen* und ihn so zwingen, die Kehrtwendung, ohne daß sich sein Abstand zu Ihnen vergrößert, mitzumachen. Haben Sie gewendet, rucken Sie notfalls den Hund leicht in die richtige Position *»So ist's Braaav!«* oder *»Guuut!«* und gehen zügig weiter.

Am besten, Sie üben diese Kehrtwendung zunächst aus dem Stand einige Male, damit Ihr Hund zu begreifen lernt, was Sie von ihm wollen. Außerdem beginnen Sie ihm beizubringen, daß er sich immer, wenn Sie stehen bleiben, hinzusetzen hat. Das fangen Sie so an: Ihr Hund sitzt links neben Ihnen. Sie machen die Kehrtwendung nach rechts, wie oben beschrieben, dann bleiben Sie stehen, sagen *»Bobby, Sitz!«* und rucken den Hund so zurecht, daß der Hund wieder ordentlich neben Ihnen sitzt. *»So ist's Braaav!«* oder *»Guuut!«*.

Achten Sie darauf, daß Sie die Leine *senkrecht nach oben-vorn* ziehen. Ziehen Sie die Leine zu sehr nach hinten, kommt der Hund zu weit hinter Ihnen zum Sitzen. Ziehen Sie die Leine diagonal, sitzt der Hund schräg. D.h. sein Kopf ist in der Nähe Ihres Knies, sein Hinterteil ist aber zu weit links. Der Hund sollte *kerzengerade* dicht neben Ihnen sitzen, ohne allerdings Sie zu berühren. Die Leine lassen Sie augenblicklich wieder los. *»So ist's Braaav!«* oder *»Guuut!«*.

Das wiederholen Sie jedesmal fünfmal (zweimal mit Absitzen, dreimal mit Weitergehen), zwischendurch gehen Sie mit *»Bobby, Fuß!«* wieder ein paar Schritte nur geradeaus.

Wenn Sie nicht aufpassen, wird sich Ihr Hund einbilden, nun komme alle fünf Schritte eine Kehrtwendung (die den meisten Hunden sichtlich Spaß macht). Daher schieben Sie ab und an eine *Rechtswendung* (90°) ein.

Kinder und Hunde sind gute Freunde

Auch hier ergreifen Sie, ohne langsamer zu gehen, seine Leine und setzen Ihren linken Fuß zu einem großen Schritt *rechts-seitwärts*. Mit *»Bobby, Fuß!«* ziehen Sie Ihren Hund mit sich herum in die richtige Richtung und gehen weiter. Bleiben Sie jedoch alternativ einmal stehen, sagen Sie *»Bobby, Sitz!«* und rucken Ihren Hund, wie oben beschrieben zurecht, daß er brav neben Ihnen zum Sitzen kommt. Dann sofort die Leine wieder locker lassen, *»So ist's Braaav!«* oder *»Guuut!«*. Sie wiederholen das ganze jedesmal insgesamt fünfmal (zweimal mit Absitzen, dreimal mit Weitergehen), wobei Sie zwischen den Rechtswendungen noch ein paar Schritte geradeaus gehen.

Versuchen Sie hin und wieder einmal, beim Stehenbleiben den Befehl *»Sitz!«* wegzulassen, vielleicht setzt sich Ihr Hund, nachdem Sie ihm eventuell zur Erinnerung sanft auf die Kruppe drücken, schon hin und wieder »automatisch« hin. *»So ist's Braaav!«* oder *»Guuut!«*

Dieses *»automatische Sitz«* kann der Hund nämlich ohne weiteres schon hier begreifen. Mehr mit Rücksicht auf den Hundeführer, der sich nun vieles gleichzeitig einprägen muß, wird es erst später ausführlich beschrieben. Sie können sich aber das *»automatische Sitz«* auch jetzt schon durchlesen und es in Ihre Übungen mit einbauen.

Schritt Nr. 40
Linkswendungen
So lernt Ihr Hund, immer neben Ihnen zu bleiben

Wenn es nun bei Ihnen beiden rechtsherum schon ganz schön funktioniert, geht es nun zu den Linkswendungen, die für Sie beide zunächst etwas schwieriger zu sein scheinen. Zumindest *klingt* ihre Beschreibung kompliziert. Am besten ist daher, Sie probieren es einfach einmal aus.

Mit der *Linkswendung* 90° (wie später auch im Kreis linksherum) wirken Sie auf mehreren Ebenen auf den Hund ein. Mit der Linkswendung können Sie ihn beispielsweise korrigieren, wenn er zu weit vorprellt. Er kollidiert dann mit Ihrem linken Bein, was er sich bald merkt, wenn es ihm ein paar Mal passiert ist, hat er sich zu weit vorgewagt. *Außerdem wird er gezwungen, sich mehr als sonst auf Sie zu konzentrieren:* Er befindet sich beim »Linksherum« in der *Innenseite* des Kreises, was für ihn bedeutet, daß er mehr als sonst aufpassen muß, um nicht mit Ihnen in Konflikt zu geraten. Außerdem ist damit das besonders langsame Gehen verbunden, geht er zu schnell, klappt es wieder nicht.

Wie gesagt, befindet sich der Hund bei der Linkswendung (eine Vierteldrehung nach links!) auf der Innenseite der »Kurve«. Beabsichtigen Sie eine Linkswendung, gehen Sie etwas langsamer, sagen *»Bobby, Fuß!«*, rucken mit der linken Hand kurz an der Leine und setzen Ihren linken Fuß nach links vor den Hund. Hat er nicht aufgepaßt, gibt's einen Zusammenstoß, d.h. der Hund wird sich anfangs meist im letzten Moment noch abbremsen können, bis er die Angelegenheit durchschaut hat.

Mit einem großen Schritt umrunden Sie mit Ihrem rechten Fuß den linken (am besten, Sie probieren das jetzt gleich mal ohne Hund aus) und stellen den Fuß soweit davor, daß der Hund genügend Platz zum Wenden hat und gehen im gleichen Tempo weiter. Das Loben nicht vergessen *»So ist's Braaav!«* oder *»Guuut!«*. Bei der nächsten »Linkskurve« gehen Sie dann nicht weiter, sondern bleiben stehen. Diesmal geben Sie Ihrem Hund einen kurzen Leinenruck *»Bobby, Sitz!«*, und sorgen dafür, daß er tadellos neben Ihnen sitzt. *»So ist's Braaav!«* oder *»Guuut!«*. Damit es sich ihm einprägt, wiederholen Sie das Ganze jedesmal fünfmal hintereinander (zweimal mit Absitzen, dreimal mit Weitergehen), wobei Sie zwischen den einzelnen Linkswendungen immer mal wieder ein paar Schritte geradeaus gehen. Sie sollten aber zwischen den fünf Wiederholungen keinen zu langen Zeitraum verstreichen lassen, weil gerade durch das Üben in einem Block der Hund sich leichter die Zusammenhänge merkt.

Nun kommt noch die *Kehrtwendung nach links* (180°), die ebenfalls doppelten Nutzen hat und daher sorgfältig geübt werden muß. (Am besten, Sie probieren es hier gleich mal ohne Hund aus, dann fällt es Ihnen mit Hund leichter.) Bei dieser Kehrtwendung nach links wird Ihr Hund nicht nur an eine weitere Art der Richtungsänderung gewöhnt, sondern, was viel wichtiger ist, er lernt dabei, *hinter* Ihnen durchzugehen, um richtig in der »Bei-Fuß-Position« zu bleiben. (Das gleiche wird später beim *»Komm!«* wieder gebraucht.)

Ihr Hund geht also ahnungslos und brav links neben Ihnen »Bei-Fuß«. Wie machen Sie nun die Linkswendung? Ohne dabei Ihren Schritt zu stoppen, müssen Sie sich praktisch *zum Hund hindrehen*, wozu Sie Ihr *Gewicht diesmal auf das rechte Bein verlagern müssen.* Die Leine halten Sie jetzt in der *rechten* Hand. Jetzt drehen Sie sich also sozusagen in Ihren Hund hinein, während Sie *gleichzeitig, im Gehen!, hinter Ihrem Rücken die Leine von der rechten in die linke Hand nehmen.* (Vorher ohne Hund ausprobieren!) Ebenfalls gleichzeitig sagen Sie *»Bobby, Fuß!«* und ermuntern Ihren Hund durch den Zug der Leine, nun hinter ihnen herumzugehen, wieder links bei Ihnen anzukommen und dann wieder richtig links neben Ihnen weiterzugehen. *»So ist's Braaav!«* oder *»Guuut!«*.

Damit Sie und der Hund das leichter begreifen, üben Sie das zunächst einmal aus dem Stand, dann prägen sich die verschiedenen Handgriffe und Schritte leichter ein. Der Hund sitzt dabei zunächst links neben Ihnen, die Leine halten Sie in Ihrer rechten Hand, Sie drehen sich zu ihm hin, wechseln die Leine hinter Ihrem Rücken von der rechten Hand in die linke. Mit *»Bobby, Fuß!«* ziehen Sie den Hund um sich herum, bis er sich links neben Ihnen wieder niedersetzt. *»So ist's Braaav!«* oder *»Guuut!«*.

Das Ganze ist schwieriger zu beschreiben als durchzuführen. Meist muß ich es, wenn ich es erklären soll, schnell mal selbst mit dem Hund ausprobieren. Und jedesmal habe ich das Gefühl, daß meinem Hund dieses »Zirkustückchen« besonders behagt, er würde es ganz offensichtlich noch gern ein paar weitere Male wiederholen, vielleicht, weil er für nur wenige Bewegungen jedesmal so ausdauernd gelobt wird.

Wenn allerdings die Wendungen erst einmal richtig sitzen, braucht es den Befehl *»Bobby, Fuß!«* erfahrungsgemäß dann nicht mehr. Dem Hund ist es sehr bald in Fleisch und Blut übergangen, sich nach jeder Richtungsänderung sofort wieder richtig neben Ihnen einzuordnen.

Schritt nur 41
Gehen Sie Kreise und »Achten«
So lernt Ihr Hund, immer neben Ihnen zu bleiben

Nun hat Ihr Hund schon ziemlich gut begriffen, daß er auch bei Richtungsänderungen immer an Ihrer linken Seite bleiben soll. Das vertiefen Sie nun, indem Sie zunächst *Kreise*, dann *»Achten«* gehen.

Anfangen können Sie z.B. linksherum. Die Leine hängt lose durch, aber Sie sind jederzeit bereit, sie mit der linken Hand möglichst nahe am

Halsband zu ergreifen, um ihn zu korrigieren. (Wie nah Sie dabei dem Halsband des Hundes sind, hängt von seiner Größe ab. Je *größer* der Hund, um so *näher* ist Ihre Hand seinem Halsband, denn Sie sollen ja immer *aufrecht gehen* und *geradeaus schauen.*) Jetzt sagen Sie *»BOBBY, Fuß!«* und gehen mit ihm *sehr langsam* einen vollständigen Kreis von etwa 1m Durchmesser linksherum, der Hund ist an der Innenseite des Kreises. Loben nicht vergessen *»So ist's Braaav!«* oder *»Guuut!«*. Sind Sie am Ende des Kreises angekommen, nehmen Sie die Leine in die rechte Hand, ziehen sie senkrecht hoch und sagen *»BOBBY, Sitz!«*, mit der linken Hand drücken Sie ihn, möglichst ohne sich zu ihm hinzuwenden, in die Sitzposition links neben sich. Die Leine sofort locker lassen *»So ist's Braaav!«* oder *»Guuut!«*. Dann gleich das Ganze noch zweimal.

Anschließend geht das ganze rechtsherum. Leine wieder wie oben, *»BOBBY, Fuß!«*. Diesmal machen Sie aber *kurze, schnelle* Schritte, verändern aber Ihr Tempo nicht. Diesmal ist der Hund an der *Außenseite* des Kreises, er muß jetzt schneller gehen als Sie, wenn er genau bei Ihnen bleiben will. Loben nicht vergessen *»So ist's Braaav!«* oder *»Guuut!«*. Fängt er an nachzuhängen, beschleunigen Sie seine Schritte mit zwei Schnalzlauten. Sind Sie am Ende des Kreises (wieder etwa 1m Durchmesser) angelangt, bleiben Sie stehen und lassen ihn *»BOBBY, Sitz!«* wieder links neben sich absitzen. *»So ist's Braaav!«* oder *»Guuut!«*. Dann gleich das Ganze noch zweimal.

Zur Erinnerung: *Linksherum gehen Sie sehr langsam, rechtsherum mit schnellen, kurzen Schritten*, aber nicht etwa laufen! Immer muß Ihr Hund brav links neben Ihnen bleiben

Das mit dem »Achten-Gehen« ist wieder eine Übung von mehrfachem Nutzen. Der Platzbedarf dabei ist gering, man kann es also sowohl draußen, wie auch zuhause in einem geräumigeren Zimmer durchführen. Das »Achten-Gehen« eignet sich vorzüglich dann, wenn man das Gefühl hat, man müsse seinen Hund etwas unter Kontrolle bringen oder etwas dämpfen. Denn diese Übung, bei der er sich sehr konzentrieren muß, wirkt sehr besänftigend auf sein Gemüt, ohne allerdings wie eine Bestrafung zu wirken.

Also, wenn Ihr Hund so seine Mucken hat oder sich als Ihr Herr und Gebieter aufspielen möchte: Gehen Sie «Achten«!.

Dazu stellen Sie einfach zwei Stühle - Sie können auch einfach zwei Bücherstapel oder draußen zwei größere Steine auf den Boden legen - im Abstand von drei bis vier Metern auf. Das sind die jeweiligen Mittelpunkte, die Sie in einer schleifenförmigen Linie einer liegenden Acht im Abstand von etwa einer Armlänge umrunden werden.

Bevor Sie beginnen, stehen Sie etwa 60 cm vom Mittelpunkt der gedachten Verbindungslinie und lassen Ihren Hund links neben sich absitzen »*Bobby, Sitz!*«. Sie sagen »*Bobby, Fuß!*« und, mit Ihrem *rechten* Fuß beginnend, überschreiten Sie die gedachte Verbindungslinie linksherum erst in normalem Tempo, in Richtung des linken »Pfostens«, den Sie etwa im Abstand von 30-50 cm linksherum umrunden wollen. Je mehr Sie sich jetzt in die Kurve legen müssen (was Sie an der Veränderung Ihrer Schultern bemerken), um so schneller wird Ihr Schritt. Ihr Hund befindet sich im Inneren des Kreises.

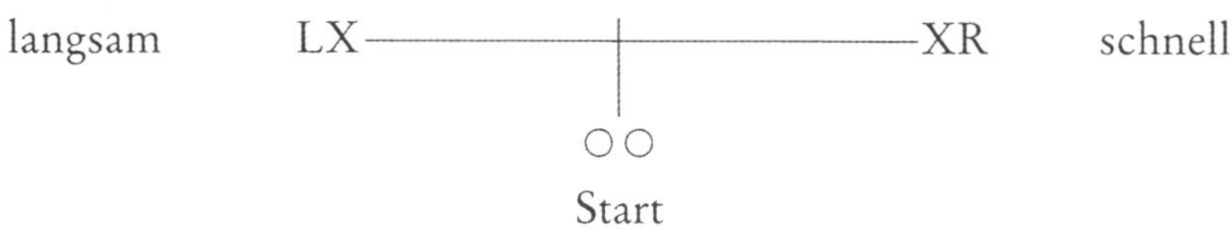

Haben Sie die Kurve hinter sich, wechseln (*mit Trittwechsel!*) Sie zum *normalen Schrittempo* über und steuern nun, über die gedachte Mittellinie hinweg, den *rechten* »Pfosten« an, den Sie nun, diesmal mit dem *linken* Fuß beginnend, in einer Rechtskurve umwandern. Je mehr Sie hier in die Kurve kommen, um so mehr muß Ihr Hund seine Schritte *beschleunigen*, damit er immer auf gleicher Höhe mit Ihnen bleibt, während Sie Ihr Tempo etwa beibehalten.

Haben Sie die Kurve hinter sich, gehen Sie (*mit Trittwechsel*) wieder zum normalen Schrittempo über. Beim Umrunden des rechten »Pfostens« befindet sich der Hund auf der Außenseite des Kreises.

Damit Sie ganz sicher sind, daß Sie es *mit* Hund von Anfang an richtig machen, gehen Sie schon vorher mal *ohne* Hund einige »Achten«.

Da Sie ja während der »Achten« mehrfach das Tempo wechseln, sagen Sie jedesmal, wenn eine Änderung kommt, entweder *»langsaam«* oder beim Beschleunigen *»marsch-marsch«*, oder Sie schnalzen bei »langsam« einmal, bei »schneller« zweimal.

Haben Sie die erste »Acht« hinter sich, schließen Sie gleich zügig eine zweite und eine dritte an. Damit lassen Sie es genug sein. Denn hier gilt: *Nicht die Länge der einzelnen Übung, sondern die Zahl der Wiederholungen an verschiedenen Tagen sind das Ausschlaggebende!*

Schritt Nr. 42
Das »automatische Sitz«

Erfahrungsgemäß, es muß einmal gesagt werden, würde mancher Hund sehr viel schneller als sein Herr begreifen, was von ihm erwartet wird. Die Verzögerung, üblich bei noch unerfahrenen oder unkonsequenten Hundeführern, entsteht dadurch, daß sich der Mensch oft nur ungenügend vorbereitet an die Erziehung seines Hundes begibt.

Hat man sich vor Augen geführt (und mit unserem Kartensystem wird das erleichtert), was man am jeweiligen Tag einerseits als nächstes in Angriff nehmen will und was man andererseits von dem bereits Erarbeiteten vertiefen möchte, kommt man zügig voran. Bei der Erziehung unseres Hundes ist - neben Einfühlungsvermögen und Konsequenz - *Planung* das A und O.

So hätte man das »automatische Sitz« schon gleich am Anfang bei den Leinenübungen mit einfügen können... Immerhin haben Sie es jetzt schon ein paar Mal gemacht. Immer, wenn Sie bei den Wendungen stehen geblieben sind, haben Sie Ihren Hund neben sich absitzen lassen.

Ab sofort machen Sie das »automatische Sitz« zur Regel. Wenn Sie sich das künftige Miteinander mit Ihrem Hund vorstellen, wird Ihnen gleich klar sein, wie angenehm es sein wird, wenn sich dieser, sobald Sie irgendwo stehen bleiben, brav an Ihrer linken Seite niedersetzt und der Dinge harrt, die da kommen werden. Sie betrachten ein Schaufenster, treffen Bekannte, mit denen Sie plaudern, müssen an der Ampel oder an einer Haltestelle warten. Statt ungeduldig herumzuzappeln und Sie nervös zu machen, weiß Ihr Hund jedesmal, was er nun zu tun hat: Er soll sich hinsetzen und wohlerzogen abwarten.

Das müssen Sie natürlich üben. Ihr Hund soll lernen, ohne daß Sie ihn dazu auffordern oder sich um ihn kümmern, sich ganz selbstverständlich hinzusetzen.

Die Meinungen, ob man dabei jedesmal *»Bobby, Sitz!«* sagen soll, gehen weit auseinander. Ich meine, Sie müßten darauf hinarbeiten, daß *allein Ihr Stehenbleiben das Signal für den Hund ist, sich zu setzen.* Natürlich muß er das erst in seinem Gehirn verankern. Daher sagen Sie anfangs häufiger, dann immer seltener »*BOBBY, Sitz!*«, wenn Sie stehenbleiben und rucken auffordernd an seiner Leine. Setzt er sich hin »*So ist's Braaav!*« oder »*Guuut!*«. Auch das Lob können Sie, wenn er erst perfekt ist, dann weglassen, Sie sind ein Team geworden und verständigen sich wortlos.

Ab sofort bauen Sie nun das »automatische Sitz« in Ihre Ausgänge ein. Beginnen tun Sie natürlich an einem ruhigen Ort, d.h. wenn der Hund nicht abgelenkt ist. Beim nächsten »Bei-Fuß-Gehen« lassen Sie vorerst einmal alle Wendungen und Kreise weg und gehen flott fünf Schritte geradeaus. Die Leine halten Sie lose durchhängend in der *rechten* Hand. Nach fünf Schritten bleiben Sie stehen, ziehen mit der rechten Hand die Leine nach oben-hinten und drücken mit der linken Hand auf die Kruppengegend des Hundes, so daß er sich, vorne gezogen und hinten gedrückt, niedersetzt. »*So ist's Braaav!*« oder »*Guuut!*«. Anfangs erklären Sie ihm das noch mit Worten »*BOBBY, Sitz!*«, nach ein paar Tagen sagen Sie es nur hin und wieder, dann lassen Sie den Druck auf die Kruppe wie den Befehl ganz weg.

Nach dem ersten Stop gehen Sie »*BOBBY, Fuß!*« fünf Schritte weiter, dann wieder stehen bleiben, ziehen und drücken und »*So ist's Braaav!*« oder »*Guuut!*«, sitzt Ihr Hund. Haben Sie das drei- oder viermal gemacht, versuchen Sie beim Stehenbleiben, Ihren Hund nur mit einem kleinen Leinen-Rucken ans Niedersetzen zu erinnern. Sitzt er, »*So ist's Braaav!*« oder »*Guuut!*«, sonst flink mit der Hand auf seine Kruppe drücken. Diese Übung müssen Sie anfangs ziemlich oft, fünf bis siebenmal hintereinander machen, damit Ihrem Hund das Absitzen in Fleisch und Blut übergeht. Daß er kapiert hat, was Sie von ihm erwarten, merken Sie daran, daß er schon, wenn Sie nur anfangen, langsamer zu gehen, sich bereit macht, sein Hinterteil abzusenken. Wenn Sie soweit sind, brauchen Sie es extra nur jeden Tag etwa dreimal zu üben, müssen aber künftig darauf achten, daß Ihr Hund, bleiben Sie von Natur aus einmal stehen, sich sofort setzt.

Nach den abgelegenen Gegenden versuchen Sie das »automatische Sitz« nun auch in belebteren Straßen und bei mehr Ablenkung. Jetzt ist der Zeitpunkt gekommen, wo Sie Ihren Hund auch in die

Stadt mitnehmen sollten, damit er sich an den Verkehr, die Leute, andere Hunde usw. gewöhnt. Müssen Sie an einer Ampel warten oder betrachten Sie ein Schaufenster, muß Ihr Hund ins »automatische Sitz«.

Zwischendurch üben Sie, zuerst wieder in der »Einsamkeit«, das »automatische Sitz« in das langsame und schnellere Gehen im Wechsel, wie auch in die Wendungen einzubauen. Viel schneller, als Sie gedacht haben, hat sich Ihr Hund eingeprägt, daß er, ganz gleich wohin und wie schnell oder langsam Sie gehen, links neben Ihnen zu bleiben und sich zu setzen hat, bleiben Sie stehen.

Falsch und hinderlich ist es, wenn Ihr Hund es zu spät lernt, wie er sich unterwegs in Ihrer Begleitung zu verhalten hat. Ließen Sie es ihm anfangs durchgehen, daß er laufen und tun und lassen konnte, was ihm in den Sinn kam, haben Sie jetzt *doppelte Mühe*: Einerseits müssen Sie *das Neue mit ihm üben* und ihm andererseits *abgewöhnen*, was er sich selbst an Falschem beigebracht hat. Denken Sie an die Hundemutter: Alles, was ihre Kinder nicht tun sollen, wird ihnen *sofort* verleidet.

Nicht nur beim Stadtbummel ist das »automatische Sitz« nützlich. Zum Beispiel sollte der Hund sich angewöhnen, sich *grundsätzlich* am Bordsteinrand hinzusetzen (Sie bleiben dort natürlich ebenfalls stehen) und lernen, auf den Verkehr zu achten, bevor die Straße überquert wird. Auch angesichts von überraschenden oder unliebsamen Begegnungen müssen Sie stehen bleiben können, und Ihr Hund muß sich sofort setzen. Will er z.B. einer Katze oder anderen Hunden nach, muß ihm Ihr Stehenbleiben Signal genug sein, von seinem Vorhaben abzulassen. In solchen Situationen müssen Sie notfalls anfangs noch etwas nachhelfen, keinesfalls es ihm aber durchgehen lassen, daß er vorprescht, bleiben Sie stehen. In solchen »Krisen-Situationen« sollten Sie ihn aber wieder einmal loben *»So ist's Braaav!«* oder *»Guuut!«*, damit der Hund merkt, daß Sie sein Opfer anerkennen.

Wollen Sie Ihren Hund krisensicher machen, versuchen Sie das mit dem »automatischen Sitz« zu üben, indem Sie Ablenkungen gezielt herbeiführen: Die Begegnung mit Geflügel auf einem Bauernhof, die Begegnung mit einer Katze, mit Pferden, Kühen oder anderen Hunden. Weil hier die Motivation Ihres Hundes, erregt oder neugierig auszubrechen, besonders groß ist, dürfen Sie ihn hierbei außer mit *»So ist's*

Braaav!« oder *»Guuut!«* auch einmal mit dem einen oder anderen Leckerle belohnen, das Sie vorsorglich eingesteckt haben.

Sie werden sich wundern, daß ich so einer scheinbar nebensächlichen Übung soviel Bedeutung beimesse. Aber gerade das »automatische Sitz« ist es, was es Ihnen, in welche Situation Sie auch kommen, ungemein erleichtern wird, sich streßfrei mit Ihrem Hund zu bewegen.

Da man, ist man über das erste Üben hinaus, täglich unzählige Situationen hat, wo der Hund sich automatisch setzen muß, braucht man es eigentlich, nach der Einübungszeit, kaum noch extra zu üben. Aber leider zeigt die Erfahrung, daß manche Hundehalter nicht konsequent darauf achten, daß sich Ihr Hund wirklich *jedesmal* hinsetzt, wenn er das tun sollte. Dann bleibt nichts anderes übrig, als das »automatische Sitz« wieder einmal nachhaltig zu üben und künftig konsequenter zu sein.

Schritt Nr. 43
»Bobby, Komm!« Kommen 2. Teil
Was erst selbstverständlich werden muß

Schon vor ein paar Wochen haben wir unserem Welpen das Kommen angewöhnt. Hoffentlich waren Sie konsequent genug und haben wirklich darauf geachtet, daß er tatsächlich *immer* dann kommt, wenn Sie ihn gerufen haben. Mit Sicherheit war er immer gleich zur Stelle, wenn Sie mit der Futterschüssel geklappert haben oder mit der Leine klimperten.

Aber ich kann fast mit Ihnen wetten, daß auch Sie - ganz und gar unbeabsichtigt - einiges getan haben, daß Ihr Hund Ihr Rufen nicht ganz ernst nimmt oder - was noch schlimmer ist - mit gemischten Gefühlen auf Ihren Ruf reagiert.

Erstaunt werden Sie jetzt zunehmend feststellen, daß sich Ihr Hund nicht mehr vorzugsweise in Ihrer direkten Nähe aufhält. Viel zu viel gibt es zu entdecken und zu unternehmen, worüber er Sie zu vergessen scheint, und er macht sich voller Tatendrang selbständig. Das ist ganz normal: Auch wildlebende Welpen halten sich zunächst immer in der Nähe der erwachsenen Rudeltiere auf, um dann ihren Wirkungsradius zunehmend auszudehnen.

Auch Ihnen wird es schon hin und wieder passiert sein: Ihr Hund ist aus Ihrem Gesichtsfeld verschwunden, es ist bedenklich still, und Sie rufen ihn herbei, um ihn wieder unter Kontrolle zu bekommen. Aber - wie oft haben Sie sich schon damit zufrieden gegeben, daß er sich nach einiger Zeit wieder in Ihre Nähe begeben hat? Also, erstens hat er sich nicht auf Ihren Ruf in Ihre Nähe begeben, *er sollte auf Ruf grundsätzlich sofort direkt zu Ihnen kommen.* Und wie oft haben Sie zweitens, kam er tatsächlich, vergessen, ihn dafür auch nachdrücklich zu loben? Sie haben registriert, daß er wieder da ist, waren beruhigt und damit fertig.

Was Ihnen auch noch passiert sein kann: Sie rufen und Ihr Hund kommt sehr viel später (vermutlich rein zufällig) zu Ihnen. Haben Sie ihn vielleicht ausgeschimpft, weil er so lange gebraucht hat? *Dabei haben wir schon anfangs festgestellt, daß es für Ihren Hund immer ein freudiges Ereignis sein muß, kommt er mit Ihnen in Kontakt.* Stattdessen haben Sie ihn behandelt wie ein Kind: Hat er in Ihrer Abwesenheit etwas kaputtgemacht oder verschmutzt, haben Sie ihn hinterher gescholten. Wenn er vor Ihnen weggelaufen ist, statt zu kommen, sind Sie - laut rufend - hinter ihm hergerannt, haben ihn eingefangen und - beschimpft. Jetzt hat sich in seinem kleinen Kopf etwas wenig Wünschenswertes festgesetzt: Wenn Sie rufen *»Bobby, Komm!«* könnte das alles mögliche bedeuten: Einerseits etwas Unangenehmes, weil er was auf den Deckel bekommt, andererseits der Beginn einer mehr oder weniger vergnüglichen Verfolgungsjagd...

Jetzt, wo Sie und Ihr Hund schon viele Begriffe gelernt haben, mit denen Sie sich verständigen können, müssen Sie sein Kommen mehr in den Mittelpunkt Ihrer gemeinsamen Bemühungen stellen.

Als Wichtigstes gilt: *Wenn Sie Ihren Hund rufen, muß er garantiert alles stehen und liegen lassen und auf der Stelle zu Ihnen kommen.* Das bedeutet nichts anderes, als daß ihm das *»Bobby, Komm!«* wie ein Reflex in Fleisch und Blut übergeht. Zwei Grundregeln müssen Sie dabei beachten: *Erstens: Niemals laufe ich meinem Hund hinterdrein, wenn er zu mir kommen soll.* (Sonst lernt er, daß *»Bobby, Komm!«* Weglaufen bedeutet!) Zweitens: Ganz gleich, was er auch angestellt haben mag, wie lange er mich warten ließ und wie ungeduldig ich auch bin: *Niemals, aber auch wirklich niemals beschimpfe oder bestrafe ich ihn, sondern mache das glücklichste Gesicht der Welt, weil er bei mir ist.* Und dann wird jedesmal gelobt: *»So ist's Braaav!«* oder *»Guuut!«*.

Meist klappt es mit dem Kommen in der Wohnung schon solala. Wir verlegen daher unsere Bemühungen nun nach draußen und nehmen für unterwegs die 20-m-Leine und ein paar Leckerle mit. Zunächst üben Sie, wie immer, an einem abgeschiedenen Ort (oder zuhause im Garten).

An der langen Leine soll er, *»Bobby, Sitz!« »Bleib da!«*, brav links neben Ihnen sitzen. Nun gehen Sie, mit dem Rücken zu ihm, ein Stück weiter, zuerst nur ein paar Schritte, später dann, soweit die Leine reicht. Mit einem Handspiegel kontrollieren Sie, ob er sitzen bleibt. Wenn nicht, wird er mit *»Nein!«* wieder an der alten Stelle zum Sitzen gebracht. (Das *»Sitz!« »Bleib da!«* ist schon eine Übung für sich.)

Schließlich haben Sie ihn soweit, daß er sitzen bleibt, und Sie drehen sich langsam zu ihm um, bleiben einen Moment stehen, gehen dann ein bißchen in die Knie und rufen mit fröhlicher Stimme *»Bobby, Komm!«*. (Wenn Sie *gleich* rufen, wenn Sie sich umgedreht haben, würde er immer schon Ihr *Umdrehen* für das Signal halten, Ihnen nachzulaufen.) Meist ist Ihr Vierbeiner so froh, daß er aus der blöden Sitz-Position wieder herausdarf, daß er sofort angestürmt kommt.

Hair vom Diekmoor, Langstockhaar Schäferhund, 3 Monate
E.: B. Braun, 22145 Hamburg

Mit fröhlichem Lächeln gehen Sie ihm langsam ein oder zwei Schritte entgegen. Ist er bei Ihnen angekommen, ergreifen Sie seine Leine dicht am Halsband, und, die zwei Schritte wieder rückwärts gehend, ziehen Sie Ihren Hund etwas nach oben-hinten hoch, daß er nun *vor* Ihnen zum Sitzen kommt. Denn er soll ja nicht nur irgendwie in Ihre Nähe kommen, sondern sich vor Sie hinsetzen. Jetzt heißt es erstmal *»So ist's Braaav!«* oder *»Guuut!«*, dann sagen Sie *»Bobby, Fuß!«*, klopfen auf Ihren linken Oberschenkel und leiten ihn rechts an sich vorbei *hinter sich herum*, wobei Sie, wie bereits früher geübt, hinter Ihrem Rücken die Leine in die linke Hand umwechseln und lassen ihn *links* neben sich absitzen. *»So ist's Braaav!«* oder *»Guuut!«*.

Jetzt hat er sich auch das Leckerle, das Sie in der Hand halten, redlich verdient. Denn er hat ja eine ganze Menge nach Ihren Wünschen erledigt: Er ist sitzengeblieben, als Sie weggegangen sind und ist dann auch noch gleich gekommen, als Sie ihn gerufen haben.

Nun darf er aber nicht sofort aufstehen und womöglich an Ihnen hochspringen vor lauter Glück. Im Stillen zählen Sie jetzt bis zehn (ein andermal bis drei oder bis zwanzig) und lassen ihn mit *»Bobby, Lauf zu!«* laufen, wohin es ihm beliebt.

Wenn Sie das mit dem Sitzen-Bleiben und dem Kommen dreimal wiederholt haben, reicht es für diesen Tag. Weniger sollte es allerdings nicht sein, damit er sich den Vorgang schon mal einprägt.

Wichtig ist aber, daß Sie diese Übung nun an jedem der kommenden Tage unterwegs regelmäßig einbauen. Solange alles noch ganz neu ist, bleiben Sie auch bei dem Leckerle, das aber nun nicht mehr regelmäßig gegeben und später ganz weggelassen wird.

Vorsicht! Kommen Sie nicht auf die Idee, es jetzt schon mal ohne die lange (Sicherheits)Leine zu versuchen. Ihr Hund darf überhaupt nicht zu der Erkenntnis kommen, daß es ihm möglich sein könnte, Ihnen davon zu rennen und zu tun und zu lassen, was ihm in den Sinn kommt.

Je größer die Entfernung ist, aus der Ihr Hund zu Ihnen gerannt kommt, um so häufiger kann es vorkommen, daß nicht alles nach Plan gelingt. Die eine Möglichkeit ist, daß Ihrem Hund unterwegs einfällt, er könne auch woanders hinlaufen. Jetzt haben Sie ja die lange Leine, mit der Sie ihn *»Nein!«* stoppen können, um ihn dann mit Schenkelklopfen, in etwas geduckter Haltung und mit *»Bobby, Komm!«* zu sich hin zu locken. Notfalls ziehen Sie ihn an der langen Leine in die richtige Richtung. Jetzt das Loben nicht vergessen *»So ist's Braaav!«* oder *»Guuut!«*.

Die andere Möglichkeit ist, daß Ihr Hund ein solches Tempo entwickelt hat, daß Sie ihn nicht *vor* sich stoppen können. Ist er also an Ihnen vorbeigelaufen, drehen Sie sich zu ihm um und bringen ihn mit einer Kehrtwendung und *»Bobby, Fuß!«* wieder richtig in die »Bei-Fuß-Position«.

Auch zuhause üben Sie jetzt das *»Bobby, Komm!«* und achten darauf, daß er nicht nur kommt, sondern sich *vor Sie* hinsetzt. Nun ist er, anders als draußen, im Haus nicht angeleint. Allerdings sollte er wenigstens die ganz kurze Leine »anhaben«, damit Sie ihn besser ergreifen können. Statt ihn an der Leine zu sich hinzudirigieren, haben Sie jetzt ein Leckerle. Kommt Ihr Hund auf Sie zu, gehen Sie ihm mit dem Leckerle einen halben Schritt entgegen, halten es dicht über seine Nase und bringen ihn so dazu, sich vor Sie hinzusetzen. Gingen Sie ihm nicht entgegen, würde ihr Hund sich innerlich darauf vorbereiten, zum Leckerle emporzuspringen. Indem Sie ihm entgegengehen, ist das Leckerle, *bevor* er danach schnappen kann, über seiner Nase. Er muß sich danach ausrecken und kommt dabei zum Sitzen. Natürlich bekommt er nicht nur das Leckerle (sonst wirkt es wie eine Fütterung), sondern auch viel Lob *»So ist's Braaav!«* oder *»Guuut!«*. Ein Fehler wäre es, ihn nun gleich wieder aufspringen und laufen zu lassen. Gewöhnen Sie sich an, ihn auch gleich noch »Bei-Fuß« absitzen zu lassen (also um Sie herumgehen und sich links neben Sie setzen) oder Sie gehen mit ihm »Bei-Fuß« in ein anderes Zimmer oder Stockwerk. Sonst gewöhnt sich Ihr Hund an, nur mal eben flink zu Ihnen zu kommen und dann wieder auf und davon zu laufen.

Vom anderen Sinn des Spazierengehens

Spätestens jetzt wird Ihnen klar, daß das Spazierengehen mit Ihrem Hund auch andere Aufgaben erfüllt, als daß er sich bewegt und entleert.

Ich hoffe nur, Sie haben ihm das *»Bobby, Mach was!«* so konsequent beigebracht, daß es nun unterwegs, möglichst gleich am Anfang eines Ausganges, auf Befehl klappt. Sie sollten es sich zunehmend angewöhnen, daß der Hund seine »Pflichten« gleich anfangs erledigt, das erleichtert Ihnen manches, wenn Sie einmal eilig sind und nicht warten wollen, bis Ihr Hund sich ausgetrödelt hat.

Grundsätzlich gilt, daß Sie alle Übungen, die Sie bisher mit Ihrem Hund zuhause geübt haben, nun in Ihre Ausgänge einbauen.

Es ist aber *nicht* günstig, wenn Sie nun unterwegs eine halbe Übungsstunde einlegen, in der Sie stur das Programm abarbeiten, sondern Sie legen sozusagen »Übungspausen« während Ihres Ausganges ein, in denen Sie in abwechslungsreicher Folge mal das eine und mal das andere üben.

Nur wenn ein Befehl nach wie vor nicht klappen will, müssen Sie diesen am Stück mehrfach hintereinander wiederholen, damit Ihr Hund begreifen kann, was Sie von ihm wollen.

Nach wie vor gilt, daß Sie Ihren Hund auf unübersichtlichem Gelände noch immer nicht frei laufen lassen sollten. Lassen Sie es erst gar nicht so weit kommen, daß er begreift (und das geht schnell), daß er Ihnen entkommen kann und unerreichbar für Sie ist. Nehmen Sie aber die sehr lange Leine mit, dann können Sie ihn auch aus größerer Entfernung jederzeit beeinflussen.

Schritt Nr. 44
»Bobby, Sitz!« oder »Platz!« »Bleib da!«

Das *»Bleib da!«* in Verbindung mit *»Bobby, Sitz!«* oder *»Platz!«* ist eine der wichtigsten Übungen überhaupt. Wenn Sie es daheim mit Ihrem Hund geübt haben, war für ihn die Verlockung ja nicht allzugroß, sich von seinem Platz zu entfernen. Draußen, in der bunten weiten Welt, ist das aber etwas ganz anderes.

Unterwegs, in einer »Übungspause«, üben Sie nun das *»Bobby, Sitz!«* oder *»Platz!«* in Verbindung mit *»Bleib da!«* mit ihm.

Sicherlich haben Sie das bei Schritt Nr. 11 beschriebene *»Bleib da!«* fortlaufend mit ihm geübt, jetzt machen Sie diese Übungen unterwegs.

An der langen Leine lassen Sie ihn links neben sich absitzen oder Platz machen und gehen, *»Bleib da!«*, mit dem Rücken zu ihm weiter. Mit dem Handspiegel kontrollieren, ob er sitzen bzw. liegen bleibt. Sind Sie am Ende der Leine angekommen, bleiben Sie stehen und drehen sich zu ihm um. Jetzt können Sie ihn loben *»So ist's Braaav!«* oder *»Guuut!«*, müssen aber darauf achten, daß er nun nicht fröhlich aufsteht und zu Ihnen hinwill. Bleibt er nicht liegen, müssen Sie ihn mit *»Nein!« »Bleib da!«* wieder in seine Ausgangslage zurückbefördern und zu Ihrem Standort zurückgehen.

Nach einer Weile, zuerst nur wenige Sekunden, dann immer länger, kehren Sie zu Ihrem Hund zurück und bleiben rechts neben ihm stehen. noch immer darf er nicht aufstehen, noch immer gilt das *»Bleib da!«*. Jetzt zählen Sie innerlich bis drei (oder bis 5, 10 oder 20) um ihm dann mit *»Lauf zu!«* die Freiheit wiederzugeben. Das Loben nicht vergessen *»So ist's Braaav!«* oder *»Guuut!«*.

Bei jedem Ihrer Ausgänge üben Sie das dreimal. Während Sie aber zunächst die Einsamkeit gesucht haben, versuchen Sie es auch in belebteren Gegenden und schließlich sogar in der Stadt.

Das *»Bleib da!«* ist eine der wichtigsten Übungen überhaupt. Es muß immer wieder geübt werden, damit es dem Hund in Fleisch und Blut übergeht. Sie bringen damit den Hund nicht nur unter Ihre Kontrolle, sondern wirken gleichzeitig außerordentlich beruhigend auf sein Gemüt. Außerdem sorgen Sie so für seine Sicherheit und dafür, daß er grundsätzlich immer bei Ihnen sein kann, weil er sich stets zu benehmen weiß.

Nichts ist peinlicher als ein Hund, der jeden Besucher so stürmisch (oder wütend) begrüßt, daß es zur Verärgerung oder Verunsicherung des Besuchers kommt. Das hat dann todsicher die Folge, daß Sie Ihren Hund jedesmal wegsperren müßten, kommt Besuch ins Haus. Mit *»Bobby, Sitz!«* oder *»Platz!«* und *»Bleib da!«* bringen Sie Ihren Hund dazu, sich auch in noch so aufregender Gesellschaft manierlich zu benehmen.

Auch im Auto hat er einerseits während der Fahrt liegen- oder sitzenzubleiben, andererseits darf er es nicht eher verlassen, bis Sie ihm erlauben, auszusteigen. Keinesfalls darf er nach Lust und Laune im Auto herumtoben oder herauspreschen, um womöglich gleich unter die Räder des nächsten Autos zu kommen.

Auch die guten Manieren in einem Restaurant oder Gasthaus kann man mit dem *»Platz!« »Bleib da!«* vorzüglich mit ihm einüben. Man sollte das von Anfang an tun, wenn der Hund noch ganz jung ist. Sicherlich kennen Sie irgendeinen Restaurantbesitzer, der es Ihnen erlaubt, bei ihm mit Ihrem Hund zu üben. Je früher Sie das machen, um so mehr wird es Ihrem Hund in Fleisch und Blut übergehen, daß er im Gasthaus wie angemauert neben Ihnen oder unter dem Tisch zu liegen hat. (Üben Sie beides mit ihm. Nicht unter allen Tischen ist so viel Platz, daß ein Hund dort liegen kann.)

Schwierig ist es beim Tierarzt und ärgerlich bei Ausstellungen, wenn Ihr Hund es nicht dulden will, angefaßt zu werden.

Mit *»Bobby, Sitz!«* oder *»Steeeh!«* und *»Bleib da!«* können Sie ihn schrittweise daran gewöhnen, daß an ihm manipuliert wird. Etwas haben Sie das ja schon auf dem »Wickeltisch« mit ihm geübt, nun muß er begreifen, daß das auch an anderen Orten so gehandhabt wird. Zunächst lassen Sie Ihren Hund absitzen, und berühren, seitlich neben ihm stehend, seinen Kopf, seinen Körper, seinen Rücken, seine Beine, die Sie auch anheben. Auch seine Schnauze öffnen Sie mit leichtem Lefzendruck, schauen in seine Ohren usw. Will er dabei seine Position verändern, korrigieren Sie ihn mit einem *»Nein!« »Bleib da!«*. Das alles so oft wiederholen, bis Ihr Hund kapiert hat, daß er nach diesem *»Bleib da!«* allerlei Handgriffe ergeben über sich ergehen lassen soll. Klappt es bei Ihnen, soll nun jemand, der den Hund schon ganz gut kennt, ebenfalls an dem Hund herumwerkeln und erlauben Sie keinesfalls, daß Ihr Hund sich nun verweigert oder herumhampelt. Erst wenn die »Untersuchung« beendet ist, wird Ihr Hund gelobt und mit *»So ist's Braaav!«* oder *»Guuut!«* und einem Leckerle belohnt und mit *»Genug!«* entlassen. Nun können Sie darauf vertrauen, daß Ihr Hund sich das bei passender Gelegenheit auch von einer ihm unbekannten Person gefallen läßt. Wenn Sie Glück haben, kennen Sie einen Hundekundigen, aber dem Hund Fremden. Auch bei ihm muß er sich nach *»Steeeh!«* oder *»Bobby, Sitz!« »Bleib da!«* das Anfassen und Untersuchen gefallen lassen. Je früher Sie Ihren Hund in derartige Situationen bringen, um so widerspruchsloser und selbstverständlicher wird er alles über sich ergehen lassen.

Wenn Sie Pech haben, und Ihr Hund ist Ihnen nicht so ganz untergeordnet, kann es Ihnen passieren, daß er Sie oder eine andere Person womöglich anknurrt, um der Untersucherei zu entgehen. Das dürfen Sie niemals durchgehen lassen! In einem solchen Augenblick machen Sie »Augenkontakt«, sagen energisch *»Nein!«* und greifen ihm über die Schnauze. Dann bringen Sie ihn in die gewünschte Position zurück. Ist

Ihr Hund hingegen ängstlich, kommen Sie bitte nicht auf die Idee, ihn trösten oder beruhigen zu wollen. Ihr Hund würde das als Belohnung für sein angstvolles Verhalten ansehen und es immer wiederholen. Wieder heißt es nur *»Bobby, Sitz!«*, *»Platz!«* oder *»Steeeh!«*, worein Ihr Hund sich zu fügen hat.

Es gibt unzählige Situationen, in denen Sie dankbar dafür sein werden, daß Sie das *»Bleib da!«* gewissenhaft und geduldig geübt haben.

Schritt Nr. 45
Lange-Leine-Regeln (u.a.: »Bobby, Geeeh zurück!«)

Immer wieder stelle ich fest, daß viele Leute weder eine lange Leine haben, noch sich über ihren Wert und Nutzen wirklich klar sind. Oft viel zu spät schaffen sie sich dann dies nützliche Hilfsmittel an und bedauern, es nicht eher eingesetzt zu haben.

Tatsächlich spielt die lange Leine im ersten Lebensjahr Ihres Hundes eine wichtige Rolle. Soll er doch von Anfang an gar nicht auf die Idee kommen, sich Ihnen entziehen zu können. Bei fast allen Übungen können Sie, wenn Sie diese in größerer Distanz mit ihm einüben wollen, die lange Leine einsetzen.

Aber auch bei dem erwachsenen Hund werden Sie in Situationen kommen, wo Sie dankbar für die lange Leine sind. Wegen Tollwutgefahr ist z.B. in manchen Gegenden Leinenzwang. Dann können Sie, mit der langen Leine, ihrem Hund doch viel Freiheit geben, daß er sich fast ungestört um Sie herum bewegen kann. Eine andere Situation ergibt sich vielleicht im Urlaub, und Sie haben keine Neigung, das Risiko einzugehen, daß Ihr Hund, trotz bester Manieren, vielleicht doch einem Hasen nachrennt. Jetzt müßten Sie in fremder Umgebung herumrufen und hoffen, daß der Hund, trotz der unbekannten Gegebenheiten, wieder zu Ihnen zurückfindet. Oder aber, Ihr Hund ist, trotz aller Bemühungen, im Gehorsam schon »ganz« gut, aber eben nur »ganz« gut. (Weil Sie ihn viel zu früh von der Leine gelassen haben.) Auch hier lassen Sie ihn lieber an der langen Leine solange üben, bis er wirklich sicher ist.

An der langen 20 m-Leine kann sich Ihr Hund um Sie herum viel Bewegung schaffen, es ist fast »Freilaufen«, was Sie ihm mit *»Bobby, Lauf zu!«* ausdrücklich erlauben. Außerdem hat dann auch jede Leine ihren symbolischen Wert: An der kurzen Leine hat sich Ihr Hund *immer* ordentlich neben Ihnen zu halten, während er bald begreift, daß er an der längeren oder ganz langen Leine etwas mehr Spielraum hat.

Außer den normalen Befehlen muß er aber für die lange Leine etwas ganz besonders begreifen: Das ist der Befehl »*BOBBY, Geeeh zurück!*«, den wir vorher schon in anderem Zusammenhang kennengelernt haben. Auf diesen Zuruf muß er nun lernen, unbedingt an der langen Leine zurückzugehen. Hat er beispielsweise einen Baum oder ein Hindernis umrundet, muß er auf »*BOBBY, Geeeh zurück!*« genau an der Leine zurückgehen, statt weiterzulaufen und sich fest zu verhängen. Sonst macht das Spazierengehen keinem von beiden mehr Spaß, wenn Sie dauernd hinter ihm her müssen, um ihn zu befreien.

Natürlich können Sie »*BOBBY, Geeeh zurück!*« nicht mehr rufen, wenn die Leine schon um drei Bäume gewickelt ist, sondern Sie haben einen wachsamen Blick auf ihn, und korrigieren ihn rechtzeitig.

Aber auf diese Weise kann er mal rechts, mal links vom Wege allerlei untersuchen, kann zurückbleiben oder vorauslaufen und gewöhnt sich gleich an die gleichbleibende Distanz zu Ihnen. Wenn er sich aber irgendwo festzuhängen droht oder über einen Graben springend in den Wald zu verschwinden gedenkt, heißt es »*BOBBY, Geeeh zurück!*«. (Daß er diesen Befehl garantiert beachtet, wird übrigens, will er später einmal, ohne Leine, entwischen, sehr praktisch sein.)

Das mit dem »*BOBBY, Geeeh zurück!*« an der langen Leine ist überraschend schnell gelernt.

Jetzt haben Sie also schon einige Entfernung zwischen sich und den Hund gelegt, d.h. er lernt nach und nach, auch weiter von Ihnen entfernt, das zu tun, was Sie von ihm wollen. Nun also ist es langsam Zeit für den nächsten - allerdings einen großen - Schritt.

Leben ohne Leine

Geht man die Spuren zurück, wenn jemand andauernde Schwierigkeiten mit seinem Hund hat, kommt man sehr schnell zu einem Punkt, der sich bei diesen Hunden immer wiederholt: Sie kamen zu früh und zu schnell von der Leine. Kaum hatten sich die ersten Erziehungserfolge eingestellt - nicht selten gar schon *vor* jeder Erziehung - hat der Mensch seinem Hund drinnen wie draußen des öfteren oder gar jedesmal freie Hand gelassen. Unangeleint durfte dieser tun und lassen, was ihm beliebte und jedesmal war es erneut ein Kunststück, den Kleinen (oder Größeren) wieder einzufangen (wenn nichts Schlimmeres passiert war).

So schnell wir anfangs einen Erziehungsschritt nach dem anderen in unser Programm aufgenommen haben, so unendlich langsam und fürsorglich bahnen wir nun das Leben ohne Leine an.

Führen wir uns vor Augen, was bisher geschah. Seit wir den Hund an der Leine erzogen haben, hat er verschiedene Stadien hinter sich gebracht. Er mußte lernen, uns zuzuhören, uns zu beachten, uns zu verstehen. Er lernte, sich zu konzertieren - kurz, er lernte nicht nur das Geübte, sondern er lernte das vielleicht Wichtigste überhaupt: Er lernte zu lernen. Wenn wir es richtig angefangen haben, hat er begonnen, das Lernen zu lieben und ist begeistert bei der Sache. Was zunächst unbeholfen und mit allerlei Nachhilfe und Hilfestellungen funktionierte, geht nun schon immer glatter und selbstverständlicher, weil der Hund immer geschickter wird. (*Aber auch Sie haben Geschicklichkeit und Know how dazugewonnen.*)

Was Sie jetzt zu tun haben, ist, seine Leistungen ständig zu verbessern. Alles bisher Geübte muß nun immer schneller, zuverlässiger und selbstverständlicher werden. Außerdem gehen Sie dazu über, und üben den einen oder anderen der »alten« Befehle, den er schon ganz gut kann, und dehnen, (bitte aber ohne zu übertreiben!) die Zeit oder die Häufigkeit aus, in der der Hund ihn jeweils ausführen muß.

Sein *»Bobby, Sitz!«*, *»Platz!«*, *»Steeeh!«* wird verlängert. Ebenso werden die Strecken, in denen er *»Bobby, Fuß!«* gehen muß, immer ausgedehnter. Wenn Sie nicht mit Lob sparen *»So ist's Braaav!«* oder *»Guuut!«*, wird Ihr Hund auch weiterhin mit Feuereifer bei der Sache sein. Es macht ihm Freude, wenn Sie sich freuen, und abwechslungsreich ist es für ihn auch.

Solche Übungen müssen nicht unbedingt mit einem größeren Zeitaufwand verbunden sein. Da ist beispielsweise das *»Bobby, Fuß!«*. Mit dem Hund unterwegs sind Sie ohnehin. Jedesmal dehnen Sie die Strecke aus, die der Hund eng neben Ihnen laufen muß, dann geben Sie ihn wieder frei und rufen ihn dann nach einiger Zeit wieder *»Bobby, Komm!«* und *»Bobby, Fuß!«* an Ihre Seite.

Denken Sie auch einmal über das *»Platz!«* nach. Waren es zunächst nur Sekunden, dann Minuten, können Sie diese Übung schon mal auf 15-30 Minuten ausdehnen, während Sie z.B. am Schreibtisch sitzen, in der Küche arbeiten, Betten machen oder fernsehen. Dehnen Sie aber nun nicht systematisch die Zeit, in der Ihr Hund *»Platz!«* macht, immer länger aus! Langweilen Sie den Hund niemals! Lassen Sie ihn einmal ein paar Sekunden, an einem anderen Tag 15 Minuten, am nächsten vielleicht nur fünf Minuten und auch mal 30 Minuten abgelegt liegen (wie es gerade in Ihre Zeiteinteilung paßt.) Niemals sollte Ihr Hund die düstere Ahnung haben, daß er jeden Tag länger im *»Platz!«* verbringen soll. Das würde ihm, ganz dumm ist er ja nicht, schließlich doch Lust und Laune verderben.

Führen Sie sich immer wieder vor Augen: Ausschlaggebend ist nicht, daß Sie an *einem* Stück möglichst viel und lange üben, sondern die immer neue, abwechslungsreiche *Wiederholung tagtäglich.*

Haben Sie bislang vorzugsweise mit Ihrem Hund dann geübt, wenn Sie allein und vor allem ohne Ablenkung waren, integrieren Sie jetzt das Üben mehr und mehr in Ihren Tagesablauf, also auch in Zeiten, in denen beispielsweise andere Familienmitglieder zuhause sind und u.U. reges Leben und Treiben in Ihrer Wohnung herrscht. Können Sie, weil Sie nur allein oder zu zweit sind, einen Trubel zuhause nicht ausnutzen, gehen Sie mit Ihrem Hund an belebte Plätze und üben dort mit ihm.

Ganz gleich, wieviele Mitglieder Ihre »Familie« umfaßt, die wichtigsten »Hundevokabeln« sollten nach und nach *allen* vertraut sein. (D.h. auch, alle sollten mit Ihrem »Kartensystem« vertraut sein.) Dann können Sie z.B. Ihrem 10-jährigen Sohn sagen: »Mach mal eben *»Sitz!«* mit *Bobby*, und beide wissen dann gleich, was sie zu tun haben. Auf diese Weise kann man aber nicht nur Kinder, sondern auch erwachsene Familienmitglieder motivieren, »richtig« mit dem Hund umzugehen. Haben Sie es vorher schon schön geübt, ist jeder regelrecht stolz darauf, wenn auch ihm der Hund gehorcht.

Wenn beispielsweise der Familienvater der eigentliche Hundehalter ist, auch die Mutter, hat sie Zeit, kann und sollte, (z.B. wenn alle aus dem Haus sind) das eine oder andere, was der Hund schon ganz gut kann, mit ihm wiederholen. Was »dran« ist, kann sie jederzeit an der Karten an der Türe ablesen. Wetten, daß es sie auch enger mit dem Hund verbindet, wenn sie sich mit ihm abgibt? Auch sind die zahlreichen Möglichkeiten, so über den Tag verteilt ohne größeren Aufwand das eine oder andere zu üben, nicht zu verachten.

Allerdings sollten die ersten Übungen bei allem Neuen anfänglich nur von der selben Person in Angriff genommen werden. Nur Sie kennen den Hund inzwischen gut genug, um zu wissen, wie geschickt und aufmerksam sich der Hund bei allem Neuen anstellt und können sich richtig in ihn hineindenken und rechtzeitig und geschickt Hilfen geben, wenn dies nötig ist.

Wie schon gesagt: Alles, was unser Hund nun schon ganz gut kann, üben wir nun unter immer größerer Ablenkung und an immer anderen Orten. Er muß nun begreifen lernen, daß die ihm mitgeteilten Befehle immer, unter allen Umständen und an jedem Ort das gleiche von ihm verlangen. *»Bobby, Sitz!«* und *»Platz!«* muß er auch durchführen inmitten spielender Kinder, auf einem belebten Gehsteig mitten in der Stadt, auf einem einsamen Waldweg ebenso, wie auf dem Marktplatz oder auch in einem Geschäft (wo Sie vorher gefragt haben, ob Sie dort mit dem Hund üben dürfen.) Aber auch angesichts anderer Hunde sollten Sie das *»Bobby, Sitz!«* oder *»Platz!«* mit ihm durchexerzieren. Bildlich gesprochen: Die einzelnen Zutaten, die Sie bisher auf mehreren Flammen zum Köcheln gebracht haben, fügen Sie nun zu einem Gericht zusammen.

Jetzt erst, wenn sichtbar wird, daß Ihr Hund begriffen hat, was Sie von ihm wollen, und er es zuverlässig auch tut, JETZT ERST ist es an der Zeit, auch über ein Leben ohne Leine nachzudenken!

Manche Hunde sind vielleicht schon mit fünf Monaten soweit, andere brauchen ein Jahr oder gar länger. Es hängt einzig und allein davon ab, mit welcher Geschicklichkeit, Ausdauer und Konsequenz Sie die Grundlagen erarbeitet haben. Etwas hängt es auch vom Hund selbst ab, wie schnell er auffaßt. Aber die wesentlichsten Voraussetzungen werden von *Ihnen* geschaffen.

Merken Sie sich zweierlei: Eigentlich ist es eine Art Betrug, den Hund ohne Leine haben zu wollen. Zumindest für *ihn* darf und soll sich nichts ändern. Er hat, wird es richtig gemacht, keinesfalls mehr Spielraum und Freiheiten als vorher. Er darf gar nicht begreifen, welche Möglichkeiten er *hätte*. Er ist auch weiterhin - wenn auch unsichtbar - durch eine Art »Leine« mit Ihnen verbunden.

Das führt uns zu Punkt zwei. Aus Ihrer Sicht ist der Hund ohne Leine ein anderer als zuvor. Jetzt wird viel mehr vor allem von *Ihnen* verlangt, als bei den einfachen Übungen, die wir nun hinter uns haben.

Als Wichtigstes müssen Sie sich klar machen, daß nun sehr viel mehr Aufmerksamkeit und Konzentration nötig ist. Von Ihnen und von Ihrem Hund! Haben Sie schon vorher Ihre »Hausaufgaben« gut gemacht, wissen Sie bereits, daß Sie stets genau im Kopf haben müssen, was Sie jeweils mit dem Hund unternehmen wollen. In Ihrem Kopf darf es überhaupt keinen anderen Gedanken geben, als das *»Bobby, Sitz!«*, *»Platz!«*, *»Bobby, Fuß!«* usw., *und* wie Sie das Ihrem Hund vermitteln wollen. Mal eben träumen oder an etwas anderes denken ist verboten. Statt dessen müssen Sie all Ihre Überzeugungskraft aufbringen, um den Hund bestmöglich und eindringlich zum - freudigen - Mitmachen zu animieren. Er muß geradezu Feuer und Flamme sein, mit Ihnen etwas unternehmen zu dürfen. Haben einmal Sie einen schlechten Tag, unterlassen Sie am besten das Üben, besonders das »ohne Leine«, ganz. Ihre miese Stimmung und Ihre Unkonzentriertheit wird sich auf den Hund übertragen.

Aber, wieder und wieder sei es gesagt: Sie können und sollten die Leine nicht eher weglassen, als bis die Grundlagen sitzen. Sagen Sie sich niemals: »Jetzt probiere ich es einfach mal ohne Leine«, weil Sie meinen, dies bereite dem Hund besondere Freude. Das wäre so, als wollten Sie ein Dach auf ein Haus setzen, das noch gar nicht gebaut ist. Das bedeutet, daß Sie Geduld haben müssen und wirklich ehrlich sein. Fragen Sie sich immer wieder: »Ist mein Hund wirklich schon so weit?«

Es ist nämlich wirklich ein großer Unterschied, ob Sie mit dem Hund mit oder ohne Leine üben. Ist er angeleint, können Sie stets lenkend auf alles, was er tut, einwirken. Macht er etwas verkehrt, können Sie unterbrechen, ihn jederzeit sofort korrigieren und alles nochmals, in den verschiedensten Situationen wiederholen, bis er begriffen hat und immer sicherer und selbstverständlicher arbeitet.

Üben Sie ohne Leine, ist alles völlig anders, ganz gleich, ob Sie mit einem Welpen oder einem älteren Hund arbeiten. Nun wollen Sie von ihm, daß er alles, was er vorher angeleint schon konnte, auch ohne Leine bewältigt, und daß er zunehmend immer zuverlässiger und immer länger unsichtbar mit Ihnen verbunden bleibt. Aber, gerät er Ihnen dabei auch nur geringfügig aus der Kontrolle, d.h. überschreitet er vielleicht nur *zufällig* und unbeabsichtigt das unsichtbare Ende Ihrer »Leine«, begreift er sehr schnell, daß Sie nun nicht mehr sofort auf ihn einwirken und ihn korrigieren können.

Keine Leine - keine Kontrolle! Das darf er überhaupt nicht durchschauen.

Jetzt werden Sie auch verstehen, warum wir früher darauf bestanden haben, daß Ihr Hund alle Übungen an lose durchhängender Leine durchführen muß und niemals an der gespannten Leine geführt werden darf. Denn auch wenn Sie die Leine weggelassen haben, darf es für Ihren Hund kein anderes »Körpergefühl« sein, als mit, und er muß überzeugt davon sein, daß Sie nach wie vor korrigierend auf ihn einwirken können.

Daher kommt nun der Teil des Übens, wo Sie *langsam*, *umsichtig* und *vorausschauend* vorgehen müssen, und jederzeit bereit sein, eventuelle Fehler, die Ihr Hund machen könnte, zu korrigieren oder, besser, zu verhindern, *bevor* sie passiert sind.

Machen Sie sich bitte auch immer wieder klar, daß das Leben ohne Leine für Ihren Hund, und mag er noch so gut erzogen sein, ein Leben lang ein Risiko bedeuten kann. Nur zu oft haben mir Hundefreunde vom Verlust oder einer ernsten Verletzung ihres Hundes berichtet, der, obwohl tadellos erzogen, in einem winzig kleinen Augenblick etwas Unvorhersehbares getan hatte. Wenn es aber für einen ausgewachsenen, guterzogenen Hund nicht ohne Risiko ist, wieviel mehr Gefahren und Versuchungen ist ein Welpe oder Junghund ausgesetzt! Wie schnell ist er von irgendetwas abgelenkt, wie schnell kann er erschreckt sein durch eine unerwartete Begegnung oder ein plötzliches lautes Geräusch. Instinktiv wird er die Flucht antreten - und nur zu oft ist es dann um ihn geschehen. Vielleicht nur ein Lastwagen, das Müllauto oder ein tieffliegendes Flugzeug. Begegnungen, die Sie nicht alle vorausplanen und deren Bewältigung Sie mit dem Hund nicht einüben können. Aber, je älter, geübter und erfahrener er wird, um so selbstsicherer wird er sich auch in unvorhersehbaren Situationen zu verhalten wissen - ganz einfach, weil er mit Ihnen verbunden ist und vertrauensvoll in Ihrer Nähe bleibt.

Wie schon gesagt: Sie könnten eines Tages beschließen: »JETZT ist mein Hund ganz sicher und vollkommen, beim nächsten Ausgang lasse ich einfach die Leine weg. Er wird schon irgendwie gutgehen.« *Bitte probieren Sie das gar nicht erst aus, den Hund von einem Tag auf den anderen von der Leine zu lassen!*

Gerade das Leben ohne Leine will noch besser vorbereitet sein, als die Übungen, die Sie hinter sich haben. Zwei Tatsachen arbeiten dabei sowohl für wie gegen Sie. Erstens ist Ihr Hund schlau: Wenn Sie nicht wohlüberlegt vorgehen, merkt er blitzschnell, daß sich etwas verändert hat und wird sofort ausprobieren, was man mit diesen neuen Gegebenheiten alles anstellen kann. Das kann Ihr Zusammenleben sehr verwickelt gestalten. Zweitens ist Ihr Hund, und das wird Ihnen helfen, naiv, gutmütig und leichtgläubig. Fangen Sie es richtig an, wird er überhaupt nicht bemerken, welche neuen Möglichkeiten sich ohne Leine für ihn auftun und sich weiterhin so verhalten, als hätten Sie alle Macht über ihn.

Hat Ihr Hund (hoffentlich) zuhause bisher immer Halsband und wenigstens die kurze Leine getragen, nehmen Sie ihm diese eines Tages ab. Irgendwo in Ihrer Wohnung, in der Küche oder im Flur sagen Sie zu ihm *»Bobby, Sitz!«* und dann, mit dem Handsignal, sagen Sie *»Bleib da!«*. Nun gehen Sie ein oder zwei Schritte zurück und warten etwa eine Minute ab. Haben Sie vorher gewissenhaft »angeleint« geübt, bleibt er die eine Minute sitzen. Jetzt gehen Sie in die Hocke, breiten die Arme aus: *»Bobby, Komm!«* und loben und knudeln Ihren Vierbeiner, der sein erstes kleines »Ohne-Leine-Abenteuer« hinter sich hat.

Danach spielen Sie ein wenig mit ihm und wiederholen das *»Bobby, Sitz!«* und *»Bobby, Komm!«* wie oben beschrieben.

Nach einer weiteren Spielpause bringen Sie ihn erst in die *»Bobby, Sitz!«*, dann in die *»Platz!«*-Position, loben ihn *»So ist's Braaav!«* oder *»Guuut!« »Bleib da!«*. Jetzt gehen Sie wieder ein paar Schritte zurück, warten etwas länger, vielleicht zwei Minuten, gehen in die Hocke, breiten die Arme aus *»Bobby, Komm!«*, loben und knudeln ihn über alle Maßen *»So ist's Braaav!«* oder *»Guuut!«*. Auch dieses Platz wiederholen Sie nach einer Spielpause nochmals - nun haben Sie das Modell, wie Sie seine Erziehung ohne Leine beginnen.

Jeden Tag gehen Sie von nun an Schritt für Schritt einen Befehl nach dem anderen (Sie brauchen nur Ihre »Spickzettel« abzuarbeiten) mit ihm durch, ohne die Möglichkeit zu haben, ihn mit der Leine zu korrigieren. (Klappt es einmal nicht, leinen Sie den Hund wieder an und üben zur Auffrischung wieder mit der Leine.) Legen Sie immer wieder Spielpausen ein, gestalten Sie das Ganze vergnüglich und spannend.

Haben Sie die ersten »ohne-Leine-Übungen« nur dann gemacht, wenn Sie allein und ungestört waren, versuchen Sie nun das eine oder andere Mal auch mit Ablenkung. *Jetzt* müssen allerdings Sie besonders konzentriert sein, daß Ihnen keine Regung Ihres Hundes entgeht und Sie rechtzeitig eingreifen können.

Inzwischen haben Sie ja die Übungen nicht nur im Haus, sondern auch unterwegs ganz gut im Griff. Nun kann er draußen schon mal zehn Minuten bei Fuß gehen, ohne daß Sie ihn besonders oft ermahnen müssen. Auch haben Sie das *»Bobby, Sitz!« »Bleib da!«* und *»Platz!« »Bleib da!«* sowohl an der kürzeren wie an der längeren Leine mit ihm geübt.

Wenn Sie nun nach einem ereignisreichen Ausgang mit Ihrem Hund heimkehren, nehmen Sie die Leine nicht sofort ab. Sie lassen ihn, z.B. im Flur, *»Bobby, Sitz!« »Bleib da!«* machen, nehmen ihm erst jetzt die Leine ab und wiederholen das *»Bleib da!«*. Gehen Sie ein paar Schritte zurück und warten wie beim ersten Mal etwa eine Minute. Dann erlauben Sie ihm *»Bobby, Lauf zu!«* und loben ihn überschwenglich *»So ist's Braaav!«* oder *»Guuut!«*.

Jedesmal, wenn Sie nun von einem Ausgang heimkehren, wiederholen Sie das *»Bobby, Sitz!« »Bleib da!«* und dehnen die Zeit nach und nach immer länger aus. Schließlich muß er so lange sitzenbleiben, bis Sie Ihren Mantel ausgezogen, die Leine verräumt, die Schuhe gewechselt haben usw. Wieder sind Sie Ihrem »Hund ohne Leine« etwas näher gekommen.

Sie verfahren jetzt auf zwei Schienen. Einerseits üben Sie draußen unterwegs mit dem angeleinten Hund alle Schritte durch, die Sie schon im Haus mit ihm geübt haben.

Andererseits wiederholen Sie nun im Haus die gesamten Grundübungen mit ihm, jetzt aber ohne Leine. Durch die Wiederholungen sowohl draußen wie drinnen festigt sich das Wissen und Können Ihres Hundes immer mehr.

Auch draußen dehnen Sie die Übung eines einzelnen Begriffes immer mehr aus. Vergessen Sie aber unterwegs das Spielen nicht.

Außerdem braucht er draußen auch »Zeit für sich«: Er muß ausreichend Gelegenheit haben, seine »Riecheinheiten« aufzunehmen, sich mit der Umwelt zu beschäftigen - über all dem sollte er aber niemals *Sie* vergessen und immer wieder animiert werden, etwas mit Ihnen gemeinsam zu tun.

Nach wie vor dürfen Sie weder drinnen noch draußen das Folgende außer Acht lassen: Jede Übung muß nach Anweisung und solange durchgeführt werden, wie von Ihnen angegeben. Lassen Konzentration und Eifer Ihres Hundes nach (oder hat er einen schlechten Tag), beschließen Sie mit einer einfachen Übung, die für ihn leicht und zuverlässig durchführbar ist und wofür Sie den Hund loben können. *Dann erst* dürfen Sie ihn entlassen.

Verweigert er oder bricht zu einem Zeitpunkt ab, wo Sie ohnehin gleich Schluß gemacht hätten, dürfen Sie das dennoch nicht dulden. *Der Hund darf das Ende des Übens nicht selbst bestimmen.*

Sie können leicht selbst herausfinden, wie lange die Willigkeit und Konzentrationsfähigkeit Ihre Hundes anhalten. Bei einem sehr jungen Hund ist diese Zeitspanne noch sehr kurz. Von Woche zu Woche können Sie die Zeit unmerklich ausdehnen.

Nach und nach legen Sie daheim fünf oder zehn Minuten ein, während der Sie mit Ihrem Hund ohne Leine üben. Mehr bitte nicht. Aber noch üben Sie alles im Haus, so daß Sie sicher sein können, daß Ihnen der Hund nicht entkommen kann. Es kann sein, daß es, wenn Sie das Kommen ohne Leine üben, nicht so recht klappt. Jetzt nehmen Sie übergangsweise wieder die lange Leine und üben das Kommen nochmals, indem Sie ihn an der Leine dirigieren, um ihm zu zeigen, was gemeint ist. Danach versuchen Sie es noch ein- oder zweimal ohne Leine. Loben nicht vergessen *»So ist's Braaav!«* oder *»Guuut!«*. Haben Sie Geduld und seien Sie zäh!

Und weiterhin verfahren Sie so: Erst üben Sie unterwegs außerhalb des Hauses die eine oder andere Übung angeleint. Daheim lassen Sie den Hund absitzen, nehmen ihm die Leine ab, wie schon beschrieben, und, nachdem er ein Weilchen gewartet hat, wiederholen Sie nun das draußen Geübte diesmal im Haus ohne Leine. Werden Sie niemals ungeduldig. Seien Sie freudig, positiv, aber nachdrücklich. Ich kann Ihnen versichern, es geht jeden Tag ein bißchen besser.

Wesentlich ist, daß Sie zuhause das *»Platz!«* verstärkt ohne Leine durchzuführen versuchen. Sagen Sie *»Platz!« »Bleib da!«*, gehen ein paar Schritte, warten, kehren zum Hund zurück. Steht er auf und will Ihnen nach, muß der Hund sofort mit *»Nein!«* zu seinem Platz zurück. Wenn er es schon ein wenig länger aushält, gehen Sie ein paar Schritte weg und nehmen auf Ihrem Sofa oder einem Sessel platz. Prompt wird sich der Hund erheben wollen. Also wieder zu ihm zurück, ihn in die Ausgangslage bringen *»Platz!« »Bleib da!«*, Sie gehen wieder zu Ihrer Sitzgelegenheit zurück. Nach ein bis zwei Minuten dürfen Sie den Hund zu sich rufen und ihn loben. *»So ist's Braaav!«* oder *»Guuut!«*.

Aber bitte den Hund nicht *immer* stur nach ein bis zwei Minuten abrufen. Mal muß er eine Minute liegenbleiben, mal fünf, mal zwei, mal zehn Minuten.

Auch jetzt entsteht noch kein großer Zeitaufwand. Fünf bis maximal 10 Minuten nach dem Spazierengehen reichen aus, damit sich allerlei bei Ihrem Hund festigt. Aber diese *täglichen* Übungen müssen Sie auch eisern durchhalten. Nur Übung, immer wiederholte Übung, macht den Meister.

Inzwischen sind wieder 14 Tage oder drei Wochen vergangen... Wenn Sie konsequent waren, geht es daheim auch ohne Leine schon recht gut. Nach und nach können Sie daran denken, Ihr Werk nun auch draußen fortzusetzen.

Aber auch hier gilt: Langsam und behutsam! Im besten Falle soll Ihr Hund niemals wirklich realisieren, daß er mit Ihnen nicht mehr durch eine Leine verbunden ist.

Wenn Sie einen einigermaßen ruhigen Garten haben, können Sie hier beginnen. Sonst müssen Sie sich in einer ruhigen Gegend nach einem möglichst umzäunten Platz umsehen, wo es erstens für den Hund keine Ablenkung gibt und zweitens seine Möglichkeiten und Anlässe, auf und davon zu gehen, minimal sind.

An den Wochenenden oder an Abenden eignen sich dazu Parkplätze von Fabriken oder Großmärkten oder Schulhöfe. Auch der Garten von Freunden, wo man für eine Übergangszeit in sicherer Umgebung arbeiten kann.

Wann sind Sie soweit zu beginnen? Erstens muß der Hund seine Grundübungen schon sicher beherrschen, zweitens aber so früh wie eben irgend möglich. Je früher Sie beginnen (können), um so selbstverständlicher wird alles für Ihren Hund. Jetzt zeigt es sich, daß Sie gut daran getan haben, mit der Erziehung Ihres Hundes *sofort* nach Ankunft zu beginnen, ohne kostbare Zeit zu vergeuden. Haben Sie dieses Buch erst bekommen, als Ihr Hund schon älter war, sagt Ihnen ein Blick auf Ihre »Spickzettel« an der Tür, wie vollkommen Ihr Hund nun schon ist und ob Sie das Weitergehen wagen können.

Immer wieder sei es gesagt: Je früher und konsequenter ein Hund etwas Bestimmtes lernt, um so einfacher wird es nur allein deswegen, weil Sie keine Zeit damit verlieren müssen, ihm etwas Fehl-Gelerntes erst abgewöhnen zu müssen.

Haben Sie also Ihren abgeschiedenen Platz gefunden, hat Ihr Hund seinen Rundgang und ein paar »Übungen unterwegs« hinter sich, lassen Sie ihn nun, hübsch eines nach dem anderen, alle unsere Leinen- und Zuhauseübungen abgeleint durchführen.

Auch draußen, ohne Leine, beginnen Sie mit den Übungen, die mit den *wenigsten* Bewegungen des Hundes zu tun haben.

Schritt Nr. 46
»Bobby, Sitz!« und »Bobby, Komm!« unangeleint

Am *»Bobby, Sitz!«* sei erklärt, wie Sie einen Begriff nach dem anderen mit ihm durchgehen. (Jetzt werden Ihre »Spickzettel« wieder wichtig, an denen Sie täglich ablesen können, was heute auf dem Stundenplan steht.)

Zunächst sagen Sie zu dem noch angeleinten Hund *»Bobby, Sitz!«* und lassen den Hund, die Leine daneben liegend, *»Bobby, Sitz!« »Bleib da!«* machen. Sie gehen ein paar Schritte weg... Eigentlich müßte er jetzt, haben Sie zuhause gewissenhaft geübt, auch brav sitzen bleiben. Nach ein bis zwei Minuten rufen Sie ihn zu sich, lassen ihn vor sich absitzen, lenken ihn an der Leine um sich herum, so daß er, *»Bobby, Fuß!«*, links neben Ihnen zum Sitzen kommt. *»So ist's Braaav!«* oder *»Guuut!«*.

Der nächste Schritt ist dann, daß Sie die Leine abhaken und neben ihm liegen lassen - nun das Ganze wiederholen. Sie geben ihm etwas Hilfestellung, daß er vor Ihnen absitzt und lenken in mit Schenkelklopfen *»Bobby, Fuß!«*, daß er sich links neben Ihnen niederläßt. *»So ist's Braaav!«* oder *»Guuut!«*.

Schritt drei ist, Sie lassen ihn absitzen, leinen ihn ab, nehmen die Leine mit. Nach ein bis zwei Minuten rufen Sie ihn zu sich, lassen ihn, wie gehabt, vor sich absitzen, und locken ihn dann, Schenkel klopfend, auf Ihre linke Seite. *»So ist's Braaav!«* oder *»Guuut!«*.

Das war's zunächst. Jeden Tag vergrößern Sie nun den Abstand zwischen sich und Ihrem Hund und lassen ihn mal länger oder mal kürzer sitzen und warten.

Schritt Nr. 47
»Platz!« unangeleint

Das gleiche stufenweise Spielchen kommt nun mit *»Platz!«*, nur daß Sie jedesmal grundsätzlich zu ihm zurückkehren, und er erst entlassen wird, haben Sie mal länger, mal kürzer an seiner rechten Seite gestanden. (D.h. er soll sich nicht angewöhnen, sofort aufzuspringen, wenn Sie bei ihm angekommen sind.) Sie können ihn auch umkreisen oder ihn übersteigen, er *muß* liegenbleiben, solange es verlangt wird.

Anfangs dürfen Sie sich zunächst niemals zu weit von Ihrem Hund entfernen. Sie müssen wachsam und jederzeit bereit sein einzugreifen, wenn Ihr Hund nun »in der freien Natur« von irgendetwas abgelenkt sein sollte.

Sehr günstig und wichtig ist es, Sie haben mehrere »abgeschirmte« Orte, so daß Sie wechseln können. So lernt Ihr Hund am schnellsten, was er begreifen muß: Unabhängig davon, *wo* Sie sich gerade befinden und wie neu und untersuchenswert die neue Umgebung sein könnte... Anweisung ist Anweisung, ganz gleich wo.

Sie müssen davon ausgehen, daß das Üben ohne Leine ein komplett neuer Anfang ist. Sie müssen jetzt noch konzentrierter und hellsichtiger sein, als je zuvor: Immer auf dem Sprung, den Hund freundlich aber bestimmt zu korrigieren, daß er sich nichts Falsches angewöhnt. Nicht nur das: Auch freudig-motiviert müssen Sie auf Ihren Hund einwirken, daß sich das Freudige und Motivierte auf ihn überträgt. Aus diesem Grund sind Ihre Übungen anfangs auch sehr kurz, d.h. die Möglichkeit, Fehler zu machen, ist gering, so daß Sie möglichst selten korrigieren müssen. Erst nach und nach dehnen Sie die Zeiträume weiter aus.

Jedesmal, wenn Sie den Übungsblock hinter sich haben, lassen Sie den Hund Hund sein. Machen Sie es sich irgendwo in dem eingezäunten Gelände bequem und schauen Ihrem Hund zu oder spielen mit ihm. Immer wieder müssen Sie die Gelegenheit nutzen, Ihren Hund zu beobachten: seinen Erkundungsdrang, seine Spiellust. Lernen Sie seine Körpersprache mehr und mehr kennen, es wird Ihnen nützlich sein.

Haben Sie das *»Bobby, Sitz!«*, *»Platz!«*, *»Bleib da!«*, *»Bobby, Komm!«* ohne Leine schon ganz gut im Griff, heißt es nun langsam, das *»Bobby, Fuß!«* ohne Leine in Angriff zu nehmen.

Schritt Nr. 48
»Bobby, Fuß!« unangeleint

Doch halt! Wie gut geht das denn inzwischen *mit* Leine? Klappt es schon hier nicht, wird es ohne Leine noch viel weniger funktionieren! Bevor Sie also damit beginnen können, müssen die Grundlagen auch wirklich geschaffen sein.

Das heißt, Ihr *»Bobby, Fuß!«* und das automatische Sitz müssen auch unter Ablenkung gelingen, ohne daß Sie Ihren Hund alle paar Meter korrigieren müssen und ohne daß der Hund zieht. Das »Bei-Fuß-ohne-Leine« verlangt ein Vielfaches von Ihrem Hund (und Ihnen.) Bis man so weit ist, dauert es u.U. schon seine Zeit.

Auch hier gilt: Im Verlauf der Übungen darf Ihr Hund gar nicht realisieren, daß es keine Verbindung mehr zwischen Ihnen gibt!

Darum sollte er auch zuerst nicht das Gefühl der grenzenlosen Freiheit kennen lernen, sondern nach und nach daran gewöhnt werden, daß er ein anderes »Leinengefühl« bekommt und trotzdem in immer gleicher Weise weiter das tut, was er soll.

Haben Sie bisher die Leine beim »Bei-Fuß-Gehen« immer in beiden Händen gehalten, hat sich Ihr Hund an ein bestimmtes, gleichbleibendes »Leinengefühl« gewöhnt. Jetzt wird sich das »Leinengefühl« für ihn verändern.

1. Woche

Nachdem Sie nun, im eingezäunten Gelände, einige Runden in herkömmlicher Weise *»Bobby, Fuß!«* absolviert haben, nehmen Sie die Leine nur in die linke Hand und zwar so, daß sie nur über Ihre angewinkelten Finger gleitet, und das Leinenende mit der Schlaufe hinter Ihnen über den Boden schleift. D.h. Sie unterstützen die Leine nur so, daß sie nicht zu Boden fällt und sind jederzeit bereit, zuzugreifen und zu korrigieren, wenn es nötig sein sollte. Jetzt gehen Sie *»Bobby, Fuß!«* ein paar Schritte, nach Möglichkeit gerade so lange, daß es nicht zu einer Korrektur kommen muß. Loben nicht vergessen! *»So ist's Braaav!«* oder *»Guuut!«*. Nochmals sei es gesagt: Machen Sie diese »Übung« so kurz wie möglich. Gehen Sie langsam und geduldig vor.

Haben Sie »das erste Mal« zu lange ausgedehnt, und Ihr Hund versucht, seiner Wege zu gehen, müssen Sie ihn sofort freundlich, aber bestimmt korrigieren und die Übung nun angeleint fortsetzen.

In den ersten Tagen gilt es nur das eine zu erreichen: Sie gehen mit dem angeleinten Hund in flottem Tempo einige Runden, dann einige Schritte mit der aus der linken Hand schleifenden Leine, dann wieder in normaler Leinenhaltung weiter. Ihr Hund soll nichts anderes tun, als sich gleichbleibend verhalten, trotz unterschiedlichen »Leinengefühls«.

Jeden Tag lassen Sie Ihren Hund nun länger an der lose in Ihrer Linken liegenden Leine laufen. Je länger Sie den halb-leinenlosen Abschnitt ausdehnen, um so häufiger müssen Sie anfangs korrigieren. Nach jeder Korrektur halten Sie die Leine wieder in der alten Weise in beiden Händen und gehen einige Minuten »angeleint« mit ihm. Dann wieder die Leine in die Linke, lose lassen, weitergehen usw. Dann lassen Sie ihn absitzen, loben ihn (was Sie auch vorher »unterwegs« getan haben) *»So ist's Braaav!«* oder *»Guuut!«*. Für diesmal ist es genug.

Jetzt wird wichtig, daß Sie jedesmal gerade so lange wie nötig, *keinesfalls* aber länger üben. Verfallen Sie niemals in den Fehler, Ihren Hund, nur weil es schon ganz gut (oder sehr schlecht) klappte, unzählige Male das *»Bobby, Sitz!«*, *»Platz!«*, *»Bobby, Fuß!«* wiederholen zu lassen. Manche Leute üben einfach so lange (und damit zu lange), bis der Hund unkonzentriert oder unwillig wird, und zunehmend Fehler macht. Es ist keinesfalls so, daß Sie ihn mit häufigem Korrigieren zu besseren Leistungen anspornen können. Versetzen Sie sich einmal in seine Lage! Vermutlich würde Ihnen die Überei inzwischen auch zum Hals heraushängen.

Denken Sie immer daran, daß morgen ein neuer Tag kommt, an dem Sie wieder ein paar Minuten mit Ihrem Hund üben können, wollen und sollen. Es muß Ihnen und Ihrem Hund Spaß machen, nach und nach Ihrem Wunschziel immer näher zu kommen, und das gilt besonders für alles, was »ohne Leine« geschehen soll.

2. Woche

Nachdem Sie eine Woche das »Bei-Fuß« mit wechselndem »Leinengefühl« geübt haben, gehen Sie nun einen Schritt weiter. Nach einer Runde flotten Gehens mit der über Ihre Finger gelegten Leine lassen Sie diese, ohne Ihr Tempo zu verändern, fallen, so daß der Hund sie nun nachschleift. Mit dem Fallenlassen der Leine ist der Hund nun ohne direkten Draht zu Ihnen, und Ihnen wird ein wenig bänglich sein, ob er das erkennt und womöglich ausnutzt. Aber - warum sollte er? Haben Sie bisher gewissenhaft geübt, wird sich für Ihren Hund nichts ändern, und er wird *»Bobby, Fuß!«* brav weiter neben Ihnen herlaufen. Allerdings kann es passieren, daß der Hund - mehr oder weniger aus Zufall - nach vorne oder seitlich vorprellt oder nachhängt.

Nun haben Sie glücklicherweise die nachschleifende Leine - Sie treten darauf, stoppen den Hund, korrigieren ihn, gehen wieder ein paar Schritte angeleint, dann mit über die Finger laufender Leine dann lassen Sie die Leine wieder nachschleifen. Hängt er nach, rucken Sie aufmunternd an seiner Leine und klopfen auf Ihren Schenkel, was ihn beschleunigen wird. Niemals das Loben vergessen *»So ist's Braaav!«* oder *»Guuut!«*. Jetzt stellt sich heraus, wie gut die Kommunikation zwischen Ihnen und Ihrem Hund ist, aber nach mehrfachem Wechsel: angeleint, Leine über die Finger, Leine nachschleifen, lernt Ihr Hund mehr und mehr, auf Sie zu achten.

Es ist klar: In diesem Stadium müssen Sie sich ganz besonders auf Ihren Hund konzentrieren. Aber Sie haben ja inzwischen gelernt, sein mutmaßliches Verhalten an seiner Körperhaltung abzulesen und können helfend eingreifen, *bevor* eine Korrektur nötig ist. Täuschen Sie sich nicht: Ihr Hund wird jedes, auch das kleinste Nachlassen Ihrer Konzentration sofort registrieren und seinerseits unkonzentriert sein. Genau genommen wird er durch Ihre Unkonzentriertheit verunsichert und versucht zu erraten, was Sie wohl gerade denken oder vorhaben könnten.

Ab der 3. Woche

Nach und nach bauen Sie nun die bisherigen »Leinen-Übungen« ein. Sie machen das Automatische Sitz, gehen Kurven und Wendungen, lassen den Hund *»Bobby, Sitz!« »Bleib da!«* und *»Platz!« »Bleib da!«* ausführen. Wohlgemerkt, noch immer schleift die Leine nach, daß Sie ihn jederzeit erreichen können.

Ich kann nur immer wieder raten, dieses Stadium des »Fast-Abgeleintseins« lange Zeit beizubehalten. Noch ist Ihr Hund jung, seine Konzentration hält noch nicht lange vor, und er ist leicht ablenkbar. Haben Sie Geduld und lassen Sie ihn die süße Frucht der Freiheit jetzt noch nicht kosten. Er erfährt und lernt blitzschnell, daß er seiner eigenen Wege gehen könnte.

Jetzt kommt eine lange Strecke, wo wir nichts anderes tun, als all die eingeleiteten Übungen sowohl drinnen wie draußen, in Abgeschiedenheit und bei Ablenkung immer mehr zu vervollkommnen. Es reicht völlig aus, wenn Sie ein- oder zweimal am Tag, wenn Sie mit ihm unterwegs sind, ein paar Übungsminuten einlegen, in denen gezielt das geübt wird, was noch nicht so gut geht.

Ciebyes vom Silbersee, Kuvacz, 4 Monate
E.: N. Stiner, 79736 Rickenbach

Ich kann Ihnen nicht sagen, was das in Ihrem Falle sein wird. Aber ein Blick auf Ihre Übungskarten, die Sie gewissenhaft auf- und umgehängt haben, sagt Ihnen, wo Sie Schwerpunkte setzen müssen.

Erst wenn Sie wirklich rundherum zufrieden sind, können Sie damit beginnen, das endgültige Weglassen der Leine einzuleiten.

Schritt Nr. 49
Der endgültige Leinenverzicht

Dazu brauchen Sie zunächst sogar *zwei* Leinen: Die normale Führleine, die Sie ohnehin täglich benutzen und zusätzlich eine zwei bis drei Meter lange, dünne Sicherheitsleine. Beide Leinen werden nun am Halsband Ihres Hundes befestigt. Wichtig ist, daß Sie sich klar machen müssen, daß Sie die Sicherheitsleine *niemals* mit den Händen berühren sollten.

Bei den ersten Übungen klinken Sie die Lederleine ein, ziehen zusätzlich die Handschlaufe unter seinem Halsband durch, so daß Sie in der Rechten ein Stück Leine halten; die Handschlaufe haben Sie über Ihren linken Daumen gelegt. Jetzt gehen Sie »Bei-Fuß« ein paar Schritte und ziehen nun mit der rechten Hand die Leine zurück, so daß Ihr Hund das Gefühl hat, als sei er abgeleint worden. Will er nun einfach »ab durch die Mitte«, rucken Sie ihn mit der rechten Hand an der noch immer an seinem Halsband befestigten Leine zurück und sagen *»Nein!«* und *»Bobby, Fuß!«*, und wieder einmal wird Ihr Hund in seiner Überzeugung bestätigt, daß, ganz gleich, wie das »Leinengefühl« ist, er ganz und gar in Ihrer Hand ist.

Nun führen Sie ihn erneut und auf andere Weise auf's Glatteis. Diesmal befestigen Sie die dünne Sicherheitsleine an seinem Halsband und binden das Ende um Ihre Taille.

Die Lederleine klinken Sie diesmal *nicht* am Ring ein, in Ihrer Rechten halten Sie das Schnallenende der Leine, zick-zack-gefaltet, die Handschlaufe ziehen Sie unter dem Halsband durch und haben Sie über den linken Daumen gelegt. Die Finger umschließen lose das Leinenende wie eine Röhre. Schreiten Sie jetzt flott *»Bobby, Fuß!«* voran, lassen Sie das Schlaufenende vom Daumen gleiten, und *ohne* die linke Hand zu bewegen, holen Sie nach und nach, zick-zack-faltend, die Leine ein, womit sie aus dem Halsband des Hundes gezogen wird. (Am besten, Sie üben das schon mal ohne Hund.)

Sie beginnen diese Übung in Ausgangsposition. Der Hund sitzt »angeleint« (d.h. die Lederleine unter dem Halsband durchgezogen, die Sicherheitsleine eingeklinkt) neben Ihnen. Nun veranlassen Sie Ihren Hund, *»Bobby, Schau her!«*, zu Ihnen empor zu blicken und gehen *»Bobby, Fuß!«* zunächst linksherum und lassen unter dem Gehen die Lederleine aus dem Halsband gleiten. (Jetzt ist nur noch die dünne Sicherheitsleine zwischen Ihnen, wovon der Hund aber nichts merkt.) Beim Linksherum ist der Hund im Inneren des Kreises, wo er ohnehin schon gelernt hat, nicht vorzuprellen.

Wenn Sie jetzt in flottem Tempo gerade weitergehen, wird Ihr Hund, selbst wenn er nicht versucht abzuhauen, hin und wieder aus der »Bei-Fuß-Position« kommen: der seitliche Abstand wird zu groß, oder er ist kurz davor, zu weit vorn zu sein. *Jetzt reißen Sie ihn aber NICHT etwa an der Sicherheitsleine zurück.* Stellen Sie sich vor, sie stünde gerade jetzt ganz besonders unter Strom und darf absolut nicht berührt werden. Sie ist wirklich nur zur *Sicherheit* da, und soll im Notfall Ihren Hund daran hindern, frohgemut zu türmen. Vor allem ist sie beruhigend für *Sie*, denn Sie sollten jetzt besonders gelassen und kein bißchen nervös sein.

Was also tun, kommt Ihr Hund aus der »Bei-Fuß-Position«? Sie greifen rechtzeitig mit Ihrer linken Hand *langsam* über seinen Kopf und bringen ihn mit einem festen, aber sanften Druck, *»Bobby, Fuß!«*, auf seine linke Wange wieder in die Bei-Fuß-Position zurück und loben ihn dann sofort *»So ist's Braaav!«* oder *»Guuut!«*. Nach noch einigen Schritten ist es für diesmal genug.

Auch wenn Sie noch so behutsam waren, kann es sein, daß Ihr Hund Ihrer Hand auszuweichen versucht. Lassen Sie sich nicht beeindrucken. er kann ja letztlich nicht weg. Gehen Sie fröhlich lächelnd auf ihn zu, bringen ihn mit sanfter Hand in die »Bei-Fuß-Position« zurück, loben ihn *»So ist's Braaav!«* oder *»Guuut!«* und gehen, *»Bobby, Fuß!«*, mit ihm weiter.

Haben Sie Geduld und lassen Sie sich Zeit. Üben Sie jedesmal ein paar Minuten länger auf die oben beschriebene Weise und fügen nach und nach die übrigen Übungen ein: automatisches Sitz, Wendungen,

Platz usw. Bald werden Sie merken, daß Ihr Hund, heben Sie die linke Hand, um ihn zu korrigieren, nicht mehr ausweicht, sondern sich friedlich selbst in die richtige Position bringt.

Es hängt wirklich alles von dem Ausmaß an Verbindung und Vertrauen zwischen Ihnen und Ihrem Hund ab, wie schnell und ob Sie zum Ziel kommen.

Klappen dann die Leinen-Übungen auch mit nur der Sicherheitsleine zuverlässig, ist endlich auch der Zeitpunkt gekommen, wo Sie die Leinen endgültig weglassen können.

Haben Sie den dreistufigen Weg der Leinenlosigkeit zunächst in einem abgeschirmten Gelände geübt, versuchen Sie es nun unter größeren Ablenkungen zunächst mit Lederleine und Sicherheitsleine, dann nur mit Sicherheitsleine und schließlich unangeleint. Ganz gleich, wo Sie sind, niemals darf der Hund begreifen, daß das Fehlen der Leine für ihn der Startschuß zu unerlaubten Handlungen sein darf.

Ist er Ihnen tatsächlich einmal ausgebrochen, wirft Sie das weit zurück. Wie anfangs müssen Sie nun wieder zum Üben mit Leine zurück und erst nach und nach das Leben ohne Leine wieder ansteuern.

Schritt Nr. 50
Verringern des seitlichen Abstandes

Hat Ihr Hund sich dummerweise angewöhnt, in seitlich zu großem Abstand zu Ihnen zu laufen?

Dann gehen Sie mit ihm zur Übung mal mit schnellen, mal mit langsamen Schritten dicht an einer Haus- oder Zaunwand vorbei. (Der Hund ist natürlich immer an der Innenseite.) Ausnahmsweise haben Sie mal wieder Leckerle dabei, was Sie sich in Brusthöhe halten *»Bobby, Schau her!«*. Das veranlaßt den Hund, schön eng neben Ihnen zu gehen und gespannt zu Ihnen hochzuschauen. Hängt er trotzdem mal nach, schnalzen Sie einmal (wie früher bereits besprochen). Diesmal wird Ihr Hund für das erwünschte Neben-Ihnen-Laufen jedesmal mit *»So ist's Braaav!«* oder *»Guuut!«* und hin und wieder einem Leckerle beglückt.

Kleine Zwischenbilanz

Sie können, wenn Sie alles beachtet haben, vermutlich nun ganz zufrieden sein mit sich und Ihrem Hund.

Inzwischen haben Sie eingesehen, wie nützlich die verschiedenen Ratschläge waren. Zum Beispiel der Hinweis, daß Sie immer auf die locker durchhängende Leine achten müssen. Auch, daß Sie das Korrigieren zunehmend mit Worten und Lauten durchführen können, macht vieles leichter, unauffälliger und angenehmer. Zudem wird Ihre Kommunikation mit Ihrem Hund von Tag zu Tag besser und selbstverständlicher. Sie haben *beide* viel gelernt. Auch beim synchronen Gehen - mal schneller, mal langsamer - sind Sie immer besser aufeinander eingespielt, denn sowohl Hund wie Herr haben gelernt, auf die *Körpersprache* des anderen zu achten.

Wer bis jetzt skeptisch war, ob das wirklich alles wichtig ist, begreift es jetzt. Besser spät als nie! Waren Sie nachlässiger, als Ihnen ans Herz gelegt wurde, bleibt Ihnen nämlich einfach nichts anderes übrig, als geduldig die Leinenübungen nochmals von vorn aufzubauen. Beim zweiten Mal aber, das sei nicht verschwiegen, wird alles etwas schwieriger. Obwohl Sie ihm vieles nicht »richtig« beigebracht haben, hat Ihr Hund trotzdem vielerlei, leider auch mancherlei Falsches gelernt. Das müssen Sie ihm nun - mit unendlicher Geduld - wieder abgewöhnen. Sorry, war Ihr Fehler. Sie hätten ihn vermeiden können. Nun gilt es einiges gutzumachen, damit Ihr Hund wirklich zeigen kann, was alles in ihm steckt.

Schritt Nr. 51
Die Zwei-Leinen-Methode

Bis hierher gekommen, haben Sie nun schon ein ganz schön *abgerundetes* Übungsprogramm, mit dem Sie sich drinnen wie draußen mit Ihrem Hund beschäftigen können. Und einiges kommt Ihnen, wie Sie nun merken, auch im täglichen Alltag schon zugute. Vielleicht hat Ihr Hund auch im Vergleich zu anderen oder Ihren früheren Hunden schon eigentlich enorme Fortschritte gemacht. Noch ist er jung, und wir wollen alles noch etwas verfeinern und vertiefen.

Zur Abwechslung hängen Sie Ihren Hund an die lange Leine und befestigen außerdem die ganz kurze Leine an seinem Halsband, an der Sie ihn zuhause jederzeit ergreifen konnten. Sie hängt nur lose vom Halsband herab und berührt gerade eben den Boden. Aber das Gewicht erinnert den Hund noch etwas an die Führleine, die leichte Sicherheitsleine bemerkt er ja kaum. Selbst dann, wenn Sie den Hund vollständig abgeleint haben, ist oft das Stückchen kurze Leine nützlich, um ihm das Angeleintsein vorzugaukeln. Aber, wie schon im Haus, ist jetzt die kurze Leine wieder der Griff, an dem Sie ihn jederzeit ergreifen und korrigieren können, selbst wenn er »abgeleint« ist.

Auch draußen wird es Ihnen mit diesen beiden Leinen möglich gemacht, daß der Hund zunehmend nicht unterscheidet, ob er angeleint ist oder nicht. Er wird erfahren, daß es Ihnen, ganz gleich, wie weit er von Ihnen entfernt ist, immer möglich ist, ihn zu erreichen. *Das ist nicht so sehr eine Sache des Gehorsams, sondern der Gewöhnung!* Auch an diesen beiden Leinen, mal ist er an der längeren, mal »abgeleint« mit der kurzen, gehen Sie Ihre Übungen mit ihm durch. Und nach und nach entfliehen Sie den einsamen Übungsorten und trainieren mit ihm mit zunehmender Ablenkung. Wenn Sie das Gelände gewechselt haben, lassen Sie die ersten Übungen nur ganz kurz sein. Gerade so lange, daß der Hund tadellos zeigen kann, was er gelernt hat. Mehr nicht. Morgen ist auch noch ein Tag. Erst die *täglichen Wiederholungen* sind es, die Sie zum sicheren Erfolg führen. Gerade daran, wie kurz man zu Wiederholendes üben soll, kann man sehen, daß Hundeerziehung alles andere als zeitaufwendig, sondern lediglich eine Frage der Konsequenz (*Ihrer* Konsequenz!) ist. Bei jeder sich bietenden Gelegenheit mal hier ein paar Minuten, dann dort ein paar Minuten - mehr wird ja überhaupt nicht verlangt von Ihnen.

Auch wenn es noch so gut klappt: Es ist viel zu gefährlich für einen jungen Hund, in der Stadt bei vollem Verkehr unangeleint zu laufen. Eine unachtsame Sekunde - und was alles kann schon passiert sein! Aber z.B. in der Fußgängerzone hin und wieder frei neben Ihnen zu laufen, daran können Sie ihn - nach und nach - gewöhnen.

Natürlich fangen Sie das nicht ausgerechnet mittags im dicksten Gewühl an. Sie wählen die frühen Morgenstunden, wenn noch nicht so viel Betrieb ist, und der Hund nicht zu stark abgelenkt wird. Denn natürlich wird er in dieser für ihn neuen Umwelt ohnehin schon neugierig genug sein. Außerdem sollte er zuvor schon gelernt haben, sich angeleint in der Stadt ordentlich zu benehmen.

Jetzt lassen Sie, sind Sie mit ihm unterwegs, einfach einmal die Leine fallen und den Hund mit schleppender Leine neben sich herlaufen. Nur ganz kurz, dann nehmen Sie die Leine wieder auf. Aber jedesmal lassen Sie ihn ein bißchen länger mit der schleppenden Leine laufen. Entfernt er sich von Ihnen, können Sie mit dem Fuß auf der Leine jederzeit bremsen. Dann üben Sie es mit der langen und der ganz kurzen Leine. Ihr Hund muß daran gewöhnt werden, daß er sich in der Stadt *grundsätzlich* nie sehr weit von Ihnen entfernt. Drei bis fünf Meter ist das Maximum, an das er gewöhnt werden muß, und das kann man mit der langen Leine sehr schön einstudieren. Bevor Sie ihn aber endgültig von der Leine lassen, üben Sie noch eine Zeitlang mit der ganz kurzen Leine, die ihm die Leine nur vorgaukelt...

Ganz gleich, wo und wie Sie mit Ihrem Hund das leinenlose Dasein einstudieren, lassen Sie sich Zeit! Jeder der Zeitabschnitte (lose überhängende Leine, nachschleppende Leine, Sicherheitsleine usw.) sollte jeweils drei bis vier Wochen eingeübt werden, bevor Sie zum nächsten Schritt übergehen können.

Seyena's Djeba, Samojede,
14 Wochen
E.: A. Klune, 45768 Marl

Dem Üben in der Fußgängerzone geht eine Zeit in abgeschiedenem Gelände, im Park, in belebteren Gegenden, zu ruhigen Zeiten in der Stadt, voraus. Vor allem aber: Üben Sie nicht bis zum Erbrechen, sondern kurz, nachdrücklich und konzentriert, daß es für Ihren Hund eine *einprägsame* und *angenehme* Beschäftigung bleibt. Nach nur drei bis vier Monaten müßte allerdings Ihr Hund dann soweit sein, wie Sie ihn haben wollten.

Schritt Nr. 52
Gehorchen auf Entfernung (»Platz!«)

Früher in diesem Buch haben wir gesagt, daß unsere Kommunikation mit unserem Hund freundlich, freudig, bestimmt, aber mit gemäßigtem Stimmaufwand erfolgen muß. Hoffentlich haben Sie sich nicht hin und wieder hinreißen lassen und ihn angebrüllt. Je öfter Sie das getan haben, um so weniger wird er auf Ihre normale Tonstärke reagieren - und dabei ist sein Gehör ganz außerordentlich fein und ein Blödel ist er auch nicht!

Inzwischen üben wir nun alle Leinen-Übungen zunehmend unangeleint, und es wird Zeit, über den nächsten Schritt nachzudenken. Nun soll er lernen, auch dann zu gehorchen, wenn wir nicht in seiner unmittelbaren Nähe sind.

Dazu gehört beispielsweise, daß er, obwohl in einiger Entfernung von Ihnen, *»Platz!«* machen soll, wenn Sie das von ihm verlangen. Vielleicht haben Sie auch auf einem Übungsplatz schon einmal zugesehen, wie eindrucksvoll einige Hunde auf bloßen Zuruf ihres Herrn reagieren. Sicherlich haben Sie sich auch schon gedacht, es sei vermutlich ziemlich schwierig, einem Hund das beizubringen. Ist es aber nicht. Wieder einmal ist es weniger eine Sache des »Gehorsams«, es hat vielmehr etwas mit *Gewöhnung* zu tun.

Gerade aber das *»Platz!«* auf Entfernung ist die Vorbereitung auf ein Gehorchen in Krisensituationen. Es ist die Grundlage der Sicherheit für Ihren Hund, wenn er unangeleint und nicht in Ihrem Sicherheitsbereich ist. Wenn Sie eine Gefahr für Ihren unangeleinten Hund auf ihn zukommen sehen, *muß* es ein Wort geben, das ihn vor dieser Gefahr bewahrt. Und das ist *»Platz!«*, woraufhin der Hund sofort zu Boden gehen muß.

Vorbereitend beginnen Sie diese Übung mit einem *»Bobby, Sitz!«* *»Bleib da!«*, später geben Sie ihm das Zeichen *»Platz!«* in der gewohnten Weise. Zuerst also muß er sich hinsetzen. Tut er das nicht, bringen Sie ihn mit Ziehen an seinem Halsband in die Sitzposition. Dann sagen Sie *»Bleib da!«* und machen einen großen Schritt rückwärts. Nun heben Sie Ihren rechten Arm und sagen *»Platz!«*. Das ist das (neue) körperliche Signal, das Sie ihm künftig geben, wenn er auf Entfernung *»Platz!«* machen soll. Da er das *Wort* bereits kennt, wird er bald Wort und erhobene Hand verknüpfen. Ein solches Signal kann er auch aus größerer Entfernung erkennen. Hoffentlich kapiert er gleich, weil er das *Wort* kennt, was Sie meinen, dann loben Sie ihn *»So ist's Braaav!«* oder *»Guuut!«* und sagen *»Bleib da!«*. Nach einer Weile erlauben Sie ihm, entweder mit *»Bobby, Geh zu!«* oder *»Bobby, Komm!«*, die Position zu verlassen.

Vielleicht reagiert Ihr Hund aber nicht auf *»Platz!«* und das neue Handsignal. Jetzt gehen Sie zu Ihm, mit erhobener Hand, und zeigen ihm, mit einem Griff in sein Halsband, an dem Sie ihn zu Boden ziehen, was gemeint ist. D.h. Sie wiederholen das *»Platz!«*, loben nicht vergessen *»So ist's Braaav!«* oder *»Guuut!«*. Nun gehen Sie mit ihm ein paar Schritte weiter und probieren es erneut. Nach und nach, vermutlich nach etwa dreimaliger Wiederholung, wird er verstehen, was Sie von ihm wollten.

Bedenken Sie, daß für Ihren Hund eine neue Situation entstanden ist. Früher haben Sie eingangs bei *»Platz!«* vielleicht auf den Boden geklopft, dann nur noch das Wort verwendet. Jetzt soll für ihn Ihr erhobener Arm das Zeichen zum *»Platz!«* sein. Seien Sie frohen Mutes, er wird auch dies begreifen!

Jedesmal, wenn Sie es erneut üben, vergrößern Sie den Abstand zwischen sich und dem Hund, sind aber immer auf dem Sprung, zu ihm zu laufen und ihn nochmals zu korrigieren. Immer mehr geht es Ihrem Hund in Fleisch und Blut über, daß er Ihren Anweisungen auch dann folgt, wenn er von Ihnen entfernt ist.

Aber vergrößeren Sie den Abstand zwischen sich und dem Hund nicht zu schnell. Lassen Sie sich bei jeder neuen Entfernung einige Tage Zeit, bis sich Ihr Hund »eingewöhnt« hat. Morgen ist auch noch ein Tag.

Gehen Sie zu schnell voran, könnte Ihr Hund sonst plötzlich begreifen, daß es, bei größerer Entfernung, durchaus möglich ist, eigene Wege zu gehen. Und genau das wollen wir ja verhindern. Waren Sie nämlich voreilig und der Hund bricht aus, wird das Reparieren des Schadens viel länger dauern, als wenn Sie gleich behutsam Schritt für Schritt vorgegangen wären.

Mit zunehmender Entfernung müssen Sie nun die Lautstärke, mit der Sie *»Platz!«* sagen, etwas anheben. Schließlich müssen Sie es ihm zurufen, um ihn dazu zu alarmieren.

Aber erst, wenn das *»Platz!«*-auf-Entfernung wirklich sicher ist, gehen Sie den nächsten Schritt zum *»Platz!«*-bei-Gefahr.

Schritt Nr. 53
Gehorchen auf Entfernung (»Platz!« bei Gefahr)

Mehr und mehr arbeiten wir auf den Zustand hin, daß uns unser Hund auch unangeleint begleiten kann. (Immer und für alle Zeiten, das sei gleich hier gesagt, bleibt ein Restrisiko: Allezeit kann es in einer unerwarteten Situation, die wir nicht rechtzeitig richtig eingeschätzt haben, dazu kommen, daß der Hund ausbricht, beiseitespringt und, im schlimmsten Fall, dabei zu Tode kommt.) Natürlich wird ein solches Vorkommnis dadurch minimiert, daß der Hund gelernt hat, in Ihrer Nähe zu bleiben oder zumindest aufmerksam auf Sie zu achten. Aber das Risiko bleibt.

Was kann man aber tun, wenn Ihr Hund tatsächlich aus der Kontrolle zu geraten scheint, auf und davon geht und außerhalb Ihres gewohnten Einwirkungsbereiches kommt? Für solche Situationen versuchen wir, das *»Platz!«*-bei-Gefahr einzuüben. Natürlich, bevor wir damit beginnen, muß das *»Platz!«* schon in vielerlei Varianten sicher beherrscht werden, aber beim *»Platz!«*-bei-Gefahr verhalten Sie sich anders als gewohnt. Das *»Platz!«*, das Sie ihm nun zurufen, muß Ihrem Hund das Außerordentliche und Dringliche signalisieren. Darum können und dürfen Sie es auch nicht zu oft üben, also höchstens ein- oder zweimal im Verlauf einer Woche. Es muß etwas »Besonderes« bleiben und den Hund regelrecht »wie der Blitz« treffen. Trifft ihn der Blitz zu oft, ist das Markante der Situation schnell verloren.

Denken wir wieder einmal zurück zur Hundemutter. Je nach ihrer persönlichen Seelenlage wird sie mehr oder weniger heftig auf ihren Sprößling einwirken.

Und gerade so bereiten wir uns auf eine echte Notsituation vor, allerdings schon dann, wenn sie noch nicht eingetreten ist. Denn: Geübt muß es werden. Sie müssen erreichen, daß Ihr Hund Ihnen im Notfall, ganz gleich, was er gerade tut und wo er sich gerade befindet, ohne jedes Zögern und ohne jede Überlegung blitzartig folgt.

Nur so können Sie ihn vielleicht daran hindern, unter ein Auto zu geraten, hinter einem Hasen herzujagen, einem Radfahrer zu folgen und was sich alles an Notsituationen ergibt.

Wenn Sie anfangen, das *»Platz!«*-bei-Gefahr zu üben, gehen Sie zunächst, scheinbar gleichmütig, mit Ihrem Hund spazieren. Er läuft friedlich neben Ihnen. Plötzlich beugen Sie sich zu ihm hinab, greifen in sein Halsband und reißen ihn, mit einem warnenden, aufgeregten *»Platz!«* zu Boden. Keinesfalls dürfen Sie ärgerlich klingen, Ihr Hund hat ja nichts ausgefressen. Es muß etwa so klingen, als würden Sie »um Himmels willen!« ausrufen. Bei diesem Tonfall, das muß er nun begreifen, heißt es, *sofort* und ohne zu überlegen zu Boden zu gehen. Jetzt müssen Sie ihn loben *»So ist's Braaav!«* oder *»Guuut!«*, dann nach einer kleinen Pause *»BOBBY, Fuß!«* weitergehen, er soll ja nicht dauernd liegen bleiben. Das machen Sie während eines Ausganges in einigem Abstand dreimal, dann reicht es für ein paar Tage, es soll ja nicht zur Gewohnheit werden, wenn es sich auch nach und nach in ihm festigen soll. Hat sich nach einiger Zeit in ihm gesetzt, daß er auf dieses besondere *»Platz!«* blitzartig zu Boden muß, müssen Sie es nur gelegentlich auf Ihren Ausflügen, und dann nur jeweils einmal, wiederholen.

Der nächste Schritt (und Ziel der Übung) ist, daß er das blitzartige *»Platz!«* auch in einiger Entfernung von Ihnen durchführen muß. Man kann dies, läuft er einem voraus, auch allein mit ihm üben. Haben Sie es zuvor in Ihrer Nähe ausreichend trainiert, kann es sein, daß er auch gleich begreift, was Sie von ihm erwarten.

Sonst brauchen Sie anfangs eine zweite Person, die mit Ihrem Hund Ihnen vorausgeht. Rufen Sie jetzt aus einiger Entfernung das besondere *»Platz!«* und reagiert der Hund nicht sofort, zieht der Helfer den Hund am Halsband (oder an der kurzen Leine, die Sie mal wieder benutzen können) blitzartig zu Boden. Jetzt aber loben! *»So ist's Braaav!«* oder *»Guuut!«*. Dort soll er liegenbleiben, bis entweder Sie bei ihm angekommen sind, oder aber, bis Sie ihn zu sich zurückrufen.

Zunächst haben Sie das alles an einsameren Orten geübt. Nun das Ganze nochmal mit zunehmender Ablenkung. Überhaupt müssen Sie darauf achten, immer wieder das Gelände zu wechseln und die Entfernung zu Ihrem Hund mal zu verringern, mal zu vergrößern, damit der Hund lernt, Ihnen nicht nur unter allen Umständen, sondern überall zu folgen. Sie werden bald merken, daß Sie in größerer Entfernung oder beispielsweise in einem Park lauter als gewöhnlich rufen müssen. Auch das müssen Sie üben, obwohl manchmal die Leute irritiert zu Ihnen hinsehen werden. Denken Sie immer daran: »Im Falle eines Falles kann es das Leben meines Hundes retten!«

Wodurch unterscheidet sich das *»Platz!«*-auf Entfernung vom *»Platz!«*-bei-Gefahr? werden Sie jetzt fragen.

Nun, beim *»Platz!«*-auf-Entfernung geben Sie dem Hund, der zu Ihnen hinblickt, einen Befehl und ein Handsignal. Das *»Platz!«*-bei-Gefahr, soll den Hund, ganz gleich, was er tut und auch wenn er nicht zu Ihnen hinsieht, erreichen und beeinflussen.

Was tun, wenn das *»Platz!«*-bei-Gefahr nicht sicher oder nur sehr unzuverlässig funktioniert? Dann müssen Sie wieder zurück zu den *»Platz!«*-Übungen, und dann wieder Schritt für Schritt von vorn anfangen, den Hund neben sich laufen lassen, ihn überraschend zu Boden befördern usw.

Schritt Nr. 54
Gehorchen auf Entfernung (»Platz!« beim Kommen)

Stellen Sie sich vor, Sie haben Ihren Hund laufen lassen und rufen ihn nun aus größerer Entfernung zurück. Er macht auch richtig sofort kehrt und rennt in Ihre Richtung. Dann aber sehen Sie irgendeine Gefahr auf ihn zukommen, die Sie nur verhindern können, wenn Ihr Hund sofort *»Platz!«* macht und sich nicht von der Stelle rührt. Sie müssen also Ihren ersten Befehl korrigieren.

Wenn also Ihr Hund das *»Platz!«* mit Handzeichen oder nur auf Zuruf sicher beherrscht, bringen Sie ihm das *»Platz!«*-beim-Kommen bei.

In diesem Falle können Sie nicht zu üben beginnen, wenn Ihr Hund dicht bei Ihnen ist. Er muß ja begreifen, daß er eine gewisse Strecke gelaufen ist und dann plötzlich wird das *»Bobby, Komm!«* verändert und er soll zu Boden gehen. Sie müssen so weit kommen, daß Ihr Hund jederzeit und überall zu Boden geht, wenn Sie das von ihm wünschen.

Sie verlassen also Ihren Hund mit *»Bobby, Sitz!« »Bleib da!«* und entfernen sich zehn bis 15 Meter. Dann rufen Sie ihn zu sich *»Bobby, Komm!«*. Hat er 10-20 % (oder ein anderes Mal die Hälfte) des Weges hinter sich, geben Sie ihm das Handsignal und rufen *»Platz!«*, Ihre Stimme ist beherrscht und fest. Haben Sie bislang alles gewissenhaft geübt, besteht die Chance, daß Ihr Hund tatsächlich sofort zu Boden geht. *»So ist's Braaav!«* oder *»Guuut!«*. Jetzt zählen Sie bis fünf (ein andermal vielleicht bis zehn), dann rufen Sie ihn mit *»Bobby, Komm!«* und einer ausladenden Armbewegung ab, so, als wollten Sie einem entfernten Menschen zuwinken, er solle zu Ihnen hinkommen. Ist der Hund bei Ihnen angekommen, ist nun allergrößtes Lob fällig *»So ist's Braaav!«* oder *»Guuut!«*.

Weil es so schön ging, probieren Sie das Ganze gleich nochmals. Vermutlich macht dieses neue Spielchen Ihrem Hund auch richtig Spaß. Aber, ein- oder zweimal an einem Tag an drei Tagen der Woche reicht.

Was tun, wenn er nicht sofort zu Boden geht? Ganz eindeutig hat er dann nicht *kapiert,* was Sie von ihm wollen, und Sie müssen es ihm *zeigen.* Sind Sie allein, müssen Sie zum Hund hinrennen und ihn mit Handsignal und Kommando *»Platz!«* zu Boden bringen und das dreimal wiederholen.

Sie können aber auch einen Helfer neben dem Hund herlaufen lassen, der auf das *»Platz!«* ebenfalls sofort bremst und dem Hund zu Boden hilft. Auch das dreimal wiederholen, bis es sich dem Hund eingeprägt hat. Und dann an einem späteren Tag erneut ausprobieren! Irgendwann hat es sich im Gehirn des Hundes verankert.

Zu oft dürfen Sie diese Übung allerdings nicht machen, weil Ihr Hund sonst womöglich zu dem Trugschluß kommt, daß er immer, wenn Sie ihn zu sich rufen, auch ziemlich bald *»Platz!«* machen soll. Sie merken das daran, daß er anfängt, nur zögerlich auf Sie zuzulaufen.

Jetzt müssen Sie eine Zeitlang nur das Kommen üben und ihn besonders zu Schnelligkeit animieren, indem Sie selbst ein paar Schritte weglaufen, was den Hund beschleunigt. Und jedesmal, immer wieder sei es gesagt, das überschwengliche Lob nicht vergessen *»So ist's Braaav!«* oder *»Guuut!«*.

Dann erst, wenn das Kommen wieder flott und freudig funktioniert, bauen Sie gelegentlich das *»Platz!«* wieder ein.

Üben Sie auch dies nicht immer am gleichen Ort, daß der Hund nicht die Übung mit bestimmten örtlichen Gegebenheiten verbindet. Ziel ist es, daß der Hund Ihnen überall und unter allen Umständen sicher folgt.

Schritt Nr. 55
Gehorchen auf Entfernung (Nach »Platz!« »Bleib da!« bleibt der Hund allein zurück)

Sobald Ihr Hund das *»Platz!« »Bleib da!«* einigermaßen sicher beherrscht, gewöhnen Sie ihn daran, daß Sie ihn in dieser Position auch verlassen können, d.h. daß er Sie nicht mehr sieht und trotzdem liegenbleibt, bis Sie ihn wieder holen.

Das kann dann z.B. nötig sein, wenn Sie ihn in der Stadt vor einem Geschäft, wohinein er nicht darf, warten lassen müssen. (Aber vorsichtig, das kann man nicht überall machen!) Oder Sie besuchen Bekannte/Geschäftsfreunde, und der Hund kann mit Ihnen nicht in deren Wohn- oder Geschäftszimmer. Dann muß er draußen irgendwo im Flur abgelegt werden, sollte brav liegenbleiben und darf auch nicht aufgeregt und nervös werden.

Auch an eine solche Möglichkeit gewöhnt man den Hund schrittweise. Erst probiert man es zuhause aus, läßt den Hund *»Platz!« »Bleib da!«* ablegen, und verläßt den Raum erst für ein paar Sekunden, dann wird Ihre Abwesenheit von Mal zu Mal länger. Günstig ist es, wenn Sie eine zweite Person haben, die den Hund in Ihrer »Abwesenheit« beobachten kann. Steht er auf und will Ihnen nach, muß er sofort mit *»Nein!«* zum Ausgangsort zurück und dort wieder *»Platz!« »Bleib da!«* abgelegt werden. Vergessen Sie nicht, ihn jedesmal zu loben *»So ist's Braaav!«* oder *»Guuut!«*. Der nächste Schritt ist dann wieder im Garten oder auf einem abgeschiedenen Gelände, wo Sie aus seinem Gesichtsfeld entschwinden können. Wieder wird Ihre Abwesenheit so wie oben (evtl. mit einer Hilfsperson) von erst einigen Sekunden immer länger ausgedehnt. Probieren Sie es auf einem Waldweg oder in einer abgelegenen Gegend, sollten Sie den Hund anfangs mit der langen Leine sichern, daß er sich nicht davon machen kann. Haben Sie aber gute Grundlagen gelegt, weiß er auch hier, was er tun soll. Dann sind Sie soweit, daß Sie es auch in der Stadt durchführen können. Beginnen Sie wieder in Zeiten mit wenig Betrieb, lassen den Hund z.B. vor einem Geschäft ablegen und verschwinden (zuerst für Sekunden, dann länger) um eine Hausecke oder gehen in ein Geschäft. Nehmen Sie aber jedesmal ein anderes Geschäft, daß der Hund sich nicht an einen bestimmten Laden gewöhnt, wo er abgelegt wird, sondern *generell* begreift, was Sie von ihm fordern.

Je häufiger Sie dieses *»Platz!« »Bleib da!«* unterwegs mit ihm üben, es genügt, wenn Sie es bei jedem Stadtbummel oder ähnlichem drei- bis viermal in der Woche durchführen, um so sicherer und zuverlässiger wird Ihr Hund werden. Es soll ganz selbstverständlich für ihn werden, daß er manchmal ablegen muß, und Sie sind ein Weilchen nicht vorhanden für ihn.

Schritt Nr. 56
Einige Regeln für den Stadtbummel

Sind Sie bisher meist dann mit Ihrem Hund in die Stadt gekommen, wenn Sie das eine oder andere mit ihm einüben wollten, kommt nun irgendwann der Zeitpunkt, wo Sie der Hund ganz zwanglos einfach nur begleiten soll.

Anfangs lassen Sie sich grundsätzlich *angeleint* von ihm begleiten. Noch muß er sich vertraut machen mit dem Leben und Treiben und mit Ihren verschiedenen Angewohnheiten. Für den Ausgang in die Stadt sollten Sie sich aber bestimmte Punkte zur Regel machen.

1. Gehen Sie niemals mit Ihrem Hund *direkt* von Ihrer Wohnung aus stadtwärts, sondern geben Sie *vorher* Ihrem Hund die Möglichkeit, sich zu lösen. Wieviel »Hundeärger« bliebe uns allen erspart, wenn Hunde von Anfang an lernen würden, daß die Stadt kein Löseplatz ist. Wer seinem Hund von kleinauf beigebracht hat, sich auf Befehl zu entleeren und dafür möglichst begrünte Flächen oder blanke Erde vorgezogen hat, kommt diesem Ziel sehr bald näher. Sollte es trotzdem unterwegs einmal passieren, sollten Sie einen Plastikbeutel bei sich führen, um die Hinterlassenschaft zu entfernen.

2. Auch wenn Sie Ihren Hund schließlich unbesorgt ohne Leine laufen lassen können, sollten Sie immer eine Leine bei sich haben. Sie wissen vorher nie, ob Sie sie nicht doch einmal brauchen werden.

3. Gehen Sie niemals mit Ihrem Hund in die Stadt, wenn er sich nicht vorher ausreichend bewegt hat. Seine Freude, endlich einmal wieder nach draußen zu kommen, könnte größer sein als sein Gehorsam. Bringen Sie Ihren Hund erst gar nicht in die Versuchung, sich in der Stadt »daneben zu benehmen« - er könnte sich sonst etwas ganz Dummes angewöhnen.

4. Gewöhnen Sie Ihren Hund besonders in der Stadt an das automatische Sitz. Wenn Sie Bekannte treffen und plaudern oder vor einem Schaufenster stehen, hat sich Ihr Hund brav neben Sie zu setzen.

5. Sind Sie mit Ihrem unangeleinten Hund unterwegs, sollten Sie ihn sich niemals selbst überlassen. Das meint: Werden Sie aufgehalten (Bekannte, Schaufenster) rufen Sie den Hund zu sich und leinen ihn an. Erst, wenn Sie sich wieder auf Ihren Hund konzentrieren können, dürfen Sie ihn wieder freilassen.

5. Haben Sie bemerkt (seien Sie ehrlich), daß Ihr Hund anfängt, die «Stadt-Situation« ein bissel auszunutzen, d.h. zu versuchen, seiner eigenen Wege zu gehen, folgt er Ihnen nicht mehr unbedingt auf's Wort, unterlassen Sie es für eine Weile völlig, ihn frei laufen zu lassen. Jetzt heißt es, seine guten Manieren erst wieder Schritt für Schritt aufzupolieren. Sonst passiert Ihnen am Ende doch noch, was wir nun monatelang sorgsam verhindert haben: Ihr Hund kostet die süße Frucht der Freiheit schließlich doch - und Sie haben die Bescherung.

Ihr Hund und andere Hunde

Dies ist ein Kapitel, das in den meisten Büchern über Hundeerziehung etwas zu kurz kommt. Trotzdem ist es wichtig. Vielleicht gehören ja die meisten Hundebuch-Autoren (wie hoffentlich auch Sie) zu den Glücklichen, deren Hund niemals Probleme mit anderen Hunden hatte. Andere jedoch haben sie, und Sie tun gut daran, sich darauf vorzubereiten bzw. sie zu verhindern.

Drehen wir einmal den Spieß um und versuchen, uns in die Lage manches Hundes zu versetzen. Wenige Wochen nach der Geburt werden *SIE* aus Ihrem angestammten (menschlichen) »Rudel« entfernt und haben künftig ausschließlich Umgang mit - Hunden! Sehr bald haben Sie die dort gebräuchlichen Umgangsregeln mitbekommen und sich tadellos in die neue Gemeinschaft eingefügt.

Eines Tages aber, Sie sind völlig unvorbereitet, begegnen Sie einem *Menschen*, und Sie sind geradezu bestürzt darüber, mit wie vielen Worten und Gesten, die Sie überhaupt nicht (mehr) verstehen, dieser Mensch sich regelrecht über Sie hermacht und Sie womöglich auch noch zu berühren versucht oder berührt. Sie schreien jämmerlich auf, und Ihr übriges »Rudel« stürzt herbei, um Sie vor dem »Angreifer« zu beschützen...

Natürlich ist das eine fiktive Geschichte, die *so* garantiert niemals stattfinden wird.

Wie aber ist das mit Ihrem Hund? Auch er wird, wenige Wochen nach seiner Geburt, in Ihr »Rudel« eingegliedert. Er bringt auch alle Voraussetzungen mit, sich bei Ihnen innerhalb kürzester Zeit nahtlos einzuleben. Aber, wenn Sie das nicht nachdrücklich fördern, hat er wenig bis keinen Kontakt mit seinen Artgenossen. Im Gegenteil: Sobald Sie auf der Straße einem größeren oder überhaupt einem Hund begegnen, haben Sie möglicherweise sofort Angst um Ihren »Kleinen«, nehmen ihn auf den Arm oder zerren ihn wenigstens weg, um die Begegnung, die Sie für gefährlich halten, zu unterbinden. (Manche Leute haben Angst, ihr Hund könne gebissen werden, andere befürchten die Übertragung von Krankheiten oder Parasiten.) Sie meinen, Ihr Hund hätte sich das nicht gemerkt? Weit gefehlt!

Auch er wird künftig, kommt es zur Begegnung mit anderen Hunden, entweder mit Furcht reagieren (d.h. hoffen, daß Sie ihn auf den Arm nehmen oder sonstwie beschützen), oder aber zum Angriff übergehen, was ja auch vermutlich, aus seiner Sicht, eben die beste Verteidigung ist. Der Ihnen begegnende Hund wird nun mit ziemlicher Sicherheit entweder von seinem Besitzer weggezerrt von Ihrer »Giftspritze«, oder aber seinerseits auf den Ihren losgehen. Das ist je nach Mentalität des jeweiligen Hundes unterschiedlich, aber beide Reaktionen sind, wenn Sie es lebenslang betrachten, unerwünscht.

Was Sie haben wollen (und sollten) ist ein Hund, der, wenn Sie gerade keine Zeit und Lust haben, an einem anderen Hund völlig gleichgültig vorübergeht bzw. diesen ignoriert, in der Grundtendenz fremden Hunden gegenüber aber ansonsten freundlich eingestellt ist. Wenn Sie aber Zeit haben, und der »gegnerische« Hundebesitzer ebenfalls, sollten Hunde *nach ihrer Art* einander begegnen können, sich beschnüffeln, den anderen ergründen und friedlich mit ihm kommunizieren. Danach trennt »man» sich freundlich und zufrieden, und jeder geht seiner Wege (die Rüden heben ihr Bein am nächstgelegenen Ort) und man entfernt sich, ohne Groll und ohne Bedauern voneinander.

Je jünger Ihr Hund ist, um so häufiger sollte er Kontakt mit anderen Hunden haben, damit er sich nicht nur in Ihrer, sondern auch in deren, d.h. eigentlich seiner »Sprache« weiterhin auskennt und neue Rituale lernen kann.

Vielleicht sollten Sie sich schon einmal, bevor der Hund ins Haus kommt, umsehen, wer in Ihrer Nachbarschaft oder Ihrem Bekanntenkreis ebenfalls einen Hund hat. Hier könnten Sie davon berichten, daß auch Sie demnächst einen Vierbeiner haben werden und fragen, ob Sie sich u.U. den »Hundeausgängen« der anderen hin und wieder anschließen dürfen.

Allerdings sollten Sie auch das Alter der infrage kommenden Hunde etwas berücksichtigen. Sind in Ihrer Umgebung nur wahre Greise und Methusalems, werden Sie in der Praxis bald bemerken, daß diese sehr alten Hunde wenig bis kein Interesse an Ihrem quicklebendigen, neugierig-verspielten Welpen haben werden. Aber, jede Begegnung mit anderen Hunden ist besser als gar keine.

Trauen Sie sich nicht, andere Hundehalter einfach anzusprechen? Haben Sie ruhig weniger Bedenken. Wenn es um Hunde geht, ist nahezu jeder Hundehalter kontaktfreudig. Vermutlich freut er sich sogar, nicht nur seinen Hund mit dem Ihren bekannt zu machen, sondern ist alles andere als abgeneigt, auch mit Ihnen in Verbindung zu treten.

Sie kennen niemanden mit Hund? Erstens sollten Sie sich nach einem Hundeverein am Ort erkundigen. Vielleicht finden Sie dort den/die passenden Partner. Ergibt sich auch hier nichts - wie wäre es zweitens mit einem Inserat in Ihrer Zeitung: »Suche passenden Spielpartner für meinen ... (Alter, Rasse, Mischling) Hund.« Wetten, auch andere sind auf der Suche?

Haben Sie die passenden Hunde gefunden, lassen Sie diese miteinander - Hund sein. Es kann sein, daß Sie keine gleichaltrigen Gefährten finden. Wenn jedoch die Größen- und Altersunterschiede nicht zu gravierend sind (bei Chihuahua und Dogge hätte selbst ich Bedenken), finden die Hunde sehr schnell und begeistert heraus, was sie alles miteinander unternehmen können.

Wenn Sie Ihren Hund bei einem ordentlichen Züchter erworben haben, ist der Welpe ja gut »sozialisiert«, d.h. an den Umgang mit anderen Hunden gewöhnt und wird sich, in welchen Umständen auch immer, zu helfen wissen.

Kommen Sie nicht auf die Idee, ihn, falls er sich anfänglich ein wenig zu fürchten scheint, schützend auf den Arm zu nehmen und zu trösten. Ohne dies zu wollen, »belohnen« Sie ihn für sein angstvolles Verhalten, und das wollen Sie ja gerade nicht. Lassen Sie ihm Zeit. Schon bald wird er sein Schwänzchen nicht mehr einklemmen und erste, vielleicht zunächst zaghafte Versuche machen, mit dem oder den anderen in Kontakt zu kommen. Vielleicht schon am ersten, dem nächsten oder dem übernächsten Tag ist dann das schönste Spielen im Gange - und das ist etwas, was *Sie* Ihrem Hund, bei aller Liebe, niemals bieten können.

Spielende Hunde

Ein weiteres Problem ist: »Wie begegne ich anderen Hunden unterwegs?«

Je jünger Ihr Hund ist, um so grundsätzlicher sollte ihm der Kontakt mit anderen Hunden nicht verwehrt werden. Wie schon mal gesagt: Ziehen Sie ihn zurück oder nehmen Sie ihn auf den Arm, wird die Begegnung mit anderen Hunden für den Ihren zu etwas Feindlichem, Furchterregendem. Er wird sich (und das sich lebenslang steigernd!) entsprechend zu verhalten lernen, und Sie haben ein Problem.

Folglich gibt es auch »fremde« Hunde, die dementsprechend negativ auf die Begegnung mit dem Ihren reagieren könnten. Am besten, man verständigt sich daher mit dem begegnenden Hundehalter: »Kann man die Hunde zusammenlassen?«, man kann auch hinzusetzen: »Meiner ist noch jung.«. Hat Ihr Gegenüber einen problemlosen Hund, sollte man - in der Anfangszeit - ruhig jede mögliche Begegnung zulassen. Soviel Zeit muß sein.

Erst wenn Ihr Hund ausreichend Kontakt mit fremden Hunden hatte, können Sie dazu übergehen, zu entscheiden, daß nicht unbedingt *jede* Begegnung mit jedem Hund zu einer zeitraubenden Angelegenheit wird.

Gewöhnen Sie sich und Ihren Hund an eine feststehende Vokabel. Z.B. sagen Sie, wenn Sie gerade keine Zeit haben oder die Situation ungünstig ist: *»Diesmal nicht, Fuß!«*, rucken an der Leine und bemühen sich, daß Ihr Hund ruhig an dem anderen vorbeigeht. Lob nicht vergessen *»So ist's Braaav!«* oder *»Guuut!«*.

Wie man das übt? Hierzu bietet sich erstens der Hundeplatz an. Hunde, die eben noch miteinander herumgetollt haben, werden daran gewöhnt, nach *»Diesmal nicht, Fuß!«* ruhig aneinander vorbei zu gehen.

Auch wenn Sie Leute haben, mit denen und deren Hund Sie allerlei gemeinsam unternehmen, können Sie die Vokabel *»Diesmal nicht, Fuß!«* einüben. Und wenn Sie keine dieser Möglichkeiten ausnutzen können: Bei verschiedenen Hunde-Begegnungen (z.B. in der Stadt) heißt es eben: *»Diesmal nicht, Fuß!«*. Sehr schnell begreift Ihr Hund, daß »diesmal« ein Spielchen nicht angesagt ist.

Trauen Sie sich ruhig, den einen oder anderen Kontakt mit anderen »Hunde-Menschen« anzubahnen. Sie sind normalerweise kooperationsfreundlicher, als Sie es sich vorgestellt hatten, und für die Hunde ist es immer positiv. Vielleicht auch für Sie: *Leichter*, als mit einem Hund an der Leine, kann man kaum Beziehungen knüpfen! Vielleicht hat nicht nur hin und wieder Ihr Hund Sehnsucht nach anderen Hunden, sondern auch Sie selbst das Gefühl, einige neue Kontakte würden auch Ihnen selbst nicht schaden?

Wie man auch sonst mehr von seinem Hund hat

Ich kann es mir nicht verkneifen, am Ende dieses Buches auch noch auf einen anderen Aspekt des Hundehaltens zu kommen.

Haben wir bisher überwiegend darüber gesprochen, wie man das Bestmögliche aus seinem Hund hervorlocken kann, sollte nicht unerwähnt bleiben, welche Veränderungen ein Hund auch bei Ihnen, d.h. in Ihrem Leben und Ihrer Einstellung dazu hervorrufen kann.

Jetzt rede ich nicht mehr von dem treuen und aufmerksamen und gehorsamen Gefährten.

Jetzt rede ich von Ihnen.

Ich hoffe und wünsche Ihnen, daß dies nicht das letzte Buch über Hunde gewesen ist, das Sie gelesen haben. Dies Buch soll Sie nur neugierig machen und Ihnen bei der praktischen Bewältigung von Alltagsproblemen und dem Aneinandergewöhnen mit Ihrem Hund helfen.

Was ich möchte, und was der Hund bei Ihnen bewirken kann, ist, daß Sie nicht nur neugierig, sondern auch aufmerksam werden. Daß Sie mehr wissen wollen von diesem einzigartigen Haustier, das Ihnen - täglich in Ihrer Nähe - Aufschlüsse geben kann, sowohl über die Zusammenhänge des Lebens, als auch den Weg ebnen kann zu einem neuen Verständnis der eigenen Natur und dem Leben ringsum.

Auch wir Menschen sind - Säugetiere. Aber was wissen wir eigentlich davon?

Am vergleichsweise einfachen und immer präsenten Modell Ihres vierbeinigen (Ihnen fremden und doch vertrauten) Gefährten können Sie, mehr als je zuvor, über die Grundbedingungen des Existierens erfahren. Aus dem einfachen Gefühl des Entzücktseins und Liebhabens könnte - Verstehen erwachsen. Versuchen Sie, alles Erreichbare nicht nur über Ihren Hund, sondern auch über das Leben in der Natur zu lesen und zu verstehen.

Machen Sie für sich und die Ihren den Hund zum spannenden Gesprächsthema, insbesondere dann, wenn Sie Kinder haben, die erst noch ins Leben hineinwachsen wollen. Erweitern Sie auch deren Horizont, und bringen Sie neue Gesichtspunkte in Ihr gemeinsames Leben. Das ist u.a. auch für Ihren Hund gut, der mit verständnisvolleren Menschen rechnen kann. Das ist für Sie alle gut.

Ihr Hund, d.h. seine Gegenwart, die Sie entzückt, hilft Ihnen, das alles, viel mehr, als Sie für möglich hielten, plötzlich zu *verstehen*. So haben Sie (und vielleicht auch die Ihren) noch in ganz anderer, weiterführender Weise mehr von Ihrem Hund. Ich wünsche es Ihnen von Herzen.

Weitere Bücher aus unserem Programm:

Eric H. W. Aldington
Von der Seele des Hundes
Das Standardwerk über das Verhalten des Hundes.
ISBN 3-923555-05-9

Eric H. W. Aldington
Was tu ich nur mit diesem Hund?
Von der gewaltfreien (Um)Erziehung des Hundes.
Wie und warum Verhaltensstörungen entstehen,
wie man sie erkennt, vermeidet und behebt.
ISBN-13: 978-3-938071-35-9

Eric H. W. Aldington
Von der Gesundheit des Hundes
Von Haut- & Haar-Problemen, Allergien, Jugend & Alter,
Medikamenten, Heilkräutern, Hausmitteln.
ISBN 3-923555-09-1

Eric H. W. Aldington/Friederun Stockmann
Vom Körperbau des Hundes
Das Standardwerk über Körperbau und Bewegung des Hundes.
Erweiterte Neuauflage von »Das Gangwerk des Hundes«.
ISBN-13: 978-3-938071-31-1

Hellmuth Wachtel
Hundezucht 2000
Gesunde Hunde durch Genetisches Management, Populationsgenetik für Hundezüchter und andere Kynologen. Hundezucht nach genetischen Erkenntnissen. Der Weg zu erbgesunden Hunderassen. Das Verhängnis der genetisch bedingten Krankeiten.
ISBN-13: 978-3-938071-32-8

Friederun Stockmann
Der Promethüritas
oder
Von Tücken und Taktik mit Tieren und Technik
Heiter-ernste Hunde- und Tiergeschichten aus einem tierverrückten Familienleben.
ISBN 3-923555-06-7

Eric H. W. Aldington/Ilse Sieber
Hundezucht naturgemäß mit Liebe und Verstand
Das Standardwerk über naturgemäße Hundezucht, gesunde Ernährung, Hausmittel und praktische Tips.
ISBN-13: 978-3-938071-33-5

Kynos Verlag Dr. Dieter Fleig GmbH
Am Remelsbach 30 • D-54578 Mürlenbach
Telefon: 06594/653 • Fax: 06594/452 • www.kynos-verlag.de